使命与担当

全国政协常委朱永新2019年履职实录

朱永新 著

团结出版社

图书在版编目（CIP）数据

使命与担当：全国政协常委朱永新2019年履职实录 /
朱永新著. -- 北京：团结出版社，2021.3
ISBN 978-7-5126-8496-6

Ⅰ．①使… Ⅱ．①朱… Ⅲ．①中国人民政治协商会议
－工作－文集 Ⅳ．①D627-53

中国版本图书馆 CIP 数据核字 (2020) 第 249831 号

出　　版：团结出版社
　　　　　（北京市东城区东皇城根南街 84 号　邮编：100006）
电　　话：(010) 65228880　65244790　（出版社）
　　　　　（010) 65238766　85113874　65133603（发行部）
　　　　　（010) 65133603（邮购）
网　　址：http://www.tjpress.com
E-mail：zb65244790@vip.163.com
　　　　　fx65133603@163.com（发行部邮购）
经　　销：全国新华书店
印　　装：三河市东方印刷有限公司

开　　本：160mm×230mm　　　16 开
印　　张：38
字　　数：579 千字
版　　次：2021 年 3 月　　第 1 版
印　　次：2021 年 3 月　　第 1 次印刷

书　　号：978-7-5126-8496-6
定　　价：88.00 元

目录

个人提案

议政网事

媒体关注

序言

刘新成

（全国政协副主席、民进中央常务副主席）

　　每逢岁末，永新都会用他那支勤奋的笔把一年来的履职过程、学习心得和工作体会重新梳理一遍，记录下来。于是这本题名为《使命与担当》的 2019 年版合集如期而至。他让我为之作序，我颇为难，论资格，才学不够，论友情，却之不恭，最后决定领命是权当一次难得的学习机会。

　　永新是一个有情怀和理想的人。

　　相信当每一位读者翻看本书《两会手记》部分的时候，都会对作者两会期间每天时间安排的紧凑程度留下深刻的印象。实际上，不仅在两会上，即使日常生活中，永新也是如此。他一年到头，从政协到民进，从城市到乡村，从部委到学校，从"在场"到"在线"，从凌晨到深夜，几乎无时无刻不在忙碌、奔波、演讲、写作，时间不够用，就"向睡眠索取"，在乘车途中开辟"临时工作室"。这种不知疲倦的工作精神从哪里来？来自一种情怀，如他自己所言，"一种把自己的工作与家国命运联系在一起，将自己的事业与天下苍生的苦难捆绑在一起，把天下国家纳入自己的视野关注之中"的情怀。

　　本书只是一部平凡的个人叙事，但因为永新是一名有责任担当的全国政协委员、一位有所作为的民主党派高级领导干部、一个有社会责任感的专家学者，所以他的个人叙事能从一个微观视角反映当代中国的政治生活，展现中国共产党领导的多党合作和政治协商的制度运作，因而有着不平凡的意义。

　　"雁过留声"是永新对自己的一个独特的履职要求。一年中，他多次为政协委员或民进会员做辅导报告，频繁接受媒体采访，报刊投稿长年不断，个人微博日日更新。永新的"留声"总是唱响主旋律，或宣传习近平总书记有关教育、教师的最新指示精神，或阐释中国协商民主的优势，或解读党和国家有关教育文化的政策，或介绍政协及民主党派的新气象、新作为。就这样，永新在履职的同时扮演了中国特色社会主义制度宣传员的角色，按照习近平总书记对政协委员提出的"多做春风化雨、解疑释惑的工作，多做理顺情绪、化解矛盾的工作"要求，切实担负起凝聚共识的责任。这是永新履职的一个鲜明特点。

回顾永新 2019 年的建言重点会发现，这一年他格外关注弱势群体：盲道建设、乡村教师待遇、薄弱校改造、残障儿童入学、智力扶贫，件件都是为易被忽视的人群呼吁，这与该年为国家全面实现小康决胜之年的大背景适为呼应，诠释了全面小康中"全面"二字的内涵，凸显了党和国家高度重视民生，坚持公平正义原则，切实发挥社会主义制度优越性的时代色彩。

永新的专业是教育，而教育既关乎民生，又牵涉创新型国家的基础建设，因此永新在参政议政舞台上赢得大展身手的机会，为此，他自称是"幸运的"。永新经过几十年的思考和实践，在教育学领域形成许多独到的见解和认识，几近自成一家。比如他关于教育的本质的论述（见《教育的力量》）、关于教育领域放管服的看法（见《深化教育体制改革，"放、管、服"怎么做？》）、关于阅读与精神发育的分析、关于"未来学校"的展望等等，都给人一个超越教育学来研究教育问题的感觉。换句话说，永新的教育研究与大多数教育学专家学者的科研有一个明显不同，就是他不仅限于实验统计、样本收集、数据分析等常规科研手段的使用，更常常能从社会发展史、人类精神发展史的高度，从国家、社会的现实需要和长远发展出发，从科技进步对教育的冲击趋势着眼，就我国教育的宏观取向、改革框架、发展路径、形式结构等发出令人深省的声音和振聋发聩的呐喊。我想，这可能是永新身兼社会活动家与学者双重身份使然，是学术研究与政治参与自然融合的结果，而正因为这一点，他为我们提供了一个如何将专业知识与履职有机结合的范例。科学研究是冰冷的，但永新因其特殊身份为一般的学术探讨平添了几许温度，这值得我们分外尊重。

前言

时光从不辜负任何真诚的努力

如果把我的 2019 年政协履职用一个关键词来概括的话，那应该就是家国情怀。

2019 年初的春节团拜会上，习近平总书记在谈到家国情怀问题时说，家是最小国，国是千万家。没有国家繁荣发展，就没有家庭幸福美满。同样，没有千千万万家庭幸福美满，就没有国家繁荣发展。"在家尽孝、为国尽忠是中华民族的优良传统。今天，对家庭的深情，对祖国的热爱，更是我们追梦圆梦的力量源泉。"

所谓家国情怀，简单地说，就是个人对家庭、国家等共同体的认同和热爱。其基本内涵包括家国同构、共同体意识和仁爱之情，其实现路径强调个人修身、行孝尽忠、重视亲情、乡土情结、民族精神、爱国主义和天下意识。从本质上说，家国情怀是对自己的家庭、家乡、国家，对于生于斯长于斯的人民所表现出的深情大爱，是一种高度的认同感、归属感、责任感和使命感。以此来看，弘扬家国情怀，是政协工作题中的应有之义，也是政协画出最大同心圆的目标所在。

作为政协委员，积极建言谋策，本身就是家国情怀的体现。在全国政协十三届二次会议上，我以个人名义及联名的方式提交了 12 个提案，内容涉及教育、阅读、脱贫攻坚等方面。其中，"关于建立国家阅读节，建设书香中国的提案""关于完善学习类 APP 进校备案工作，促进互联网＋教育健康发展的提案""关于加强中小学生图书馆建设与阅读教学的提案""关于减少非教学任务，为中小学教师减负的提案"等得到媒体的广泛关注和报道。两会期间，各类媒体对我的提案发表了近四十篇报道，这些提案也得到了中宣部、教育部等相关办理部门的高度重视和认真答复。个别提案虽然没有立案，转为建议送有关部门参阅，也算是尽了自己一份心力。

今年 6 月 28 日召开的"注重家庭家教家风建设"网络议政远程协商会，是落实总书记关于家国情怀论述的一个重要举措。我应邀在北京的一所学校分会场进行了视频连线，做了题为《理顺家庭教育管理体制，推进家庭教育健康发展》的发言，并与汪洋主席进行了对话。在发言中，我建议理顺家庭、学校、政府、社会的责任体系，把家庭教育以及社会教育纳入教育整体发展战略，把家庭教育纳入教育行政基本职能，把家庭教育工作纳入对区域政府和教育行政部门的评估指标体系，完善"三教结合"的微观基本运行机制，保证教育行政部门充分发挥作用。

7 月 23 日，我参加了全国政协召开的"加强农村基本公共文化服务建设"专题协商会，做了题为《办好农家书屋 推进全民阅读》的发言。我一直认为，全民阅读是提升国民素质最直接、最廉价、最有效的路径。农家书屋是全民阅读在农村的主阵地、大平台，把好书送到家门口，是对农民群众基本阅读权利的有效保障，也是促进农村基本公共文化服务不断优化的有效举措。因此，我在发言中提出了将农家书屋与乡村中小学图书馆建设结合起来，让文化的种子扎根农村，以及将农家书屋嵌入公共图书馆体系，构建深入基层的阅读网络等建议。农家，是农民的家，农家书屋，是农民的书屋。家国情怀，这个家不能够少。

今年是人民政协成立 70 周年，我有幸参加了新中国成立 70 周年的国庆观礼活动，在人民政协成立 70 周年的大会上聆听总书记的讲话，见证了共和国和人民政协的重要时刻。

习近平总书记在论述人民政协工作时指出，人民政协是中国共产党把马克思列宁主义统一战线理论、政党理论、民主政治理论同中国实际相结合的伟大成果，是中国共产党领导各民主党派、无党派人士、人民团体和各族各界人士在政治制度上进行的伟大创造。

总书记指出，人民政协作为统一战线的组织、多党合作和政治协商的机构、人民民主的重要实现形式，是社会主义协商民主的重要渠道和专门协商机构，是国家治理体系的重要组成部分，是具有中国特色的制度安排。

总书记在讲话中充分肯定了人民政协 70 年来发挥的重要作用，并且用大量事实说明"中国式民主在中国行得通、很管用"。

总书记对政协委员如何强化责任担当也提出了明确希望。他指出，政协委员由各方面郑重协商产生，代表各界群众参与国是、履行职责。这是荣誉，更是责任。"要有坚持为国履职、为民尽责的情怀，把事业放在心上，把责任扛在肩上，认真履行委员职责。"他希望政协委员不断增进"四个认同"，深入调查研究，积极建言献策，全面增强履职本领。鼓励委员发挥桥梁纽带作用，"多做雪中送炭、扶贫济困的工作，多做春风化雨、解疑释惑的工作，多做理顺情绪、化解矛盾的工作"。要求委员自觉遵守宪法法律和政协章程，积极践行社会主义核心价值观，锤炼道德品行，严格廉洁自律，以模范行动展现新时代政协委员的风采。

8 月 22 日，作为全国政协重大专项工作委员宣讲团成员，我以《如何当好政协委员》为题在北京为近两千名各级政协委员进行宣讲，深入宣传解读习近平总书记关于人民政协要把实现好、维护好、发展好最广大人民根本利益作为工作的出发点和落脚点的重要论述精神，并结合新修订的政协章程有关内容和自身履职实践，从切实加强学习、善于调查研究、强化实践锻炼等角度，讲述了如何更好做到懂政协、会协商、善议政，守纪律、讲规矩、重品行，在时代发展大潮中当好政协委员，以新的业绩为人民政协事业增光添彩。

此后，我又结合中央政协工作会议精神和中共十九届四中全会最新精神，不断完善宣讲提纲，先后于 10 月 20 日应邀在北戴河、11 月 29 日在青岛举办的全国政协地方政协干部（委员）培训班，及陕西省政协 11 月 19 日举办的政协委员培训班上进行宣讲。宣讲中，我结合自己的履职经历，从撰写提案、发言、社情民意信息、加强调研等方面与委员们面对面交流，得到了各级政协委员的广泛好评。

今年 10 月，全国政协文化文史和学习委员会与中国教育学会家庭教育专业委员会在深圳联合主办了以"家国情怀与儿童成长动力"为主题的家庭教育学术年会。我应邀主持会议，并做了主旨报告，从

"源流与价值""传承与超越""动力与路径"三个维度进行破题。我在演讲中谈到，家国情怀深植于中国人心田，岁月深长，情感深邃。无数仁人志士的成长都与家国情怀相关。历史已经证明：凡是将个人成长和个体事业与家国进行有效连接的，都是能够做出大事的人。作为政协委员，理所当然地也应该把自己的工作与家国情怀紧密联系起来，将自己的事业与天下苍生捆绑在一起，把家国天下纳入自己的视野之中。

今年年末的一场活动，竟然又与家国情怀的主题相关。12月24日，应全国政协委员、北京市教育系统关工委主任张雪的邀请，我在2019首都教育论坛上做了题为《家校合作共育，创造美好生活》的主旨讲演，讲述了家校合作对于家庭建设、教育生态、社会和谐等方面的意义。我提出了新教育实验的家校合作共育理念：学校、家庭和社区不是相互独立的教育"孤岛"，而是彼此联系、互相补充的"环岛链"。学校不仅仅是教育活动的组织机构，还是社区的文化中心和文明引擎；家庭不仅仅是亲缘关系的社会单元，还是孩子的课余学校与亲子乐园；社区不仅仅是区域生活的共同空间，还是孩子的第二课堂和实践基地。

2019年，作为全国政协常委、兼职副秘书长，我能够积极参加政协各类会议和活动。先后参加了中央政协工作会议，全国政协常委会、主席会、秘书长会、专题协商会、全国政协中非友好小组会议、全国政协专门委员会工作会议、十三届全国政协连任委员学习研讨班，以及全国政协文化文史和学习委员会、社会和法制委员会等召开的多次会议。据不完全统计，2019年，我在全国政协和民进中央参与或负责开展的会议、调研等各种履职活动共202项。

此外，我还积极参与政协理论研究，与教科卫体委员会副主任常荣军一起，担任了刘奇葆副主席牵头的"坚持和完善人民政协发挥新型政党制度优势的机制"研究课题组召集人，对新型政党制度进行理论研究和机制研究，以期为人民政协工作提供具体工作建议。

作为人民政协成立70周年的献礼作品，我的2018年"履职报告"《共识凝聚力量——一个政协委员的履职报告》一书由山西教育出版社正式出版发行。此书通过"两会手记""年度提案""参政之声""调研随笔""议政网事""媒体关注"等章节，全方位展示了一个政协委员履职尽责的工作。全国政协原副秘书长常荣军先生在《人民政协报》撰文评价说，"这本书既是向执政党、向全国政协、向民进中央交出的一份合格的履职答卷，也生动展示了一位改革开放以后成长起来的中年知识分子的家国情怀、使命担当"。

此外，还应邀出席了庆祝人民政协成立70周年和庆祝中华人民共和国成立70周年系列活动，以及纪念中国人民抗日战争暨世界反法西斯战争胜利74周年座谈会等活动。

如果说政协是委员们的大家庭的话，民进也是我们作为会员的一个家庭。作为中国民主促进会中央委员会分管参政议政、民主监督和政治协商工作的副主席，这一年我带领部门加强制度建设、提升工作效率，参政议政各项工作有效开展，让我们在工作之中感受到家庭的温馨。

我们继续坚持了参政部门工作月度会议制度。每月底，不论多忙，都会抽出时间召开参政议政部的工作会议，即使在我参加中央党校培训班的学习期间也未间断。每次会上，各处室及整个部门总结上月工作、研究下月及今后一段时间工作，会后形成会议纪要报送会中央领导并发给部门全体同志，以便于领导了解情况、部门推进工作。

我们努力做好了政协大会和协商座谈会相关工作。向全国政协十三届二次会议提交党派提案46件，民进组提案11件。《关于进一步促进家庭教育发展的提案》等9件提案被列为重点提案，《用优秀文化产品提升文化自信》一稿被选为政协大会口头发言。分别在3次常委会上就"加强制造业知识产权保护""发展互联网＋教育""推进教育治理体系和治理能力现代化"作口头发言；承办"加强农村基本公共文化服务建设"专题协商座谈会；6位民进政协委员在"加强幼教师资培养"双周协商座谈会上积极建言。8件提案入选全国政协成立以来最有影响力的百件提案。2018年的5件提案入选全国政协首次评选的年度好提案。我自己的关于推进"高铁阅读"的提案也被评为年度好提案。

我们用心完成了反映社情民意信息的工作。向全国政协、中共中央统战部报送社情民意信息624期，60篇被全国政协采用，在各民主党派中央和全国工商联中位于前列。《射钉枪管控盲点亟须填补》《民营医疗机构假借"慈善医疗"骗取医保基金行为危害大》《建议加强对废弃渔网的管理》等专报党和国家领导同志，《办好农家书屋推进全民阅读》《中美汇率争端前瞻与对策》《关于加速长三角区域教育一体化发展的建议》等被报送有关部委，得到推动落实。

我们积极做好了建议报送工作。以民进中央或民进中央主要领导的名义向中共中央、国务院相关领导直接报送《关于深化"放管服"改革，激发微观主体活力的建议》等八份建议书，内容涉及教育、文化、经济、社会、脱贫攻坚、生态环境治理等各领域，所有建议书均得到中共中央、国务院有关领导的批示。

我们进一步推动了部门工作制度建设。结合机关制度建设的总体部署，推动部门进一步完善提案形成机制、社情民意信息遴选报送机制，着手研究参政议政专题论坛举办机制、全国政协大会发言形成机制等，通过制度建设，进一步优化工作设计、规范工作流程、提高工作效率、保证工作质量。

我们深入开展了一系列调查研究。一年来，我带队开展了关于脱贫攻坚民主监督和教育问题的多次调研。

4月24日至26日，为深入贯彻落实习近平总书记在重庆解决"两不愁三保障"突出问题座谈会上的重要讲话精神，各民主党派中央脱贫攻坚民主监督工作座谈会精神，我带队赴湘西土家族苗族自治州开展脱贫攻坚民主监督调研。调研组一行先后来到湘西民族职业技术学院、花垣县双龙镇十八洞村和岩锣村、十八洞小学、排碧九年一贯制学校、岩锣小学、花垣第二小学以及花垣职业高中、华鑫学校、山东蓝翔技师学院十八洞分院进行考察。我特别走进教室、宿舍和学校阅览室，查看学生住宿条件，仔细了解阅览室图书和书籍借阅情况，就教育扶贫特别是职教扶贫、教师待遇、学生阅读习惯、网络连校项目、学校基础设施建设等与学校师生深入交流。调研组还走访部分贫困户，详细了解贫困户家庭收入、生活情况。在十八洞村，调研组认真参观了十八洞村精准扶贫专题展览，观看了《十八洞村脱贫记》等宣传片，并与村民交流了解情况。

7月24日至25日，我带队赴湖南省岳阳市平江县，围绕"残障儿童教育保障"问题开展脱贫攻坚民主监督调研。调研组一行走访平江县特殊教育学校,详细了解学校建校历史和发展现状,考察校设幼儿园、综合康复室、心理咨询室、情景教室、学生作品展览室等功能教室。我还仔细询问师资力量、送教上门、残障学生升学就业等方面的情况。调研组一行到三阳乡石坪村走访慰问部分残障儿童家庭,有的孩子患重度脑瘫,生活不能自理,调研组着重了解送教上门情况;有的孩子患轻度残疾,调研组着重了解其随班就读情况。我们还专程走访了长寿镇邵阳学校和花园村部分残障儿童家庭,了解农村残障儿童随班就读、送教上门方面的具体做法和存在的困难。在邵阳学校和长寿镇分别召开小型座谈会,调研组专家与学校老师和基层干部进行交流,提出了完善送教上门方式、在乡镇中心学校设特教班等意见建议。

10月21日至23日,我带队赴内蒙古巴彦淖尔市、乌海市围绕"推进普通高中育人方式改革"进行调研。调研组先后赴巴彦淖尔市临河一中、乌海市第十中学、乌海市蒙古族中学、乌海市第一中学考察调研,并召开了两场调研专题座谈会。我认为高中教育是承上启下的重要阶段,是巩固义务教育成果的重要环节,是向高等教育输送优秀人才的基础,要落实好国务院办公厅《关于新时代推进普通高中育人方式改革的指导意见》,不断努力提高高中教育水平。高中也是学生树立正确的三观、树立理想信念的重要时期,不但要提高学生研究分析问题、解决问题的能力,还要始终围绕"立德树人"根本任务,牢牢把握高中教育的规律,引导学生正确认识社会、认识自我,帮助学生树立理想,永远有不断向上的力量。调研期间,我还专门到民进巴彦淖尔市总支开展基层组织建设调研并召开座谈会,简要传达了中央政协工作会议精神和民进全国组织工作会议精神。

此外,还参加了民进中央蔡达峰主席、刘新成常务副主席分别带队开展的"深化'放管服'改革,激发微观主体活力"重点考察调研(年度大调研),先后赴陕西西安、渭南,湖北武汉、襄阳进行调研。参加了民进中央在沈阳开展的"加强农村基本公共文化服务建设"调研等。这一年,我先后去过北京、上海、天津、内蒙古、辽宁、江苏、浙江、安徽、山东、河南、湖北、湖南、广东、海南、云南、陕西、甘肃等 17 个省区市调研或参加政协与党派有关活动。

在调查研究的基础上，我先后主持召开或参与了参政议政、脱贫攻坚民主监督领域的诸多会议和论坛，如中国教师发展论坛、基础教育改革座谈会、开明出版传媒论坛、开明文化研讨会、长江流域系统保护与绿色发展专题研讨会、民进中央—湖南省脱贫攻坚民主监督意见反馈座谈会、民进中央—中科院科技战略咨询研究院务虚会、民进中央年度重点调研报告研讨会、司法体制改革务虚会、经济形势分析务虚会、特邀研究员会议等。这些会议和论坛集思广益、集智聚力，为民进中央的参政议政工作和作为全国政协委员的个人履职工作，提供了丰富的资源和思路。

作为新教育实验的发起人，我也高兴地看到新教育实验的蓬勃发展。这一年，新教育实验围绕新人文教育继续探索，7 月在姜堰举行的第十九届新教育年度研讨会上，推出了题为《人文之火温暖幸福家园》的年度主报告，将新教育的又一重要课程的研究进行了深化。我们研究发布了《中国大学生基础阅读书目》和《中国领导干部（公务员）基础阅读书目》。由新阅读研究所领衔的公益讲师团，奔赴山东、浙江、四川、河南、江西、陕西等地举办公益讲座，惠及近十万师生。

这一年，《中国教育报》、《中国教师报》、《中华儿女》、中国教育电视台等媒体持续跟进报道新教育的发展。新教育实验的研究成果，也得到了诸多肯定：在人民大会堂举行的教师节表彰大会上，新教育实验荣获国家级教学成果奖一等奖；在珠海举行的第五届中国教育创新成果公益博览会上，新教育实验荣获最高 "serve 奖"；在钓鱼台国宾馆举行的中国网 "中国好教育" 颁奖典礼上，新教育晨诵公益项目荣获 "中国好教育——助力教育热心公益项目奖"，4 位校长、6 位教师分别获得 "中国好校长" 和 "中国好教师" 奖；在搜狐举办的教育盛典上，新教育研究院与 21 世纪教育研究院、中国教育三十人论坛等一起荣获年度影响力教育品牌称号；第一批新教育实验学校的吴亚英校长获得《中国教育报》的 "年度推动阅读十大人物"；在世界最大教育单项奖 "一丹奖" 的评选中，新教育实验成为有史以来唯一进入 "一丹教育发展奖" 前五名的中国团队。

　　这一年，新阅读研究所承办了国际儿童读物联盟 IBBY 亚洲大洋洲地区会议的新阅读分论坛。由新家庭教育研究院牵头编写、我和孙云晓教授等主编的《这样爱你刚刚好，我的 N 岁孩子》20 本家教丛书，被中国家庭教育学会和中国出版协会选为 100 种优质家庭教育指导读物。苏州大学新教育研究院的新教育国培计划顺利完成第一期培训。这一年，新公民教育研究所、学校管理研究所、新职业教育研究院正式成立。

　　2019 年，我仍然坚持每天 5 点左右起床，保证每天两个小时以上的阅读与写作，结合工作开展学术研究，出版了专著《未来学校：重新定义教育》《新教育实验：中国民间教育改革的样本》《造就中国人》，主编了《扎根中国大地办教育——新中国教育 70 年 70 人文选》等著作。同时，麦克劳－希尔教育集团出版了我的英文版著作《行动中的新教育实验》，德文、罗马尼亚文和越南文版的《朱永新教育小语》、俄文版的《中国近现代教育思想史》《中国当代教育思想史》等外文版著作陆续出版发行，目前，已经有 26 种语言出版我的 19 种个人著作。12 月 1 日，我与聂震宁、张抗抗、曹文轩等荣获中国出版传媒商报等评选的 2019 年度全国阅读推广特别贡献人物称号。《未来学校》获评《中国教育报》评选的中国教师最喜欢的年度 100 种图书的"十佳"。

　　我很庆幸，民进作为以教育、文化、出版传媒为主要界别的参政党，与我自己的专业研究领域完全重叠，相辅相成、相得益彰。专业领域的学术成果对于民进的参政议政工作，对于扩大民进在主界别的影响力，都发挥了重要的作用。

　　回顾 2019 年，委员履职收获沉甸甸；展望 2020 年，为民尽责使命沉甸甸。在 2020 年新年到来的时候，我写了一首小诗：

金鼠接亥至，

红梅一岁开。

老童逢甲子，

新梦总萦怀。

少小思逾海，
盛年筑杏台。
孜孜明大道，
初心向未来。

　　我希望，通过好教育，让更多人小家幸福，祖国大家庭强大。在新的一年，我会继续弘扬家国情怀，继续关注家庭家教家风建设，把事业放在心上，把责任扛在肩上，我将努力做一名懂政协、会协商、善议政的政协委员。我会继续努力，勇于担当，"不驰于空想，不骛于虚声，而唯以求真的态度作踏实的功夫"，用新的答卷完成更好的政协履职报告。

两会手记

　　每年的 2 月底到 3 月中旬，是我一年之中睡眠最少、参加会议最密集、阅读与写作时间最多的一段时间。作为一位自己任命的两会民间"史官"，我已经自觉地记录了 17 年，留下了 300 余万字的履职手记。这是一个人的叙事，也是这个时代的叙事。这是中国人的政治生活叙事，也是中国共产党领导的多党合作和政治协商叙事。

又到"两会进行时"

—— 春天的约会之一

2月28日，星期四，晴天

早晨4点40分左右起床工作。两会还没有正式开始，但无论是实际的工作还是大脑的生物钟，已经进入真正的"两会进行时"了。

前天，我们民进中央召开了两会新闻通气会，介绍了民进中央的大会发言和提案准备情况。结束以后，我也应邀为几个主要中央媒体做了民进重点提案的介绍和我本人两会准备提交的提案介绍等。这也是往年两会前的"保留节目"，为了提高效率的一次集体采访。

严格来说，两会的准备工作是从前一年两会结束的同时就已经开始了。但是最后的冲刺，往往就在这些日子。

再忙，仍然要完成每天的必修课。所以，早晨起来以后还是要发今日头条的"朱永新教育观察"和新浪微博，更新为孩子们推荐一本书的"童书过眼录"，为父母写一段文字对话杜威的"新父母晨诵"，介绍民进会员诗歌作品的"每天送你一首诗"，以及每一天的"新教育晨诵"等。同时，写日记、回复邮件与网友的问题。幸亏起得早，每天早晨还可以从容地用一个多小时的时间处理这些事务。

早晨7点50分出发去政协，参加全国政协十三届常委会第五次会议。每年两会前的常委会，可以说是全体会议的"序幕"，主要是为全会做准备。

上午9点会议准时开始，由张庆黎副主席主持会议。汪洋主席、各位副主席和常委们参加。会议审议通过了全国政协十三届常委会第五次会议议程和关于召开政协第十三届全国委员会第二次会议的决定，听取了常委会工作报告（草案）起草情况的说明、常务委员会关于政协十三届一次会议以来提案工作情况的报告（草案）起草的说明和人事事项的说明。最后，各专门委员会主任做了关于本委员会 2018 年工作情况的汇报。

应该说，每个委员会的工作都有亮点，都很出彩，在深学笃行加强思想政治建设、紧扣中心任务积极建言资政、突出问题导向开展调查研究、创新协商形式提升履职实效等方面做了大量卓有成效的工作。如，经济委员会围绕组织召开"健全系统性金融风险防范体系"专题协商会议，深入 30 多家金融企业了解情况，与 200 多位政府部门、金融机构和企业负责人面对面交流。组织"防范化解脱贫攻坚风险"调研时，兵分三路深入 20 多个深度贫困县广听、细看、深问，综合运用调研报告、案例分析、大会发言等形式建言献策，取得了很好的效果。他们还组织了全国政协历史上第一次网络议政、远程协商的活动。每个委员会基本都做到了联系界别委员全覆盖、委员全履职"两个百分之百"。

中午 11 点左右，大会结束后，回民进中央处理事务。路上基本上是我每天的读报时间。北京的交通经常无法控制，所以把汽车当作一个小型书报室，时间也可以有效利用。

下午 1 点 50 分，从机关出发去全国政协。3 点参加常委会的分组讨论。我们民进与侨联、经济界在同一个小组。常委们发言非常踊跃，用"开局良好、继承创新、成绩显著"高度评价了一次会议以来的工作，对常委会工作报告和提案工作报告给予了充分肯定。也有委员对改进工作提出了积极建议，如加强重点提案确定以后与提案委员的沟通联系等。

下午 4 点，参加政协大会发言的协调会。每年两会，政协的大会发言总是特别引人注目，因为在中国的政治制度体系中，只有政协大会安排了发言的程序。各民主党派对大会发言也做了精心准备，但是如何防止选题与内容交叉重复，如何用故事和数字更精彩地说话，如何在交流碰撞中凝聚共识等，仍然需要反反复复研究协调。

会议结束后赶回民进中央。晚上 6 点左右，山西马文有校长来访。这是一位 84 岁的老人，他仍然思维敏捷、身体硬朗。从 1962 年大学毕业后当乡村教师，他在山西左云县农村学校一干就是 50 多年。以他为原型的电视剧《脊梁》《无悔人生》播出后受到广泛好评，100 万字的报告文学《神圣大道》即将出版。因为我曾经考察过他的学校，感佩他的办学精神，他每次到北京，总是来见个面说几句话。

晚上 6 点 50 分，教育部发展规划司刘昌亚司长一行走访民进中央，就两会提案和建议需要重点关注的问题交换了意见。昌亚司长告诉我，教育部的各个司局最近都在专访各民主党派和教育界的部分代表委员，就大家关注的重点教育问题交换意见，提前了解情况，及时提供信息。我就当前社会普遍关注的幼儿园民办园与普惠园的关系、互联网＋教育与学习类 APP 备案问题、残障儿童入学问题、家庭教育与父母的教育焦虑问题等谈了自己的想法。参政议政部的黎晓英副部长、姜其和副部长、焦静副处长等也介绍了我们民进中央今年拟提交的教育方面的相关提案。

晚上九点半左右回家。翻阅昨天台湾慈济慈善基金会副总执行长林碧玉访问民进中央时送我的《行愿半世纪——证严法师与慈济》。昨天，她动容地给我讲起一个故事：一次，慈济的一位 96 岁的志工做环保公益时，有人问她多大年纪，她有点羞怯地说："46 岁。"为什么呢？原来，证严法师有一次召集弟子们商量事情，慎重地对大家说："我要开一个保障银行，你们大家都要来开户。我自己先存 50 岁。这样，就可以是一个 30 来岁的年轻人啦！"这个故事与林碧玉执行长讲的每一个故事都让我非常感动。20 年来，差不多每年见到执行长——一个从年轻时就关掉自己的事务所，投入慈济的慈善事业，把青春和生命都给了这个事业的人。前年，她送给我自己撰写的一本书《靠近爱》，我让她把这三个字写在了书上。

这本书记述了台湾地区的慈济创始人证严法师，从日存五毛钱慈善开始，用五十年的时间铺就四大志业、八大法印的行善大道。虽然对慈济的故事早已经非常熟悉，但每次看见，仍然心生感动。证严带领慈济人坚定地为社会付出，慈而无悔、悲而无怨、喜而无忧、舍而无求的精神也一直鼓舞着我和我们的新教育团队。作者在书中说："救世从救心开始，点亮自己的心灯，集结众人大爱之力，就能替世界带来无限光明，成就未来无数的五十年。"新教育已经有了十八年的探索，五十年以后的新教育，会是什么模样呢？

十点半洗漱休息。

"一年开端看两会"

——春天的约会之二

3月1日，星期五，雾霾

早晨4点45分起床工作。发头条号和新浪微博的专栏文章，写两会手记。

整理两会的提案。前几天与阿里巴巴政策研究室的主任朱卫国讨论技术创新与脱贫攻坚的问题。从基于新技术的健康公益保险项目，通过电子商务平台促进贫困地区农产品产销对接，以及通过互联网平台带动更多企业、消费者等社会力量参与脱贫攻坚项目的角度，对新技术在脱贫攻坚中的作用提出了建议。

早晨7点50分出发去全国政协。

9点参加分组讨论。常委们继续就常委会工作报告和提案工作报告发表意见，同时反映社情民意信息。委员们分别用"强""严""实""紧"等字来概括履职第一年的感受，认为工作报告体现了政治建设强素质、与时俱进强创新、制度建设强保障、作风务实强责任的特点。

也有委员提出应该尽快制定"预付消费卡的管理条例"。现在全国各种各样的预付消费卡成为许多机构"圈钱"的手段，经常是收了钱以后不了了之，关门大吉，脚底抹油。委员们认为，应该加强这方面的管理，完善风险防范措施。

上午10点列席政协第十三届全国委员会第十七次主席会议，听取常委会第五次会议各小组讨论情况的汇报。全国政协主席汪洋在讲话中高度评价了委员们认真负责、积极参与的精神。讨论中大家就常委会工作报告和提案工作报告提出了许多修改意见，文件起草组对这些意见进行了认真研究，采纳了许多意见与建议。

11 点左右会议结束以后，赶回民进中央机关。研究今年民进中央重点调研工作的相关工作。

稍事休息。

下午 1 点 50 分出发去全国政协。

下午 3 时参加常委会的学习讲座，听取国务委员王毅"习近平外交思想与中国特色大国外交"的专题讲座。他从总书记关于世界正处于百年未遇之大变局的科学论断出发，分析了中国特色大国外交的基本特点，并且回答了常委们关心的有关问题。

下午 4 点 20 分举行常委会的闭幕会议。通过了政协第十三届全国委员会第二次会议的议程（草案）和日程、政协全国委员会常务委员会工作报告和常务委员会关于全国政协十三届一次会议以来提案工作情况的报告；会议追认关于撤销束昱辉全国政协委员资格的决定，通过关于接受殷福星请辞全国政协委员的决定，以及委员和副秘书长增补名单，专门委员会副主任任免名单和第二次会议秘书长、副秘书长名单。我继续担任第二次会议的副秘书长。

全国政协主席汪洋在闭幕讲话中对过去一年政协的工作给予了高度评价，用"不轻松""不容易"和"不简单"三个"不"加以概括。他提出，在过去的一年中，全国政协深入学习贯彻习近平新时代中国特色社会主义思想和中共十九大精神，坚持团结和民主两大主题，坚持在继承中发展、在发展中创新，坚持聚焦中心任务，在建言资政和凝聚共识上双向发力，着力强化思想理论武装，着力加强政协党的建设，着力丰富民主协商形式，着力提高工作质量，着力抓好政协委员和机关干部两支队伍建设，实现了十三届全国政协工作良好开局。

全国政协主席汪洋就如何开好今年的两会也提出了要求。他强调，政协大会是中国特色社会主义民主政治实践的重要制度安排，充分发扬民主、广泛增进团结是开好大会的重要体现和保证。要营造既畅所欲言又理性客观、既讲民主又讲团结的良好氛围，真正把社会各界群众的真实想法、利益诉求客观反映出来，把广大干部群众在实践中探索出来的好经验好做法及时总结出来，围绕服务党和国家工作大局，咨政"含金量"要高、建言"靶向性"要强。要突出政协特色，宣传广大政协委员践行使命、积极履职的风采，讲好政协故事。要严格执行中央八项规定及其实施细则精神，严格遵守会议纪律，切实转变文风会风，确保大会风清气正。

前几天全国政协主席汪洋在政协主席会议上曾经说了一句话："一年之计在于春，一年开端看两会"。对此我感受颇深。一年一度的两会，是沟通"江湖"与"庙堂"的桥梁，代表委员们带着民意民心民情来到北京，总理的《政府工作报告》则是向人民递交的一份成绩单和工作计划。两会更是凝聚共识的大平台，民意在这里汇聚，蓝图在这里描绘，共识在这里形成，能量在这里注入。

常委会闭幕了，委员们已经陆续到了北京。相信今年的全国两会会有新的精彩，为我们开启新一年的美好序曲。

晚上母校苏州大学党委书记江涌和江苏理工学院朱林生校长一行来访，就发展中国特色的职业技术教育的教师培养体系谈了自己的想法。最近这些年，苏州大学的学科建设有了长足的发展，江苏理工学院原来是一所职业技术师范学院，后来转型为理工类大学，学校内外在学校发展方向上有不同的观点。我建议仍然坚持以培养一流职业技术教师为方向，整合国内外高等职业教育资源，为中国职业技术教育的发展服务。其实，他们的困惑，也是中国许多大学面临的共同问题，在互联网、大数据、人工智能快速发展的大背景下，如何在世界范围内重新配置教育资源，如何构建真正的现代学习中心，如何发挥学生在大学学术研究与创造中的作用，都需要有新的思维，新的定位，新的战略。

送走母校同人之后，写两会手记。

晚上 11 点洗漱休息。

儿童友好，让世界更美好
——春天的约会之三

3 月 2 日，星期六，雾霾

早晨 4 点 50 分起床工作。写两会手记，发头条号"朱永新教育观察"和新浪微博。

今天的采访活动比较多，做一些文案的准备工作。

早晨 8 点 20 分出发去民进中央开明美术馆。一路顺利，不到半个小时就到达美术馆。

9 点接受北京交通台新闻部记者王琛琛关于盲道问题的专访。不知道她通过什么途径，知道我今年提交了一个关于逐步借助现代科技取消城市盲道的提案。她非常好奇，一个长期关注教育的政协委员，怎么会突然关心起盲道建设的问题。

我告诉她，这是一个偶然发现的问题。在一次朋友见面聊天的时候，有一个朋友知道我是民主党派成员，就建议我关注一下盲道建设的问题。他告诉我，国内许多城市在盲道建设上投入巨大，但是几乎成为"摆设"，不仅盲人不用，普通人也不用。盲人不用，是因为盲人根本不知道盲道通向何方，而且许多盲道上有电线杆、广告牌等各种各样的"陷阱"。普通人不用，是因为在盲道上行走很不舒服。所以，盲道不仅仅浪费人力、物力、财力，而且浪费了公共道路资源。现代科学技术已经能够通过盲人的导航 APP 帮助盲人行路，也有一些城市通过导盲犬和志愿者服务的方式帮助盲人。针对这个问题，我提出了相关的建议。北京交通台的采访很顺利。

9点20分左右接受中央电视台农业频道的专访，就乡村治理中的教育文化问题，以及乡村旅游与乡村文化建设的关系问题等发表意见。农业频道来了七八位记者，他们告诉我，因为是融媒体立体作战，所以从文字到摄影，从采访到编辑，整个团队全部来了。

10点不到，采访结束。抓紧参观民进武汉开明画院的展览。因为展览还没有开始，美术馆展馆内几乎没有人，正好能够安静地欣赏会员们的作品。一会儿要提前离开去人民网接受采访，所以抓紧时间先睹为快，看完了展览。

这是以"与共和国同行，诵新时代风采"为主题的"民进武汉开明画院美术作品晋京展"。以新中国成立70年以来各行各业的成就为内容，无论是书法、国画、油画、雕塑等，都具有一定的水准，共有50多幅精品力作。

10点举行展览开幕仪式。民进中央社会服务部和开明画院、武汉市政协以及相关民主党派、民进北京市委会等百余人参加了开幕式。武汉市政协主席、党组书记胡署光宣布展览开幕，民进中央开明画院副院长徐圭逊、民进武汉市委会主委孟晖、民进武汉开明画院院长李国庆分别致辞。开幕式由民进武汉市委会直属湖北美术学院支部主任、民进武汉开明画院名誉院长钟鸣主持。

10点25分开幕式结束，直接赶往人民日报社参加人民网强国论坛的两会访谈。进入大厅，欢迎牌上显示我是今年做客人民网的第332位嘉宾。与人民网的总裁叶蓁蓁合影留念并交谈，工作人员告诉他，我是人民网强国论坛的老朋友了。从最初创办开始，几乎每年都到人民网与网友交流，尤其是两会期间的"保留节目"几乎没有间断。记得曾经为强国论坛写过一句话："教育强国，人民最大"。今年是人民网强国论坛创立20周年，准备把自己在人民网的访谈整理一下，作为纪念。

十一点半，到演播室录制两会节目。从介绍今年两会我的提案到我关注的教育热点问题，从中小学生的课业负担到人工智能能否取代教师，从教育领域的"放管服"到全民阅读推进过程的短板，根据主持人和网友的提问，我一一谈了自己的想法。

中午12点15分左右离开人民日报，赶往民进中央稍事休息。浏览今天的报刊。

　　下午 1 点 40 分出发去中国儿童中心。2 点 20 分左右到达。见到了许多新老朋友：近 80 岁的北京师范大学资深教授林崇德先生是朱智贤教授的高足，著名的儿童心理学家，多年前我们曾经一起编写《心理学大辞典》，有过愉快的学术合作；国务院妇女儿童工作委员会常务副主任王卫国，中国发展研究基金会秘书长卢迈，全国政协委员、中国听力语言康复中心主任龙墨，北京师范大学中国公益研究院院长王振耀，中国青少年研究中心首席专家孙云晓，联合国儿童基金会驻华办事处政府合作官员毛盼，中国社会科学院大学政法学院副院长陈涛，中国青少年研究中心少年儿童研究所所长孙宏艳，《上学路上》制片人范立欣，中脉公益基金会的秘书长伍华，以及中国儿童中心的丛中笑书记和苑立新主任，中国教育人论坛的马国川秘书长和鲁唯副秘书长等。大家都是为了一个共同的目标而来——中国儿童的发展。

　　下午两点半，中国儿童发展论坛座谈会准时开始。这个论坛是由中国儿童中心与中国教育三十人论坛联合发起。首届论坛准备以"儿童友好：让世界更美好"为主题，今年六一节举行。"儿童友好"是联合国儿童基金会倡导的一个旨在将《儿童权利公约》转化为行动，创建安全、包容、充分响应儿童需求的城市和社区的项目，主要有五项基本内容：儿童有权利受到重视、尊重和平等对待，儿童有权表达意见，儿童有权享受基本服务（医疗卫生、教育、营养支持、儿童早期发展和教育、司法和家庭支持），儿童有权在安全的环境下成长，儿童有权与家人在一起、享受游戏和娱乐。

　　"儿童友好型城市"倡议自 1996 年发起以后，得到了全世界的广泛响应，已经有 40 多个国家的 3000 多个城市参与，其中 500 多个城市已经得到"儿童友好型城市"的认证，但是我国至今还没有一个城市获得认证。与会人员对举办论坛的必要性、论坛的名称、机构与组织、目的与目标、性质与定位、内容与形式、成果与可持续发展等问题进行了充分讨论与交流。一致认为论坛将有助于促进儿童友好的理念、政策和行动的落地。我在总结发言中说，童年的长度决定了国家的高度，对儿童的呵护和尊重，体现了一个国家的文明程度。我们愿意一起努力，为了实现这个愿景——儿童友好，让世界更美好。

下午5点40分左右会议结束。6点与杨东平、钱颖一、张志勇、马国川等见面，参加中国教育三十人论坛学术委员会会议，讨论2019年30人论坛的主题。钱颖一先生卸任清华大学经济管理学院院长以后，进行了几个月的国外访学，他发现当我们对自己的教育不满意的时候，其实全世界大部分国家和地区的学者都对自己的教育不满意，许多地方还把中国的教育作为榜样。这些年来，中国教育三十人论坛先后关注过"十三五"期间教育改革与发展，教育治理现代化，教育评价改革，激活教育活力，教育公平与效率，人工智能与教育、学习的革命等问题，当下中国教育最关键、最重要、最值得研究和呼吁的问题是什么呢？由于要赶往政协参加召集人会议，我只能告假提前离开，不知道最后有没有达成一致意见。

晚上8点在全国政协礼堂三楼参加全国政协十三届二次会议委员小组召集人会议。这是一个常规性会议，以往一般在政协大会的开幕式之后，随即在人民大会堂召开，今年做了一些改革，提前到开幕式前的晚上召开，估计是为了更早地部署相关工作。

会议由全国政协副主席兼秘书长，也是大会秘书长夏宝龙主持。夏宝龙秘书长通报了大会的主要安排，全国政协党组副书记、副主席张庆黎在讲话中希望大家充分认识开好这次会议的重要意义，切实把思想和行动统一到中央部署要求上来。为了确保大会的总体安排和主要任务，确保大会务实高效、圆满成功，张庆黎副主席提出了"五个精心"——精心组织好每次全体会议，精心组织好中央领导同志参加小组讨论，精心组织好小组会议和简报工作，精心组织好提案和大会发言工作，精心组织好新闻宣传工作。他还就全国政协委员在去年两会期间以及各位副主席到地方看望委员期间，就加强和改进人民政协工作提出的45条意见与建议的办理情况做了说明，除了7条因暂时不具备条件或者不符合相关规定未能采纳外，目前已经采纳38条，其中33条已经落实到位。政协的务实态度与工作作风，得到了大家的好评。

最后，张庆黎副主席要求各位召集人勇于担当、履职尽责，切实把各项会议议程组织好、引导好、落实好，确保大会风清气正、圆满成功。

开完会，本来准备直接去会议驻地丰大国际大酒店，但是明天上午要参加周洪宇教授在人民教育出版社的一个活动，从大兴赶到城内路途太远，就回家写两会手记了。

晚上翻阅郑渊洁先生日前寄来的《小兔跑跑跳跳》中英文对照版，这本书本来是 16 年前郑渊洁为女儿郑亚飞讲的睡前故事。没有想到，16 年以后，他的女儿把这个故事翻译为英文。

晚上 11 点，洗漱休息。

扣好履职的第一粒扣子
——春天的约会之四

3月3日，星期日，雾霾

早晨4点45分起床。进入"两会时间"，似乎全身的细胞都早早被动员了起来，三点左右就醒来一次。每天准备提案和发言，准备接受媒体采访的资料，还是忙得不可开交。

今天雾霾比较严重，民进组专门给委员们准备了防霾口罩。

上午8点20分出门，去人民教育出版社参加每年两会期间的"保留节目"——民进湖北省委主委全国人大代表周洪宇主持召开的北京长江教育论坛。每年此时，长江教育研究院与人民教育出版社都要联合举行这个活动，发布年度教育指数、年度教育关键词和年度教育建议书。

因为多次参加这个活动并在论坛上发言，主办方为我颁发了一个"杰出贡献奖"。我就建议书提出的深化教育领域"放改服"改革、推进教育治理现代化问题发表了看法。提出"放"的关键是真正做到放心、放权、放手；"管"的关键是真正做到管方向、管底线和管边界；建议通过"特许学校"的方式进一步放权，通过"柔性管理"来弱化"刚性规定"，让一线教师和校长等基层教育管理人员有更大的自主创新空间。

上午10点离开人教社赶往丰大国际大酒店驻地。

上午11点参加民进组的小组会议，传达昨天晚上小组召集人会议的精神，选举张雨东为组长，姚爱兴、黄震、陶凯元为副组长。

13 点 25 分出发去人民大会堂。虽然我们的驻地离人民大会堂距离较远，也只用了 20 多分钟就到了。上车时带了一叠报纸，还没有完全浏览完毕，就到了天安门广场。

下车后，各路媒体争先恐后蜂拥而上，从内地的中国教育电视台到澳门的媒体，都在关心今年带来了什么提案。

14 点左右，应邀接受中央电视台的采访。我在采访中提出，2019 年是新中国成立 70 周年和人民政协成立 70 周年，也是全面建成小康社会关键之年。面对百年未有之大变局，中国稳中求进，正以改革发展满足人民对美好生活的向往和期待。在这个进程中，作为民主党派成员的委员自然不应该缺席，应该努力察真情、出实招、聚共识，积极建言献策，助力决胜全面建成小康社会。两会是中国人的"政治春节"，大家把一年来的所见、所闻、所思、所行，把一年来的调查研究成果和意见建议带到会上，把在实践中探索的好经验、好做法带到会上，进一步凝聚共识，形成促进经济社会发展的真招、实招。把会开好，是为了把活干好，把事做好，把职履好。

15 点政协第十三届全国委员会第二次会议在雄壮的国歌声中隆重开幕。习近平等党和国家领导人参加开幕式，全国政协主席汪洋代表常务委员会做工作报告，全国政协副主席苏辉代表常委会做提案工作报告。

全国政协主席汪洋在报告中指出，2018 年是全面贯彻中共十九大精神的开局之年，也是十三届全国政协工作的起步之年。这一年，常委会围绕党和国家的中心任务，紧扣团结与民主两大主题，在强化创新理论武装，夯实共同思想基础；突出专门协商机构特色，彰显双向发力优势作用；聚焦中心任务，紧扣打好三大攻坚战和实现高质量发展协商议政；坚持履职为民，助推民生改善和社会发展；坚持大团结大联合，广泛凝心聚力；积极开展对外友好交往，致力营造良好外部环境；以改革创新精神，切实加强人民政协自身建设等方面都做了大量卓有成效的工作。

全国政协副主席苏辉介绍说，2018 年，委员们一共提交了 5571 件提案，立案 4567 件，委员们所提交的提案由 165 家承办单位办理，99.2% 得到了办复，在服务决策、推动工作方面发挥了重要作用。

在去年的政协大会闭幕会上，全国政协主席汪洋曾经要求委员们要做好"委员作业"，常委要提交"履职报告"。其实，今天全国政协主席汪洋和全国政协副主席苏辉的报告，也是常委会提交的"作业"和"履职报告"。

前两天参加常委会，各个专门委员会也在提交"作业"，向常委们报告了一年来的工作情况。政协党组成员还分别对党员常委履职建言情况进行了点评，委员履职的深度和广度有了明显的提升。全国政协主席汪洋在全国政协召开的"习近平总书记关于加强和改进人民政协工作的重要思想理论研讨会"上曾经提出，要从思想上、政治上扣好履职的第一粒扣子。应该说，从各项"作业"来看，这个目标基本上已经达到了。

回程仍然很顺利，虽然没有像去的时候那样严格管控，也只用了 20 多分钟就到了丰大国际。

抓紧时间为《新京报》整理两会专栏文章《作业见分晓》。

19 点看新闻联播，看到了央视记者下午采访自己的镜头。

19 点 30 分左右，接受人民网科教频道熊旭一行专访，就去年一年的委员履职情况和今年提案主要内容进行交流。最后让我说一个两会"关键词"。我把"共识凝聚力量"作为今年两会的关键词。总书记前不久说，人心是最大的政治，共识是奋进的动力。两会就是一个凝聚共识的平台，八方来聚上下齐心，交流分享沟通讨论，形成的共识将会凝聚成为大家前行的力量。

20 点 10 分左右，中央电视台焦点访谈记者来访，请我就职业教育问题谈自己的思考。我结合近年来调研职业教育与脱贫攻坚的情况，结合自己对于德国"双元制"职业教育和美国综合高中的考察，谈了我对于农民工技能培训以及发展职业教育的意见与建议。记者是湖州人，曾经在苏州电视台工作，聊起来特别亲切。她告诉我，初步安排在 6 号晚上的焦点访谈播出。

21 点回到房间。民进中央宣传部的同志告诉我，还有多家媒体希望安排采访。看来只能考虑找时间再来一次集体采访。

今天的《人民日报》海外版发表了我的提案报道《建好高校图书馆，共享文化积淀》。

在头条上看见今天的《中国教育报》发表了《为教师减负！朱永新委员建议以法律形式明确学校和教师权责》的文章。4 个小时中有 540 个评论，数千赞赏。《中国青年报·中青在线》的中国青年网记者王烨捷也在 16 点 35 分以《朱永新委员：老师不是保姆，应减轻教学外负担》一文报道了问题，6 个小时中 380 多个评论。如何为教师减负，不仅涉及教师自身，也事关教育的品质。

同是中国青年网的记者，李华锡、王龙龙于 22 点 35 分报道《全国政协委员朱永新：学习类 APP 进校园应避免"一刀切"式监管》。

晚上继续撰写两会手记。

23 点休息。

为经济高质量发展把脉
——春天的约会之五

3月4日，星期一，雾霾

早晨4点45分左右起床工作。

每年两会总是时间不够用，应约开设的几个专栏，更是把自己完全"绑架"起来了，只能比平常更辛苦一些，从睡眠中要时间。

为了让更多的人了解两会，了解中国的民主政治体系，这样做是很值得的。坚持了多年，继续坚持，在岁月中彰显价值。

发微博、头条号，写手记。除了去餐厅20分钟左右，忙碌了整整3个半小时，除了政协工作外，还完成了一篇关于阅读的专栏文章。

上午9点参加民进组讨论，审议常委会工作报告和提案工作情况报告。

民进中央副主席张雨东主持会议。石爱中委员第一个发言，因为他同时是全国政协提案委员会委员，受提案委的委托，他结合提案工作情况报告，就提案的有关问题做了相关说明。

接着，左定超、张金英、杨静华、史贻云、胡卫、朱晓进、雷鸣强、潘碧灵、李玛琳、陶凯元、姚爱兴、陈贵云、黄震、张帆、何志敏、张显友、张震宇17位委员争先恐后地发言，对政协起步之年的工作给予了高度评价，用得最多的一个字就是"新"。

的确，在短短的一年里，诸多行动，展现出新时代人民政协的新面貌。比如组织建设之新。进入新世纪以来，全国政协召开了第一次专门研究自身建设的会议，深刻把握新时代人民政协的新方位、新使命，推动人民政协制度更加成熟、更加定型，发挥好专门协商机构的作用，在建言资政和凝聚共识上双向发力。

比如参与形式之新。全国政协首次探索了网络议政、远程协商方式，解决了专题协商会和双周协商座谈会参与人数相对较少、外地委员参加不便的难题，逐步形成一种常态化、多层次、各方面有序参与的协商议政格局。例如，以"优化营商环境，促进民营经济高质量发展"为主题的远程议政协商会，就有 13 位委员在北京、浙江、湖南、广东四个会场通过手机连线方式发了言，前后共有 800 余位委员通过移动履职平台开展在线互动，积极建言资政。

比如交流机制之新。民主党派是人民政协的重要组成单位，人民政协是民主党派发挥作用的重要平台。为了更好地发挥民主党派在人民政协协商民主中的作用，全国政协建立了各党派参加政协工作共同性事务的情况交流机制。作为民主党派的政协副秘书长，我直接参与和见证了这项工作的推进。我们民进中央也与政协的人口资源环境委员会、教育科学卫生体育委员会、文化文史委员会或共同承办协商议政活动，或开展联合调研，取得了很好的成效。

又如对外交流之新。政协首次举办外国驻华使节进政协活动，邀请了 41 位非洲驻华使节和非洲联盟驻华代表到全国政协参观座谈，讲好中国共产党治国理政的故事，新型政党制度和人民政协的故事，打破了国际上对于政协的神秘感，也丰富了对外交流的内容和方式，成为这一年政协工作创新中的一大亮点。

再如管理制度之新。要论最有创新、最有力度的做法，是建立了委员履职档案、常委提交履职报告的制度。这改变了过去对委员和常委只有柔性提倡、没有硬性约束的情况，一年只开一次会的"年委员"基本没有了，因为调查研究工作的深入，"雷人"的提案基本没有了。

新的举措，新的行动，必将引发新的变化：委员履职用心尽力，调查研究深入细致，建言内容有理有据，提案对策可行可用……这将推动起步之年的各项工作取得新进展。而这些悄然的变化，正是中国民主政治进程悄然前行的象征。

其实，又何止政协，何止这起步之年呢？大至行行业业，小至每一个人，每时每刻，用心就能创新。毕竟，每一个今天，都是前所未有的一天。而新的美好明天，正是由我们每一个人、每一件事的点滴创新积累而成。

中午，抓紧休息时间写专栏。今年的专栏截稿时间大大提前，必须中午形成初稿，才能保证晚上8点前交稿。这样，中午的休息时间就要被蚕食了。

下午1点25分出发去铁道大厦。

下午3点，出席李克强总理参加的民建、工商联界别委员联组会议。

会议由民建中央副主席李谠主持。尤权、郝明金、肖捷、辜胜阻、何立峰、高云龙，以及国务院有关部门领导参加座谈会。

浙江省工商联主席、富通集团有限公司董事长王建沂首先就《努力推动民营制造业企业高质量发展》发言。他在发言中建议，发挥制度优势，培养一批具有全球竞争力的现代先进制造业产业集群；完善和修订招投标法；尽快出台对外投资促进法。当谈及现行招投标法存在的重价格、不重质量，对供应方监管严格、对需求方缺少监督时，总理插话详细了解情况，表示"魔鬼往往在细节之中"，希望有关部门马上研究，为企业创造公平竞争的环境。

民建中央常委、清华大学经济管理学院院长白重恩在《把握节奏，平稳实现结构转型》的发言中对经济下行压力的四个方面进行了分析。认为适当降低基础设施建设的增速、加强金融监管防范风险、去杠杆、调整税费征管等方向都是对的，但是应该把握节奏，建议大幅度降低社保的缴费率。最后，他以学者的身份"卖一点私货"，提出了一条建议，强调要重视教育在新技术时代的重要性，鼓励交叉学科人才的培养。总理笑着说，这不是"私货"，是很好的建议。

第三位发言的是上海市工商联副主席、月星集团有限公司董事局主席丁佐宏。他提出，在对工商联所属商会进行依法规范管理的同时，应该充分发挥商会在促进"两个健康"中的积极作用，打破一业一会的限制。总理对他发言中提到的还有2万家商会没有领到"出生证"的问题非常关注，详细地询问了情况，表示要尽快解决这个问题。

第四位发言的是广西壮族自治区政协副主席、民建中央常委钱学明委员。他是参政议政明星，提出了医疗下沉、教育上浮、东西联手、提升脱贫质量的建议。总理对他提出的"医疗下沉"特别感兴趣，详细询问了有关情况。

所谓医疗下沉，是指真正实现县乡统一管理，医疗服务一体化。这是基于他在广西实践探索提出来的建议，认为这样做真正实现了政府、患者、医疗单位、医保部门的"四赢"。钱委员告诉总理说，这实际是一个"医共体"，比徒有虚名的"医联体"要有作用。

陕西省工商联副主席、陕西艾尔肤组织工程有限公司董事局主席杨正国委员结合自己的创业经历，就《充分发挥民营企业在技术创新中的作用》做了发言。提出了优化技术创新环境，由评审制转为负面清单制；优化技术创新服务，鼓励民营资本参与服务；完善技术创新人才培养机制；开展标准清理工作，关注创新型企业家培养等建议。

总理对他提出的标准问题回应说：国家正在努力解决这个问题，现在有的没有标准，有的标准过高，有的标准过低，"我们会在标准方面有大的动作！"总理的回答给了大家一个定心丸。

民建中央常委、武汉市人民政府副市长张文彤最后发言。介绍了武汉市在深化"互联网＋政务服务"，促进服务型政府建设方面的工作。他们提出了一次办、网上办、马上办的"三办"，大大压缩了各种审批时间。

在听完了委员的发言后，李克强总理说，他非常高兴与大家共商国是。去年面对错综复杂形势，在以习近平同志为核心的中共中央坚强领导下，我国经济实现平稳运行、稳中有进。政协委员们做出了贡献。国务院非常重视委员们提出的意见和建议，两会前还专门听取了国务院各部门提案办理的情况汇报。

今年发展环境更加复杂严峻，要以习近平新时代中国特色社会主义思想为指导，坚持稳中求进，统筹稳增长、促改革、调结构、惠民生、防风险。更加注重依靠改革开放激发市场活力，顶住经济下行压力，保持经济运行在合理区间；更加注重依靠创新推动高质量发展；

更加注重解决民生难题。民建、工商联汇聚了大量民营企业人士。我国民营企业、个体工商户有 9000 多万户，是促发展、增就业的重要力量。要坚持"两个毫不动摇"，进一步优化营商环境，加大放管服的力度，帮助他们纾困解难，对各类所有制企业一视同仁，汇聚发展，形成更大合力。

总理在讲话中强调，民营企业在发展经济中起着不可替代的作用。"有人说我们民营企业政策是不是有所改变？——没有。也不可能。"就业是最大的民生，将近 2000 万的城乡新增就业劳动力，要保就业，离开民营企业不行。而且，民营经济还有蓬勃的活力，与其他所有制企业、国有经济之间，都有相互补充、相互推动的作用。

总理动情地说，在座的民营企业家创业都不容易，"你们想想看，你们的波折和曲折少吗？但是你们的韧性少吗？磨炼少吗？你们从来都是在这种波折曲折当中，勇敢地面对，坚忍不拔地前进。当然，作为党和政府，我们应该尽可能地给你们创造有利的条件"。

总理告诉大家，国务院常务会议已经明确规定，要求各部门制定文件一定要事先听取意见，把握不准的可以试行，有错必纠。纠正了，只要让国家好起来，政府的信誉不会降低，如果坚持错误，反而会失去人民的支持，失去政府的信誉。

"所以请你们相信，我们愿意听到你们的各种不同的意见和建议！我们也相信，中国特色社会主义在探索当中虽然会有曲折，虽然有各种挑战，虽然有风险和困难，但是我们一定会不可阻挡地前行。""我们大家齐心协力，又各展所长，中国的未来会更好！"

总理的讲话，温暖了在场的每一个人，也让我们对中国的发展更加有信心。

下午 5 点左右离开铁道大厦。

晚上应邀见两位朋友，讨论教育人才培养的问题。长期以来，人们对于教育人才的培养关注不够，传统的师范大学无论是课程体系还是培养方法，早已经不适应现代教师的成长规律。

能否寻找新的突破路径，借鉴企业家培养的经验，结合新教育实验提出的职业认同、专业阅读、专业写作、专业交往模式，创建一所民间的高端教师教育机构？

晚上 9 点以后回到驻地。

赶写几篇约稿。所幸无论是专栏文章，还是两会约稿，都是极为熟悉的内容，写起来很快。

晚上 11 点休息。

唯愿中华满书香

——春天的约会之六

3月5日，星期二，雾霾

　　早晨4点35分起床，开始新的一天。发新浪微博，发头条"朱永新教育观察"。完成每天的必修课之后，继续写手记，提前整理《新京报》专栏……一个早晨在忙碌中飞快地过去了。

　　早晨7点45分出发去人民大会堂。作为政协委员，每年的今天，都要列席全国人大的开幕会议，听总理做政府工作报告。

　　虽然在征求意见时曾经两次参加讨论，但是在现场听李克强总理做《政府工作报告》，还是感觉特别庄严。也因为曾经参加过讨论，在听报告时，也就有了更多思考。一方面，我会努力对照记忆中的讨论情况，关注报告做了哪些修改，思考为什么要这样修改；一方面我也能够更加关注代表委员的反应，注意在什么地方有掌声，什么地方掌声最热烈，留意大家关心的热点在哪里。

　　总理在报告中总结回顾了2018年的工作，提出了2019年经济社会发展的总体要求和政策取向，以及政府的工作任务。这是一个关注民生的好报告。他的报告赢得了58次热烈的掌声，尤其是在减税降费的部分，代表委员连续8次为政府的举措喝彩。想起昨天下午我出席李克强总理参加的民建、工商联界委员联组会议，正是管中窥豹，恰好是今天工作报告的一个注脚。

　　上午10点40分，会议结束，赶往中国网，参加中国网全国政协十三届二次会议特别节目"教育中国"的直播访谈。

和中国网也是老朋友了。尤其是从 2017 年开始，中国网教育频道专门推出一个专栏，每天及时刊发我《两会手记》的完整版，每年的这个时候，就交流得更为密切。包括头条在内的许多媒体，得知中国网取得了《两会手记》的首发权，都表示非常羡慕。

到了中国网，总编辑王晓辉、中国网资讯中心总监詹海涛、中国网教育频道主编曾瑞鑫等人都在等候。他们已经准备好盒饭，我表示先访谈再吃饭，立刻开始了题为《推进全民阅读，建设书香中国》的专访。

在思考今年两会我关注的问题时，我自己最想谈的就是两个问题：一个是如何办人民满意的教育；一个是如何推进全民阅读，建设书香中国。前者已经在人民网做了一个专题，后者就放到了中国网。

为了中午的访谈，主持人专门备了课，一连串的问题逐一抛出——这些年来是什么力量支撑着我一直推动阅读；如何理解我说的"一个民族的精神境界取决于这个民族的阅读水平"；如何评价目前"全民阅读"的氛围；如何在阅读越来越碎片化的网络时代，让孩子安静地坐在书桌前，爱读书、爱经典……

这些问题，都是我推广全民阅读的过程中早就亲身遭遇的，回答起来也是不假思索。尤其是在介绍新教育实验在这方面的探索时，更是信手拈来，觉得时间非常短暂。

中午 12 点 20 分左右，访谈转眼就结束了。吃完盒饭，立刻回驻地。在车上构思今天的《新京报》专栏文章。

下午 1 点 30 分，回到驻地，进了房间稍事休息，立刻开始写作。围绕上午的会议，完成了《新京报》专栏初稿。

下午 3 点，参加民进组讨论。主持人是最高人民法院副院长、民进中央副主席陶凯元。她坐在我身边，我近水楼台地先预约了发言，同时打开电脑，一边倾听讨论，一边及时记录精彩观点，一举两得。

民进广东省委员会的主委鲁修禄委员第一个发言。他提出，2018 年成就之不易，2019 年工作部署体现了深化改革、稳中求进、以人民为中心的理念。因为他同时担任广东省环保厅厅长，也从专业角度对国家支持粤港澳大湾区建设国家生态文明示范区提出了三点建议：一是支持粤港澳大湾区打造蓝天保卫引领示范区，进一步加强

PM2.5 和臭氧的协同治理；二是支持深化粤港澳大湾区碳排放交易，建立碳排放权交易期货机构，规划碳排放峰值；三是支持粤港澳大湾区以"无废城市"理念开展废弃物处置，实现循环发展，建设"无废示范区"。

民进安徽省委员会主委李和平委员高度评价了政府工作报告。认为报告"说老百姓的话，做脚下的事"，具有政治性、科学性和民生性，所有工作安排都体现了以人民为中心的发展理念。

我在发言中讲了自己学习《政府工作报告》的三点体会：一是干货多，二是金句多，三是回应了民进的建议。

政府工作报告的民生"礼包"是很厚重的。比如，增值税改革，将制造业等行业现行 16% 的税率下降到 13%，将交通运输业、建筑业等行业现行的 10% 下降到 9%，减税降费 2 万个亿。再如拿出 1000 亿元用于 1500 万人次以上的职工技能提升和转岗转业培训，中小企业宽带平均资费再降低 15%，移动网络平均资费再降低 20% 以上，在全国实行"携号转网"，两年内基本取消全国高速公路跨省界收费等。

政府工作报告里的"金句"也非常多，如"困难不容低估、信心不可动摇、干劲不能松懈""让青年凭借一技之长实现人生价值，让三百六十行人才荟萃、繁星璀璨""让企业多用时间跑市场，少费功夫跑审批""政府部门做好服务是本分、服务不好是失职！""要让违法者付出付不起的代价！""让收费公开透明，让乱收费无处藏身""让老年人拥有幸福的晚年，后来人就有可期的未来""让权力在阳光下运行。政府干的，都应是人民盼的"。这些金句，不是靠语言的华丽，而是靠真诚的力量，打动着每位代表委员。

民进最近呼吁的两个问题，报告也给予了回应。一个是大篇幅地讲述了职业教育问题，我们前几年调研技工荒等问题时提出的许多建议得到了落实；另一个是明确提出解决文山会海的问题，把国务院的文件压缩三分之一左右，让干部把精力用在解决具体问题上。去年两会的联组会议上，我曾经当面向韩正副总理提出这个建议，没有想到这么快得到了回应。

我在发言中还特别提出了 3 条建议：一是希望在今年的政府工作

报告中能够加上"推进全民阅读"或者"建设书香中国"的表述，这既是体现总理几年前答人民日报社记者提问时的承诺，也能够抓住精神文明建设最有效、最廉价、最直接的路径。二是希望全面体现对于"发展民办教育"的政府立场。三是能够对发展 0 至 3 岁幼托事业有所安排。

全民阅读的问题，这是我这些年来持续关注的重点。我一直呼吁，一个人的精神发育史就是他的阅读史；一个民族的精神境界取决于这个民族的阅读水平；一个没有阅读的学校永远也不可能有真正的教育；一个书香充盈的城市才能成为真正的家园；共读、共写、共同生活才能拥有共同的语言、共同价值、共同愿景。

尤其是信息时代面临诸多改变，在经济外部输入性风险上升、国内经济下行压力加大的背景下，教育是最大的民生，阅读是最高效的教育，推动阅读是推进教育公平最简便的方法。

许多人都熟悉时间管理理论中的"四象限法则"：紧急又重要、重要不紧急、紧急不重要、不紧急不重要。其实，一国之计也是如此。如果说国家安全、经济发展等事务属于紧急又重要的第一类，那么阅读、教育等事务就属于重要但不那么紧急的第二类。21 世纪是人才的世纪，为了国家发展、人民幸福，我们需要多类人才金字塔式的稳定结构。只有把阅读作为国家战略，长远部署，稳步推进，我们才能在每一个今天，不仅创造物质财富，还能积累精神财富，才能为明天储备足够的财富基础，才能在明天再一次转化为更为丰厚的精神、物质的双重财富。

来自山西的焦斌龙委员在发言中建议：环境污染攻坚战要巩固成果，持续发力，治理污染和高质量发展二者不能偏废。一方面要依法推动企业履行主体作用，有效激发企业治污的内在动力，政府要加强指导。另一方面要推动高质量发展，培育新动能，要传统产业、新兴产业双向发力，尤其欠发达地区更要将传统产业改造升级放在重要位置。

民进内蒙古自治区委员会主委郑福田委员对政府工作报告所体现的为民情怀特别感慨，认为在多管齐下稳定就业方面，纠正身份和性别歧视，鼓励退役军人、下岗职工、农民工报考高职院校，加快学历证书和职业证书的互通衔接，体现了劳动者劳动平等、身份平等；在学前教育和养老方面，体现了"老吾老以及人之老，幼吾幼以及人之幼"的情怀。他还提出了两条建议：一是研究中等职业教育和高等职业教育的有效衔接，在可控的范围内加强跨境职业培训；二是注重乡村文化保护。

胡卫、李玛琳、史贻云、黄震、雷鸣强、罗永章等委员也发表了非常好的意见和建议。

下午 5 点，出发去参加中国教育报刊社融媒体的两会特别节目《两会 E 政录》的采访。从丰大国际驻地到中国教育报刊社，路上用了 90 多分钟的时间。另外一位嘉宾是全国人大代表、重庆市九龙坡区谢家湾小学校长刘希娅。早就听说过这位特级教师的大名，她曾经在学校倡导"六年影响一生"的理念，进行了许多颇有特点的教育教学改革。

在中国教育报刊社见到了社长翟博和《中国教育报》副总编、中国教育新闻中心的郜云雁等老朋友，看到他们刚刚建完的新媒体中心，大数据收集教育舆情，及时统计报道社会反响等，期待这里能够传出更多教育的好声音。

晚上 7 点多，准时到演播室开始录制节目。由《中国教师报》的康丽老师主持，这些年一直是她主持《两会 E 政录》的节目。我与刘希娅老师分别从不同的角度围绕教师队伍建设问题进行了交流。刘希娅告诉我，去年她做过一个关于教师负担的"抖音"，一个小时就有 10 万的访问量，第二天访问量达 600 万。她今年提了一个建议：量化教师工作量，每周工作超过 40 小时算加班。正好今年我也写了关于减轻教师负担的提案，有许多观点都不谋而合。

晚上 8 点，赶到中央电视台 7 套录制《代表委员来串门》的专题节目。另外几个嘉宾是一个已经初步摆脱网瘾的孩子（旭凡，化名）和他的母亲，北京"三宽"家长教育科学研究院副院长张旭玲，北京融智企业社会责任研究院院长王晓光博士。话题是围绕农村中小学学生网瘾问题展开的。我们就农村中小学生为什么会有网瘾、什么样的家庭更容易产生网瘾、如何帮助他们治愈网瘾等问题进行了交流。

晚上 11 点 20 分左右回到驻地。已经非常疲惫了，但高速运转一天的大脑却一时间无法进入休息状态，索性开始浏览今天的报刊。

今天的《中国教育报》发表了我的《以阅读工程强壮乡村教育》一文，文章对农村学校图书馆的标准化建设等问题提出了建议。今天的《新京报》则以《"新"成本届全国政协起步之年关键词》发表了我的两会手记摘要。

晚上 12 点休息。

让更多青年凭借一技之长实现人生价值

——春天的约会之七

3月6日，星期三，晴

早晨 5 点 40 分起床。昨天休息晚了，今天起床也晚了一个小时左右。工作了一个多小时后，推开窗，看到雾霾已经散尽，"两会蓝"初见端倪。抓紧工作。照例还是发新浪微博、头条号《朱永新教育观察》，写两会手记。

早晨八点半下楼早餐。十分钟解决问题。8 点 40 分与驻地政协的同志一起迎候全国政协副主席刘奇葆，今天他将参加我们民进组的小组讨论。

上午 9 点讨论准时开始。民进中央副主席张雨东主持讨论，宣布两条发言规则，一是没有发言过的委员优先，二是有地方电视台和媒体采访的委员优先。每年两会，各地方电视台都会关注本省本市代表委员的履职情况，优先让相关委员发言是多年形成的规则。

上午的讨论仍然非常热烈。第一位发言的是民进湖南省委员会主委、湖南省生态环保厅的副厅长潘碧灵委员。他在发言中提出两条建议，一是建议要扩大一定的有效投资。他认为，尽管不要搞大水漫灌的强刺激，但是精准滴灌式的刺激还是必需的。二是建议在反对形式主义和官僚主义的过程中，要重视工作条件和措施的保障问题。

民进浙江省委员会主委、浙江大学医学院附属邵逸夫医院院长蔡秀军在发言中建议为健康中国建立一个坚实的规范标准。他指出老百姓的健康知识知晓率 5% 都不到，应该把精力放在预防上。同时提出应该加强互联网技术和人工智能在医疗上的应用，在精细化管理上下功夫。

民进新疆维吾尔自治区委员会主委包安明委员在介绍了新疆近年来经济社会发展的情况以后，对加大少数民族地区职业教育和双语教育的投入力度提出了建议。他介绍说，南疆地区百分之七十以上的教师不太会说普通话，实用型人才也非常少。希望加大职业教育和双语教育的技能培训。

新疆师范大学副校长牛汝极委员用一个"爽"字概括了他对于《政府工作报告》的感受，认为这是一个有政治担当、历史担当和责任担当的好报告。

昨天下午已经发过言的民进贵州省委会主委左定超委员抓住机会再次发言。他一口气提出了好几条建议，如要加强国家生态文明建设试验区建设的力度，重点支持西部和长江上游财力比较薄弱的省市区；要加大对贵州毕节试验区和三个少数民族自治州脱贫攻坚支持的力度，让贵州深度贫困地区同等享受国家对三区三州健康扶贫优惠政策；支持贵州建设工业大学和农业大学等。

民进广西壮族自治区委员会主委杨静华委员则用一个"稳"字概括了她对政府工作报告的印象。她告诉大家自己的一个发现，即"稳"字在报告中出现了 73 次。73 个"稳"字体现了中国的发展步伐愈加坚定，发展的前景越发明朗。同时，她提出建议，希望从国家总体安全观的高度来重视建立中国与东盟国家海水养殖合作机制，在澜湄流域合作框架下建立澜湄流域鱼类繁育的国际联合研究中心。

民进甘肃省委会主委尚勋武委员认为两会关键词是"底气"。他觉得总理已经做好了打硬仗的充分准备，"他是有底气的。他的底气也是我们全国人民的信心"。这个底气来自以习近平同志为核心的党中央的坚强领导，来自勤劳智慧的中国人民的积极性和信心。

国家知识产权局副局长何志敏委员就知识产权保护问题提出了建议。建议在政府工作报告中增加"制定知识产权强国战略纲要"的内容，尽快制定知识产权的基本法，同时进一步加快专利法、商标法和著作权法的修改。他还对商标的恶意抢注和商标的囤积等问题发表了看法。

　　民进重庆市委员会主委陈贵云委员对用区间来设定发展目标表示赞赏。作为数学家的他认为，区间的提法更科学、更合理。"我绝对知道那种把目标写成一个固定的数字，最后绝对是做出来的。"国家这么大，完全确定的目标，完全固定的数字，最后肯定是造假。他认为，设定区间还有一个好处，就是让我们有时间和精力，把以前追求发展速度，转变成追求高质量。我很认同陈贵云委员的意见，不仅国家发展的总目标如此，许多具体的部门工作指标，也不能千篇一律地规定指标，如学前教育公办园普惠园的比例，如果有一个区间的弹性目标，各地就可以根据自己的情况因地制宜地确定目标。他对政府工作报告中用大篇幅部署职业教育高度赞赏。

　　河北省文化厅厅长张妹芝委员、民进黑龙江省委会主委张显友委员、北京大学张颐武委员、民进山东省委会主委栾新委员等也分别就文化产业等问题做了发言。全国政协副主席刘奇葆曾经担任中宣部领导，与几位委员都有过接触，不时插话交流。

　　最后，全国政协副主席刘奇葆也以委员的身份做了发言。他高度评价了 13 位委员的发言，分别用"讲政治、有内容、很专业"和"用情、用心、用功"加以概括。他认为，总理的报告是一个高举旗帜、求真务实、催人奋进的好报告。过去一年，党和国家事业在攻坚克难中稳步前进，成绩来之不易、弥足珍贵。他重点强调，在深刻复杂变化的国内外形势下，要深刻认识和把握我国发展的重要战略机遇期。从长期趋势来看，尽管世界大局充满风险和挑战，一时也可能出现风高浪急的局面，但是要看到我国支撑和维护重要战略机遇的能力在不断增强。他要求政协委员在深刻复杂变化的国内外形势下，把思想和行动统一到中共中央对重大形势的科学判断和重大工作的决策部署上来；坚持建言资政和凝聚共识双向发力，把凝聚共识摆在更加突出的位置，多做协调关系、理顺情绪、化解矛盾的工作，广泛地凝聚正能量，寻求最大公约数，画好最大同心圆，以优异的成绩迎接新中国成立 70 周年、人民政协成立 70 周年。

　　11 点 30 分左右讨论结束。回房间读友人刚刚赠送的《小趋势2——复杂世界的微变量》。十年前，佩恩曾经撰写了一本同名的畅销书，向人们展示了美国少数派的行为如何对整个美国产生了巨大影响的事实。书中的许多观点和预言，后来都被他言中。在这本书中，他进一步用 50 多个案例，解释了爱情与感情、健康和饮食、互联网科技、人工智能、创业、生活方式、政治和人类工作的未来发展。

12 点 30 分午餐以后稍事休息。

下午 2 点完成《新京报》的专栏文章。为了准备《童书过眼录》的内容，翻阅郑渊洁前些天寄来的《皮皮鲁与穿风衣的猫》。这是一本很有意思的童话集，包括《穿风衣的猫》《鸽王》《金鱼马》《超牙》《自行车大逃亡》等 11 个童话。第一篇《穿风衣的猫》讲述了五个住院的孩子与一个叫作"活塞"的猫的故事。他们都得了不治之症，但是远离考试压力的孩子们仍然感觉比在学校快乐。他们偶然在医院的地下室里遇见了"活塞"，这只猫答应可以帮助他们彻底康复，但是要求每个人找出一个自己的亲戚，用他们的生命来交换。经过一个晚上的思想斗争，孩子们都放弃了这个选择，他们不忍心看到亲戚死去，尽管他们最初选定的亲戚都是他们不喜欢甚至憎恨的人。孩子们的选择感动了"活塞"，猫有九条命，已经死过四次的"活塞"决定用自己的另外五条命来交换，它谎称自己还有六条命，说自己想吃一次鱼煮汤。孩子们最后只买了干鱼片，没有完全满足"活塞"的心愿。第二天早晨，五个孩子奇迹般地全部如愿获得新的生命，当他们高兴地跑到地下室感谢"活塞"时，却遗憾地发现，这只可怜的猫已经死去，它用自己仅剩的五条命，为孩子们获得了新的生命。

下午 3 点，继续参加民进组讨论。民进中央副主席黄震主持会议，他首先就民进组的界别提案做了说明。民进中央常务副主席刘新成参加了下午的讨论会。

因为宁夏电视台到了现场，民进中央副主席姚爱兴首先发言。他高度评价中央政府过去一年的工作，认为"在采取的一些应对上，措施有力而且环环相扣应对得当，尽管困难比预想的要多，但是现在看起来所取得的成绩比预想的也要好。这充分说明以习近平同志为核心的党中央运筹帷幄把握大局的能力"，中国的发展没有迈不过去的坎。同时，他就防范风险和重视社会戾气的问题提出了建议。

第 17 次参加两会的民进江西省委会主委汤建人委员也是心情激动地为政府工作报告点赞。认为这个报告是"多少年来听到的最好的报告之一"。他呼吁发展公益慈善事业，认为公益事业是和谐社会的一块基石，志愿服务是和谐社会的润滑剂。

福建省社科院院长张帆委员认为，工作报告"提振信心、提振精神"，跟所有的人都能联系得上。他对把繁荣发展中国特色哲学社会科学写进政府工作报告感到非常高兴。他说："社会科学研究的很多问题事实上就在我们身边，就在我们所生活的社会之中。"如果社会科学的水平能够提高，社会问题就可以减少。他对报告中提到政府的公信力和执行力也感到特别振奋，因为前几年他曾经代表民进中央在全国政协上做过这个问题的大会发言，呼吁加强政府的公信力和执行力。

民进天津市委会主委张金英委员在发言中就发展社区养老服务业和加快发展现代职业教育提出了建议。

民进中央副主席张雨东委员对报告中大篇幅讲职业教育非常赞赏，但认为职业教育不应该只是民生问题，而应该是一个国家战略问题。他认为：我们国家从发展中国家要进入到发达国家，教育体系也应该与之相匹配。从培养科学家、工程师，到培养技术员、一线技工，应该是一个完整的国家战略。从合理的数量比例到对应的薪酬体系都应该有科学的设计和安排。当大学教授收入可能会高一些，但基本上要拿到博士学位以后才开始挣钱。而普通工人大概是高中后就开始有收入了，前者比后者晚十年左右才开始有收入，结果一辈子过下来，他们的总收入相差不大。

说到职业教育，曾经在扬州市分管教育的董玉海委员也打开了话匣子。他认为，总理在报告中提出要促进现代职业教育体系大改革、大发展，是历年来力度最大的。职业教育非常重要，它不仅仅是一个民生问题，不仅仅有利于缓解就业压力，也是影响我们国家高质量发展的一个重要的因素。他认为，发展职业教育首先要解决管理体制问题。学历证书和技能证书不衔接，分属两个部门，在基层两个部门之间的摩擦从来没有停息过。总理提出的加强这两个证书的衔接，根本上应该是加强两块教育的衔接。他对部分中高等职业学校的办学方向也提出了批评，认为很多高等职业学校并不是把心思放在培养产业工人和技能人才，而是想着升本科。他分析了职业教育为什么吸引力不强的原因，认为关键是通过职业教育培养的学生毕业以后，发展通道不够畅通。应该像总理报告说的那样，真正能够三百六十行行出状元，让更多青年凭借一技之长实现人生价值。

民进河南省委员会主委张震宇委员对三大污染源中的机动车污染问题提出了建议：他认为在 14 亿人口的中国，发展公共交通和绿色交通是根本举措；这么大的国家，去发展每人每家 1 到 2 部私家车，这个是行不通的。

来自上海的胡卫委员就把长三角一体化高质量发展上升到国家战略等问题发表了看法，同时对财政拨付制度提出了建议。他提出，虽然国家的财政经费对教育投入越来越多，但由于财政拨付制度的问题，教育经费的浪费也很严重。他在调研中发现，每到寒假、暑假，中小学大兴土木，瓷砖换了又换，花岗岩换大理石。很多大学的仪器设备没有拆封，实验时间已经过了，原因就是拨款到单位经常很晚。教育经费的结构也不合理，幼儿园占整个基础教育的财政投入只有 7.1%，义务教育只占整个教育经费的 46%。学前教育农村老师一个月只有 800 块到 2000 块钱的收入，根本就没有办法生活。

作为上海中华职教社的常务副理事长，胡卫委员也对发展职业教育问题提出了自己的建议。他批评了把职业教育的目标定位为升学的做法。多年前黄炎培先生提出，"职业教育的目标应该为个性之发展，为谋生之准备，为个人服务社会之准备，为增进生产力之准备。"但是现在的中职为了升高职，高职为了升本科，忘掉了自己本来就是劳动力储备的教育。他主张职业教育不能限定在职业学校，应该走产教融合的路子，为当地的经济发展服务。所以，产教融合、校企结合、工学交替、知行合一才是职业教育发展的方向。

最后，民进福建省委员会主委严可仕委员、辽宁省委员会主委姜军委员和江苏省委员会主委朱晓进委员等，也就脱贫攻坚对口扶贫中的问题、发展基础教育的问题等提出了意见和建议。

晚上 7 点，在驻地三楼昆仑厅参加中国民主促进会第十四届中央常务委员会第六次（扩大）会议。在两会期间召开民进中央常委扩大会议，也是多年形成的一个惯例，一方面参加两会的民进会员、代表委员可以见面交流，一方面也对贯彻落实两会精神进行部署。

民进中央主席蔡达峰主持民进中央常委会。会议审议通过了《民进中央关于学习贯彻十三届全国人大二次会议和全国政协十三届二次会议精神的通知》，听取了关于民进十四届二中全会委员意见、建议落实情况的报告。全国人大代表谢勇、张礼斌和全国政协委员张妹芝、戴立益在会上介绍了自己学习两会精神的体会和履职的情况。最后，民进中央主席蔡达峰做了题为《坚定信心，稳中求进》的讲话。他在讲话中指出，全国两会是国家政治生活中的大事，在国家治理体系中具有法定的地位。在两会上，代表委员依据中共中央的决策部署，反映社情民意，审议各项报告。两会审议通过以后，当年的重大任务依法确定，各项工作依法开展，中共中央的决策部署全面贯彻。参政党及其成员，参加参与这个过程，参加两会的重要任务，首先要准确领会中共中央的决策部署，然后是为此的落实建言献策、凝心聚力。蔡达峰主席还就高度重视防范化解重大风险、切实贯彻稳中求进工作总基调、坚定对中国特色社会主义的信心，以及加强政治建设、严格遵守大会纪律、认真履行代表委员职责、专心致志参加会议、学习贯彻两会精神等提出了要求。

晚上 8 点左右，民进中央常委扩大会结束。会议的时间虽然不长，但遍布北京城市各个地方的 141 位民进会员赶到丰大国际酒店参加会议，调度工作却比较艰巨。机关工作人员做了大量卓有成效的努力。

晚上 8 点 10 分，参加民进中央文化委员会主任（扩大）会议。张妹芝、雷鸣强、杨朝明、徐丽桥、吴碧霞、姜其和等参加会议。会议讨论了今年文化委员会的主要调研、会议和活动安排，将围绕首次参与承办全国政协专题协商会议的议题"农村基本公共文化建设"和民进中央的重点调研课题"深化放管服改革，激发微观主体活力"开展相关调查研究。我在总结发言中提出，民进是八个民主党派中唯一以文化为主界别的参政党，需要在文化领域建言资政，为繁荣和发展文化事业做出我们的贡献。

晚上九点半左右回到房间。回看今天晚上的焦点访谈《教育，为了明天》，主题是关于职业教育与学前教育，其中我就职业教育问题发表了一些看法。注意到这两天的几个短视频访问量很大，其中人民网的秒拍视频《学力比学历更有价值》已经超过 192 万人次，中国教育新闻网的《教师是值得用一生来修行的职业》也颇有人气。记得去年两会的一个保障师生休息权的微视频访问量竟然达到 6.7 亿人次。

晚上 10 点开始整理今天的两会手记，不知不觉竟然写到了十一点半。赶紧洗漱休息。

关爱残障儿童体现文明程度

——春天的约会之八

3月7日，晴，星期四

早晨 4 点 40 分起床工作。继续整理两会手记，竟然写了 5600 字。两会期间的写作不像日常那么从容，专栏与每天的功课都是限时限刻的，半天都不能拖延，所以每天早晨都特别忙碌。把新父母晨诵、童书过眼录等内容，分别发头条号《朱永新教育观察》和新浪微博等。

上午 9 点，参加民进组讨论。民进中央副主席姚爱兴主持讨论。

每一天的发言都很热烈，大家都很珍惜这个既是讨论又是交流的机会。民进中央原副主席贺旻委员第一位发言，她提出了两点建议：一是要从立法修法高度依法加强职业教育，职业教育的作用和定位应该放到经济社会发展的宏观层面，要打破部门之间壁垒，真正实现职业教育和职业培训的互通和衔接。二是加强和完善公共卫生和乡村医生相关政策配套。当前由于全科医生的培养与需求相差太大，购买服务和标准的把握等问题，导致乡村医生数量不够、待遇低、养老保障不完善、人才流失和年龄老化，因此要从提高工资水平、完善养老保障、加强培训等方面进一步完善乡村医生的相关政策配套。

最高人民法院副院长陶凯元委员的建议是高度重视金融风险，配套监管要跟上。有些地方把对小微企业贷款当作行政命令，银行为完成任务，贷款甚至不需要抵押担保，这存在金融风险隐患。同时希望政府努力培养一支善于与国际社会打交道的人才队伍，尤其是法律方面的人才队伍。

西京学院院长任芳委员提出，我国是人口大国，在外部环境比较复杂的时期，要发挥国内市场的活力，发挥人民群众的聪明才智，制定有利的激励机制，激活与人民群众美好生活相关的产业活力，激活民间投资、民间消费，让国内的经济活力来抵御国际环境的压力。她呼吁降低兴办高职的门槛，鼓励办一些小型的有专业特色的学校，尤其要鼓励由企业办职业院校。

民进甘肃省委员会主委尚勋武委员提出，产业扶贫是稳定脱贫的根本之策，要重视扶贫产业的培育。贫困地区大都处在条件较差的地区，产业规模小，产品远离市场。这些地方的农业产业缺乏基础研究和扶持政策，也只是初步自发形成了区域市场。建议国家加大力度，在贫困地区对小特产品加大支持，通过加强基础研究、产业扶持、市场培育，引导贫困地区产业发展。如：在秦岭山区支持中华蜂养殖，建设中国高档优质蜂蜜基地。

黑龙江省中医药科学院副院长王伟明委员对政府工作报告中"让老年人拥有幸福的晚年，让后来人有可期的未来"等内容感到非常振奋，建议推动"互联网＋大健康"，运用现代技术关注百姓健康，利用大数据调查老年人身体产生疾病的根源，让中青年人尽力去避免。同时也希望避免过度医疗，浪费医保资金，把慢性病防控纳入医保体系。她披露了一个非常重要的数据，80％的医疗费用都投入到了病人最后 20 天抢救过程中。

北京航空航天大学教授张涛委员希望政府工作报告的各项工作能抓好落实，"不论金句银句，落实了兑现了就是好句"。希望各级政府把政府工作报告的要求铭记在心，落实在行动上。认为现在我们创新创造能力不够，青少年学业太重，影响了创造力的发挥。

天津市教委副主任孙惠玲委员最关注的自然是教育，她提出，公平不是平均，而是让每个孩子享有有质量的教育。目前学前教育资源不足问题已经凸显出来，要引导社会资本进入到学前教育领域，办安全有质量的学前教育。义务教育均衡发展的路还很长，要做好化解大班额、控辍保学工作，提高教师薪酬待遇。高中教育要多样化有特色发展，高考改革中基础教育和高等教育要形成合力，同频共振。另外，一方面要严厉打击"校闹"行为，让教师安心教学，另外一方面也要大力保护教师的尊严和职业忠诚度，加强师德建设。

一直准备发言的全国政协副主席刘新成不得不一再请委员们"让路"，在大家热烈的发言即将结束之际，谈了自己的观点。他指出：我国经济面临近年来少有的困难、挑战和压力，保持社会稳定十分重要。报告提出稳中求进，避免重大风险，民进作为参政党应把缓解社会焦虑情绪作为参政议政的重点之一，今年的调研要重点围绕国家的重大战略和全国政协的重要协商活动展开。希望委员们围绕这几个焦点问题深入调研，为这两个协商会开出质量、做出贡献。

上午十一点半左右会议结束。今天是政协会议期间提案上交的截止时间。会议结束前，大家讨论通过了民进组准备提交的提案。这次民进中央参政议政部和委员们准备了27份提案，根据政协重质量不重数量的原则，由委员们从中选择了10份提案作为民进界别组的提案，提案数量与去年持平。提案的内容主要包括以教育信息化推进贫困地区教育扶贫、规范人才引进工作、大力开展音体美专业大学生赴农村学校支教开展志愿服务、推进移动互联网技术与医疗融合发展、制定知识产权强国战略纲要、加强工业遗产保护与利用、修订国家通用语言文字法、破解民营企业科技成果转化难问题、加快支持工业芯片技术研发及产业化自主发展、建立未成年人犯罪惩戒和预防法治体系等。

会议结束以后，11点35分应约接受《中国少年报》记者王森的采访。采访仍然围绕着学习类APP能否进校园等展开。另外，记者还给孩子们带来一个问题——六一儿童节能否为父母放假。我告诉她，其实有孩子的父母儿童节大部分是陪伴孩子的，许多单位都是网开一面的，当然，如果能够把这一天作为亲子假日，为有孩子的父母放一天假，也很有人文关怀的意蕴。

从去年开始，把我的所有媒体采访都请宣传部归口，帮助把关，所以，上午会议期间，宣传部的同志还让我接受了《中国青年报》和《南方都市报》的采访。他们分别对学前教育中民办园与普惠园的关系，以及学习类APP是否应该一刀切禁止进校园等问题进行采访。

中午十二点半午餐。发现大部分餐桌都是在开"圆桌小型研讨会”，有些是延续上午小组会议上的话题，有些是跨组间的交流。

中午稍事休息。14 点完成《新京报》的专栏稿。

15 点，继续参加民进组会议。每年政协会议期间，委员界别小组都要就经济社会发展中的热点难点问题与有关政府部门沟通。我们今年的选题是"办人民满意的教育"，目的是能够与今年的全国政协议政性常委会对接，做一些前期的准备。全国政协副秘书长郭军、教育部副部长郑富芝、国家知识产权局副局长贺化、国家广播电视总局宣传司司长高长力、文化和旅游部机关党委副书记孙秋霞、教育部基础教育司司长吕玉刚、教育部学位管理与研究生教育司司长洪大用等参加小组讨论。

下午的讨论由民进中央副主席张雨东主持。曾经担任过广东省知识产权局局长的陶凯元委员就专利管理问题提出了几点建议。她认为，我国基础性、原创性、高价值和核心专利较少，大而不强、多而不优。为推动专利高质量发展，一是要大力提升专利的申请质量，推动高水平创新成果知识产权化；二是要提升专利的审查质量，构建优质高效的授权体系；三是要提升专利运用质量，促进高价值核心专利产业化。她对遏制恶意抢注商标，加强商标注册制度的科学化、精细化也提出了相关建议，希望立法机关要科学设计商标注册制度，行政机关要研究非正常申请和持有商标的甄别机制，同时要大幅度提高非正常申请和持有商标的成本，定期通报非正常申请和持有商标的典型案例。

在云南分管广电工作的副省长李玛琳委员在发言中指出，我国电视事业存在节目资源浪费现象，这带来主流电视资源被淹没、监管困难、精品电视节目越来越少、对电视台业务造成重大冲击等弊端。建议国家广电总局和中宣部对 5G 时代的电视事业发展提前谋划、系统研判，制定电视节目整合规划，对收视率进行监测并建立淘汰制度，支持主流媒体和地方特色媒体做优做大。同时建议国家文化和旅游部在全国范围内同步开展低价游、零付费团队游的整治打击力度。

潘碧灵委员就发挥好乡村学校社会治理功能提出了建议。他认为，传统的乡村学校不仅仅是一个教育机构，而且还承担着文化传承、村民教化和乡村治理的功能，是传播知识、交流文化、维持乡村社会秩序的一个重要的平台。但是现在乡村学校的社会功能已经被极大地削弱了。建议学校建设应融入乡村整体规划，建成乡村教育、文化、体育的综合体。建立双向互动的机制，请教师为乡村发展提供知识指导、文化传承，邀请村干部和乡贤参与学校的教学和管理。

蔡秀军委员针对专利问题提出了意见与建议。他指出，当前专利申请越来越多，在相关考核中应当把专利的转化率作为衡量指标。专利奖的评审过程中存在只注重经济效益、忽视社会效益的情况，往往有些变革性的专利、社会效益很好的专利得不到专利奖。他建议可以建立分类评审制度。同时希望关注将互联网、物联网整合在一起的产品不能申请专利的问题。

胡卫委员在发言中建议借鉴世界上先进的教育方法，满足学生学习兴趣，通过目标设定、情景设计、连续不间断的追问，使学生在分析问题、解决问题、创新能力上有所提高。

我也申请做了一个发言。我在发言中提出，政府工作报告提出发展更公平更有质量的教育。更加公平，就要关注弱势人群。我国特殊教育中融合教育比例低，绝大部分普通学校没有特殊教育资源和课程。希望能尽快把中国残障儿童人数统计工作做好，特殊教育经费至少增加一倍以上，在全国推广融合教育。更有质量，就是要帮助每个孩子发挥自己的潜力，真正成为最好的自己。教育的许多问题其实在教育的外部，要改革人事制度、收入分配制度，以适应并推进不断改革的教育制度。教育部要加强教育结构宏观设计，重构学校制度。要适应新的时代形势，改革课程标准，降低难度，重视生命课程、构建大人文、大科学等课程体系，鼓励"能工巧匠"进校园。最后，希望把书香中国、全民阅读继续写入政府工作报告，抓好农村中小学图书馆建设。

今天讨论发改委《关于2018年国民经济和社会发展计划执行情况与2019年国民经济和社会发展计划草案的报告》以及财政部《关于2018年中央和地方预算执行情况与2019年中央和地方预算草案的报告》，会务组为大家准备了许多相应的参考资料。事先研究了这些资料，我最关心的当然还是教育经费的相关情况。

我注意到，2018年中央财政教育转移支付的84.4%投向了中西部地区，并且向贫困地区倾斜，为约 1.45 亿义务教育学生免除了学杂费并获得了免费教科书，1392 万个义务教育阶段家庭经济困难寄宿生得到生活补助，1400 万进城务工农民工随迁子女实现相关义务教育经费可携带，3700 万农村义务教育学生享受免费营养午餐补助。

2019 年，全国一般公共预算教育支出预算数为 34800 亿元，比 2018 年增长 8%。增长的这 8% 用在什么地方，是我最关心的问题。我注意到，学前教育经费安排了 169 亿元，比 2018 年增加了 20 亿元，增幅 13.1%，义务教育阶段增加了 397 亿元，高中教育增加了 4 亿元，职业教育从 2018 年的 187 亿元增加到 237 亿元，增幅最大，达 26.6%，如果加上政府工作报告中提到的从失业保险基金剩余拿出来的 1000 亿元，职业教育的确是投入力度最大的。没有增加的分别是高等教育和特殊教育经费，仍然分别维持在 205 亿元和 4.1 亿元的专项资金。

高等教育不增加我可以理解，为什么特殊教育不增加呢？身旁的教育部副部长郑富芝告诉我，有关部门商定"十三五"期间保持在每年 4.1 亿元。对此，我在会议上提出了不同意见。我提出，更加公平首先体现在对弱势人群更加关注。特殊教育的人群相对较少，许多问题被掩盖了。虽然有关部门统计表明我国残障儿童入学率已经达到 90%，但我们的统计口径是有问题的。许多残障儿童可能没有登记。我建议加快建立完整的残障儿童统计信息体系，加大融合教育的力度，大幅度提高残障儿童的入学率，增加特殊教育的经费。建议从今年起增加一倍，超过 8 亿元。

今年两会，我带来了一个加大融合教育的力度，提高残障儿童入学率的提案，就与这个预算相关。一个国家的文明程度，在很大程度上体现在她对残障儿童和弱势人群的关注与关爱，尤其是特殊教育，具有更加特殊的意义。

姚爱兴委员最关心的是在宁夏建立"互联网＋教育"示范区的问题。他告诉大家，宁夏已经制定规划，与东部发达省份合作，推动名校名师资源到西部，解决师资不足、教学水平低的问题。希望发改委和财政部在财政资金上能够安排，教育部也能够有项目资金支持。

雷鸣强委员、左定超委员、张震宇委员和朱晓进委员等也就教育的性别差异、支持贵州发展高等教育、知识产权立法和教育公平等问题提出了相关建议。

最后，国家知识产权局、文化和旅游部、中宣部新闻出版局和教育部的领导对委员们发言中提到的问题一一反馈。教育部副部长郑富芝在讲话中还特别感谢民进中央帮助教育系统解决了很多老大难的问题，表示会认真研究委员们提出的意见和建议。

18 点左右晚餐。终于可以稍事休息。

19 点看新闻联播，了解今天的两会新闻。

19 点 30 分，全国政协委员、吉林省工商联副主席、亚桥教育集团董事长宋亚坤来访。宋委员原来是老字号企业上市公司福源馆食品集团的董事长，最近几年开始转型投资教育，一直关注着新教育实验，准备让集团的所有学校加盟新教育，每年两会期间，都要找我交流交流她的办学情况。从她的创业到办学的历程，从学校的建筑到办学的理念，不知不觉中聊了一个半小时左右。

21 点去附近的公园跑步。这是今年两会期间第一次有时间运动。还是感觉不错。

21 点 40 分左右回驻地。翻阅今天的报纸。《团结报》发表了记者李可、马寅秋的文章《全国政协常委、民进中央副主席朱永新：用"书香中国"重焕文化青春》，引用了我的一句话："让阅读成为全民自觉的行动，让建设书香中国成为一个激活五千年文明、重新焕发文化青春的伟大行动，是我们需要主动迎接的新挑战。"

22 点 20 分左右开始写今天的手记。

23 点 30 分休息。

用脚走出来的提案

——春天的约会之九

3月8日，星期五，晴

　　早晨五点半起床。继续写两会手记，写新浪微博与头条号《朱永新教育观察》的内容。今天是"三八"妇女节，发了专门的特别晨诵。一直忙到七点半离开驻地。

　　早晨七点半出发去民进中央机关。今天政协休会一天，原想利用这一天的时间回办公室处理文件等事务，没有想到整个上午还是被采访占满了。

　　上午八点半，一赶到机关，就马不停蹄地接受了中央电视台财经频道记者平凡就职业教育问题进行的采访。从职业教育问题说开去，讲到家庭教育、未来学校等，原定半个小时的采访延长到一个小时左右。中央加大对职业教育的投入是大好事，关键是如何把这些钱用好，在机制体制方面多一些思考和重构。

　　上午九点半，中国人民大学报刊资料中心《幼儿教育导读》杂志社的记者刘亚力一行前来采访，就家庭教育能否纳入学前教育的体系，以及如何在中国理顺家庭教育的体系，加大父母培训的力度进行采访。我一直认为家庭教育是整个教育大厦的基础，基础不牢地动山摇。幼儿期是人一生中成长最快的时期，父母的教育素养直接影响孩子的健康成长。

　　上午十点半，《求是》杂志社直属的《小康》杂志社记者于靖园一行就技术创新推进脱贫攻坚的问题进行采访。这是我两会的一个提案。今年年初，我去三亚参加马云乡村教师奖颁奖活动，遇到了阿里巴巴政府关系部门的刘葳，她给我介绍了阿里巴巴用互联网技术助推脱贫攻坚的一些故事。我觉得这是参政议政的好案例，回到北京后，又与阿里巴巴集团综合部政策研究室主任朱卫国先生深度交流，了解了他们的一些情况。

在帮助因病致贫方面，阿里巴巴公益、蚂蚁金服公益、蚂蚁金服保险与中国扶贫基金会联合发起了一个"顶梁柱健康扶贫公益保险"项目，在贫困县区，对 18～60 周岁建档立卡贫困户全部精准覆盖，为每一位贫困户自动投保。通过移动技术实现高效理赔。1 个村干部加 1 个支付宝，即可为全村人理赔。当贫困户往平台上传医疗发票图片后，平台通过图像识别等技术自动识别医疗费用、药品等内容，降低人工工作量，降低项目运作成本，提升整个项目的效率，因此，整个项目 90% 的资金都可用于贫困户医疗理赔。

除此之外，阿里巴巴以"新零售"促进贫困地区农产品产销对接，以钉钉平台帮助扶贫干部提升工作效率，与国家级贫困县合作，通过网络平台向公众开放保护地认领，支持大规模社会力量参与脱贫等，都做了许多工作，取得了良好效果。如山西省和顺县的非物质文化遗产"牵绣"礼盒上线一天，就有近 3 万人预定了当地绣娘们将近一年的订单，预计带动绣娘每人每月增收近 2000 元。

这些活生生的案例，不就是最好的参政议政素材吗？我继续调查了这个方面的情况，发现不少技术型的企业，都以各自不同的行动，在用自己的技术优势协助开展脱贫工作。于是有了今年的提案《用技术创新推进脱贫攻坚》。

昨天是会议期间提交提案的截止日。今年提交的提案，大部分都有类似上面情况的故事，其中大部分都是自己亲自调研的结果。

今年关于阅读问题提了三个提案。分别是关于建立国家阅读节、建设书香中国的提案，关于加强农村中小学图书馆建设与阅读指导的提案和关于加强高校图书馆建设的提案。建立国家阅读节的提案，自从 2003 年就开始提出，一直未被采纳，可谓"屡败屡战"。但是我一直认为原来国务院法制办答复的所有不同意建立阅读节的理由都不能够成立。一开始说是国家原则上不增加新的节日，但是，从航海日到农民丰收节，这些年还是批准了不少新的节日。后来说是因为有了世界读书日。且不说所谓的世界读书日其实是翻译的一个乌龙，World Book and Copyright Day，正确翻译应该是"世界图书与版权日"。因为我们将其错误翻译为"世界读书日"，导致一方面我们相对比较重视阅读，而忽视了出版、版权与知识产权保护方面的工作，另一方面也未能更集中、更深入地推动阅读相关工作，更重要的是 4 月 23 日纪念的是两个外国作家，与中国毫无关系。我们提出把孔子诞辰日 9 月 28 日作为国家阅读节有非常充分的理由。

关于农村中小学图书馆建设与阅读指导的提案，以前也关注过这个问题，只是去年一年在广西、湖南、云南等地深度贫困地区的调研，让我更加感觉到这个问题的紧迫性。记得在广西靖西县一所村小调研时，中午我们去学校，图书室铁将军把门，原来孩子们在学校吃完饭都回家休息了，村民也无人借书看书。找校长打开图书室，图书的品质尚可，里面居然还发现了两本我的新教育书籍。但是，图书室没有发挥应该具有的作用。

在云南元阳县的一所镇中心小学调研时，因为新建教学楼，图书收到食堂仓库了。我们跟踪到仓库，发现所有的书被打包放在仓库的墙角。很多新采购或者赠送的书，包装也没有打开。我对校长说，这些书其实比你们的老师厉害得多，如果让你们的孩子有机会读到那些最好的童书，他们会热爱阅读，会远远比课堂里学得更多。

所去的学校，要么没有书读，要么书不适合学生读，要么不让学生借书读，没有专门的管理人员、开放时间短等问题比较普遍。最后，写成了这个提案。

关于加强高校图书馆建设的提案，是去年上半年教育部交给民进中央的一个调研课题。当时孙尧副部长把我请到他的办公室，希望我们能够对高校图书馆建设的问题进行深入的研究。接到任务以后，我们立即安排了相关调研，山东、河北、江苏、浙江、北京的十多位高校图书馆馆长参与了参政议政部组织的调研，并在 8 月底召开了高校图书馆建设研讨会。这份提案，就是在比较充分的调研和研讨的基础上形成的建议。

关于用高科技导盲设备逐步替代盲道建设的提案，则起源于与朋友的一次餐叙。记得在前年的一次活动中，一位朋友知道我是民主党派分管参政议政的副主席后，主动提供了一个线索，希望我们关注1300多万视障群体的交通出行。从来没有注意过这个问题的我，与参政议政部的年轻同志就开始翻阅资料，调查研究。发现我国已建成全球长度最长、分布最广的盲道（据公开报道，上海已建成盲道2500多公里，北京超过1600公里，厦门超过460公里，无锡市区达400多公里）。但有形的或无形的障碍，还是横亘在盲人和外部世界之间。我专门用两个多小时的时间在南北两个城市街头实地观察，没有发现一个盲人在盲道上行走。盲道只是实现了"存在感"，使用率极低，除特教学校、隐藏在巷中和居民楼的盲人按摩店，庞大的盲人群体似乎"不存在"。不仅盲人不走盲道，正常人也不走。政府花大代价建设的盲道沦为摆设。但是，因为盲道建设是文明城市评比的一票否决内容，尽管知道是鸡肋，仍然不得不花钱"买太平"。

关于处理好公办园与普惠园关系的提案，来自我和中国教育三十人论坛成员杨东平教授的一次通话。我问他：预计今年两会教育方面的热点是什么？他考虑了一会儿说是公办园与普惠园的关系问题。前不久，一些地方出现了粗暴地停办民办园，强制民办园转为公办园等的做法，引起了民办教育界和社会的焦虑。民进中央最近几年对学前教育问题多次调研，先后在北京、武汉、宜昌等市实地察看了各种类型的幼儿园，积累了大量素材，前年我们还和政协教科卫体委员会联合承办了双周协商座谈会，所以准备这个提案相对比较容易。我一直认为，在中国做教育，各地经济社会发展不平衡，完全可以用不同的标准指导，尽可能用区间性的指标柔性管理，这样就不会出现为了实现80%的公办园和普惠园的目标而关停并转民办园了。

关于完善学习类APP进校备案工作，促进"互联网＋教育"健康发展的提案，也是经过了比较深入的调研。由于近年以来青少年视力的下降以及网络有害信息的泛滥成为社会关注的热点问题，2018年8月30日，教育部等八部委出台《综合防控儿童青少年近视实施方案》，其中要求"严禁学生将个人手机、平板电脑等电子产品带入课堂，带入学校的要进行统一保管"。2019年1月，教育部印发《严禁有害学习类APP进入中小学校园》的通知，要求"各地教育局要建立 APP 进校园的审核备案制度，对 APP 内容、运营方等进行严格审核把关。凡未经审核批准的学习类 APP，一律禁止在校园内使用"。同时，有关部门公开表示，下一步将明确教师不得通过手机微信和 QQ 等方式布置作业。据此，各地教育行政主管部门也层层加码，纷纷出台更加严格的管控办法，严禁学习类 APP 进入校园。有的省规定：严禁使用 APP 布置作业，使用电子产品开展教学时长原则上不超过教学总时长的 30%。有的省则规定：初、高中每日电子作业总时长不超过 20 分钟并向学校报备，原则上不布置电子家庭作业。有的地方教育部门要求老师学生家长"一刀切"式地停止使用作业 APP，令整个行业面临生存挑战。例如，有的地方教育部门，凡是媒体报道的作业 APP 立即停止使用。

一时间，全国各地中小学校纷纷要求老师和学生卸载使用多年的学习类 APP，无论是老师、学生还是家长对突如其来的改变不知所措，我国在线教育行业集体陷入有史以来最严峻的考验。

根据这个情况，去年底，我专门去了某著名互联网教育公司进行深度调研，与部分互联网教育的负责人交流，发现互联网教育对于提升边远地区的中小学教学水平、推进教育公平；对于提高学生学习效率、减轻课业负担的确具有重要的作用。而且，大多数互联网教育企业在政府各项要求下，积极服务用户需求，通过科技力量助力基础教育信息化。我们不能因为少数不法分子的行为而否定整个行业的努力，更不能因为互联网普遍存在的公害而阻断新技术进军教育行业的步伐。人工智能等新兴技术在教育行业的利用是大势所趋，各项新技术对教育、教学质量的提升效果才刚刚显现，绝不能搞"一刀切"式的简单粗暴监管。所以，完成了这个提案。

今年准备的提案比较多，由于政协提案委要求减少数量保证质量，我反复筛选，保留了目前的 12 个。其他如《关于加强心理咨询社会服务机构监管的提案》《关于加强民办康复机构治理的提案》《关于建立跨所有制的学前教育质量监测体系的提案》等近 10 个提案，准备在今年继续深入调研，条件成熟时再提出，有一些准备通过社情民意的方式反映。

中午 12 点稍事休息。下午在办公室处理文件。一个多星期没有到办公室，文件、报刊和书籍已经堆得好高了。

特别开心的是，同时收到两本书的外文版，一本是尼泊尔当代出版社出版的《朱永新教育小语》，这本小书的翻译都是经验非常丰富的专业译者，有10多年的翻译经验和期刊编辑经验，包括曾经做过记者工作的 Devendra Gautam，以及若干位尼泊尔文学家 Rochak Ghimire，ganubakerPoudyal，k.p Gautam，Janardhan Dhhngana，Narayan Upadhyay，B. Khanal，Bal Kumar Nepal，Raghu Ghimire，Kiran Gautam 等。翻译团队中，还包括尼泊尔知名儿童书作家 Kartigya Ghimire，吸纳了年轻学者如 Saurav Dhakal 等。一本是俄罗斯尚思国际出版的《中国近现代教育思想史》，这本书的译者是俄罗斯东方图书出版社专业翻译达丽娅·库尔洛维奇等。

我担任主编的《新阅读译丛》赫希核心知识系列的大部头译著《新文化素养词典》也飘着墨香来到了案头。这本书按照学科领域，把美国人耳熟能详并且经常在日常交际中使用的 7000 个词条内容详细地加以介绍，赫希认为这是美国人的文化常识。赫希是美国核心知识运动的创始人，在国际阅读界有着广泛的影响。借鉴他们的研究方法，建构中国的阅读理论体系，一直是我们新教育人的梦想。感谢许可、黄丹青两位担纲翻译，出色地完成了任务，也感谢福建教育出版社用相当大的精力审校编辑，使这本书顺利问世。

晚上七点半赶回驻地。翻阅从机关带来的报纸。《中华读书报》发表了记者陈香撰写的长篇报道《参政议政十六年：一位知识分子见证的中国民主政治进程》。从去年底采访到成稿，这篇文章用了几个月的时间。今天的《人民日报》也发表了我的两会日记《察真情才能建真言》。《新京报》的政协笔记则发表了我的《职业教育别忘了储备劳动力初衷》。今天的《中国新闻出版广电报》发表王坤宁等的报道《全国政协委员朱永新建议：确保最好图书进入农村学校》。

晚上九点半运动 30 分钟。细读《新文化素养词典》，写两会手记。准备明天早上发布的童书过眼录、每天送你一首诗等内容。

晚上 11 点休息。

共识凝聚力量

——春天的约会之十

3月9日，星期六，雾霾

早晨又是四点半左右醒来。昨天会议休息的时候，把一些"欠账"还了，相对没有那么紧张，于是再睡，6点起床。发微博、头条《朱永新教育观察》。

打开电脑，收到一个学生的母亲同时在新浪微博和头条号给我的来信，心中很不平静。

在这封长信里，这位母亲谈到了身体健康、课业负担、心理健康等一系列问题，她在信中说：

> 朱老师，对于当下教育，作为一个母亲，我经常痛苦地想：将来我不愿意拖着一个几乎看不清、深度近视的孩子过马路！到那时候，不要说意义了，连意思都没了！我宁可不要100分，也要有一个健全、完整的孩子！哪怕他过着平凡而幸福的生活！！

> 2018年教育部颁布了号称"史上最严减负令30条"，为什么我们的很多公立学校既不听更不执行？中学生每天超负荷的作业量，教育部规定初中生每晚作业量不超过1.5个小时，但事实是很多学校的作业量，光一门课最少也得写1.5个小时，经常是每天几门作业累计得五六个小时以上，写到深夜一两点是常事。

　　孩子们都在长身体，每天只能睡五个小时左右，长此以往，孩子和家长都不堪重负，在痛苦中煎熬！长此以往，孩子们的身心健康无法得到保证，身体素质越来越差，眼睛近视问题也无解！很多孩子都是年年换眼镜，因为近视度数在不断加深。因为孩子们一直在打疲劳战，眼睛得不到充分的休息！

　　超负荷的作业量，使得孩子们每天除了那点很少的睡眠时间外，其余时间几乎全部被压榨。学生的生活，除了上学就是写作业，没有自主时间。无论是对于学习还是生活，没有消化、吸收、实践、思考、自省和调整的时间。题海战术使孩子们经常是在烦躁和抓狂中熬夜，生活完全没有留白！这样的生活状态，本身就是不健康的，还何谈成长进步？！

　　在这样的负重下，孩子们没有放松、没有阅读、没有实践，更没有娱乐，只有写作业，孩子活得不像个孩子。在这种状态下，孩子们不叛逆和抑郁才怪呢？他们和养鸡场里的鸡有什么区别？鸡是每天被关在狭小的空间，只给吃饲料和激素，为的是多产蛋；而现在的孩子们和这有多大不同？不同的是，鸡是要让多产蛋，孩子们是拼命刷题，逼着让多产高分！

　　当然，还有其他心理问题，比如走极端，这几年频频发生的学生自杀和杀人事件还少吗？是什么把孩子们逼得，还没体尝人间的悲喜，便已生无可恋？！能不能让孩子们感受到生活的美好？能不能让孩子们把写作业的头抬起来，仰望星空，数数星星！朱老师，救救孩子们吧！

　　读着这封信，欲哭无泪。这样的问题，不仅需要在两会上呼吁，更需要我们在实践中好好探索，寻找一些从根本上解决这个问题的办法。为了这些母亲和孩子，我们任重道远啊！

　　处理完早晨的工作，读中信出版社昨天刚刚寄来的《深度学习——智能时代的核心驱动力量》这本书。

　　上午9点参加民进组审议《中华人民共和国外商投资法（草案）》。民进中央副主席陶凯元主持会议，民进中央常务副主席刘新成参加我们组的小组讨论。

虽然民进界别组对外商投资法不一定非常熟悉，和大家的职业也有距离，但是整个上午的讨论仍然很活跃。杨静华、胡卫、潘碧灵、石爱中、黄震、何志敏、焦斌龙、陶凯元、鲁修禄、左定超、罗永章等委员先后发言。

曾经在广西招商部门工作过的杨静华委员在发言中说，外商投资立法是与对外开放和法治建设相辅相成、相伴而行的。外商投资立法是我国进一步扩大对外开放、营造良好发展环境的必然要求。外商投资法草案充分体现了在实践中注重解决外商投资者比较关注的企业产权保护、知识产权保护等问题。她认为外商投资法草案是一部成熟的、适应新形势需要的基础性法律，虽然在具体操作层面上没有做过详细规定，但留下了制定实施细则的空间。希望外商投资法颁布实施后，做好原来"外资三法"过渡期的衔接工作，并对港澳台投资者进行宣传和解读。

主持人陶凯元委员是这个领域的专家，她在大学曾经教授与此相关的课程 12 年，后来从事的工作也与此相关。昨天光明日报记者还专门向她约稿谈这一问题。她在发言中提出，第一，制定外商投资法是营造国际一流营商环境的要求，也是推动形成全面开放新格局，回应国际社会关切，促进社会主义市场经济健康发展的重要举措。本法实现了外资企业法的"三合一"，主要是宣示性的。具体操作方面有待实施条例和其他配套性规范文件予以完善。本法第四条，关于对外商投资实行准入前国民待遇加负面清单的管理制度是最大的亮点。第二，第二十条有关对外国投资者是否实行征收及征收标准的规定，体现了坚持立场和与时俱进。第三，第二十二条关于知识产权保护的规定，体现了平等保护、尊重知识产权、尊重契约自由和当事人意思自治原则。第四，第二十五条关于建立外商投资企业投诉工作机制，旨在建立争端预防机制，以非对抗方式解决争端。第五，第三十二条至三十四条，关于反垄断审查、信息报告制度和安全审查制度的规定，是外商投资企业健康规范发展的保障。

11 点 10 分左右结束了小组讨论。11 点 20 分左右，刚刚回到房间，就接到了《中国新闻出版广电报》记者郝天韵的电话，希望就全民阅读问题进行采访。我只好马上再回到会场。在会场上看见上海、江苏、浙江的民进主委和三省的委员正在围坐开会，原来是在讨论研究民进组织如何助力推进政府工作报告中提到的长三角一体化战略问题。

郝天韵告诉我，新闻出版界别的委员对政府工作报告中没有提到全民阅读也非常焦急，吴尚之、阎晓宏等委员也非常期待能够在听取委员代表意见的基础上，再次把"全民阅读""书香中国"写进政府工作报告中。我就阅读对于国家经济社会发展，对于增强民族凝聚力等具有的特殊作用等问题谈了自己的看法。

12 点左右午餐。下午 1 点 45 分出发去大会堂。2 点 20 分左右到达休息室，与张连起委员交流参政议政的体会。前两天看到他在《人民政协报》写的《春天的"答卷"》一文，之前也看过他参政议政的报道，聊起两会手记的写作等，谈得很投机。

15 点，本次会议的第一场大会发言准时开始。全国政协副主席梁振英主持会议，国务院副总理胡春华和国务院的有关部委参加了会议，听取委员的意见和建议。

按照惯例，第一场是围绕经济建设与生态文明建设展开的。

第一位发言的是全国政协经济委员会副主任、中央财经委员会办公室原副主任杨伟民，他就《我国经济长期向好的基本面没有变》谈了自己的观点。杨委员开门见山就指出，当前，我国经济总体平稳，稳中有变，变中有忧，经济面临下行压力，但这并没有改变我国经济长期向好的基本面。我国经济发展，一是需求基础和供给条件没有变，二是重要战略机遇期没有变，三是供给侧结构性改革的主线没有变，四是宏观调控精准施策的思想方法没有变。针对当下存在的问题，他提出：要以增强微观主体活力为重点，推动相关改革走深走实，防止改革空转、企业无感；要激励干部担当作为，防止有约束无激励、强约束弱激励、约束层层加码激励层层递减；要鼓励创造性贯彻落实中央决策部署，防止怕问责而运动式、一窝蜂、一刀切等具体建议。

第二位发言的是全国政协经济委员会副主任、北京大学新结构经济学研究院院长林毅夫。他以《为中国经济投上信心一票》为题就中国经济的宏观趋势做了分析。他分析了 2010 年以来我国经济增速下滑的主要原因，并且就降成本和补短板问题提出了相关建议。从降成本看，目前已开始为中小企业大幅减税。从补短板看，可补的方面还不少：如产业从中低端向中高端升级，基础设施投资转向城市内部的地铁、地下管网，5G 的商业化运用，污染防治领域的短板也亟待补齐。我国也具备补短板的资金优势，只要坚持推动我国经济实现高质量发展，坚持以供给侧结构性改革为主线不动摇，贯彻落实"巩固、增强、提升、畅通"八字方针，我国经济高质量发展之路必将越走越宽广。

接着，陈志列委员、陈双委员分别就大力支持民营企业发展壮大，戴北方委员和李世杰委员分别就科技创新和企业创新提出了意见和建议。

戴北方委员在讲述深圳创新驱动的经验时，特别介绍了他们人才培养和"放管服"方面的做法。认为深圳创新成果迭出，就是得益于国内外各类创造性人才的有效集聚。他们在管理机制上放权，在评价机制上放开，在分配机制上放活，加快构建更具全球竞争力的人才制度体系。尤其是把发现、培养青年人才作为重要责任，为他们施展才干提供更多机会和舞台。"创新的根本出路在教育，要改革应试教育体制，让最优秀的人去培养更优秀的人。"

在"放管服"改革方面，深圳的重要经验之一就是政府"不管"。"不管"不等于缺位，而是对企业多服务、少干预。应贯彻"底线监管"原则，将法律底线之上的广阔空间留给市场主体，审慎干预。对一时看不准的东西，采取边创新部署、边试点应用、边完善监管的策略逐步推进。对看准了的方向和领域，则集中资源，加快培育"基础研究＋技术攻关＋成果产业化＋科技金融"无缝对接的创新生态体系，厚植创新沃土，让有效市场与有为政府默契配合、相得益彰。

中国铝业集团有限公司党组书记、董事长葛红林委员对于清除处置"僵尸企业"的三道障碍分析得淋漓尽致，引起了许多委员的共鸣。他认为，利益割舍难、土地处置难、职工安置难，是当前"僵尸企业"无法快速出清的主要障碍。所谓利益割舍难，是因为"僵尸企业"及地方政府、金融机构、股东、供应商等利益相关方，往往会从自身利益出发，给处置"僵尸企业"带来阻力。如上市公司担心处置所属"僵尸企业"会带来一次性的巨大减值损失,"家丑外扬"会影响企业的形象,造成资信下降,融资成本提高;金融机构为了避免"僵尸企业"的贷款记为坏账,怕被问责追究,联手企业能拖则拖,"输血续命"维持僵而不死等等。所谓土地处置难,是因为"僵尸企业"留下的有效资产大多为价值不高的工业用地和国有划拨用地,虽然通过变性开发,升值部分可以用于弥补处置成本,但有的地方政府因为经济下行、财政困难无力收储,或者担心流拍增加地方债务。所谓职工安置难,是因为"僵尸企业"职工转换身份成本高,企业难以筹措,加之处置过程中地方政府"少裁员、保稳定"的要求,企业领导普遍有畏难情绪,实施难度较大,有的能拖则拖。为此,他提出了国务院成立"僵尸企业"处置督导组,地方政府设立"僵尸企业"土地收储专项基金,全国社保基金给予"僵尸企业"职工安置经费支持,各级人社部门加大对社保缴费的减免力度等四条"清障"建议。

精准脱贫、乡村振兴、生态文明也是今天下午的重要议题,黄先耀委员、刘永好委员、蒋作君委员、杨戌标委员等先后围绕着几个问题发言。

2018年5月至11月,黄先耀委员先后到西部8个省(区)开展东西部扶贫协作和对口支援调研,进行脱贫攻坚专项巡视。共走访了23个市(州、地区、师)、60个贫困县、91个贫困村、173户贫困家庭,向22名中管干部请教,与数百名扶贫干部进行面对面交流,对脱贫攻坚现状有了直观了解和切身感受,在此基础上提出了脱贫攻坚要处理好"六对关系",防止六种倾向。

作为从农村走出来的民营企业家,刘永好就如何积极投身乡村振兴实践,促进农村产业融合发展提出了5条建议。

青藏高原是"世界屋脊""亚洲水塔""地球第三极",是我国重要的生态安全屏障、战略资源储备基地,也是中华民族特色文化的重要保护地。蒋作君代表致公党中央就保护好青藏高原生态环境,积极应对气候变化,提出了包括构建青藏高原"大生态"观测系统、开展青藏高原环境与气候变化预测预警和适应技术研究等具体建议。

来自浙江的杨戌标委员介绍了他们如何真抓实干绘就天蓝、山青、水绿的"现代版富春山居图",以制度机制推动"生态资源"转化为"富民资本"的做法。

尤尼泰税务师事务所有限公司总裁、中国注册税务师协会副会长蓝逢辉委员在发言中指出，这些年来国家在减税降费方面出台了许多政策，但为什么部分企业的获得感、实惠感仍不高，还是感觉"苦困累"，激情和信心不足？究其原因有五个方面：一是中小企业专业人才缺乏，内在能力不足，为适应改革规范财务付出的成本高；二是企业生产经营成本近年持续上升，材料、水电油气、人工土地房租等成本不断上涨；三是社保负担重，名义费率高给企业带来巨大"心理压力"；四是经济下行压力加大，融资难融资贵、制度性成本高等问题未能有效解决，减税降费配套政策不够同步；五是国际竞争日益激烈，企业生存发展面对更多挑战。这些冲淡着企业的获得感。他开出的"药方"也有五帖：一是以"企业能发展、个人能承受"为原则降低社保费，解决名义费率与实际费率差距大的问题；二是清理规范监督政府涉企收费项目，降低制度性成本；三是深化财税体制改革，深化增值税改革，提高直接税比重，简化税务申报，优化税务管理；四是培育支持税务师等涉税专业服务力量，充分发挥涉税专业服务作用；五是完善减税降费配套政策，如贫困地区财政转移支付、中央与地方财政分成比例、建立地方税体系等。

中国进出口银行党委书记、董事长胡晓炼委员就防范化解重大金融风险做了非常专业的发言。她指出，尽管国家在防范化解重大金融风险方面做了大量工作，取得了积极成效，但金融领域仍是风险高发之地：一些地方政府隐性债务难以为继，房地产市场似在钢丝上找平衡，股票市场反复震荡，债券市场时现违约，人民币汇率暴露在外部冲击阴影之下，非法"P2P"网络借贷平台等引发群体性事件等。为此，她提出了要营造维护有利于防范和化解金融风险的宏观环境；平衡好防风险和稳增长的关系；统筹协调、分类施策，打好政策组合拳；建立完善更加协调、中立的金融监管制度；充分发挥金融机构防控风险主体作用等五条建议。她最后说："金融机构是防控风险的第一责任人，也是第一道关口。要善于发现问题，不让隐患积累；要勇于揭露问题，不搞击鼓传花；要主动拆弹排雷，不当藏头鸵鸟；要自律严管严控，不容内鬼藏身；要聚焦主业主责，不搞脱实向虚；要奋发有为、善于作为，守土有责、守土尽责；要增强忧患意识，保持斗争精神。按照习近平总书记提出的要求，将防范风险的先手，与应对和化解风险挑战的高招结合起来；将打好防范和抵御风险的有准备之战，与打好化险为夷、转危为安的战略主动战结合起来，守住风险底线，坚决打好防范化解金融风险攻坚战。"

最后一位发言的是清华大学中国经济思想与实践研究院院长李稻葵。他用"成长烦恼"来比喻中国经济的发展，因为我们是成长中的大个子，"个头长得太快，难免不协调、不平衡。一些领域投资过多、产能过剩，一些地区生态破坏、亟须修复，一些核心技术还没掌握。但是必须看到，这些问题完全可以在成长中得以解决"。所以，必须以冷静、开放的心态合理应对今日赛场明星的挑战。他最后的结论是："中国仍然处于重要战略机遇期。只要我们抓住战略机遇，更加坚定地推进改革开放，中国经济的明天一定会更美好！"其实，这也是整个下午的大会发言给委员们留下的最深刻的印象。

会议结束以后乘车回驻地。5 点 20 分左右到达丰大国际。

晚上 8 点运动了 25 分钟左右。

八点半看中央电视台财经频道的两会特别节目。其中有我关于职业教育问题的两分钟左右的访谈。昨天采访时我还就解决教育问题的出路提出了建议，特别介绍了关于未来学习中心的构想。记者平凡非常感兴趣。他还专门用手机拍摄了一段我关于盲道问题的视频，今天在央视财经的小程序中以"两会财经说"播了出来。

九点半写手记。昨天的《人民政协报》头版发表了我的小文《共识凝聚力量》。我在文章中写道：在全国两会的舞台上，需要政协委员起到上传下达的作用，通过协商达成共识，通过共识来凝聚力量。委员的使命之一，正是以形成共识为己任。每一位委员通过自己专业上的不同认识，通过对民间走访摸到的一手信息，通过对具体问题进行的深入调研，就能够把自己变成形成共识的一个个小小枢纽。真正的共识，必然是民间官方不同声音的结合，必然是科学人文不同专业的组合，必然是激进保守各种心态的平衡，必然是四面八方各种力量的汇聚。因共识而行动，中国梦将会书写最美的新篇章。

其实，无论是今天上午审议《中华人民共和国外商投资法（草

案)》，还是下午的大会发言，不都是为了形成共识吗？上午的讨论，形成了积极促进外商投资、保护外商投资合法权益、营造法治化国际化便利化的营商环境、为推动高水平对外开放提高法治保障的共识。下午的大会，我们形成了我国经济仍然处于重要的战略机遇期、长期向好的基本面没有变、要为中国经济投上信心一票的共识。

晚上 11 点休息。

用更多好作品提升文化自信

——春天的约会之十一

3月10日，星期日，阴天

早晨4点40分醒来。因为昨天晚上完成了手记，想再睡一会儿。结果5点10分还是彻底清醒了。

今天上午的小组讨论是围绕习近平总书记加强和改进人民政协工作的重要思想，结合常委会工作报告和2019年协商计划讨论政协工作。我在民进中央分管参政议政、民主监督和政治协商方面的工作，如何动员全会的力量参与，需要理清思路。所以，在完成了每天在新浪微博、头条《朱永新教育观察》的功课以后，开始准备上午讨论的发言。

上午9点参加民进组的小组会议。民进中央副主席张雨东主持会议，常务副主席刘新成参加会议。会议首先学习了习近平总书记在政协文艺、社会科学界联组会议上的讲话。总书记在讲话中希望大家能够坚定文化自信，把握时代脉搏，聆听时代声音，勇于回答时代课题，从当代中国的伟大创造中发现创作的主题，捕捉创造的灵感，深刻反映我们这个时代的历史巨变，描绘我们这个时代的精神图谱。民进是以教育、文化、新闻出版为主要界别的参政党，总书记的这些话，不仅让我们感到亲切，更感到沉甸甸的责任。

接着讨论政协工作。说起政协自己的事，委员们自然也是有话要说。

朱晓进委员第一个发言，他建言要加强对人民政协工作的宣传，让社会主义民主协商制度更加深入人心。希望围绕庆祝人民政协成立 70 周年，开展政治协商进基层、进群众、进社区等活动，让全社会更了解政协，让人民感受到政治协商的优越性。通过对政治协商制度的宣传、协商民主的有效运作方式等的传导，让讲民主、重协商成为全社会的行为方式和生活态度，充分发挥人民政协在推进国家治理能力现代化中的更大作用。

接着，郑福田、栾新、张显友、左定超、胡卫、张震宇、张金英、姚爱兴、潘碧灵、姜军、黄震等委员分别就乡村文化振兴、养老产业发展、办好人民满意的教育、在建言资政凝聚共识中双向发力、民主协商的程序与成果、共享经济的发展、教育问题的民主监督、协商计划的内容、把协商贯穿政协工作全过程、加强委员学习与培训、加强政协的界别工作等问题提出了意见和建议，希望政协在年度协商计划中能够关注相关的议题。

我在发言中也谈了自己对于中国共产党领导的多党合作和政治协商制度的思考。我提出，人民政协制度经过 70 年实践，已经显示出不可比拟的独特优势，协商民主作为一种新型的民主形式有很大发展空间，要把它放在我国基本制度的框架下不断探索。例如，探索研究多党合作和政治协商之间的关系、基层协商、民主党派结合界别特色开展民主监督等问题。要有效总结地方和基层的经验，不断完善政治协商制度。今年协商计划中以"办人民满意的教育"为主题的议政性常委会，围绕学前教育问题的双周协商座谈会，以"农村公共文化服务"为主题的专题协商会由民进中央主办，希望各位政协委员、民进各省级组织围绕相关问题进行全面梳理，深入调查研究。

上午 11 点 20 分左右小组会议结束。

会议结束以后，民进河南省委员会主委张震宇送我一本《中原开明智库》，这是河南民进 2018 年一年参政议政的成果汇编。

《光明日报》的记者罗旭和《华西都市报》的记者杜江茜赶来采访。罗旭是老朋友，十五六年前我刚刚参加政协会议时，她还是一位刚刚参加工作不久的年轻记者，老朋友见面格外亲切。她告诉我，虽然联系不多，但一直关注着。《华西都市报》的记者也是预约了好久，希望我就参政议政的体会以及自己经历的两会所发生的变化等谈谈看法，我们还就学习类 APP 进校园、全民阅读等问题进行了交流。

午餐以后稍事休息，抓紧时间写了一部分《新京报》的专栏初稿。

下午 1 点 45 分出发，去大会堂参加政协十三届二次会议第三次全体会议。

下午 2 点 20 分到达大会堂。

接受香港大公文汇报业集团主任记者凯雷的专访。凯雷也是多年的老朋友，原来是香港《文汇报》北京办事处的主任，对我的参政议政工作和新教育实验事业一直高度关注，也多次整版报道我们的工作。今天他特别关注的是政协的网上议政平台、书香中国以及我的两会提案等问题。

凯雷还介绍认识了另外一位全国政协委员、香港新青年出版社的冯丹藜博士，简单交流了一会儿，就到了委员进场的时间了。

下午 3 点，政协全体会议的第二场大会发言准时开始。全国政协副主席郑建邦主持会议，中宣部黄坤明部长以及中共中央国务院有关部门的负责人参加会议。15 位委员围绕社会建设与文化建设问题先后发言。

第一位发言的是中国社会科学院马克思主义研究院原院长、党委书记邓纯东委员。他提出立德树人教育要从六个"讲清楚"精准发力，即把马克思主义认识论、方法论讲清楚；把中华文明传承与进步规律特别是近代以来中国历史演变规律讲清楚；把世界社会主义发展历程及经验教训讲清楚；把当代世界发达资本主义国家的新情况讲清楚；把中国特色社会主义的由来、本质、内涵讲清楚；把古今中外为人类正义与进步事业奋斗的典型人和事讲清楚。

中央广播电视总台一级导演吕逸涛委员用央视的《朗读者》《国家宝藏》等节目为案例，介绍了他们的工作如何为人民创作文艺精品，讲好新时代中国故事，表示要着力提升传播能力和创作能力，展示真实、立体、全面的当代中国，讲好中国共产党治国理政的故事、中国人民奋斗圆梦的故事，展现新时代中国人的精气神，让世界倾听中国、读懂中国。

我最感到亲切的，自然是民进中央副主席、民进宁夏回族自治区委员会主委、自治区人大常委会副主任姚爱兴代表民进中央的发言。姚爱兴委员在发言中提出，近年来，我国涌现了一批既体现中华民族文化价值取向，又具有较高艺术水准，受到观众喜爱的优秀文化产品。如纪录片《国家宝藏》讲述文物背后源远流长的中华文化传承；《舌尖上的中国》以一日三餐的细节与温情传播中华饮食文化；《创新中国》《超级工程》，则呈现了中华民族的底蕴与力量；政论片《必由之路》以风云激荡的感人故事，谱写了国家民族砥砺奋进的壮丽史诗；综艺类节目《中国诗词大会》《中国成语大会》等，体现出中华传统文化的博大深厚与意存高远。

"这些作品的共同点就在于把握时代脉搏、聆听时代声音，坚持与时代同步伐、以人民为中心，以精品奉献人民、用明德引领风尚，讲好中国故事、传播好中国声音，向世界展现了中国智慧、中国精神、中国力量，对坚定文化自信起到了积极的影响。"

他同时指出，当前影视"霸屏"的大多还是"娱乐至死"的快餐文化，一些小丑式的"文化大师"、娱乐明星带来的是肤浅调笑、低俗媚俗的文化产品。最后提出了三点建议：一是要注重对传统文化的继承与弘扬；二是要坚持对改革建设伟大成就的讴歌，不断丰富现实题材的精品力作；三是用优秀文化产品培养青少年的中国心。

姚爱兴委员的发言不仅是对当下文化现象的评论与建言，也是对于我们民进参与国家文化大发展、大繁荣建设的自我期许。在中国八个民主党派中，只有民进是以文化界为主界别的。民进从诞生开始，就凝聚着大批文化界的精英。文化名家荟萃，是民进的一个重要特点。

民进成立 74 年来，从早期的叶圣陶、冰心、郑振铎、傅雷、林汉达等文化巨匠，到当代的冯骥才、王立平、赵丽宏、李前宽、陈维亚等文化名家，都创作了一大批传世之作。从《稻草人》《致小读者》到电视剧《红楼梦》插曲、电影《开国大典》、舞剧《大梦敦煌》，从傅雷的经典翻译到冯骥才的"四驾马车"（小说创作、文化遗产保护、绘画和教育）、赵丽宏的诗歌散文，从陈铎解说的《话说长江》《话说运河》到徐帆、杨立新主演的《唐山大地震》，从倪阳设计的上海世博会中国馆到姚建萍创作的苏绣《泰国活佛》《水乡》，无不体现了民进人用精品奉献人民的初心。

民革中央副主席高小玫委员代表民革中央发言的题目是《实现幼有所育关系国家未来》。她在发言中表示，0 至 3 岁婴幼儿养育支持是当下备受关注的民生短板，应加快将育幼纳入公共服务支持体系，加快建设托育公共服务体系。建议从 3 岁以下托育服务入手，逐步构建与我国经济社会发展水平相适应的育幼制度体系，提出合理的财政支持方式，研究家庭育儿个税抵扣、隔代养育财政补贴等综合政策支持。

北京大学副校长田刚委员在代表民盟中央发言时建议，要提高教师待遇和社会地位，健全中小学教师工资长效联动机制，设立国家教育奖，表彰若干"人民教育家"，建设国家级师范教育基地，加大一流师范院校和师范专业建设力度，提高乡村教师生活补助标准等。

南开大学原校长、中国科学院院士饶子和用两弹一星的成功案例，说明了强化基础研究战略部署的意义。他建议要从两个方面解决核心技术"卡脖子"的问题：一是要像制定国家粮食安全中长期规划那样，制定国家基础科学研究战略规划，建立基础研究"国家队"；二是进一步提高基础研究经费占全社会研究与试验发展经费的比例。按照《国家中长期科学和技术发展规划纲要（2006—2020 年）》的设定，作为加强基础研究的实际行动和具体指标，建议结合国情，今年将这个比例提高到 10%。2019 年全社会研究与试验发展经费比例，世界主要创新型国家多为 15% 到 20%，美国约为 18%。我国的这一比例十几年来都徘徊在 5% 左右，2018 年也只有 5.6%。

百度在线网络技术有限公司董事长李彦宏委员在发言中表示，正如伦理道德是人类文明数千年发展的重要稳定器一样，人工智能伦理将是未来智能社会的发展基石。要抓住人工智能的战略发展机遇期，加快伦理研究和创新步伐，构筑我国人工智能发展的竞争优势，早日建成智能社会，用技术造福百姓。

李彦宏委员建议，由政府主管部门牵头，组织跨学科领域的行业专家、人工智能企业代表、行业用户和公众等相关方，开展人工智能伦理的研究和顶层设计，明确人工智能在安全、隐私、公平等方面的伦理原则，制定人工智能伦理的指导性文件，促进民生福祉改善，推进行业健康发展，掌握新一轮技术革命的主动权。

就业是最大的民生。中央经济工作会议把稳就业放在"六稳"之首，表明就业是经济发展的"头等大事"。国务院发展研究中心副主任王一鸣委员就此提出，要聚焦结构性就业压力，重点关注受外部环境影响较大的外贸出口企业、产能过剩行业、老工业基地和资源型地区，以及农民工、中低技能劳动者和高校毕业生等群体。同时，要增强民营企业的就业吸纳能力。实施更大力度的减税降费，进一步改善营商环境，增强民营企业的信心和活力，扩大就业容量和空间。

接着，国家药品监督管理局局长焦红委员代表农工党中央，就组织启动国家癌症攻坚行动计划、显著提升人民健康水平，民建中央调研部部长陈百灵委员就推进居家养老服务专业化、社区养老服务便利化、机构养老服务标准化和服务队伍职业化，北京市石景山区八角社区卫生服务中心主任助理诺敏委员就加强基层医疗卫生工作，把党的惠民政策送到人民当中，中国残疾人联合会主席团主席张海迪委员就加快发展重度残疾人托养服务，海南省政协主席毛万春委员就加快建设海南自由贸易试验区、打造更高层次改革开放新格局等问题，分别提出了有针对性的意见和建议。

今年春节期间，因为总书记的关注，"快递小哥"成为社会的一个热门话题。共青团中央书记处书记徐晓委员指出：2018 年，全国快递包裹量突破 500 亿件，快递企业配送人员超过 300 万，各类网络外卖平台还有数百万专兼职配送员，他们中绝大部分是 35 岁以下的青年。快递小哥工作时间长、劳动强度大、职业保障差，社会认同不高，融入城市难，自称是大家身边"最熟悉的陌生人"。他建议要完善职业保障，让小哥们跑得更开心。

今天大会发言的明星人物，自然非探月工程总设计师、中国工程院院士吴伟仁委员莫属。他回顾了我国自 2004 年实施探月工程以来的成就：2007 年嫦娥一号完成绕月探测，实现中华民族飞天揽月的千年夙愿；2013 年嫦娥三号成功降落在月球虹湾地区，把玉兔号的足迹刻在了月球上；嫦娥四号首次实现在月球背面软着陆和巡视探测，成为人类太空探索新的里程碑；广寒宫、天河基地、泰山和一些古今科学家名字等 27 个中国文化元素，被国际天文联合会命名，永远镌刻在月球上。

勇于探索的探月工程团队实现了多个国际首次：首次获得 7 米分辨率全月立体图，已经保持 8 年的世界纪录；首次在地月拉格朗日 L2 点进行长期探测；首次获得月表下面 200 米左右的地质剖面图。中国探月工程坚持和平利用、合作共赢的基本原则，主动开放部分资源，帮助多个国家搭载了科学仪器设备；又将获得的宝贵原始探测数据向全世界开放，充分体现了大国担当和大国胸怀，得到了国际社会的充分肯定和广泛赞誉。中国探月的这些成绩有力地支撑了国家政治外交，走出了一条探索浩瀚宇宙、和平利用太空的中国道路。

吴委员告诉我们，随着今年嫦娥五号从月球采样返回，明年发射第一个火星探测器等标志性工程的实施，我国将跻身于世界航天强国行列。未来十年左右，月球南极将出现中国主导、多国参与的月球科研站，中国人的足迹将踏上月球，我国将迈入世界航天强国前列。

吴委员的"压轴"发言很振奋人心，短短 7 分钟，赢得 7 次掌声。

下午 4 点 45 分左右会议结束。因为晚上参加政协秘书处会议，再回到驻地路上来回时间太长，就直接到政协去了。

下午 5 点 20 分到达政协。找了一个会议室，抓紧继续整理今天的《新京报》专栏。专栏是一把双刃剑，一方面让你及时整理自己的所思所行，把自己的思想与别人分享；一方面也把你的时间规定得很死，在规定的期限完成规定的任务，这是我们经常戏谑自己的"双规"。因为晚上要开会，专栏截止的时间是晚上 8 点，所以需要见缝插针完成。

晚上 7 点 45 分参加政协十三届二次会议秘书处会议，审议这次大会的政治决议（草案）。这也是每年两会的"规定动作"。副主席兼秘书长夏宝龙主持会议，会议的副秘书长、秘书处和工作组组长等参加，大家就政治决议的部分内容与文字提出了修改建议。

晚上 8 点 15 分左右会议结束，赶回驻地已经是 9 点 20 分左右了。

抓紧整理今天的手记。

晚上 11 点休息。

如何办好人民满意的教育?

——春天的约会之十二

3月11日，星期一，晴

　　早晨5点20分起床工作。发新浪微博的"新教育晨诵""童书过眼录"和头条号《朱永新教育观察》的"每天送你一首诗""新父母晨诵"等内容。看到昨天新浪微博的阅读数达到了159万人次，特别是陈香撰写的关于我的报道《参政议政十六年》阅读人次超过了82万，央视《财经》关于盲道提案的微视频则超过了66万。

　　写完手记，拉开窗帘，只见天空又出现了"两会蓝"。下午去大会堂时用手机拍了一张"两会蓝"的照片，发到新浪微博，点击量突破了70万。

　　上午9点参加民进组讨论。按照惯例，今天是围绕本界别关心的议题开展界别协商。民进是"教育党"，所以我们选择了"办好人民满意的教育"作为今天的话题，也为今年的议政性常委会做一点准备。

　　一进会场，就看见桌子上有一本《人民政协报》庆祝改革开放40周年的特刊《当世界向你微笑》。收录了《人民政协报》用52个版面近18万字全面回顾改革开放40年的大事，开篇就是贺春兰的文章《从高考恢复到教育强国——40年教育时光故事里的政协力量》。文字中也讲述了我的高考故事，所以特别亲切。

　　讨论由民进中央副主席姚爱兴主持。全国政协文化文史和学习委员会副主任刘佳义、财政部副部长余蔚平、教育部副部长田学军、财政部科教司司长黄家玉、中央统战部一局副局长付强、国家发改委社会司副司长蔡长华、教育部政策法规司副司长杨志刚等参加协商座谈会。

上午的发言依然争先恐后，事先预约发言的就达到 13 位。来自上海的胡卫委员第一个发言。他在发言中提出，办好人民满意的教育不容易，因为人民的需求是多方面的，一部分人满意的事情，可能另外一部分人不一定会满意。所以，需要认真研究究竟是为什么，教育政策中一些措施适应学生父母的需求，但对学生群体的诉求往往反映不上来，要认识到教育的本质是为学生发展服务。要改革教育部门的繁文缛节，改变会议多、文件多、牌子多、填表多以及多头管理的现状，推进教育领域"放管服"改革，给学校充分的办学自主权。长期从事民办教育研究的他，对民办教育的发展也提出了建议，希望对存量的 17 万家民办学校的过渡政策加以落实，对分类后的非营利民办学校的财政补助经费一定要到位，税收要优惠，同时进一步规范民办教育的管理。

杭州市副市长谢双成委员在发言中建议，解决教育问题，要坚持问题导向和目标导向的统一，倾听不同地方不同群体的诉求，把推动教育事业作为推动党和国家各项事业的"先手棋"。他主张要坚持教育的个体发展功能和社会发展功能相统一，因为教育不仅是民生问题，也和经济文化息息相关，办好人民满意的教育根本是培养什么人，为谁培养人。他还建议要坚持给学生、学校、老师减负，深化教育领域的"放管服"，明确办学办教的权责边界，清理学校的各项考核检查，实行目录清单制。

民进江西省委员会主委汤建人委员近年来在推动校园足球方面做了大量工作。他很有感触地说，发展振兴足球事业，关键是把路子走对。青少年普遍热爱足球运动，但规则意识不够。如果想在足球比赛中取胜，必须尊重规则，运用规则。江西开展了青少年校园足球星级裁判的培训工作，培养了 600 位星级裁判，由 600 位星级裁判负责 100 个县学生、裁判员的培训工作。两年来培养了 4400 名合格的青少年校园足球裁判，在比赛中取得了好成绩。建议通过校园足球运动着力培养广大青少年的规则意识，提升国民的综合素质，成就中国辉煌的未来。

曾经担任过中学英语教师的天津市教委副主任孙惠玲委员长期关注教师问题，为教师代言成为她发言的主要内容。她就加强教师队伍建设开出了五帖"药方"：一是要保护好教师的形象，弘扬尊师重教的社会氛围；二是保护教师的尊严，让老师保有一份职业尊严，认为一些伤害教师、侮辱教师事件的处理，没有体现对教师的尊重；三是保护教师的忠诚度；四是保护好教师的利益，总体上教师收入较低，有些地区甚至存在欠薪现象，职业成就感得不到满足；五是培养教师"以情育情、以爱育爱"的情怀，这比专业技能的提高更为重要。

民进湖南省委员会主委潘碧灵委员关注乡村教育与乡村教师。他的五条建议都是围绕这方面提出的：一是对农村教育要全面加强、"全面改薄"，教育均衡发展要向贫困地区倾斜；二是对小规模学校进行整体规划，与村庄规划衔接，建设教育、文化、体育综合体；三是要加大贫困地区的师资培养，实现教育均等化，把师生比调整为班师比，确定教师编制，师范学院实现一市一校；四是大力发展农村本土职业教育，加大对传统专业的改造，适应现代农业农村，建设乡村实验实习基地；五是帮助小规模学校和中西部人口大省化解大班额，中央财政给予重点支持。

曾经在哈尔滨市分管教育的民进黑龙江省委员会主委张显友委员在对职业教育和民办高校的发展提出意见的同时，重点对发展冰雪运动问题提出了建议。他在发言中说，为了落实 3 亿人冰雪活动，希望国家给予经费保障，在寒冷地区一个县市区建一个室内冰上活动中心，为筹备 2022 年北京冬奥会营造氛围，保障教育部确定的 2000 所冰雪基点校活动的开展。

焦斌龙、朱晓进、鲁修禄、雷鸣强、李和平、左定超、尚勋武、陈贵云、张妹芝等委员分别就解决中小学课后服务收费、稳妥推进中高考评价制度改革、治理校外培训机构畸形发展、解决教师"缺编"、加快构建家庭教育指导体系、完善教育方针内容、对大别山连片贫困地区给予"三区三州"相同政策支持、帮助贵州化解教育债务风险、中央财政设立西部高校教师队伍建设专项基金、完善科研经费管理制度、在规模较大学校建设教师公寓等问题提出意见与建议。

我事先也预约了一个发言。关于教育，这是我长年累月思考的问题，还是有很多话要说。

办好人民满意的教育，我觉得有两个重要标准：第一个重要标准是"有学上"，第二个重要标准是"上好学"。

其实，有学上的问题，现在并没有得到根本的解决，还有三个群体存在入学难问题。第一个群体是残障儿童。我们国家有 8500 万残疾人。这是根据残疾人口占总人口 6.21% 的比例计算出来的。如果按照全世界的平均值 10% 来算的话，我们的残疾人口可能还要更多。我们现在义务教育阶段，登记的持证残疾儿童入学人数只有 59 万多，入学率为 90%，实际上要远远低于这个数字。我们国家残疾人的持证比例相对较低，北京这样的城市也有 50% 左右的人是没有残疾证的。没证就不统计进来，这是有问题的。根据 2007 年第二次全国残疾人普查的结果，当时 0 到 6 岁的残疾人就已经是 139.5 万人，6 到 14 岁是 246 万人。建议发改委、残联、教育部等相关部门联合起来，抓紧对全国残疾儿童的人数做一个统计。

第二个群体是进城儿童。进城儿童中，可以简单分为两种，一种是农村进城务工人员的子女，一种包括所谓"白领"的孩子。现在非京籍的学生入学手续非常麻烦，要进北京的学校，需要提供几个证明：就业证明、居住证明、户口本，同时还需要一个证明你在户籍地没有人帮你看孩子、缺少监护条件的证明等等。

第三个群体就是学前儿童。我们现在理解的学前教育，还是传统的学前儿童概念，主要是指 3 到 7 岁的儿童。今后应该改成 0 到 7 岁。为什么？因为 0 到 3 岁是一个人的大脑发育最快的一段时间。现在脑科学已经证明，大脑的发展最迅速的时期是 0 到 3 岁。此时人的语言能力、对世界的认知，都是发展最快的。所以，学前教育的内容不是一个简单看护的问题。在国际上，亲子阅读、亲子沟通、亲子关系的建立，是从零岁就开始了。现代教育研究已经证明了过去许多说法都有科学依据。比如过去讲"三岁看大，七岁看老"。这个阶段的教育问题，如果不引起足够的重视，会成为重大隐患，贻害无穷。这个阶段如果中国能够领先，从教育上早做准备，把学前教育从 0 岁开始，中国的教育与人力资本开发完全可以走在世界前列。而且，可以创造大量新的就业机会。

近年来，国家大力发展学前教育，入学率增长比较快，但我们相关的准备是非常不够的。国家中长期教育规划的目标是 2020 年学前教育三年毛入学率达到 70%，到 2018 年我们已经发展到 81.7%。但是，我们各方面准备好了吗？目前学前教育阶段的教师大约缺 400 万人。学前教育的教师绝大部分是在中职培训的，相对而言这些学校没有比较好的学前教育背景、资源和基础，我们主要的师范院校并没有承担起这样的责任。去年民进中央专门写了个提案，希望发挥"国家队"在培养学前教育教师中的作用。

我说"有学上"的问题并没有得到根本的解决，主要是以上三个人群入学还有很大的难度，这也是回答群众满意不满意最根本的一个前提。

第二个重要标准是"上好学"。这方面也有几个问题应该引起关注。

一是缩小学校差距。这些年国家在推进义务教育阶段的均衡发展方面做了大量卓有成效的工作。但在实际工作中我们经常注意到，做锦上添花的事情还是比较多。政府总是希望有窗口学校，所以在人力、物力、财力等资源的配置上，总是有意无意地往那些已经很好的学校倾斜。现在新增的教育经费里，很多是项目经费，这些好学校的项目总是特别多。为什么？因为它本身资源多，申请的时候项目又包装得好看、人力物力配备又比较足，所以好学校拿项目总是拿得多，所以经费也愈发多。因此，建议政府在配置公共教育资源的时候，尤其要注意向薄弱学校倾斜。

如何解决薄弱学校发展的问题，现在好像只有一条路——通过教育集团化，优质学校兼并薄弱校或者联合办学。这当然是解决问题的一个方法。但是，政府能不能把薄弱学校交给那些既有教育理想和情怀，又有教育能力和办学意愿，但是没有雄厚资金的人去办？这次两会我提出了一个发展中国特色的"特许学校"的概念。在国外，这已经是很成熟的做法了。美国、英国等国家早已经开始这么做。我们不能把民办教育完全变成是有钱人来办的教育。民办教育完全可以交给那些有理想、有本事、有能力的人去做，让民办学校成为不以营利为目的的学校。所以，集团化办学并不是扩大优质教育资源的唯一道路。我们还有更多更好的道路可以选择。制约教育发展的，往往是最短的那块板，把最短的这块板拉长，对教育的发展是有好处的，这就是缩小校际差距。

二是减轻父母焦虑。我们知道，父母的焦虑有很多原因。一方面有社会的原因，用人单位偏重录用高学历人员，不同学历之间收入差距大都是重要的原因，但也有父母自身的原因。所以，我一直期待加大全社会的教育知识普及，提高包括父母在内的全社会的教育素养，让大家知道究竟什么是好教育，孩子成长的规律究竟是什么等等。

从目前的情况来看，公众对教育的理解，还是有很多欠缺的。社会存在普遍的焦虑，"剧场效应"很突出。大数据的研究显示，择校也好，加班加点的补习也好，只对少数学生有用，对大部分学生其实效果不大，几乎可以忽略不计。但所有人都还是要去补习。一些基本的教育理念，比如说，父母是最好的老师，阅读是最好的学习，幸福是最好的人生……像这样最简单的教育常识，并没有成为社会的共识。一旦很多正确的教育理念普及了，一旦很多常识成为社会共识的时候，从父母个体到社会群体，就不会那么焦虑了。

在听取了大家的意见以后，发改委、教育部和财政部的领导都做了回应，感谢委员们的真知灼见和具体建议。最后民进中央常务副主席刘新成讲话。他提出，人民政协的定位是协商的平台，协商分成很多层次，界别协商是其中一个重要的层次，它的优势是话题集中，面对面的交流，把不同渠道的信息汇集起来。今天的协商会，委员们的发言涉及方方面面，汇聚了各方智慧，有关部门领导也做了回应，达成了共识。委员们还可以在会后提交书面材料，使协商会的成果更好地发挥效力，把"办好人民满意的教育"落到实处。

中午 11 点 45 分左右会议结束。新华社记者和海峡之声的记者邀我接受采访，新华社的记者请我谈对界别协商会议的感受以及自己是如何准备今天的协商会议的。海峡之声则对我主编的《台湾教育系列丛书》表示了浓厚的兴趣，请我对两岸的教育交流以及台湾教材的"去中国化"等问题谈了看法。

中午稍事休息。阅读昨天张震宇主委赠送的《中原开明智库》。这本书汇集了 120 多个参政议政的成果，作者紧扣河南改革发展中的重点难点和民生热点问题，围绕经济、政治、文化、社会和生态文明建设，尤其是体现民进界别特色的教育、文化、出版方面的问题展开研究，提出了许多切实可行的建议。民进中央蔡达峰主席亲自为这本书撰写了序言。

下午 1 点 45 分乘车去人民大会堂，2 点 20 分左右到达。离开会还有 40 分钟时间，拿出包中的《新文化素养词典》开始阅读。对赫希在第三版序言中的一段话特别有共鸣。他说："共同体是建立在共同的知识与价值观的基础之上的，当我们阅读同一本书或是同一份报刊时，我们所共有的知识就成为了必需，同时它也构成了将我们彼此紧密联系在一起的纽带。"他认为，对于受过教育、有文化素养的美国人来说，总有一些是他们共同具备的基本知识，这就是所谓的"文化常识"。这本词典，就是汇集了美国人必须具备的文化常识。我们中国人是不是也应该有一本属于我们自己的《新文化素养词典》呢？

下午 3 时，政协全体会议的第三场大会发言准时开始。全国政协副主席卢展工主持会议，中共中央政治局委员、中央统战部长尤权和有关部委的领导参加会议，听取委员们的发言。

今天发言的主题是政治建设与政协工作。第一位发言的是山西省政协主席李佳委员。他在发言中高度评价了十三届全国政协的精彩开局——同上"第一堂大课"，强化"第一位责任"，抓好"第一等大事"，适应"互联网＋"、搭建委员移动履职平台，让委员思想永远在线、智慧时刻连线、联系永不断线等，并且对如何坚定维护核心、始终不忘初心、共筑政治同心提出了具体建议。作为从党政岗位转到政协工作的政协领导，他经历了从"身处中心"到"服务中心"的转变，从"决策执行"到"议政建言"的转变，从"雷厉风行"到"和风细雨"的转变，但他表示无论工作岗位如何变化，共产党人的初心和奋斗精神都不能变。

接着，印红委员代表九三学社就发挥政协优势、落实"精准商量"问题，张泽熙委员代表台盟中央就深化新时代两岸民间交流、助力祖国和平统一，李卓彬委员代表侨联界就发挥侨务资源在"一带一路"建设中的作用，梁华委员就践行"四个更加积极主动"、全力参与粤港澳大湾区建设，黄润秋委员就以法治利器严惩环境违法，陈义兴委员代表全国政协社会和法制委员会就深入推进司法责任制综合配套改革，孔令智委员就履职一年的感受，徐晓鸿委员就坚持我国基督教中国化方向、积极与社会主义社会相适应，杨杰委员就"教民更是国民"，李慧琼委员就维护"一国两制"，何庆委员就坚持中国共产党的领导是中华民族大团结的根本保证等问题先后发言。

最后的发言特别引人关注。重庆医科大学附属第二医院院长任红委员以《为救命救急药纳入医保点赞》为题发言。他介绍说，随着我国人口老龄化，恶性肿瘤、心脑血管和重大传染性疾病成为威胁人民健康的 3 类主要疾病，发病率、死亡率较高。其中 0—74 岁肿瘤累积发病率为 21.58％，乙肝表面抗原阳性人数达 8600 万，丙肝 1000 万，每年因肝炎导致肝癌死亡人口 30 余万。这些疾病不仅严重影响老百姓的生活质量和水平，也容易导致贫困地区人口因病致贫、因病返贫，给精准扶贫工作带来一大难题。而且，这些疾病的治疗药物以进口药物为主，普遍价格昂贵。

为此，国家在重大疾病医疗保障方面打出了一系列组合拳，仅 17 种国家谈判抗癌药品就平均降价 56.7％。目前，癌症防治用药保障力度进一步加大，临床急需的 12 种抗肿瘤新药被纳入 2018 年版国家基本药物目录，抗肿瘤药物的种类达到 38 种，其中有 10 种都是 2017 年以来上市的特效药，甚至是刚刚获批的创新药。曾经在美国等西方发达国家无法解决的 1000 美元一颗丙肝药、几千美元一支抗癌靶向药难以广泛应用的难题，在中国得到了有效解决。说到这里，委员们自发地报以热烈掌声，这个掌声是对国家"把更多救命救急的好药纳入医保"的政策的点赞，也是对中国共产党执政为民的思想和情怀的点赞！

听了任红委员的发言，我不仅为他热烈鼓掌，也马上想到了自己今年关于加强高校图书馆建设的提案。目前，我国高校电子资源同质化且外文资源经费负担沉重。现行教育与学术评价模式对外文文献高度依赖，这造成所有高校都不得不花费大量经费用于配置相同的电子资源，尤其是昂贵的外文资源。由此带来严重弊端：一是造成高校图书馆的同质化；二是造成各高校特色文献资源、科学数据的浪费与流失；三是造成国家大量资金的浪费。而且外文数据商凭借其垄断优势，在数据库的价格、使用权限设置等方面日趋强势。如果我们也能够像对待天价抗癌药一样，采取国家谈判的对策，或许能够有效解决这一问题。

接下来发言的是贵州省盘州市淤泥乡岩博村党委书记余留芬委员。她用两首诗介绍了村子这些年的变化。十几年前——"家家住的茅草房，出门就是猪粪塘。一年种粮半年饱，有女不嫁岩博郎"。现在——"农家楼蓝瓦白墙，小轿车穿梭繁忙。清风里阵阵酒香，党旗下齐奔小康"。村民人均年收入 2.26 万元，村集体资产 9200 万元。岩博村实现了"人人有事做，户户都小康"的目标。

但是脱贫了的乡亲们还有新的梦想：一是盼望有更高水平的基础设施，在水通、电通、路通之后实现 4G、5G 全覆盖，做到身在偏远乡村，但离世界很近；二是盼望有更高质量的公共服务，发展远程教育、远程医疗等，做到呼吸着乡下的新鲜空气，享受到城里的优质服务；三是希望为"进城的人、返乡的人、下乡的人"营造自由流动的政策环境，做到让更多人力、智力投身乡村大舞台，施展才华、放飞梦想。

脱贫的乡亲们的这些梦想，其实也是每个中国人共同的梦想。幸福的生活需要梦想，需要行动。为了梦想而积极行动，本身就是中国梦的一种诠释。

每次大会发言的时间都卡得非常准，下午 4 点 45 分会议结束。

下午 5 点左右赶往民进中央办公室处理事务。收到了苏州著名装帧设计师周晨寄来的三本书，其中《江苏老行当百业写真》刚刚在德国莱比锡获得了"世界最美图书"大奖，《童戏》则是由我的好朋友周矩敏绘图、范小青撰文。周晨是我多年的好朋友，在书籍装帧方面成就非凡，前两年设计的《冷冰川墨刻》刚刚得过世界最美图书大奖，中国最美图书奖也多次被他拿下。我们研制的《新教育晨诵》他也担任了封面设计。

下午 6 点去不远的凤凰卫视北京中心。6 点 45 分进入凤凰卫视的直播室。7 点整，时事直通车的两会节目开始，7 点 10 分左右，与吴小莉对话教育问题，从两会的教育提案到城乡教育一体化，从高素质专业化教师队伍建设到"互联网＋教育"，从推进全民阅读到托育事业与学前教育发展，十几分钟的时间一会儿就过去了。

晚上八点半左右到达驻地。抓紧整理今天的手记。本来想一鼓作气完成，没有想到工作量比预想的大很多。只能留点扫尾工作到明天早晨了。

晚上十一点半休息。

让公平正义成为老百姓的保护伞

——春天的约会之十三

3月12日，星期二，晴

　　早晨5点20分起床工作。发微博。继续撰写两会手记，竟然写了7900多字。这两天新浪微博访问不断创新高，昨天达到了229万人次。

　　早晨仍然是7点45分出发去大会堂。我带了一本叶圣陶先生孙女叶小沫编选的《叶圣陶儿歌一百首》翻阅。这本书由上海采芹人文化的王慧敏编辑，浙江大学出版社出版。王慧敏也是民进会员。

　　过去最熟悉的是叶老的那首《小小的船》："弯弯的月儿小小的船，小小的船儿两头尖，我在小小的船里坐，只看见，闪闪的星星蓝蓝的天。"小沫老师在序言中讲述了叶老创作这首儿歌以后的快乐心情，引用了她父亲叶至善的一段文字，说叶老当时完成了这首只有37个字的儿歌，却在自己的日记里自夸，写了50多个字的跋，"可以想见父亲那天夜里反复吟哦的喜悦"。叶老的文字，总是那么清爽、明了、亲切。因为，他是写给孩子看的。

　　据说，书中的这些儿歌，大部分是叶老在1932年为开明书店编小学生语文教材时写的。如这首《天亮了》就很有童趣："起来，起来，快快起来。我开窗。我看见红红的太阳。太阳，太阳，你起得早。昨天晚上，你在什么地方睡觉？"

　　上午8点20分左右到达人民大会堂。我见到国家广播电视总局原副局长吴尚之委员，不约而同地讲起今年政府工作报告中关于全民阅读的内容，相约继续为建立国家阅读节、建设书香中国鼓与呼。

上午 9 点列席十三届全国人大二次会议第三次全体会议。全国人大听取最高人民法院工作报告和最高人民检察院工作报告。

国家盼望国泰民安，人民期待安居乐业。"两高"工作报告，一直都是两会中的焦点之一，讲的正是老百姓关注的问题，是乐业的前提、安居的基础。无论是作为基石的司法体制改革走向，还是公益诉讼如何保障大局利益，都是大家关注的对象。

今年的两高报告，用一系列的大数据，醒目而清晰地呈现出过去一年的工作成绩。

过去的一年中，最高人民法院受理案件 34794 件，审结 31883 件，同比分别上升 22.1% 和 23.5%；制定司法解释 22 件；地方各级人民法院受理案件 2800 万件，审结、执结 2516.8 万件，结案标的额 5.5 万亿元，同比分别上升 8.8%、10.6% 和 7.6%。在一审刑事案件中，增长幅度最高的，是组织、领导传销活动和侵犯公民个人信息类案件。在一审民商事案件中，增长幅度最高的是健康权、证券纠纷类案件。从这些增长中，也可以从另一个角度看出人们对经济权益、身心保护的意识日益提高。

最高人民检察院的工作报告中指出，全国检察机关共批准逮捕各类犯罪嫌疑人 1056616 人，提起公诉 1692846 人；对刑事、民事和行政诉讼活动中的违法情形监督 447940 件次，同比上升 22.4%；立案办理公益诉讼案件 113160 件。在打击民愤极大的黑恶势力上，检察机关批捕涉黑嫌疑人 11183 人、涉恶犯罪嫌疑人 62202 人，审判机关审结黑恶势力犯罪案件 5489 件 2.9 万人，从重大涉黑团伙到"村霸""市霸"、黑恶势力"保护伞"，均受到依法严惩。

一石激起千层浪的，莫过于"执行难"的问题得到解决。

早在 2016 年最高法的工作报告中，就已经宣布要用两三年的时间，在全国基本解决执行难的问题。这几年中，人民群众都拭目以待。

今天最高法工作报告对这个目标的反馈结果显示，三年行动，功不唐捐。近两千万案件得以执行结束，4.4 万亿资金执行到位，说明了赫赫战果，更以执行联动、失信惩戒等体系机制，从根源处破解

"执行难"问题，有力推动了诚信社会的建设。

正因为这三年的行动，如今在社会上，"老赖"已经成为人人避之唯恐不及的对象。诚信成为一张网络时代里的有效名片，越来越成为普通人的追求。

知与行之间的距离，是世界上最遥远的距离。何况我们面对的"执行难"，是具有惩戒性质的执行，在趋利避害的本能之下，人们更会想出各种方法来逃避。在破解"执行难"的这个难题上，正是我们有着不可动摇的意志，有着各部门齐心协力的智慧，有着坚定不移的行动，才打赢了这场硬仗。

三年基本解决"执行难"，让法治成为人民的依靠，让公平正义成为人民心中的准绳。两高工作报告，让我们印象深刻。

为了执行，各级法院和检察院的确做了大量工作，甚至付出了生命的代价。今年的法院和今年两会报告中不时有一些自发的掌声，很多与"执行"有关。无论是周强院长在讲到黑龙江高院执行局局长等 46 名干警牺牲在执行岗位上，讲到激励法官敢于担当，"坚决守住维护社会公平正义的最后一道防线"；还是张军检察长在讲到"法不能向不法让步"，违法者必须为恢复受损公益"买单"时，代表委员都报之以热烈的掌声，这是过去不常见的。

我想，从中也可以看出，虽然任何工作都不容易，但是任何难题都永远有解，只是在考验我们的意志，我们的智慧，我们的行动。

11 点结束以后赶回驻地，中午稍事休息，回复一些邮件，写今天的两会手记。

下午 3 点，出发去全国政协。虽然不像平时开会有道路管制，但一路还算顺畅。

下午 4 点 30 分，在政协机关小礼堂列席参加政协第十三届全国委员会第十八次主席会议。

全国政协主席汪洋主持会议，听取全国政协常务副秘书长潘立刚关于政协第十三届全国委员会第二次会议情况的综合汇报，审议关于常务委员会工作报告的决议（草案）、提案委员会关于政协十三届二次会议提案审查情况的报告（草案）和会议的政治决议（草案）。

下午 5 点 30 分，在常务会议楼参加十三届二次常委会第六次会议。

会议审议通过了常务委员会工作报告决议（草案）、提案委员会关于政协十三届二次会议提案审查情况的报告（草案）和会议的政治决议（草案）。

两个会议，都是为明天的闭幕会议做准备的。虽然是程序性的会议，主席们还是非常认真，提出了自己的具体意见与建议。

下午6点10分左右会议结束。

我赶往新华社，接受关于民进参政议政工作的专访。6点45分左右到达新华社，新华网常务副总编辑周红军带我参观了他们的"超级编辑室"。"超级编辑室"类似于人民日报社的"中央厨房"，是一个融媒体的新闻中心。

周总编辑骄傲地说，其实他们的超级编辑室做得甚至比人民日报还要早。只是人民日报取了一个"中央厨房"这样一个很有想象空间的名字，一下子就闻名遐迩了。

晚上7点左右，开始录制两会特别节目。节目主题是介绍民进中央的参政议政工作情况。主持人与我就今年两会民进中央的提案与大会发言的有关情况、2018年民进在参政议政方面的特点与亮点、2019年民进中央的大调研准备工作、2019年民进工作的主要重点领域，以及我个人最关注的教育问题，先后进行了交流。新华社的新闻客户端和教育频道，也都借机抓住我，拍了一些视频。

晚上八点半，在返回驻地酒店的车上看两会新闻。我发现大家都在热议基本解决"执行难"问题。看来，这个问题积极回应人民对安全宁静生活的诉求，也得到了人民的拥护。相信在进一步的巩固和提高中，公平正义的保护伞，能让更多老百姓安享人生静好，创造美好明天。

回到酒店，看今天的报纸。《中国教育报》第四版整版刊发了我与全国人大代表、重庆市九龙坡区谢家湾小学校长刘希娅关于教师问题的对话《让教师找到从教的幸福》。《消费日报》头版发表了该报总编辑李振中对我的专访《调整助盲思路，逐步用现代科技导盲设备取代盲道》。

利用下午在路上、会前和晚上的时间，读完了好朋友韩浩月刚刚送我的新书《世间的陀螺》。这是作者在《财新周刊》文化专栏的文章汇集，以故乡作为主题，讲述了一个远离故乡二十多年的游子对亲人和故乡的回忆、反思与追问，一个漂泊者的复杂乡愁、亲情困境与人生际遇。由于有着相同的经历，非常能够理解浩月对于故乡的那种特别的感觉。

他说："你在别的城市，已经变成另外一个人，你想要拔脚出走，过上一种简单的生活，结果却发现有形的脚可以离开，无形的脚却仍然在原地，每试图拔一次，就会生疼一次。"书的封四推荐语说这本书是"用理性的审视克制汹涌的情感，将激烈的冲突消解于微笑与拥抱"。对于远离故乡的游子来说，不妨找来看看。

晚上 10 点 07 分中央电视台七套播出了《代表委员来串门——我的孩子沉迷手机该怎么办》。这是前些天做的一期节目，今天播出。

晚上 10 点 30 分继续写两会手记。

晚上 11 点 15 分休息。

在学习中走向未来

——春天的约会之十四

3 月 13 日，星期三，晴

　　早晨 4 点 50 分起床。撰写两会手记。发头条号《朱永新教育观察》。早上驻地的网络好像有问题，新浪微博一直上不去，还是工作人员帮助用手机热点上网才解决了问题。不少朋友一直通过微博和头条关注我的动态，晚一点儿发，就有人问什么原因。

　　早晨 8 点 15 分出发去大会堂。包里仍然带了一本书。今天带的是《童戏》。这是我的三位好朋友共同完成的著作，前两天拿到这本书以后就爱不释手。图画作者是我的老同事，民进苏州市委员会的原副主委、苏州国画院院长周矩敏，文字作者是全国政协委员、江苏省作家协会主席范小青，我们多年一起担任苏州市青联副主席，也都是 30 多年前的"首届苏州十大杰出青年"，装帧设计则是屡获大奖的苏州古吴轩出版社的原设计师周晨。

　　周矩敏的江南风情民俗画非常有自己的个性。这次他把自己儿童时代的游戏，用图画的方式一一呈现，从打弹珠、堆泥沙、捉迷藏、跳方格，到掰手腕、挑绷绷、踢毽子、爬墙头，从拔河比赛、编柳叶帽、背缸倒缸、氽水比赛，到抽陀螺、过家家、骑人马、投飞镖，竟然有 100 多种儿童的游戏！

　　范小青为每幅画配了一首小诗，同样充满童趣。如《吹泡泡》的游戏，小青是这样写的——

　　从妈妈的洗衣盆里，舀一瓢肥皂水，从奶奶的抽屉里，摸一个空药瓶，再寻一根空心的管子，一个神奇的世界，就这样出来了，一场低成本的游戏，就这样玩起来了。

　　吹吧吹吧，吹出七彩的泡泡，吹出童年的希望。

　　泡泡灭了，希望不会灭，七彩的泡泡，是人生的未来。

　　周矩敏在后记中写的一段话我读了好几遍，深有同感。他说，电子游戏与"捉迷藏"之间，隔着半个世纪的距离。这个距离，把本该是满地打滚、欢蹦乱跳的顽童，拽进一个封闭的虚拟世界之中。既缺少了群体交流，弱化了和伙伴间的交往与表达能力，也远离了自然中活泼的鸟、虫、鱼、兽。"迷恋智能玩具，对现实的认知变得亦真亦幻。"这本书，的确是值得许多父母与老师去读的。从中，我们还可以把书中的游戏"复活"，让今天的生活更加丰富。

　　上午 9 点，全国政协十三届二次会议在人民大会堂举行闭幕会。习近平总书记与党和国家其他领导同志，中共中央、全国人大常委会、国务院有关部门负责同志以及外国驻华使节、新闻官和海外侨胞出席会议。全国政协主席汪洋主持会议。会议通过了政协第十三届全国委员会第二次会议关于常务委员会工作报告的决议，通过了政协第十三届全国委员会提案委员会关于政协十三届二次会议提案审查情况的报告，通过了政协第十三届全国委员会第二次会议政治决议。

　　会议通过的提案审查情况报告指出，截至 3 月 7 日 17 时，共收到提案 5113 件。经审查以后立案 3859 件，并案 133 件，转为意见和建议 1121 件。在立案提案中，委员提案 3499 件，占 90.67%；集体提案 360 件，占 9.33%。在立案提案中，经济建设方面提案 1484 件，占总数的 38.46%；政治建设方面提案 308 件，占 7.98%；文化建设方面提案 266 件，占 6.89%；社会建设方面提案 1336 件，占 34.62%；生态文明建设方面提案 350 件，占 9.07%；其他方面提案 115 件，占 2.98%。

　　据了解，这次大会的提案具有一些新的特点：一是委员的参与面比往届更广了，80% 以上的委员提交了相关建议和提案；二是委员的质量意识更强了，提案更加郑重，选题更加聚焦，调研更加扎实，建议更加具体，整体质量明显提高。

汪洋在闭幕会上发表讲话，对会议给予高度评价。他认为，这次会议充分发扬民主，广泛凝聚共识，是一次求真务实、团结奋进的大会，展现了人民政协这一专门协商机构的独特优势，彰显了中国特色社会主义民主政治的生机活力。他在讲话中对政协委员提出了三个"崇尚"的希望，即要崇尚学习、加强学习；崇尚创新、勇于创新；崇尚团结、增进团结。他指出，"善于学习就是善于进步。人民政协在学习中走到今天，更要在学习中走向未来"。"新时代的人民政协要有新时代的样子，新时代的政协委员也要有新时代的形象。要按照懂政协、会协商、善议政，守纪律、讲规矩、重品行的要求，全面加强委员队伍建设，着力提升整体素质和履职本领，担负新的使命、成就新的光荣。政协没有名誉委员，只有责任委员，所有委员都要尽职尽责，用心用力。"希望大家要保持奋斗者的姿态和干劲，敢于担当、善于斗争、永不停步、永不懈怠，始终心系国事、情牵民生，当好人民政协制度的参与者、实践者、推动者，写好每年的"委员作业"，答好时代给出的考卷，展现新时代政协委员的绚丽风采，书写人民政协事业发展的光辉篇章。

作为教育工作者，对"学习"二字感觉特别亲切。学习是成长进步的重要阶梯，也是委员履职的基本前提。尤其在信息时代，只有更加崇尚学习、积极自我学习、持续深化学习，只有做一个终身学习的人，才可能产生正确的行动，才可能做一名受人民信赖的"责任委员"。

10点10分左右，大会在国歌声中结束。我抓紧去找还没有离开的残联主席张海迪，了解残疾儿童的人数问题。她告诉我，她也很纠结——8500万残疾人真正持证的只有不到4000万，所以义务教育阶段的残疾儿童人数很难精确地告诉我。她欢迎我到残联的六楼数据中心去查询。希望有关部门能够把这个数据尽快搞准确。的确，决策与政策，离开了准确的数据，就没有科学性可言，这是一个必须重视的问题。

10点30分左右乘车返回驻地，收拾行囊。这些天忙于会议、采访、写作，房间里的报刊书籍、资料需要整理。

中午 12 点 30 分午餐。稍事休息。

下午 2 点开始准备明天下午的会议。每年两会一结束，各民主党派就要开启一年一度的大调研工作。今年，民进中央将围绕"优化营商环境、激发微观主体活力"的问题展开调研，明天和后天将要召开两个专家座谈会，就调研的方向、重点、难点等问题听取相关专家的意见。

下午 5 点离开驻地。一年一度的全国政协会议落下了帷幕。

晚上，浏览今天的报纸。《光明日报》的代表委员手记发表了我的《全民阅读奠基未来》一文。我在文章中提出，建设书香中国是凝聚国人精神力量的重要抓手。要达到高质量的全民阅读，需要用更多时间精力和智慧方法去推动。推动全民阅读，让书香萦绕，我们方能稳稳立足当下，轻松赢在未来。非常巧合的是，今天的《光明日报》同时发表了记者李苑等的一篇两会长篇报道《让阅读成为生活的一部分》。报道的最后也说："读好书，好读书，日渐成为大众的共同追求。代表委员们相信，书香中国，值得期待。"

仅仅书香中国这一件事，就足以殚精竭虑，何况我们需要面对和解决的问题还不止于此。大会落幕，履职开启。新一年的委员工作，新的一段征途，新的学习与实践，又开始了。

个人提案

　　撰写提案，是政协委员履职的重要方式。虽然每个提案只有1500字，但是其中凝聚的汗水与智慧却很多很多。细致地调研，深入的思考，系统地研究，充分地讨论，一个提案有时需要几个月甚至一年的时间来准备。好的提案，其实不是写出来的，而是走出来的，干出来的。

关于建立国家阅读节，建设书香中国的提案

案由：

近年来，在国家政府相关部门的推动下，在社会各界的齐心协力下，阅读作为一种最便捷最深入的精神生活方式，作为一种最廉价最有效的教育方法，作为一种最简便易行的文化积累，越来越深入人心。以阅读缔造精神家园，成为全社会越来越多人的共识。

但是，在当下的书香中国建设中，还存在着以下问题。

第一，缺乏一个具有中国特色的引领性阅读节日。比如 4 月 23 日我们称为"世界读书日"，是我们通常作为全年最重要的阅读节的日子。其实这个节日的英文为 World Book and Copyright Day，正确翻译应该是"世界图书与版权日"。因为我们将其错误翻译为"世界读书日"，导致一方面我们相对比较重视阅读，而忽视了出版、版权与知识产权保护方面的工作，另一方面也未能更集中、更深入地推动阅读相关工作，如建立国家阅读节，因为有了"世界读书日"而成为被拒绝的理由。

第二，推动阅读未能成为一种文化，更没能体现出中国文化特点。制度是"硬文化"，文化是"软制度"。真正深入人心的制度，会以文化的方式成为人们不知不觉中的选择。不同的文化，通过诸多的细节，通过各种蕴含于细节中的含义进行传播。

比如，1995 年，国际出版商协会在第二十五届全球大会上提出"世界图书与版权日"的设想，由西班牙政府将方案提交联合国教科文组织，这个纪念日同时也是西班牙著名作家塞万提斯和英国著名作

家莎士比亚辞世的纪念日。对于中国人而言，这个日子背后的故事，少了亲切感，也就少了认同感，也就无法呈现出中国文化的特点，也就难以深入人心。

第三，在少年儿童阅读上推进多，对全社会的其他群体推动不够，未能深入大众的生活。2017 年中国白领满意度指数调查报告显示，在过去一年中，中国白领中有 40% 全年没读过一本书。文化程度较高的白领尚且如此，全社会的其他群体可想而知。

本案建议：

第一，以设立国家阅读节为抓手，把孔子诞辰日设立为国家阅读节，打造一个蕴含原汁原味中国优秀传统文化的阅读节日。

节日的仪式感，是现代生活中最为欠缺的元素，也是让人们寻求意义感的最好方法。不同的日子，因为有着不同的故事，而呈现出不同的文化、不同的特点。将孔子诞辰日的 9 月 28 日设立为"国家阅读节"，通过对孔子及其学说的阐释，让阅读因为这一天背后的这个人的故事而有了生命的气息，有了生活的温度，让阅读推广工作向着中国文化的深处扎根，由优秀传统文化的灵魂，整合统领各项阅读工作。

第二，以细化研究为基础，推进阅读向深入里开展。

阅读研究是一项融脑科学、心理学、传播学等各种科学为一体的工作。对各类书目的研发，是首当其冲的重要工作。对各种传播方式的研究，是推动阅读的关键一步。如越来越受工作繁忙读者追捧的有声书，受婴幼儿喜爱的"布书"，与旅行、影视密切相关的各种阅读活动等等，从各个层面丰富着人们在阅读生活中的选择。

第三，以各类机构为依托，向社会各界宣讲阅读的价值、意义和方法，推动阅读的广泛开展。

在阅读人群中，未成年人当然永远是主力军，但是，信息时代是终身学习的时代，推动其他群体的阅读，不容忽视。

在阅读推广时，从政府到民间，从群体到个体，从明星到大众，都有着各自不同、各有特色的方法，都有着各自针对的人群，因此，我们应该充分发挥其作用，从而更广泛地推动阅读。

以不同人群组成的各类机构，是广泛开展阅读推广工作的"毛细血管"，可以长期有效地深入跟进到不同群体中，从而产生持久的影响。

第四，以相关交流为拓展，不断发掘、创造、推广新的阅读方法。

阅读推广是一项神圣的使命，也是一件需要凝智聚力的具体工作，需要随着时代变迁、生活变化，不断调整工作方法。需要领导人带头，需要为社会各界的阅读推广人组织各种交流活动，促进阅读推广工作的进一步提升。

建议办理部门：中宣部

中共中央宣传部关于政协十三届全国委员会第二次会议《关于建立国家阅读节，建设书香中国的提案》答复的函

朱永新委员：

您提出的《关于建立国家阅读节，建设书香中国的提案》收悉，经认真研究，现答复如下：

一、关于设立国家阅读节

近年来，全民阅读工作在广度和深度上不断拓展，人民群众参与意愿不断提升，阅读活动丰富多彩，阅读率逐年提高。

设立国家阅读节，有利于展现我们国家的基本价值取向和文明传统，维系社会认同感和文化归属感，有利于深化全民阅读活动，弘

扬科学精神、普及科学知识，传承中华优秀传统文化、提高全社会文明程度，加强中国特色社会主义和中国梦宣传教育、培育和践行社会主义核心价值观，提升文化软实力、不断增强文化自信。对您提出的将孔子"诞辰日"9 月 28 日设立为"国家阅读节"的建议，我们将会同有关部门，邀请民俗、历史、文化等领域专家学者，对设立可行性及具体日期选择认真进行研究论证，适时向中央提出申请。

二、关于推进阅读研究

针对我国在阅读理论研究方面存在的不足，我们将鼓励和支持高等院校和科研单位进行阅读学研究，鼓励从跨学科的角度研究阅读理论，创新研究方法，引进研究成果，从而加强阅读学学科建设，指导阅读推广活动、调查研究、评估体系等。在此基础上，打造阅读智库，为全民阅读工作提供理论支持。在书目研发方面，我们将加大"五个一工程"奖、中国出版政府奖、中华优秀出版物奖等奖项获奖作品推荐推广力度，开展"中国好书""期刊主题宣传好文章"等优秀出版产品荐评活动，会同有关部门研究制订国家全民阅读指南，面向青少年、老年人、少数民族等不同群体分别发布阅读指导书目，多措并举提升各级各类阅读指导推荐书目的权威性和影响力。

三、关于依托各类机构加强阅读宣传推广

我们将在促进全民阅读工作的过程中，激发各类社会主体参与全民阅读工作的积极性，进一步丰富阅读宣传推广的方式方法路径，提供多样化的全民阅读产品和服务，增强发展活力。一是充分发挥新时代文明实践中心、县级融媒体中心、实体书店、农家书屋等各类阅读空间在阅读推广中的重要作用，确保阅读内容权威性、阅读推广专业性和阅读服务规范性。二是发挥热心阅读推广的社会名人、文化名家的阅读引领作用，规范引导读书会、书友会等群众阅读组织发挥应有

作用。三是鼓励和支持各地不断完善阅读推广人队伍体系和阅读推广志愿者服务体系建设，完善全民阅读推广工作者队伍培训机制。四是培育一批具有广泛影响力的阅读推广机构、阅读示范基地、阅读示范项目。五是充分发挥行业协会在全民阅读推广工作中的积极作用，形成工作合力，营造全民阅读宣传推广的良好氛围。

四、关于加强阅读推广人交流，不断发掘、创造、推广新的阅读方法

为进一步推动全民阅读活动开展，给阅读推广人搭建更多沟通学习平台，提供更多交流机会，我们拟重点在以下几方面开展工作。一是通过举办展会、征文、论坛等形式，在全国范围开展"书香中国"系列活动。二是鼓励工会、共青团、妇联、残联等社会团体，根据联系和服务群众的特点，组织开展全民阅读活动。三是鼓励和支持各地特别是革命老区、民族地区、边疆地区、贫困地区，因地制宜开展读书节、读书周、读书月、阅读季、书香之家评选等全民阅读品牌活动。四是积极参与重要国际书展及有关活动，加强交流互鉴，不断提升中华文化国际影响力。

感谢您对宣传思想文化工作的关心和支持！

中共中央宣传部

2019 年 9 月 24 日

关于加强中小学生图书馆建设与阅读教学的提案

案由：

近年来，先后考察过百余所深度贫困地区中小学，发现农村中小学图书馆建设与学生的阅读状况堪忧。

首先，中小学图书馆的图书配备品质较低。大部分农村中小学图书馆的图书或者是由各种渠道的捐赠而来，或者是通过图书招标的补充而来，不符合中小学生阅读要求的图书居多，真正的经典著作很少。甚至在部分学校还发现了一些"少儿不宜"的书籍。

其次，中小学图书馆的利用率极低，管理水平较差。大部分学校都是在每天下午放学以后开放一个小时左右的时间。一些学校要按照年级轮流借阅，每个学生每周只轮到一次。大部分学校没有专门的图书管理人员，很多都是老师临时性兼职，根本不了解什么年龄阶段的学生应该阅读什么内容，更谈不上对学生的阅读指导。

再次，中小学校长和老师对于阅读的重视程度普遍不够。许多农村中小学校长对师生的阅读不够重视，如有的县城重点学校拥有大量的图书，却没有人编目，成包成包的图书躺在库房"睡觉"。

最后，欠缺专业的阅读课程，缺少有效教学指导。我们对在校师生调查时发现，大部分学校没有阅读指导的课程，学生在回答"给你印象最深的一本书"的问题时，很多人无言以对。

费尔巴哈说过，人是他自己的食物的产物。如果说，我们的身体发育依赖于我们每天的食品，那么，我们的精神发育则依赖于我们每天的阅读。一个人的精神发育史就是一个人的阅读史，一个民族的精神境界取决于这个民族的阅读水平，一个没有阅读的学校永远不可能有真正的教育。

中小学阶段正值学生精神成长的关键时期，农村学校与城市学校最大的差距，其实不是硬件设施，而是软件配备。苏联教育家苏霍姆林斯基曾经说过，只要有了同样的阅读机会，农村的孩子如果能够得到与城市孩子同等的阅读条件，他们就会站在与城市孩子同样的起跑线上。在当下中国，乡村师资力量无法和城市比拟的现状下，阅读作为提高学习能力、形成自学能力的最佳方法，阅读的环境、条件和机会都不可或缺。

建议：

为此，我们建议在继续做好农村中小学免费营养午餐工程的同时，及时推出农村中小学"精神正餐"工程，大力推进农村中小学的书香校园建设，让农村孩子的精神世界得到滋养，让农村教育的基础得到夯实。

第一，推出农村中小学图书馆标准化建设工程。建议邀请专家参考已有成熟书目，如专业的公益机构新阅读研究所研制的中国中小学学生基础阅读书目，进一步研制适合中国中小学生的阅读书目，作为中小学图书馆的基本书目，规范农村中小学图书馆的图书配备，遏制目前低价招标过程中的腐败现象，确保最好的图书能够进入农村学校。

第二，组织专项行动，检查剔除劣质图书。由教育部、中宣部联合发文，要求全国各地中小学图书馆在一定期限内组织相关专家进行一次全面自查。明确中小学图书的质量要求，将不适合中小学教师及学生阅读的图书、音像制品和电子出版物剔除出学校图书馆。在学校自查结束后，组织专业人员赴全国各地进行随机抽查。

第三，加强农村中小学图书馆的专业化建设。建议根据不同学校的规模，设置专兼职结合的图书管理员岗位，积极推进相关培训，发挥师生进行图书借阅的自组织管理工作，加强对于农村中小学师生的阅读指导，深入推进中小学的学科阅读。

第四，鼓励社会公益组织和民间团体支持农村中小学的阅读工程建设，在捐赠优秀图书、培训阅读推广人、开展各种阅读活动等方面给予帮助。鼓励阅读志愿者协助学校开展书香校园建设。

知识就是力量，阅读改变命运。身体的成长需要营养午餐，心灵的成长需要精神正餐。只要对精神和身体同样重视，把最美好的书籍给最美丽的童年，我们就能以阅读强壮乡村教育，以乡村教育进一步强大中国。

建议办理部门：教育部

中华人民共和国教育部关于政协十三届全国委员会第二次会议《关于加强中小学生图书馆建设与阅读教学的提案》答复的函

朱永新委员：

您提出的《关于加强中小学生图书馆建设与阅读教学的提案》收悉，现答复如下：

阅读是中小学教育教学的重要内容，是促进学生全面发展的重要载体。一直以来，教育部高度重视中小学图书馆建设与学生阅读工作，通过完善政策、编制书目、开展适宜性评价等举措，不断提升馆藏图书质量和适宜性，推动阅读活动开展。

一、加快推进学校图书馆建设

中小学图书馆是学校教育教学的重要场所，承担着组织学生阅读活动，培养学生阅读兴趣和阅读习惯的主要任务。为进一步加强中小学图书馆建设与应用，2018 年 5 月，教育部发布《中小学图书馆（室）规程》，从体制与机构、馆藏资源建设与管理、应用与服务、条件与保障等方面明确了具体要求，并提出各地教育行政部门要重视和加强乡镇中心学校图书馆建设，辐射周边小规模学校。新规程要求各地要按照不低于人均藏书量小学 25 册、初中 35 册、高中 45 册、完中 40 册的标准配备图书，要以教育部指导编制的《全国中小学图书馆（室）推荐书目》作为主要参考依据，合理配置纸质书刊，且每年生均新增（更新）纸质图书不少于一本，以保证馆藏图书的数量和质量满足师生阅读需求。2015 年，教育部、原文化部、原国家新闻出版广电总局联合印发《关于加强新时期中小学图书馆建设与应用工作的意见》，以下简称《意见》，提出"到 2018 年，结合全面改善贫困地区义务教育薄弱学校基本办学条件、中西部农村初中校舍改造工程等重大项目实施，有条件地区要按照学校建设标准补充新建图书馆，改善不达标图书馆，不具备条件的农村中小学、教学点要建有图书柜、图书角。到 2020 年，绝大部分中小学要按照国家规定标准建有图书馆"。2018 年统计数据显示，全国中小学图书总册数为 50.33 亿册，其中普通高中 9.60 亿册，初中 16.70 亿册，小学 24.03 亿册。

此外，《意见》还提出"鼓励企事业单位、社会团体和公民个人以各种方式支持中小学图书馆建设，应规范捐赠程序，明确责任与义务，确保捐赠馆藏和援建工程质量"。

二、努力提升学校图书馆藏书质量

一是编制书目，把好新进图书入口关。为进一步提高中小学图书馆（室）图书质量，教育部启动了向全国中小学图书馆（室）推荐优秀图书活动，指导各地把好新进图书"入口关"，促进阅读活动深入开展。活动自 2019 年 3 月启动，经过网上推荐、初次筛查、样书报送、专家推荐、思想政治审查等环节，形成了 2019 年《全国中小学图书馆（室）推荐书目》，入选图书约 7000 册，目前正在公示复核阶段，拟于近期发布。此外，教育部还启动了《中小学生分级阅读指导目录》研制工作。

二是开展馆配图书适宜性评价，清理存量图书。针对当前图书馆藏书存在的质量问题，2018年教育部开展了中小学图书馆馆配图书适宜性评价工作，指导各地依据标准重点从合法性、适宜性、可观性三个方面开展了自查自评，将不适宜中小学生阅读的图书清理出图书馆，确保馆配图书的思想性、科学性、教育性、适宜性，切实提升馆配图书质量，保障中小学生健康成长。

三、推动课内外阅读深入开展

为提升学生阅读能力，中小学语文课程提出了明确的阅读要求，对教师加强学生阅读指导也做出了规定。一是阅读量要求。如义务教育语文课程提出"九年课外阅读总量应在400万字以上"，分学段提出了阅读量要求。二是加强阅读指导。课程标准对培养学生自主阅读习惯，引导学生结合阅读内容学习掌握一定的阅读方法等提出指导性要求，如7—9年级要求学生"养成默读习惯，有一定速度，阅读一般的现代文，每分钟不少于500字，在阅读中了解叙述、描写、说明、议论、抒情等表达方式"等。为引导学生阅读经典、精品，课程标准对学生课外读物提出了建议，《稻草人》《伊索寓言》《朝花夕拾》《繁星·春水》《西游记》《水浒》《骆驼祥子》《鲁滨逊漂流记》《钢铁是怎样炼成的》等文学名著和介绍自然科学与社会科学常识的普及性读物都包括在内。普通高中语文课程在必修"阅读与鉴赏"模块，要求发展学生独立阅读能力，注重个性化阅读，学习鉴赏古今中外文学作品，培养广泛的阅读兴趣。三是多种形式激励学生有质量地阅读。如普通高中语文课程标准要求教师教学过程中，应鼓励学生开展多种活动，如写书评、读后感，举办读书报告会、作品讨论会等，分享阅读乐趣，交流阅读成果，共同提高阅读能力。

除语文课程外，地理、科学、历史等课程结合学科特点和教学内容，鼓励学生阅读相关书籍或材料。如初中地理课程要求教师要重视地理图像的利用，通过阅读、使用地理图像和绘制简易地图，帮助学生掌握阅读、观察地理图像的基本方法。

历史课程要求学校要合理配置人文社会科学方面的书籍，如通史著作、历史刊物、历史地图、通俗读物、历史小说、人物传记、考古和旅游等方面读物，以供学生查阅，加深他们对课程的理解。

此外，为丰富农村中小学生暑期文化生活，2019 年 2 月，教育部会同中央宣传部等十部委印发《农家书屋深化改革创新提升服务效能实施方案》，继续以农家书屋为平台，组织开展"我的书屋我的梦"农村少年儿童阅读实践活动，有针对性地面向农村青少年开展中国梦和社会主义核心价值观宣传教育、传统美德教育、阅读习惯培养等活动，促进青少年全面发展和健康成长。

四、下一步工作考虑

您提出的有关建议对加强中小学图书馆建设与阅读教学很有借鉴意义。关于设置专兼职结合的图书管理员岗位，积极推进相关培训的建议，新规程要求，图书馆应当设专职管理人员并保持稳定性，图书馆管理人员应当定期参加教育行政部门或专业学术团体组织的专业培训，并纳入继续教育学分管理。

下一步，教育部将指导各地加快落实《中小学图书馆（室）规程》等政策，做好推荐书目编制和馆配图书适宜性评价工作，加强图书配备管理，逐步优化馆藏结构，提升图书质量；继续会同相关单位组织阅读活动，开展馆员培训，引导社会力量参与和支持贫困地区中小学图书馆建设和阅读推广活动，更好发挥图书馆服务教育教学作用。

感谢您对教育工作的关心和支持！

教育部

2018 年 10 月 28 日

关于加强高校图书馆建设的提案

案由：

高校图书馆是学术与文化资源的积淀之地，也是学校形象、气质、品味的集中展示之所。但调研发现，当前高校图书馆建设仍然面临不少问题：

一是场馆等硬件设施差异巨大。从场馆面积来看，馆际差别显著。面积最小的图书馆仅为 640 平方米，最大的馆舍面积 11.7 万平方米，相差 181.3 倍。场馆建设中投入不足和资源浪费并存。一个极端是长期投入不足，馆舍陈旧，面积小，新增图书量不够，难以满足基本需求。另一个极端是设计施工标准过高，且大多为高耗能建筑，后期运营维护费用很高，资源浪费严重。

二是馆藏资源配置存在问题。高校图书馆的经费投入非常不均衡，采购费用离散度极大，馆际差别显著，且呈扩大趋势。电子资源同质化且外文资源经费负担沉重。

三是现行图书采购和资产管理模式不合理。低折扣中标采购严重影响图书馆入藏图书质量。好书往往被挡在图书馆外，新书到馆周期长。一些高校片面追求基本办学条件达标而不重视馆藏质量，导致每当评估年到来之前，就大量采购低价图书，或者图书复本量大大增加。

四是人力资源建设严重滞后。近年来，高校图书馆在编职工人数处于下降状态，而且馆际差异巨大。在馆员职业准入方面，职业门槛过低，馆员素质能力参差不齐；图书馆职业认可度比较低，馆员工作岗位发展空间较小，在工资待遇、职称评审等方面普遍被边缘化。

五是高校图书馆开展社会化服务难度大。我国高校馆的公共服务水平大多非常低。我国缺乏任何与高校图书馆社会化服务相关的指导性法规和制度。高校图书馆向社会开放难度大、积极性不高。

本案建议：

第一，分类制定高校图书馆建设标准。对不同类型的高校，制定生均面积的最低标准。在审批新的高校图书馆建设项目时，应加强监管，对明显超出使用要求的规划设计要严格把关，避免浪费。在校内基本建设资金使用方面向图书馆建设倾斜。

第二，加强高校特色化馆藏建设。政策引导各高校以人力、物力、经费的保障来推动自有特色资源的建设以及本校科研数据的管理。融入资源共建共享理念与知识图谱服务功能，逐步形成具有我国自有知识产权的科学数据与特色文献服务系统。

第三，改变高校图书馆资源配置和管理方式。建议教育部支持图工委启动以质量为核心、以发展为导向、以事实为基础的新型高校图书馆评估指标体系研制，支持 CALIS 按此评估方法开展高校图书馆第三方评估工作。推进评估数据共享，在高校普遍重视的高校办学条件评估中，增加图书馆质量评估指标。同时建议中宣部和教育部支持建立统一的国家标准书目数据，共同实现书目信息标准化。支持出版行业和高校系统共同建设、维护一套我国学者唯一标识符系统，打破国际学者标示符系统 ORCID 的垄断性发展态势，掌握对全国学术产出进行分析评价的主动权。

第四，加强电子资源建设，努力改变外文数据库购买中的被动局面。组织专门机构研究数据库订购中的法律问题，防范法律风险。调动科研力量运用技术手段规避数字版权风险、避免版权纠纷。建立政府级别的数字图书馆保存方案，以国家财政作为后盾，一次性付费获得永久使用和长期保存权，通过自建保存系统和服务平台为全国学术机构提供在线永久使用。高校图书馆之间全面合作，加强长效互利、行之有效的组织管理运行机制与制度保障，提高图书馆联盟与数据库商谈判的能力。

第五，加强高校图书馆的人才队伍建设。在人才引进、培训等方面向高校图书馆倾斜。在图书管理员的待遇、薪水、职称评定等方面改进工作，增大图书管理员岗位的吸引力。

第六，引导有条件的高校图书馆向社会开放。政府提供适当的优惠政策或资金支持，引导高校图书馆向社区和中小学开放。鼓励高校图书馆与社区工作机构、社会公益机构合作，探索适当的开放服务模式。

建议办理部门：教育部

中华人民共和国教育部关于政协十三届全国委员会第二次会议《关于加强高校图书馆建设的提案》答复的函

朱永新委员：

您提出的《关于加强高校图书馆建设的提案》收悉，经商住房城乡建设部、文化和旅游部，现答复如下：

高校图书馆是学校的文献信息资源中心，是为人才培养和科学研究服务的学术性机构，是学校信息化建设的重要组成部分，是校园文化和社会文化建设的重要基地。高校图书馆应充分发挥在学校人才培养、科学研究、社会服务和文化传承创新中的作用。

一、关于高校图书馆场馆建设

国家对高校基础设施建设工作非常重视，1992 年发布的《普通高等学校建筑规划面积指标》，为高等学校图书馆建设提供了技术支撑。为适应新形势下高等教育发展对高校图书馆工作的需求，教育部结合高校图书馆外部发展环境和业务工作的实际，于2015年底修订印发了《普通高等学校图书馆规程》，对高校图书馆建设提出了原则性、方向性的要求。为适应大学生招生规模扩大、教学和科研结构发生改变、图书馆需求增加等情况变化，由教育部组织修订，经国家发展改革委、住房城乡建设部批准印发的《普通高等学校建筑面积指标》已于2018年9月1日起施行，根据不同的学科规模和办学规模，明确了高校图书馆建筑面积指标。例如按学科分的图书馆建筑面积指标规定：理、工、农（林）、医学、体育学科规模5000人，生均面积1.63 m^2/生；学科规模10000人，生均面积1.42 m^2/生，研究生补助指标0.50 m^2/生。又如按学校类别分的图书馆建筑面积指标规定：综合大学（1）、师范、民族、财经、政法、外语院校办学规模5000人，生均2.02 m^2/生；办学规模10000人，生均1.74 m^2/生，研究生补助指标0.50 m^2/生。同时对图书馆阅览室设座率、藏书量、检索、出纳、报告厅、办公、业务、技术用房建筑面积规模及计算方式做出了详细要求，为普通高校改建、扩建提供了指导标准。要求各省级教育行政部门、部属各高校在普通高校基本建设工作中认真执行。

目前，教育部正在修订《普通本科学校设置暂行规定》，将根据《普通高等学校建筑面积指标》，在生均校舍建筑面积等方面，对不同类型的高校，分类细化相应的基本要求。

二、关于高校特色化馆藏建设

目前，高校图书馆特色馆藏建设已经积累了丰富的案例和经验，但在共建共享上做得还不够深入。教育部将指导高校图书情报工作指导委员会（以下简称图工委）与中国高等教育文献保障系统（以下简称CALIS）管理中心持续做好高校特色化馆藏共建共享。一是加强规范研究，做好特色资源建设与服务的规范研究，加快数据标准和共享机制的建设，联合科研人员和图书馆行业专家、信息专家，在CALIS项目推行的《中国高等教育数字图书馆标准规范》基础上，结合各馆实践，制定科学数据、非正式出版特色资源、网络公开易失性资源基于"共建共享"原则等方面相应规范。二是提供解决方案，加快建设新一代图书馆平台（CLSP），联合软件企业和高校图书馆专家，研制支持上述共建共享规范的应用系统和工具，为各高校图书馆特色资源建设提供解决方案。三是建立协同机制，组织专题小组，对国务院办公厅印发的《科学数据管理办法的通知》相关政策进行深入研究，与科学院情报所、科技部相关情报所建立协同研究机制，联合申请研究课题，推动高校、科研院所科学数据的收集、管理和共享利用。

三、关于高校图书馆资源配置和管理方式

从高校图书馆整体上看，馆藏质量出现了逐渐落后于高等教育需求的现象，这是困扰高校图书馆建设多年的老大难问题。单纯增加购书经费已经无法解决这一问题，需要从出版、发行（馆配）到图书馆整个产业链的业态综合考虑，对高校图书馆资源配置和管理方式进行科学研究和指导。教育部将持续支持图工委组织专家对图书馆资源配置和管理方式的关键问题进行深入研究并提出解决方案。一是建设新平台，依托图工委与 CALIS 组织项目组全力推进"CALIS 新一代采编一体化服务平台"的建设，该平台已在北京大学、武汉大学等图书馆进行测试和实际使用，取得了阶段性成果。此平台的应用，一方面可以规范各馆的馆藏数据，为质量评估奠定数据基础；另一方面可在 CALIS 建立的高校联合目录数据库基础上，自然形成实时性较强的国家标准书目基础。二是加强数据研究，组织专家对 CALIS 联合目录数据、平台数据和各馆馆藏借阅数据进行分析研究，建立研究型大学、本科院校和高职高专等多级多类不同专业核心馆藏书目，并以此作为馆藏质量评估和指导馆藏建设的基础，CALIS 在此基础上再开展评估工作。三是推动国家标准书目建设，以 CALIS 和国家新闻出版署、中国版本图书馆相关合作项目为基础，建设国家标准书目。四是加强学者标识规范研究，继续扩大与国家新闻出版署的合作，结合"CALIS 新一代采编一体化服务平台"和新闻出版署正在进行的我国

学者标识规范研究，加快我国学者唯一标识规范的出台和应用。

四、关于高校图书馆国外电子资源建设

在国外电子资源长期保存方面，我国已做了卓有成效的工作。从1998年CALIS建立引进数据数据库工作组到2006年后由CALIS支持的高校图书馆数字资源采购联盟（DRAA），已在高校建立了一套有效的国外电子资源建设模式。教育部将持续支持图工委开展图书馆国外电子资源建设的相关工作。一是加强对国外数据库订购、下载使用、共享利用等相关法律的研究，防范版权纠纷和风险。二是CALIS继续支持DRAA技术平台的建设，在每年一次的数据库培训周基础上，加强在线培训，指导各高校合理利用国外电子资源。三是图工委、CALIS和DRAA将共同研制我国国外电子资源长期保存的建议方案，推动我国电子资源长期保存机制的建立。

五、关于高校图书馆人才队伍建设

《普通高等学校图书馆规程》对高校图书馆人才引进、培训方面做了详细的规定。教育部将指导图工委在高校图书馆工作人员的待遇、培训、职称评定等方面开展以下研究工作。一是提出人事制度建议，结合《普通高等学校图书馆规程》的落实，提出有利于高校图书馆人才队伍建设的人事制度建议，供各高校人事部门参考。二是建立科学的培训与考核体系，图工委组织专家对高校图书馆专业馆员岗位进行梳理规范，建立专业馆员培训与考核体系，继续通过与各省图工委、CALIS各省级中心合作，开展规范性的新馆员培训、骨干馆员研讨和馆员业务竞赛等多种形式提高馆员实践能力。三是完善网上培训资源建设，图工委将与高校图书情报专业教指委合作，为提高馆员理论素养提供网上培训课程。

六、关于高校图书馆向社会开放

高校图书馆是我国图书馆事业的重要组成部分，近年来，教育部积极推动高校图书馆与公共图书馆在内的其他类型图书馆加强合作，不断提高高校图书馆的公共服务水平，促进了高校图书馆建设。《中华人民共和国公共文化服务保障法》提出，"国家鼓励和支持机关、学校、企业事业单位的文化体育设施向公众开放"；2018 年 1 月 1 日起施行的《中华人民共和国公共图书馆法》规定，"国家支持学校图书馆、科研机构图书馆以及其他类型图书馆向社会公众开放"；《普通高等学校图书馆规程》第三十七条规定，"图书馆应在保证校内服务和正常工作秩序的前提下，发挥资源和专业服务的优势，开展面向社会用户的服务"，这些都为推动有条件的高校图书馆向社会开放提供了法律依据。

在高校图书馆向社会开放方面，教育部将继续做好以下工作。一是调研目前各高校开展社会服务的情况，总结成功案例，组织相关研讨，推动高校图书馆开展多种形式的社会服务。如结合本地用户需求和本校专业优势，为政府、企业、社会提供科技查新、专利地图、科技信息咨询、版本鉴定、古籍修复等高端信息服务和特色服务等。二是利用 CALIS 文献传递和馆际互借服务平台，推动高校图书馆资源共享服务与各地公共图书馆的业务对接合作，以公共图书馆体系为前台，高校图书馆资源服务为后台，这样既减轻高校馆人力、馆舍、管理等各方面压力，又能让社会用户可以利用高校优质学术资源。

您提出的政策建议很有针对性，对我们下一步的工作有很好的借鉴意义，教育都将会同有关部门一起研讨，共同研究制定相关政策措施，不断健全高校图书馆建设的长效工作机制，推动高校图书馆事业的发展和进步。

感谢您对教育工作的关心和支持。

教育部

2019 年 9 月 29 日

关于建设中国特色特许学校的提案

案由：

特许学校是英文 Charter school 的译称，它是自 1990 年以来，在美国兴起的众多公办民营学校之中的一种学校类型。之所以被称为"特许"学校，是因为它是经过法律授权而诞生的新兴学校，它的经费由政府根据在校生人数进行拨款，经营却由专业团体或其他非营利机构等私人主体开展，除了必须达到双方预定的教育成效之外，不受一般教育行政法规的限制，为破例特别许可的学校。近年来，世界上很多国家和地区也都对此做了相关探索，瑞典和英国开办了一批公办民营的自由学校，我国台湾地区也开办了一批公办民营的特许学校。

与传统的公立学校和私立学校相比，特许学校有其独特的优势。

首先，它有利于推进教育公平，提升教育质量。特许学校优先开办在公办学额不足和教育质量相对较低的区域，由政府出资建设，避免了前期高额的投入，为有教育理想和教育情怀的民间力量提供了进入教育领域的渠道和机会，也避免了资本前期高投入后，在后期以收回成本和营利为目的，扰乱办学行为。

其次，它在管理方面比公办学校更灵活，在课程设置、教师招聘、工资发放和招生等方面拥有更大的自主权，有利于激发各种创新的教育实验，提升教学质量，为学生和家庭提供了更多自由选择的机会。并且可以透过竞争压力，刺激一般公立学校提升学校管理水平及教学质量。

再次，特许学校的教师全部实行聘用制，不占用编制，可以有效破除当前束缚学前教育和教育发展的教师编制瓶颈问题。学校可根据教学水平等实施差异化的教师待遇，实行更彻底的绩效激励政策，促进教师提升水平。

自 2005 年起，我国义务教育均衡发展被摆在教育工作的重中之重，而学校教育的地域差别、城乡差别、校际差别、群体差别依然显著。同时，随着学前教育事业的发展和小班化要求的提出，教师编制日益成为瓶颈性制约因素。

本案建议：

首先，立法先行，建议教育部出台特许学校设立和管理办法，规定特许学校的开办条件、设立流程、考核办法和必须遵守的规范，为中国特色特许学校的开办设置法律依据。建议在管理办法中明确：特许学校在公用经费方面，由政府按照当地生均公用经费和在校生人数进行拨款；在课程设置方面，特许学校可自行制定学生培养方案，自行开设课程，可以参照国际学校课程管理办法，不完全受国家课程标准和课程体系的限制；在教师配置方面，特许学校的教师按照生师比足额配置，但不占用编制，实施编制外管理，这有利于缓解当前教师编制不足的状况；在教师工资发放方面，政府通过购买服务的方式发放教师工资，按照当地教师平均工资和特许学校的教师人数给学校拨款，学校内部可制定激励性的工资发放制度，这有利于打破公办学校教师吃大锅饭的状况，激发教师队伍的工作积极性；在监督监管方面，虽然特许学校不受一般性教育法规的约束，但其也要接受特许学校设立和管理办法中规定的考核，达到教育行政部门规定的教育目标，遵守相关法律和财政制度，因此特许学校必须建立合法合规、公开透明的内部决策机制，接受监督和审计。

其次，开展将部分公办薄弱学校改为公办民营特许学校的试点工作。随着全面改善贫困地区义务教育薄弱学校基本办学条件工作的不断推进，农村薄弱学校的办学条件不断改善，可以说从硬件上来看，薄弱学校已经很少，但是无论在农村还是城市都还有很多师资和办学水平相对薄弱的学校。建议从这类学校中选择一部分开展特许学校试点。

再次，考虑在公办学校学位不足的区域开办特许学校，或者将一部分新建小区配套幼儿园和学校建成特许学校。在开发商建设完毕并移交给政府后，由政府选择条件较好的主体进行办学，特许学校探索。

建议办理部门：教育部

（本案未被提案委员会立案，转为供有关部门参考的建议）

关于妥善处理民办园与普惠园关系的提案

案由：

为满足人民群众对学前教育的需求，2017 年，《教育部等四部门关于实施第三期学前教育行动计划的意见》提出，到 2020 年，基本建成广覆盖、保基本、有质量的学前教育公共服务体系。全国学前三年毛入园率达到 85%，普惠性幼儿园覆盖率（公办幼儿园和普惠性民办幼儿园在园幼儿数占在园幼儿总数的比例）达到 80% 左右。2018 年 11 月 15 日发布的《中共中央国务院关于学前教育深化改革规范发展的若干意见》进一步强调了这个指标要求。

为此，一些地方开始进行民办幼儿园关停和转设工作。例如深圳市为了完成新型公办园和普惠性民办园占比达到 80% 以上的目标，将 340 多所社会组织或个人承办的政府产权幼儿园全部收回，转为新型公办园。最近陆续又有其他地区采取同样的举措，以提高普惠园比例，引发了大量争议并成为舆论热点。

民办幼儿园也是公共服务的提供者，在政府补助扶持力度到位的情况下，引导民办园朝着普惠性方向发展，这一政策方向是对的。但是，强制要求民办园转为普惠园，违背契约精神和公平原则，容易引发更多社会问题。据分析，政府之所以采取如此不合理的举措，原因有：

一是学前教育强制性目标过高。85% 的毛入园率远远超过《国家中长期教育改革和发展规划纲要（2010—2020 年）》中提出的学前三年毛入园率 2020 年达到 70% 的目标。现在的学前教育资源增长很大一部分是通过现有幼儿园扩容取得的，越往后增长难度越大。截至2017 年，全国普惠性幼儿园覆盖率为 70.6%，在短短三年内，要实现近 10 个百分点的突破，全面完成覆盖率 80% 的目标极其困难。

二是民办园成为普惠园的奖励扶持政策不到位。根据 2017 年数据，我国普惠性民办幼儿园仅占普惠性幼儿园的 26.5%，而民办幼儿园占我国幼儿园总量的 55.9%，可见民办幼儿园办普惠的比例不高，大部分都靠市场生存。在民办园转型为普惠性幼儿园的过程中，各地普惠性幼儿园认定政策、补贴和扶持政策都有不同，民办园举办者的政策预期不明，获得感不强。一些地方认定过程较长，使一些新办园无法进行普惠性认定。一些地方的财政扶持力度较弱，普惠性民办园经费拮据、生存空间狭小，举办者不愿转普惠性。

本案建议：

要正确处理民办园与普惠园的关系，不能违背契约精神、公平原则直接关停民办园，或强制民办园转为普惠性幼儿园。

一是尽快扭转政策导向。对学前教育发展目标的表述不能一刀切，应本着"保底线、保基本"的原则提出约束性目标，让各地基于实际制定各自的具体目标。各级教育主管部门应把对《关于学前教育深化改革规范发展的若干意见》的落实，界定为"努力发展以优质公平为导向的学前教育"，在保"质"的前提下做到保"量"，合理、有序增加公办园的数量，为民办园的改革留下空间，防止公进民退。财政资金应主要并优先用于贫困地区、深度贫困地区、城乡接合部和外来务工人员聚居地区，用于改造"小、散、乱"幼儿园，提供有质量的保教环境和教育服务内容，培养高素养的幼儿教师队伍。

二是科学核算普惠园办园的成本，制定合理、有效、支撑优质发展的财政补贴办法，充分调动民办园举办者的积极性。成本核算应该包括幼儿园办园定位、设计装修与课程开发成本、玩教具教材质量等方面，尤其是要关注课程体系开发、教师系统培训、高标准运营管理等隐形综合成本，在此基础上制定合理的财政补贴标准，并根据幼儿园的办学水平制定相应的奖励办法。制定并实施学前教育专项计划、积极挖掘扩大增量、规范小区配套幼儿园办园行为等。制定并实施政府购买优质学前教育服务的具体办法，扩大、推广、共享优质的学前教育内容。

三是完善监管，实现普惠与优质并重的发展目标。建立普惠性民办园动态监管体系，将普惠性民办幼儿园纳入督导评估体系，灵活运用监管结果，建立退出与问责机制。对于未达到普惠性民办幼儿园考核的园所应考虑整治或退出。

建议办理部门：教育部

中华人民共和国教育部关于
政协十三届全国委员会第二次会议
《关于妥善处理民办园与普惠园关系的提案》
答复的函 （略）

关于完善学习类 APP 进校备案工作，促进互联网＋教育健康发展的提案

案由：

2018 年，教育部等八部委出台了《综合防控儿童青少年近视实施方案》。其中要求"严禁学生将个人手机、平板电脑等电子产品带入课堂……"今年 1 月，教育部印发《严禁有害学习类 APP 进入中小学校园》的通知，要求"凡未经审核批准的学习类 APP，一律禁止在校园内使用"。近期，教育部还出台规定，下一步将明确教师不得通过手机微信和 QQ 等方式布置作业。在教育部的规定出台后，各地教育行政主管部门层层加码，纷纷出台更加严格的管控办法。有的地方教育部门要求老师学生家长"一刀切"式地停止使用作业 APP。

以上一系列政策和规定的出台，使近年出现的在线教育快速发展，互联网＋教育催生教育结构性变革的趋势快速降温，我国在线教育行业集体面临"熔断"风险。

首先，学习类 APP 无法进校，对人工智能等新技术在我国教育行业的应用造成影响，是对已有投入的巨大浪费，不利于我国中小学生利用技术手段减负增效。近年来，教育数字化基础设施及硬件设施建设加快，多媒体数据呈现爆炸式增长。学习类 APP 无法进校，导致师生无法享有科学发展带来的教学成果。

其次，学习类 APP 无法进校，导致在线教育合法性受到质疑，引发民营资本的退出，对教育投入整体下滑。根据最新规定，这些平台上运行的学习类 APP 都必须经过备案审查通过才能使用，对于如

此海量的学习类软件的审查，无论是审查标准的制定，还是审查力量的配比以及技术手段的建设，都不是短时间能解决的，到底以什么样的标准，以什么样的程序，以及需要多长的备案时间来完成全国学习类 APP 的备案工作，目前不得而知。这就意味着我国在线教育行业集体面临合法性质疑的违规处境，大量资本特别是民营资本对这一行业的风险高度关注，这一现状如果不能尽快扭转，在线教育行业极有可能集体失去资本投入，不仅在线教育行业受到重创，国家对教育的整体投入也将受到影响，从而造成对教育的不良影响。

再次，学习类 APP 无法进校，影响了我国教育资源公平利用及均衡发展，将对我国偏远山区中小学生获取优质教育资源带来阻碍。越是发达的地方越是客观条件完备，越容易获得备案，越是落后的地区由于监管力量的薄弱越不容易获得备案，如果处理不当会进一步加剧教育不公平。

本案建议：

第一，认清科学技术发展的趋势，主动积极发展互联网＋教育事业。习近平总书记在给第四届世界互联网大会的贺词中指出：要建设网络强国、数字中国、智慧社会，推动互联网、大数据、人工智能和实体经济深入融合，发展数字经济、共享经济，培育新增长点，形成新动能。

在世界范围内，人工智能、大数据深度运用于教育，移动互联及其终端产品进入中小学教学的趋势汹涌而来。如果我们人为强力阻断，不仅会使几万亿国家投入的"三通两平台"陷入闲置，也很快就会被历史证明是一个错误。

第二，完善学习类 APP 进校备案工作。取消对学习类 APP 实施学校和教育局的"双审查"。建议借鉴中央网信办直播平台方面的管理经验，通过实施平台所在地备案制度，对学习类 APP 实现实时监管。备案标准、监管要求和奖惩治理实行全国一盘棋，建立全国统一的数字教育资源治理协同机制和全行业黑名单制度。备案监管的具体落实部门应当明确要求。例如对有关黄色、违法等有害信息，由国家已有管理机制和对应管理部门处理；对教研内容的要求，由教育部基础教育课程教材发展中心牵头组织标准要求和监督落实；对教育游戏也要慎重鉴别。

第三，避免"一刀切"式的监管。建议为学习类 APP 进校通过备案审查设立必要的过渡期。在过渡期内，各类学习类 APP 供应商自行整改，申请备案等，在未违反《移动互联网应用程序信息服务管理规定》和国家有关法律法规的前提下，应该允许现有进校 APP 正常使用，避免因为紧急"刹车"对全国中小学校教学秩序造成干扰。

建议办理部门：教育部

中华人民共和国教育部关于政协十三届全国委员会第二次会议《关于完善学习类 APP 进校备案工作，促进互联网＋教育健康发展的提案》答复的函

朱永新委员：

您提出的《关于完善学习类 APP 进校备案工作，促进互联网＋教育健康发展的提案》收悉，经商工业和信息化部，现答复如下：

为落实党中央、国务院对学习类 APP 进校园工作的决策部署，回应人民群众的关切和期盼，教育部等部门高度重视，深入调研，广泛听取各方对清理和规范学习类 APP 的意见建议。

自 2018 年 12 月印发《关于严禁有害 APP 进入中小学校园的通知》以来，开展了一系列工作，层层推进。2019 年 7 月，教育部等六部门印发《关于规范校外线上培训的实施意见》，首次对面向中小学生、利用互联网技术实施的学科类校外线上培训活动提出了规范意见，以积极审慎的态度，通过规范促进其健康有序发展。2019 年 9 月，教育部等八部门印发《关于引导规范教育移动互联网应用有序健

康发展的意见》，这是国家层面发布的首个全面规范教育 APP 的政策文件，内容覆盖各学段和各类教育 APP，对促进"互联网＋教育"发展具有重要意义。

一、开展清理和规范学习类 APP 工作的背景

近年来，"互联网＋教育"的快速发展和教育信息化的全面推进为教育互联网企业提供了发展机遇和空间，教育互联网企业大量涌现，针对师生教学需求开发的学习类 APP 增长迅速，在一定程度上迎合了当前师生的实际需求，对构建多样化学习方式、培养学生自主学习能力、促进教育公平和提升教育质量有一定的积极意义。但由于对学习类 APP 及教育互联网企业缺乏监管，部分不良企业唯利是图、漠视责任，通过违法违规手段追逐利益，学习类 APP 在快速发展的同时出现一些突出问题，严重扰乱了正常的教学秩序，引起社会广泛关注，造成恶劣影响。

对学习类 APP 进行规范管理的目的不是阻断其发展，而是将野蛮生长、无序发展的 APP 纳入监管轨道，促进其健康有序发展，为师生提供良好服务，这是发挥信息技术促进教育教学改革作用、营造"互联网＋教育"发展良好生态的必然要求。建立学习类 APP 进入中小学校园的"双审查"制度，一方面考虑到中小学校是学习类 APP 的直接使用者和第一道门槛，应切实担负对所选用的 APP 进行审查的职责，提高对有害信息的鉴别能力；另一方面由于学习类 APP 中内容更新变化速度较快，作为直接使用者的学校和教师可在第一时间发现问题并及时反馈，有助于有关部门尽快解决和处理问题。"双审查"制度不是阻止学习类 APP 进入中小学校园，而是加强对教育行政部门和学校组织使用的学习类 APP 的把关，防止存在有害内容的 APP 进入校园使用，为中小学生的成长营造健康清朗的网络环境。

二、已开展的相关工作

一是积极指导和督促各地落实相关要求。组织开展对进入中小学校园学习类 APP 的排查工作，经统计，截至 6 月份全国共有 1500 多个区县启动了学习类 APP 的备案工作。一些地区在开展清理规范 APP 的工作中，也因地制宜地建立了学习类 APP 进校园的管理办法。我们鼓励和支持有条件的地区积极探索符合本地区教学实际的学习类 APP 监管办法，同时也将及时总结推广好的经验和做法。

二是统筹推进教育 APP 规范工作。以"科学施策、分类引导，问题导向、标本兼治，多方参与、协同联动"为基本原则，从提高供给质量、规范应用管理、健全监管体系、加强支撑保障等方面，对面向各个教育阶段的教育 APP 进行全面部署，提出明确要求。建立教育 APP 的备案制度和推荐机制，健全选用机制，引导针对不同教育阶段、面向不同用户群体、具备不同功能用途的 APP 健康发展，构建良好的教育生态；面向中小学生的学习类 APP 在落实"双审核"制度的同时，可根据地方实际结合推荐制度简化审核流程，逐步完善学习类 APP 进校园制度。

三是健全完善管理制度，规范市场秩序。配合有关部门推动《未成年人网络保护条例》研制工作，不断完善未成年人网络保护制度，进一步保障青少年上网安全。工业和信息化部印发《移动智能终端应用软件预置和分发管理暂行规定》，针对手机等移动智能终端应用软件信息不明示、用户不使用的软件不可卸载、部分应用商店传播恶意软件等问题提出要求，进一步强化移动智能终端应用软件管理。

四是深化行业自律，强化社会监督。组织中国互联网协会 12321 举报中心和基础电信企业，进一步畅通电话、网站、APP 等多种网上违法不良信息举报受理渠道，与相关互联网企业建立违法信息快捷处置通道，强化社会监督，为青少年营造健康清朗的网络空间。

三、下一步工作计划

您的建议十分中肯，也与教育部未来工作的思路举措总体上是一致的。下一步，教育部将会同有关部门认真研究学习您的建议，科学论证，积极稳妥地指导各地推进和完善学习类 APP 进校园的规范管理工作，同时，与有关部门建立协同配合、齐抓共管的工作机制，通过完善政策、严格程序、加强监管、综合治理，引导学习类 APP 及教育互联网企业健康有序发展。

感谢您对教育工作的关心和支持！

教育部

2019 年 10 月 29 日

关于减少非教学任务，为中小学教师"减负"的提案

案由：

不久前，教育部等九部门联合发文为中小学生减负。但学生不断减负的同时，教师的负担却越来越重。这些沉重的负担，相当一部分不是教学任务。有调查结果显示：在有些学校，"真正用于教学及相关准备的时间在整个工作时间中占比不足 1/4，剩下的 3/4 是更为耗时耗力的非教学任务"。这个数字虽然不一定是普遍现象，但各式各样的非教学任务的确给教师带来了额外的工作负担和极大的心理压力，造成了教师加班严重、教研时间被挤占、职业倦怠加剧等一系列问题。

教师的非教学任务主要来自以下几个方面：

一是教师的教育责任被混同于监护者的无限责任。学生在学校吃午餐，教师要对食品安全负责，要在学生用餐前先试吃；放暑假期间防溺水工作，教师要承担巡检任务；班级里有留守儿童，教师还要当兼职父母；有的地方甚至把教师当作编外的政府工作人员，走访贫困户、搞拆迁、招商引资也要教师去完成。

二是各个部门工作任务的狠抓落实被异化为"进课堂"要求。不仅仅是教育部门，各个行政部门的工作，动不动就往学校压，领导重视的工作，动不动就要求"进学校""进课堂"，一切都要"从娃娃抓起"。卫生部门要求学校搞疾病短剧宣传，税务部门要求搞税收知识竞赛，消防部门要求搞消防宣传画比赛，法律部门要求搞普法主题教

育活动，等等。而且还要求 100% 参与度，在过程中要拍照或录视频留痕，最后存档、上报完成情况。

三是各类评估和检查任务严重影响了师生的教育教学活动。很多评估和检查工作是浮于表面、走马观花，查档案、听汇报，但学校都要认真准备，写材料、做展板、换宣传栏、挂横幅、组织教师开会传达任务，耗费大量人力物力财力。有些检查，不以结果为评价依据，而过于注重落实的过程，把行政体制中"以会议落实会议，以文件落实文件"的形式主义套用在学校检查中。检查结果达标之后，又会迎来新一轮的参观学习、领导视察。

本案建议：

教师非教学任务过重，是我国行政体制弊端在教育领域的反映。随着我国政府职能转变的深入推进，必须不断消除政出多门、条块分割、繁文缛节，反对违背教育规律的行政任务进学校，敢于摘"稗草"、剪"旁枝"，让教师全身心投入教学核心，把更多的时间和精力用于备课、教研、培养学生以及自身的专业发展。为了减轻教师不必要的行政负担和非教学任务，建议：

一是尽快启动《学校法》立法工作，以法律形式明确学校、教师的责任权利义务等内容，明确学校和教师的责任边界。

二是尊重教育规律，清理非教学专项工作进校园项目。严禁侵占正常教学时间、学校德育活动时间、体育锻炼时间开展各类行政系统的"任务"。设定各学校一年考核和活动的最高数量限制，超过数量学校有权拒绝。各行政单位不得发布行政命令强制要求学校和老师参与非教学任务之外的各类活动，不得动辄要求"全员参与"，不得随意要求学校增加专题教育内容。

三是减少形式主义的行政检查和督导评估。对学校开展的督导评估必须坚持随机抽取检查对象，随机选派执法检查人员，抽查情况及查处结果及时向社会公开（"双随机，一公开"原则）。不得提前通知学校准备迎接行政检查和督导评估。

建议办理部门：教育部

中华人民共和国教育部关于政协十三届全国委员会第二次会议《关于减少非教学任务，为中小学教师"减负"的提案》答复的函

朱永新委员：

您提出的《关于减少非教学任务，为中小学教师"减负"的提案》收悉，现答复如下：

党中央、国务院高度重视中小学教师减负工作，习近平总书记在全国教育大会上强调，办学有规律，学校有主业，各级党委和政府要减少不必要的检查评比，不能动辄让学校停课出人出场地办活动，更不能把招商、拆迁等"摊派"给学校。教育部将为中小学教师减负作为教育部层面重点推进解决的 10 个热点难点问题之一，陈宝生部长亲自带队赴山东开展教师减负工作调研，制定专项方案，加强集中调度，狠抓工作落实，扎实推进中小学教师减负工作。

一、健全法律法规明确教师责任边界

一是依法保护教师权益，安心从事教育教学工作。2019 年 7 月，中共中央、国务院印发《关于深化教育教学改革全面提高义务教育质量的意见》，指出要制订实施细则，明确教师教育惩戒权，促进教师既要热情关爱学生，又要敢于严格管理学生，依法依规妥善处理涉及教师的矛盾纠纷。二是修改教师法，进一步厘清中小学的责权边界。2019 年初，召开教师法修订课题成果交流会，对中小学权责边界进一步明确，防止教育责任无限放大，增加教师不合理负担。鼓励教师积极探索教学改革，注重教学的创新性，鼓励教师形成教学特色；依

法保护教师对学生的教育权、管理权等正当权利，对侵犯教师教育权的做法，要坚决进行制止。

二、规范非教育教学专项工作进校园管理

一是规范管理"进校园"活动，减少对学校教育教学干扰。2018 年 10 月，教育部印发了《关于严禁商业广告、商业活动进入中小学校和幼儿园的紧急通知》，要求各地教育部门严格审批"进校园"活动，建立各类"进校园"活动备案审核制度，对于各类进入校园或组织中小学生、在园幼儿参加的活动，由县级及以上教育行政部门进行审批，实行备案管理，凡未经批准的活动，一律禁止进入校园或组织中小学生、在园幼儿参加，切实加强校园日常监管，减少与学校教书育人无关的各类活动。二是注重治理校园有害 APP。2018 年 1 月，教育部印发了《关于严禁有害 APP 进入中小学校园的通知》，这是首次对学习类 APP 提出了规范意见，填补了管理上的空白，教育部将严格按照《通知》要求，落实"凡进必审、谁选用谁负责、谁主管谁负责"的原则，建立校园 APP"双审查"责任制，减轻中小学师生过重负担。三是统筹规范社会性事务进校园。主要围绕脱贫任务、紧急事务、城市创建事务、街道社区事务、主题性教育活动、无关事务等几方面社会性事务，提出统筹规范要求，由教育部门严格按要求依程序统筹安排，不得影响正常教育教学，对于有关部门提出来的请教师参与有关活动的不合理要求或影响正常教育教学的，学校有权予以拒绝并不安排教师参与。特别强调规范部署脱贫任务，要引导广大教师关心支持教育脱贫工作，充分运用校园和课堂，教育帮助贫困地区孩子学好知识、提高技能、成长成才，从根本上减贫脱因，原则上不安排任课教师承担脱贫包户任务。

下一步，将继续力戒形式主义、减轻基层负担，在不干扰正常教学秩序、不增加教师负担的基础上，严把进校园入口关，将相关主题活动融入已有课程，切实发挥督导作用。

三、减少形式主义的行政检查和督导评估

2019 年 3 月，中共中央办公厅印发的《关于解决形式主义突出问题为基层减负的通知》，强调"要解决一些困扰基层的形式主义问题，切实为基层减负"。目前，教育部正在研究起草《关于减轻中小学教师负担进一步营造教育教学良好环境的若干意见》《关于落实中小学自主权激发办学活力的意见》，以进一步减少办学干扰，完善评价机制，减轻教师负担，激发办学活力。一是要减少对中小学校的具体干扰。严格控制检查、评比数量；严格控制填表报表数量；严格控制中小学调研工作，避免重复调研、多次调研；严格控制进校园、进课堂数量；严格清单制度，严控负面清单事项，清单之外的事项一律由学校自主决策、自主管理。二是完善中小学校评价机制。优化对中小学的评价，坚决破除以升学率为唯一标准的学校评价方式，建立对中小学落实立德树人根本任务、规范办学行为等进行评价的工作机制；优化对教师的评价，统筹规范针对中小学教师的督查检查评比考核事项，完善评价体系，坚决制止单纯以分数、以升学率为标准对教师进行考核。三是落实"双随机，一公开"要求。国家教育督导部门加强统筹管理，规范基础教育领域监督检查行为，严格控制"重点检查"数量和"一般检查"比例，实行清单管理。对学校的督导评估主要采用网上评估、不进学校的方式开展，对多个专项督导采取合并、纳入综合督导的形式，尽量减少督导频次，减轻学校负担。同时对确有必要开展的督导，坚持"双随机，一公开"，更加强调结果运用和督导质量。四是统筹规范督查检查评比考核工作。强调各级党委和政府统一部署和依法依规开展督查检查评比考核工作，各部门拟开展的涉及中小学校和教师的督查检查评比考核事项，按照归口管理原则，实行年度计划和审批报备制度，年初分别报同级党委和政府审核，以年度计划的形式印发执行。除教育部门外，其他部门不得自行设置以中小学教师为对象的督查检查评比考核事项，确需开展的要会商教育部门，并报同级党委和政府审核。教育行政部门统筹协调开展，严格按要求按程序进行，不能层层加码、扩大范围、增加环节、延长流程，坚决避免对学校和教师随意提出要求。

下一步，教育部要下大气力，把中小学教师负担找全面、分清楚、想明白、盯住改，坚定信心、稳住耐心，加大治理力度，依法依规精简。积极推动为中小学教师减负文件印发，指导各省级教育部门出台减负实施细则，严格落实年度计划和审批报备制度，开展教师负担清理精简工作，进一步营造全社会尊师重教的浓厚氛围，为教师安心、静心、舒心从教创造更加良好环境，推动教育事业公平而又有质量的发展。

感谢您对教师队伍建设工作的关心与支持！

教育部

2019 年 10 月 12 日

关于尽快整治外籍教师乱象频发的提案

案由：

近年来，随着国民经济发展和家校、社会对外语教育的日益重视，国内外籍教师数量与日俱增，逐渐遍布公办学校、民办学校及社会培训机构。外教带来了先进的教育理念、方法，对我国的教育事业发展起到了积极的促进作用。但外教管理中也存在一些乱象不容忽视。

一是"黑外教"泛滥。所谓"黑外教"，是指那些只是持有留学、旅游或访问签证却在中国非法从事教学工作的外籍人士。据统计，2017年国内大约有40万名外国人以工作签证身份从事教育工作，但符合要求的合法外籍教师只占总数的三分之一。按照国家外专局政策规定，外国人在中国从事语言教学工作，必须取得符合外教身份的工作签证，并对外教的国籍、学历、教学资质、无犯罪记录有明确的要求。但因符合有关要求的外教数量不足，"洋教师"供不应求，培训机构不惜以假乱真，以"低价聘请，高价收费"方式雇用了大量在华留学生、外籍人士、外籍华人等一批批有"洋脸孔"的兼职人员进行外语教学，滋生了行内"黑外教产业链"，引发很多就业与辅导教学质量问题，严重侵害了学习者的权益。

二是外籍教师行业分类设置标准较低。国家对真正拥有专业技术和教学技能的外籍教师缺乏平台认证和长期监督，给"黑外教"以可乘之机。同时，部分培训机构盲目宣传"金牌外教"等，随意编造和夸大外籍人士人生经历或者教学经验，误导甚至欺骗消费者。

三是外教资质认证机构数量严重不足。《外国专家来华工作许可》规定，外国专家受聘在中国境内工作，应取得"外国专家来华工作许可"，申办《外国专家证》、通过 TESOL（Teaching English to Speakers of Other Languages）或 TEFL（Teaching English as a Foreign Language）的认证考试。但目前 TESOL 证书的授权机构只有在江苏、广州、浙江、四川等南方省市存在，北方几乎没有此授权机构。

四是民办社会教育机构外籍教师管理存在盲区。部分民办培训机构的少数外教、外方工作人员，隐性身份难摸清楚，可能对国家安全带来影响；教师及工作人员多有宗教信仰，甚至是以传教为主要目的；同时，现在还有一些一对一或者一对多的外教利用互联网直接在国外对国内学生进行语言教育。

本案建议：

一、强化国内外籍教师管理。一是统一"外籍教师资格"和"工作签证"双重入门审核标准，建立外籍教师行业招聘准则。建立外籍教师在华教师准入资格审核和需求信息库，为在华从事教育行业的外籍教育专家学者设立教师资格与工作签证"合二为一"的签证审核标准，尽量缩短紧缺型外籍教师聘用审核时间。二是严格执行外籍教师聘用条件和从业资质规定。对外籍教师队伍情况，尤其是培训机构外籍教师人员进行排查，清理"黑外教"，净化外籍教师队伍。强化教育机构外教管理的自觉性和主动性，加强对外教身份、资质、教学内容等的管理。

二、建立外籍教育专家公共就业平台，实施外籍教育资质评审登记和分级就业指导原则。一是深入推进外籍公共就业服务体系标准化和精准化建设，通过入境信息摸底调查、教育资格国际化互联网认证、招聘洽谈、教师资格考评测试等方式推进外籍教育专家分类管理，建立个人师资档案，实施统一资质上岗编码。二是统一实施外籍人员就业分级指导机制，帮助外籍求职者确定就业方向，并通过外籍人士就业指导平台，对国外优秀教师、教育专家、学者等开放"免签""网络面签"等入境窗口，引入更多外籍优秀教师在华就业。

三、发展外教资质认证机构。TESOL 或 TEFL 证书的授权机构，对区域内从事英语教学的外籍教员（含在国外通过网络进行外语教学的外教）进行考核管控，取缔"黑外教"，规范英语教学（含少儿英语教学），建设合格的外教队伍。

四、补齐外籍教师宗教管理方面的短板。要自觉加强对外籍教师授课内容的监管，防止出现有意和无意间对学生尤其是儿童进行宗教理念灌输的现象。

建议报送部门：教育部，国家外专局

《关于尽快整治外籍教师乱象频发的提案》
答复的函 （略）

关于加强高校艾滋病防治工作的提案

案由：

2017 年国家卫计委数据显示：我国年度新增 15—24 岁青年学生艾滋病感染者在相应年度青年感染总人群中的占比，已由 2008 年的 5.77% 上升至 2017 年的 23.58%，这一数值，已经超过了国际上 10% 的"重灾区"认定感染红线值。2017 年全国高校新增艾滋病感染者 3077 例，其中 81.8% 经同性性传播感染。目前，高校艾滋病防控体系存在的问题有：

一、艾滋病防控试点初步建立，但试点范围和防控经验都有待推广。国家卫计委、教育部 2015 年在湖北等 11 省辖市确定了 94 个高校艾滋病防控试点。湖北省仅有武汉大学、华中科技大学、华中师范大学和湖北大学 4 所大学纳入试点，占比不到全省高校的 1/30，覆盖面严重不足。

二、艾滋病防控机制初步建立，但防控组织和运作机制有待完善。整体上看，我国高校艾滋病防控机制的建设还处于起步阶段，防控组织和运作机制还需要不断完善，提升防控的系统性和针对性。以湖北为例，四所试点高校尚未组建校级艾滋病防控工作领导小组，未出台艾滋病防控相关实施文件。可见高校艾滋病的防控工作还亟待重视和加强。

三、艾滋病宣传教育初步开展，但实施效果不甚理想。我国当前的艾滋病教育课程只是在直辖市或省会等大城市的少数高校开设，大部分高校尤其是高职高专院校，还没有一堂像样的性教育课。在线艾滋病相关课程也因学分不被认定等问题没有广泛被选修，仅能凭学生个人兴趣自主选修。高校校医院因平时业务繁忙，艾滋病宣传也并不能实现常态化。

四、艾滋病公益社团初步形成，但公益活动的开展面临多重困难。当前艾滋病公益社团面临的主要问题是缺少政府部门及高校的认可和扶持。相关社团"不能公开招新，办活动没有展台，不允许贴海报，挂面旗帜也要小心翼翼，所有的活动都只能通过公众号做线上宣传"。这些公益组织和社团在资金、场地、宣传等方面均得不到足够的支持，最终影响了宣传效果。

本案建议：

一、设立全国统一的高校艾滋病防控组织机构。成立"国家高校艾滋病防控工作领导委员会"，作为全国高校艾滋病防控工作的领导决策机构。领导委员会由国家卫健委牵头实施，成员包括国家卫计委、国家教育部、各省卫健委主要领导、部分重点高校，定期召开"高校艾滋病疫情会商会"，研究商讨国家高校艾滋病防控工作的重大事项。领导委员会下设办公室作为常设机构，挂靠在国家疾病预防控制中心，负责落实传达领导委员会各项决议、筹备召开工作会议等工作。各省成立"高校艾滋病防控工作执行委员会"，省级疾控中心作为高校艾滋病防控工作的执行机构，落实国家高校艾滋病防控工作领导委员会的各项决议。成立"国家高校艾滋病防控专家指导组"，作为全国高校艾滋病防控工作的专业指导机构。

二、加大高校艾滋病防治技术和药物支持力度。一是加大检测力度，积极推进"HIV尿液匿名检测包"售卖机进入高校。这种检测包简便易用且能较好保护隐私。二是疏通青年学生获取艾滋病阻断药物渠道。在距高危行为发生2小时内首次服用的，阻断成功率可达99%。然而，目前艾滋病阻断药物在我国属于管控药物，一般高校学生难以在短时间内获取药物。应加强艾滋病阻断药物的储备、流通力度，保证全国高校内医院的药物储备。在各高校旁设定点药房，指定符合资质的网络大药房为定点网络销售药房，经对需求人提交的有效处方进行审核后，及时对阻断药物进行加急物流配送。

三、完善面向全体青少年学生的生命教育体系，加大艾滋病预防和紧急阻断措施的宣传力度。基础教育阶段，生命教育（包括性教育、青春期教育）要针对不同年级、不同年龄学生的心理特征，选用不同的教育内容和教育模式。高等教育阶段，应将性教育纳入课程体系。同时，要加大面向高校青年学生的宣传力度，普及暴露前预防用药（PrEP）和暴露后紧急阻断用药的相关正确知识，帮助大学生建立"预防为主、防治结合"的正确理念。

建议办理部门：教育部

中华人民共和国教育部关于政协十三届全国委员会第二次会议《关于加强高校艾滋病防治工作的提案》答复的函

朱永新委员：

您提出的《关于加强高校艾滋病防治工作的提案》收悉，经商国家卫生健康委、国家药监局，现答复如下：

诚如您提出的，加强高校艾滋病防治工作是实施素质教育、促进学生全面发展、保障学生身心健康的一项重要工作。教育部对此高度重视，采取了一系列措施，推进高校艾滋病防治工作。

一、明确政策要求，压实工作责任

2019 年教育部会同国家卫生健康委印发《关于切实加强新时代学校预防艾滋病教育工作的通知》，要求高度重视学校预防艾滋病教育工作，加强思想道德教育和健康教育，提高学校预防艾滋病教育有效性，健全学校艾滋病疫情通报和定期会商制度，增强学校预防艾滋病综合干预服务能力，共同营造学校预防艾滋病教育良好氛围，加强学校预防艾滋病教育能力建设。2017 年，教育部印发《普通高等学校健康教育指导纲要》，明确预防艾滋病教育为高校健康教育重要内容，要求学校加强组织领导和统筹协调，纳入学校教育教学体系。2011 年和 2015 年联合印发《关于进一步加强学校预防艾滋病教育工作的意见》《关于建立疫情通报制度进一步加强学校艾滋病防控工作的通知》文件，进一步明确部门职责，要求各地建立艾滋病疫情通报制度，要求高校和中等职业学校发放预防艾滋病教育处方，通过专题讲座、选修课、网络教育等，全面普及预防艾滋病、禁毒、无偿献血、性与生殖健康等艾滋病综合防治知识，提高学生自觉规避危险行为的意识和能力。

二、部门协同联动，加大防治力度

教育部、国家卫生健康委部署各地教育、卫生行政部门重视预防艾滋病警示教育和专项干预。要求学校通过健康咨询、同伴教育等形式，对有易感染艾滋病危险行为的学生，进行减危知识和措施的宣传教育，降低感染艾滋病病毒的风险；向学生提供咨询检测点的分布和联系方式等信息，引导学生主动寻求咨询检测服务。国家卫生健康委启动预防艾滋病普及性宣传教育试点和针对易感染艾滋病行为学生的专项强化干预试点，探索了志愿者同伴教育、尿液自我检测、学生感染者随访管理和治疗转介等工作。国家药监局认真做好药物滥用监测工作，加强合成毒品和滥用物质危害的宣传教育。将艾滋病防治工作与药物滥用监测工作相结合，组织开展药物滥用监测数据的收集、统计和研究分析工作。在日常工作中监测药物滥用情况，将易促进艾滋病传播的滥用物质纳入合成毒品管控范围，同时收集药物滥用者艾滋病病毒感染检查结果；收集美沙酮门诊等戒毒药物维持治疗工作的药物滥用者情况。对 2018 年监测数据进行研究分析，编写《药物滥用监测年度报告》（2018 年），提示药物滥用特征和流行趋势，为制定艾滋病防治政策提供决策依据。开展合成毒品和滥用物质危害的宣传教育，组织编印预防药物滥用宣传品，警示公众自觉远离药物滥用。同时，认真做好戒毒药物维持治疗美沙酮原料药调拨审批工作，加强美沙酮口服液配制和供应的日常监管，确保药品管理安全。积极参加国家禁毒委员会戒毒药物维持治疗小组，及时研究解决工作中出现的问题。国家药品监督管理局、公安部、国家卫生健康委共同召开全国戒毒药物维持治疗工作会议，总结戒毒药物维持治疗工作进展，研究部署监管工作。

三、面向全体学生，强化宣传教育

教育部、国家卫生健康委印发通知，要求高校通过专题讲座或利用健康教育课（包括必修课和选修课）对大学生进行艾滋病综合防治知识教育，并结合新生体检向每个新生发放"防艾健康教育处方"，将艾滋病综合防治知识纳入新生入学教育。

要求高校充分利用校园广播、闭路电视等渠道，积极宣传防艾科普知识。部署学校要坚持经常性与重要时间节点（世界艾滋病日、国际禁毒日、寒暑假前、毕业前等）相结合，充分发挥新媒体作用，结合警示案例，全面普及预防艾滋病、禁毒、性与生殖健康等知识，不断增强教育针对性。要求学校要结合教育教学实际，将艾滋病综合防治教育纳入教育计划，鼓励将大学生预防艾滋病教育跨校学分课程等纳入教学内容。通过专题教育和专题讲座向学生传授预防艾滋病知识和技能，保证学生艾滋病防控知识知晓率超过 90%。组织编印了《学生预防艾滋病宣传教育读本》等大量针对青少年的宣传教育材料，开发大学生预防艾滋病教育跨校学分课程，通过网络平台等新兴媒体宣教和推送。支持中国性病艾滋病防治协会开展"美好青春我做主"红丝带健康大使青春校园行活动和建立高校防艾基金，指导高校社团开展艾滋病防治宣传教育、综合干预和动员检测等工作。

下一步，教育部等部门将在现有工作的基础上，将学生艾滋病防治作为重要内容纳入正在制定的《遏制艾滋病传播实施计划（2019—

2022 年)》文件中，督促各地完善部门合作机制和学校预防艾滋病教育工作机制，进一步加强思想道德教育、健康教育和预防艾滋病宣传教育，进一步优化自愿检测点、快检点、自助检测材料和安全套自动售卖设施布局等，协同推进青年学生珍视健康，自觉防范艾滋病。

感谢您对教育工作的关心和支持。

教育部

2019 年 10 月 24 日

关于有效提高残障儿童入学率的提案

案由：

保障残障儿童受教育的权利，促进残障儿童义务教育的均衡发展是国家和社会的共同责任。教育部《第二期特殊教育提升计划（2017—2020）》明确提出要将残障儿童义务教育入学率在2020年提高到95%以上。据有关数据，当年全国包含特殊学校就读和普通学校随班就读在内的残障儿童在校生仅为57.88万人。残障儿童入学就学仍面临重重困难。

造成这一问题的原因有三：

首先，残障儿童的入学保障机制薄弱。具体问题包括：1.入学登记机制不完善，残障儿童入学数据不完整；2.教育及残联等部门未能面向残障儿童家庭开展有效的政策宣讲，学校与片区、学区内残障儿童家庭缺乏沟通；3.针对残障儿童的入学情况，缺乏系统性核实和督导。

其次，入学安置环节忽视残障儿童的需求。在残障儿童入学前，小学和幼儿园之间缺乏沟通，小学普遍忽略专业的教育观察和评估，因此无法在残障儿童入学前后建立有效的个别化教育计划。围绕残障儿童的选校及入学，地方行政管理部门缺少合理、有效程序保障残障儿童及其监护人的知情权、参与权、选择权和同意权。

最后，由于特殊教育支持资源配备不足，残障儿童被学校拒绝或退学风险居高不下。由于特殊教育专业资源普遍匮乏，许多学校以资源不足为由拒绝招收残障儿童。第二期特殊教育提升计划指出："各省（区、市）可结合地方实际制定特殊教育学校教职工编制标准"。但融合教育实施过程中的责任、工作量艰巨性以及"绩效工资分配倾斜"方法不明确，使得普通教师、随班就读教师以及资源教师开展融合教育缺乏积极性。据调查，大部分教师认为特殊需要学生应该进入特殊学校或者由专业特教老师辅导，但如果提供适当支持、培训、考评和激励机制，则其中超过三分之一的老师愿意担任随班就读的教学工作。

本案建议：

第一，多方联合收集残障儿童信息和数据。教育部门牵头，联动卫健委、残联等多部门，梳理残障儿童入学登记机制，整合入学数据采集接口和渠道，加强政策宣传，为残障儿童父母主动登记提供渠道，落实入学状况核实和督导机制，确保管理部门掌握全面的残障儿童信息和数据。同时，积极宣传融合教育理念，敦促普校主动与残障儿童家庭建立直接的对话和联系。

第二，细化流程，完善法规，解决具体问题案例并及时公开。遵从"零拒绝"和"最少限制环境"原则，对义务教育阶段的残障儿童入学采取"融合教育"导向，细化残障儿童幼小衔接、入学评估、个别化教育计划等重要步骤的落实与监管，逐步完善相关法规。针对残障儿童未能入学或者被退学的案例，教育行政部门应当建立公正的争议解决机制，以政策文件形式明确争议解决的依据、流程、结果及复议办法，并将政策信息向社会公开。

第三，加速推动特教相关师资配备。加快推动特殊教育教师、资源教师和相关专业人员的资格认证制度，确保专业师资的合理薪酬，以此保障残障儿童能够享受公平、高质量的教育。合理配置特殊教育资源，可以参考台湾地区的做法，设定普通学校专职特殊教育资源教师。确保普通学校开展优质融合教育所需的专业师资编制，包括资源教师、特教助理等。

第四，敦促各地教育行政部门组织专家制定适合残障学生发展的评价标准和融合教育教师的教学质量评价体系。省市级教育部门及区县政府尽快督促区县级教育行政部门成立融合教育师资流动岗，明确其对普通学校开展巡回教学指导、督查、评估、反馈、咨询的责任。根据普通学校招收的残障学生情况灵活机动的配置融合教育师资，使用特教经费及专项经费保证融合教育师资的待遇及其开展融合教育所需的其他经费支持。

**　　建议办理部门：教育部、中国残疾人联合会**

中华人民共和国教育部关于政协十三届全国委员会第二次会议《关于有效提高残障儿童入学率的提案》答复的函

朱永新委员：

　　您提出的《关于有效提高残障儿童入学率的提案》收悉，经商中央编办、中国残联，现答复如下：

　　特殊教育是国家教育事业的重要组成部分。党中央、国务院高度重视特殊教育，党的十八大提出"支持特殊教育"，党的十九大提出"办好特殊教育"。近年来，教育部会同国家发展改革委、财政部、中国残联等部门认真落实党中央、国务院决策部署，推动各地以实施两期特殊教育提升计划为抓手，采取切实举措推进特殊教育改革发展，重点保障残疾儿童少年接受义务教育，不断提高特殊教育普及水平。据统计，截至 2018 年底，全国共有特教学校 2152 所，比 2013 年第一期特殊教育提升计划实施前增加 219 所，增长 11%；在校生 66.6万人，比 2013 年增加 29.8 万人，增长 81%；特殊教育专任教师 5.9万，比 2013 年增加 1.3 万人，增长 28.3%

　　一是完善政策法律体系。2017 年，教育部会同原国务院法制办修订了《残疾人教育条例》，经国务院审议通过并颁布实施。《条例》规定，国家保障残疾儿童少年接受义务教育，具体明确了各级政府保障适龄残疾儿童少年接受适合义务教育的职责、全面掌握义务教育适龄残疾儿童少年的数量和残疾情况、残疾儿童少年接受义务教育的方式、完善残疾儿童少年接受义务教育入学和转学安排、残疾人教育专家委员会的组成和职责、资源教室和资源教室配备等"保障义务教育"方面内容，这为残疾儿童公平接受义务教育提供了法律保障。同时，还规定学前教育机构、各级各类学校及其他教育机构应当依法实施残疾人教育，对符合法律法规规定的残疾人申请入学，不得拒绝招收。二是有效扩大资源。教育部会同国家发展改革委等部门实施两期特殊教育学校建设项目，2008—2012 年中央和地方共投入 54 亿元，新建、改扩建特殊教育学校 1182 所，基本实现市（地）和 30 万人口以上、残疾儿童少年较多的县（市）都有一所特殊教育学校。同时，鼓励地方做好义务教育阶段的两头延伸，整合学前、高中阶段资源，有条件的地区设置特殊的幼儿园、特殊的高中，满足残疾儿童少年接受学前、高中阶段教育的需求。三是健全投入机制。国家明确将义务教育阶段特殊教育学校生均公用经费提高到 6000 元以上，纳入到义务教育经费保障机制，中央和地方按比例分担，其中，西部地区为 8∶2，中部地区为 6∶4，中央财政特殊教育专项补助经费从 2014 年起每年投入 4.1 亿元，重点支持中西部地区支持义务教育阶段特殊教育学校改善办学条件、特殊教育资源中心（教室）建设等。四是重视师资队伍建设。 2012—2015 年，中央财政投入 12.5 亿元，支持了 25 所师范院校建设特殊教育专业，建设了一批省级特殊教育师资培养培训基地。支持师范类院校和其他高校扩大特殊教育专业招生规模。截至 2018 年，全国已有 61 所普通本科高校开设特殊教育专业，在校生 1 万余人。"国培计划"中专门设立了特教学校校长和骨干教师培训项目，截至 2018 年，培训特教学校骨干教师 10298 名，校长 726 名。指导各地在省培计划中，增加融合教育教师培训，注重提升普通教师的特殊教育素养和专业知识技能。教育部会同中央编办等部门积极推动各省（区、市）结合地方实际制定特殊教育学校教职工编制标准，落实并完善特殊教育津贴等工资倾斜政策，特别是对普通学校承担随班就读教学管理任务的教师，在绩效工资分配上给予倾斜。据不完全统计，已有北京、山东等 15 个省（区、市）按国家要求出台特教学校教职工编制标准，已有陕西、山西等 17 个省（区、市）明确提高了特教教师津贴标准，提高了特教学校教职工配备和工资待遇水平。

经过几年的努力，残疾人受教育机会不断扩大，普及水平明显提高，教师队伍建设取得显著成效，教育质量进一步提升。但是，特殊教育仍然是各级各类教育中的短板，发展不平衡不充分问题突出，特殊教育体系还不健全，残疾儿童少年义务教育在中西部农村地区特别是边远贫困地区普及水平仍然偏低，特殊教育条件保障机制还不够完善，特教教师队伍数量不足、待遇偏低、专业水平有待提高。您提出的多方联合收集残障儿童信息和数据，细化残障儿童幼小衔接、入学评估、个别化教育计划等流程与建立争议解决机制，加强特教师资队伍建设、建立教育质量评价体系等建议具有较强的针对性和参考价值。

下一步，教育部将认真学习贯彻习近平总书记关于教育的重要论述和全国教育大会精神，结合特殊教育发展中存在的问题和您提出的建议，重点做好以下工作：

一、加强对适龄残疾儿童少年的数据管理。一是在 2018 年下半年中小学学籍信息管理系统二期建设中，教育部已对残疾学生的统计指标进行了细化和改进。下一步将进一步加强对其的精细化和动态化管理，指导要求各地各校及时登记残疾学生辍学、返校、转学等学籍状态，掌握残疾学生在学情况，有针对性地指导各地进行教育安置和再安置。二是在 2019 年 5 月初印发的《教育部办公厅、残联办公厅关于做好 2019 年残疾儿童少年招生入学工作的通知》中，要求各地将教育部门"中小学学籍信息管理系统"和残联系统"残疾人基本服务状况和需求信息数据动态更新系统""残疾人人口基础数据库"等三个系统的数据进行比对，为义务教育招生入学工作提供基础数据。下一步，将指导各地建立教育、残联两部门的定期沟通协调联动的长效工作机制，加强数据比对和原因分析，进一步提高数据准确性。三是教育部将积极推动探索建立教育、卫生计生、残联等部门的数据共享机制。通过加强与卫生健康部门的沟通协调，将教育、残联部门的数据情况与卫生计生部门的新生儿筛查和疾病筛查数据进行共享和比对，逐步形成适龄残疾儿童少年的基础台账，为做好"一人一案"教育安置提供精准的数据支撑。

二、细化残疾儿童少年义务教育招生入学流程。指导各地按照《教育部办公厅中国残联办公厅关于做好2019年残疾儿童少年义务教育招生入学工作的通知》要求，加大对残疾儿童少年义务教育入学政策、教育安置方式、残疾学生资助政策的宣传力度，积极动员残疾儿童少年家长送残疾孩子入学，依法保障残疾儿童接受义务教育。一是县级教育行政部门会同卫生健康部门、民政部门、残联及有关中小学校组成残疾人教育专家委员会，对适龄残疾儿童少年接受义务教育的方式进行评估认定，提出入学或转学安置建议。二是按照"一人一案、分类安置、融合优先"的原则，在综合考虑适龄残疾儿童少年家长的教育意愿、县级残疾人教育专家委员会的入学安置建议以及区域特殊教育资源（包括普通学校和特殊教育学校）的基础上，依据名册逐一妥善安置并逐年复核。三是对于已经入学的残疾儿童少年，如因身体原因确实不适应学校环境和教学的，教育行政部门指导就读学校或者县级特殊教育资源中心提供一定的支持和保障，必要时加强与残疾儿童少年父母的沟通，研究确定其他的安置方式，确保其不失学、不辍学。四是加强幼小衔接。指导幼儿园和小学科学做好入学准备和入学适应，加强幼儿园和小学协调同步，推动残疾儿童接受义务教育的双向衔接。

三、加强随班就读教师的队伍建设。教育部将进一步加强特教教师特别是随班就读教师（包括资源教师、巡回指导教师）的培养培训和资格认证，逐步提高整个特教教师队伍的特教素养和能力。鼓励各省（区、市）结合当地实际为特殊教育学校和指定招收残疾学生的普通学校制定教职工编制标准。加大力度落实招收5人以上残疾学生的普通学校设立资源教室、配备专兼职资源教师，在核定的编制总额内，在招收残疾学生的普通学校设置特殊教育教师等专职岗位。推动各地切实落实《残疾人教育条例》，保障特殊教育教师和其他从事特殊教育的相关专业人员根据国家有关规定享受特殊岗位补助津贴及其他待遇，将随班就读教师承担的残疾学生教学、管理工作纳入其绩效考核内容，并作为核定工资待遇和职务评聘的重要依据。

四、把随班就读支持保障等指标纳入中小学质量评估标准。将普通学校随班就读支持保障情况和实施融合教育教育教学情况纳入县域义务教育发展质量和中小学校办学质量评价指标中。通过评价指标体系的导向作用，推动县级人民政府进一步加强对特殊教育的政策和资金倾斜力度，指导普通学校加强随班就读工作，提升普通学校随班就读教育教学质量，使残疾学生将来能够更好地适应和融入社会。

感谢您对教育事业的关心和支持！

教育部

2019 年 10 月 30 日

关于调整助盲思路，逐步用现代科技导盲装备取代盲道的提案

案由：

关爱弱势群体是中华民族的传统美德，1300多万视障群体的交通出行，更是一直受到社会各界的高度关注。我国已建成全球长度最长、分布最广的盲道（据公开报道，上海已建成盲道2500多公里，北京超过1600公里，厦门超过460公里，无锡市区达400多公里）。但有形的或无形的障碍，还是横亘在盲人和外部世界之间。在街头实地调研中，我们几乎没有发现一个盲人在盲道上行走，盲道只是实现了"存在感"，使用率极低，除特教学校、隐藏巷中和居民楼的盲人按摩店，庞大的盲人群体似乎"不存在"。

政府花大代价建设的盲道沦为"摆设"，有深层次原因。

一是盲道建设思路滞后，"铺满全国"的科学性、合理性有待进一步探讨。许多现有建设已极不适应现代城市车辆趋于饱和、交通状况与道路环境极其复杂的交通现状。

二是包括盲人在内的行人路权软弱。人行道被各种公共设施（电线杆）、汽车（停车位）、自行车（共享单车）所挤占，盲道变"忙道"、盲道变"陷阱"的现象比比皆是，"车让人"规则更少有人遵循。

三是部分盲道建设出现了懒政思想。许多盲道"一建了之"，甚至是强刷"存在感"，只凸显"有"，而完全无视"用"，出现问题时则常常被"一拆了之"，缺少系统思维和设计。

　　四是细节缺失，欠缺实用性。如在德国汉堡，公交车到站后会利用液压侧倾车身，方便腿脚不便的老人或残疾人上下车，我国则排队上车文化都还在培育。

　　当下阶段，要真正帮助盲人安全放心出行，帮助盲人平等而又尊严地生活并尽可能融入社会生活，就要真正在城市规划建设中做到以人为本，在建好管好城市盲道的同时，进一步完善社会助盲（助残）工作体系，特别是要积极推广使用现代科技导盲装备。在必要的时候，果断用完善的社会助盲体系和科技导盲装备，取代城市盲道建设。

本案建议：

　　一是调整盲道建设思路，把现有城市盲道建好管好用好。适时修改交通安全法第三十四条"城市主要道路的人行道，应当按照规划设置盲道"；停止将城市盲道建设作为文明城市评选指标、评选无障碍设施城市的做法，要在科学合理进行城市道路规划的前提下，有选择地、高质量地建设盲道。要优化盲道的资源配置，把"铺满"全市所需资金，拿到维护重点生活区盲道和配套设施上，实现区域贯通，再借其他交通延伸视障群体的出行和生活。从基本社区配套开始，首先保障"用"；把盲人的体验评估作为盲道建设的验收标准。对于盲道建设的区域、规模等问题，要鼓励市民参与讨论，不能因为涉及弱势群体与公平道义而成为"禁区"，实事求是才能够更好地关爱视障群体。

　　二是建立城乡交通助盲体系和社会助盲工作体系。全面落实残疾人乘坐公共交通工具无障碍化。城市交通部门、公交系统应建立切实可行的公共交通语音播报系统，进一步完善助盲制度，如站点候车、上下车与座位等优先规定，劣质服务与违规、拒载等行为举报处理办法等。公共场所及小区电梯应设置盲文标识及语音楼层播报，并列入部门验收标准。大力开展宣传，鼓励礼让盲人、导盲、助盲，形成良好的社会风气，进而使助盲理念与行动扩展至整个交通领域和社会生活的方方面面。

　　三是大力开展宣传，鼓励礼让盲人、导盲、助盲，形成良好的社会风气。对待弱势群体的关爱程度是社会文明程度的重要指标。通过相关宣传，使助盲理念与行动扩展至整个交通领域和社会生活的方方面面。

四是积极推广使用现代科技导盲装备，适时停止城市盲道建设。用现代科技导盲助盲甚至恢复部分视力，是解决盲人出行、便利盲人生活的根本之举，并且大有取代盲道的趋势。当前我国有 600 万视障人士正在使用智能手机，要发挥好导盲 APP 等互联网产品的作用，为更多的视障人士实现权利平等和融入社会提供便利。要加大对导盲智能装备的研发扶持和使用推广力度，同时落实好信息无障碍要求。

建议办理部门：住建部

（本提案未被提案委员会立案，转为供有关部门参考的建议）

关于以技术创新促进脱贫攻坚的提案

案由：

我国正进入脱贫攻坚冲刺阶段。近两年，每年脱贫人口都超过千万，脱贫工作成效显著。不过，脱贫工作仍然面临挑战。

从目前来看，存在的主要问题有：

一是重病、慢病贫困户仍然面临医疗费用压力。疾病是我国导致贫困的第一大原因，也是返贫的主要原因。已有的医疗保障体系帮助大部分贫困户减缓了医疗费用压力，不过，重病、慢病贫困户需长期治疗，医疗费用高，在医保报销后，自费支付的医疗费，仍然是相对较大的支出。

二是贫困地区农产品产销对接力度有待加强，农产品竞争力亟待提升。受限于信息、物流等原因，部分贫困地区特别是深度贫困地区的优质农产品仍然面临"销售难""物流难"等挑战。产业扶贫如何防范风险，更进一步，贫困地区农产品中生产效率、品牌影响力、品质控制、质量追溯等方面面临一系列挑战，竞争力亟待提升。

三是脱贫干部工作效率、协同效果亟待提升。当前，各地干部在开展脱贫工作时，面临信息采集方法原始、重复工作多等问题，脱贫干部的工作效率、部门之间的协同效果有巨大的提升空间。脱贫工作任务重、时间紧，如何提升脱贫工作效率，意义重大。

本案建议：

实践探索显示，技术创新有助于脱贫攻坚工作，可以有效解决上述脱贫攻坚难题。

第一，支持和推广基于新技术的健康公益保险项目。一方面，通过互联网、移动互联网，连接贫困县、建档立卡贫困户、保险公司、电子支付平台等，建立新型的健康公益保险项目，针对医保未报销的医疗费用开展理赔，作为医疗保险的有益补充。另一方面，使用人工智能、区块链等创新技术，提高健康公益项目等工作效率和透明度，降低运营成本，确保健康公益项目可持续运行，广泛和长远惠及因病致贫的贫困户。

第二，通过电子商务平台促进贫困地区农产品产销对接，并通过新技术提升农产品供应链管理水平。鼓励和支持电商平台开展专项合作，帮助贫困县销售农产品，更重要的是，鼓励和支持电商平台分析海量数据，帮助贫困地区更好地了解市场需求，有针对性地选择农产品种植品种、确定改进措施。进一步，利用物联网、大数据等新技术、新方法，提升种植管理水平。另外，通过统一品牌、统一服务、统一品质、统一物流方式，帮助贫困地区系统性提升农产品流通、销售、运输、仓储等供应链能力。近年来，阿里巴巴集团与重庆奉节、云南元阳、山西和顺、湖北秭归等贫困县的合作实践表明，新技术有助于帮助贫困县提升农产品供应链的管理水平，增加收益。

第三，通过技术创新提高脱贫工作效率。建议在扶贫部门、扶贫干部的工作中利用移动技术，促进优化脱贫工作流程、加快信息传递速度、促进脱贫信息共享等，通过数字化、移动化、智能化的方式，全面提升脱贫工作效率和协同效果。

第四，通过互联网平台带动更多企业、消费者等社会力量参与脱贫项目。社会力量广泛参与脱贫，是脱贫攻坚的重要动力。四川平武、山西和顺两个国家级贫困县通过网络向公众开放保护地认领和地方特产限量销售，均在短时间内认领完成和售罄。建议发展基于互联网、移动互联网的公益平台，支持大规模、多样的个人和企业关注脱贫、参与脱贫。

建议办理部门：工业和信息化部、中央网信办、国务院扶贫开发领导小组办公室

国开办关于政协十三届全国委员会第二次会议《关于以技术创新促进脱贫攻坚的提案》答复函 （略）

调研手记

　　"没有调查，就没有发言权"，无论是反映社情民意，提交提案建言，还是大会发言、小组讨论，离开了调查研究，都将一无所成。调查研究能不能深入细致，能不能看见真相，能不能发现问题，取决于我们是不是用心，是不是认真。除了政协和民进组织的调查研究，其实每一次进学校，和每一位专家、老师、朋友的交流讨论，都应该也可以是调查研究。

市场与公益：服务业"放管服"的双重标准
——合肥、安庆调研手记

3月27日至30日，我率领民进中央调研组一行，就改善营商环境，激活微观主体活力问题进行了调研。这次调研是为民进中央今年重点调研课题"深化'放管服'改革，激活微观主体活力"做准备的预调研。以下是这次调研期间的工作手记。

3月27日，合肥，晴

早晨5点起床。写林茶居的《教师月刊》专栏稿《全民阅读路迢迢》。发微博和头条。

上午8点出发去合肥市政务中心三楼15号会议室参加调研座谈会。昨天下午在南京参加第二届民进长三角一体化论坛暨沪苏浙皖民进参政议政工作联席会议，会后乘坐高铁抵达合肥，入住稻香楼宾馆时，已是晚上10点多。

今年民进中央确定的重点考察调研（大调研）的主题是"深化'放管服'改革，激发微观主体活力"。此次来安徽的调研是正式调研的预调研，主要是想调研服务业（教育、文化、旅游、体育、出版等）"放管服"改革中的政策协同和执行问题、影响微观主体生存和信心的关键问题，深入研究服务业高质量发展所需要的政策环境，为正式调研进一步聚焦问题、找准方向。这次调研主要是通过召开座谈会的形式进行，听取政府相关部门和相关企业、行业主题的情况介绍。

上午 8 点 30 分，与政府相关部门的座谈会在合肥市政府政务中心三楼 15 号会议室准时召开，中共合肥市委常委、常务副市长罗云峰主持会议。罗市长先介绍了合肥市"放管服"改革工作的情况。他介绍说，合肥市近年来深入贯彻落实党中央、国务院重大决策部署，坚持将深化"放管服"改革作为推进供给侧结构性改革、促进大众创业万众创新以及稳定经济增长的关键之举，切实把握改革重点，取得良好的效果，合肥市先后取消了 230 项审批项目，占原来审批项目的 72%。营商环境大为改善，在全国直辖市和省会城市中排名第五。应该说这是非常不错的成绩，很多经验也值得其他地方学习。

之后，合肥市发展改革委、财政局、教育局、文化和旅游局、体育局以及出版传媒主管部门等负责同志依次介绍了相关工作。从他们的介绍中我也看到，合肥市在优化营商环境、"放管服"改革方面的确做出了很大的努力，颇有成绩。

成绩是有"地方特色"的，但所反映出的在"放管服"方面存在的问题很多是普遍性的，并不仅限于合肥。例如，罗市长提到的上级政府简政放权后，基层政府、社会组织承接能力不足问题，精简行政审批和压缩办事时限的空间不大问题（如，合肥市教育局 26 项政务服务事项从平均 12.6 天压缩到平均 2.9 天）等；文化和旅游部门反映的部门间数据共享不到位、文化市场综合执法管理体制不顺等，应该是在各地普遍存在的。在交流阶段，教育部门也反映：2017 年以后，民办教育遭遇了发展的瓶颈，没有一所新增加的民办学校；校外培训机构是工商发证照，教育部门很难履行管理职能；民办学校分类管理的具体政策一直没有出台，大部分民办学校处于观望状态，行业组织发展不充分等。各委办局也根据地方掌握的情况提出了一些全局性的建议。例如，针对国家政策导向和实施难点，建议由国家发展改革委、人民银行总行等部门加强对城市信用工作的业务培训和政策解读，提升地方信用工作能力和水平；建议国家在推进跨地区、跨区域的公共信用信息互查、技术标准统一、诚信企业互认和信用服务机构备案等方面工作的基础上，鼓励推进跨地区、跨区域的信用信息数据和场景攻坚，拓宽信用成果使用范围；建议中央和省级建立专项转移支付对普惠性民办幼儿园、文化体育领域服务业民营企业予以支持等。

会后到宾馆已 12 点，简单用餐后，中午稍事休息。

下午 2 点多继续出发去合肥市政府。3 点与刚出差赶回来的安徽省委常委、合肥市委书记宋国权进行了简短会面。宋书记健谈，对于合肥各项工作基本情况如数家珍，思路清晰，特别提到市政府先后投入 200 亿元支持在合肥的高校的科技创新。感受到合肥支持教育科技事业的力度之大。

会见之后，调研组继续在合肥市政府开会。这次座谈的对象是教育、文化旅游、体育、出版传媒行业的企业代表，吴春梅副市长主持会议。

相比于政府部门介绍的政策性、宏观性，各企业介绍的情况则更加"实在"。能听得出来，总体上他们对合肥市的营商环境比较满意，但他们更关注的是实实在在的东西，而这些也正是政府需要为经营主体提供服务的。比如，合肥腾讯众创空间的负责人提出，希望有普惠性的政策支持（目前当地的政策还是偏向于传统的科技企业和文化企业）、希望当地加大人才引进和加大对文创人才的支持、希望政府提供更到位的知识产权保护、希望政府进一步建设公共服务平台等。安徽环球文旅集团则更关注国家政策对行业造成的一些壁垒。比如，他们提出，按照目前国家规定，旅行社属于特许经营企业，可提供住宿、交通、餐饮、会展等服务。但现实中政府、事业单位、国企等不接受旅行社提供上述服务，非国有企业组织相关旅行活动，旅行社发票不能列入费用支出。机票、酒店等购买服务，旅行社也不予参与竞标，存在不公平竞争和行业歧视现象。建议旅行社能够按照旅游法等相关政策法规享受同等待遇。又如，旅行社目前可以开的发票项目有旅游服务费、综合服务费、旅游住宿费、旅游食宿费等，客户单位取得此类发票后只能做福利报销，而福利费超出工资薪酬的 14% 的部分不得在企业所得税中扣除，导致客户单位无法报销。这些都是困扰旅游企业发展的现实问题。教育培训机构的代表反映，有关部门的标准不统一，如消防机构要求培训学校必须在 3 楼以下，教育部门的标准是 5 楼以下，面积标准各地也不一样。另外政府的检查评比也非常多，最多一天有 9 个部门到教育机构来检查。

五点半会议结束回宾馆。

晚上继续阅读白天会议的相关资料。因为要参加国家图书馆文津奖的评审会议，他们把图书寄到了合肥请我写审读意见。洗漱之前读完《奇迹之夏》，一位年轻的幻想文学作家的作品。

晚上 11 点休息。

3 月 28 日，合肥，小雨，安庆，多云

早晨 5 点起床。发微博和头条，完成每天的功课。

今天上午是实地调研。八点半出发，第一家是安徽学大教育。学大教育总部在北京，2001 年创立，目前已在全国 100 多个城市设有 600 多个学习中心。总部的负责人金鑫是我们的民进会员。中心的负责人简要介绍了机构情况、老师学生的情况以及所开的课程等。我想将来这或许会成为我所设想的能够开发优质特色课程的"学习中心"，而不仅仅是一个课外补习机构。在教室里还看到了几条我关于教育的言论。

之后我们来到了腾讯众创空间，对这个孵化器有了进一步的了解。它是 2017 年 9 月安徽省、合肥市与腾讯战略合作的重要组成部分，由合肥高新区、腾讯开放平台及合肥新青罗三方联合共建，共 25000 平方米。空间以"智能科创、人文徽州"为目标，孵化科技和文创两个领域的项目。在文创方面，有全平台点播量超 6 亿的盗心网络、段视频 MCN 匠子空间、粉丝近百万的多点智能等。目前入驻企业的总估值达 3.8 亿元。

最后一个考察点是合肥滨湖寿春中学。这所学校是由一位退休的老校长吕道奎创办。吕校长从事教育工作 42 年，是一位教师出身的书记校长，于 1993 年荣获全国教育系统优秀教育工作者称号。在此之前，他获得的市级、区级以上各类先进、优秀称号 20 多个。创办合肥寿春中学之前，在合肥市 45 中学任书记校长达 20 年之久。办学几年来，寿春中学成绩突出，属于当地比较难进的学校。不过，作为

民办学校，他们依然有自己的苦恼。首先体现在招生方面。《民办教育促进法实施条例》规定："民办学校享有与同级同类公办学校同等的招生权，可以自主确定招生的范围、标准和方式。"但教育部发布的《实施条例（修订案草案）》（征求意见稿），对原条例的相关内容作了以下限制："实施学前教育、学历教育的民办学校享有与同级同类公办学校同等的招生权，可以在审批机关管辖内的区域和核定的办学规模内，自主确定招生方案、标准和方式，开展招生活动。……"如此一来，民办学校的招生将被限制在"审批机关管辖的区域和核定的办学规模内"。他们认为这将大大增加民办学校办学风险，降低全社会改革教育资源的合理配置与利用。而"民办学校跨区域自主招生"会有助于在学校之间形成良性竞争，保持教育生态的平衡。

考察结束以后回到宾馆用餐。稍事休息，下午 2 点 30 分乘车出发，前往安庆市考察调研。5 点左右，到达安庆碧桂园凤凰酒店。

晚饭后，考察著名黄梅戏演员韩再芬创办的黄梅戏演出基地。黄梅戏是安庆的一张文化名片，也是政府着力打造的文化产业。事先就听说，黄梅戏是平民戏，果然有点看二人转的感觉，接地气，生活化。

早晨写完民进上海市委副主委、中国福利会出版社的余岚老师主编的《儿童时代》的约稿《儿童需要哲学》，发给她的时候知道她正好也在安庆，邀请她见面谈出版论坛开幕等事宜。

晚上 11 点休息。

3 月 29 日，安庆，晴

早晨 5 点起床。发微博和头条专栏。

读完日本著名儿童文学作家、安徒生儿童文学奖获得者角野荣子的著作《隧道的森林》，一本描写二战的小说。

上午 7 点 30 分，安庆市委书记魏晓明到宾馆与调研组共进早餐。席间，我们谈到了教育，谈到了我发起的新教育。魏书记请我简要介绍了新教育的基本理念，没想到的是，在听我介绍的过程中，魏书记非常感兴趣，甚至当场让工作人员打电话请分管教育的副市长来。晓明书记邀请我担任安庆市政府的教育顾问，请我为安庆教育贡献力量。

早餐后参加座谈会。调研形式与合肥一样，主要任务是两个座谈会。上午是跟安庆市政府及有关委办局座谈，下午是与部分企业代表座谈交流。

上午的座谈会上，安庆市发改委、财政局、教体局、文化和旅游局、数据资源局等先后做了情况介绍。各委办局的介绍，多是谈具体做法，做了些什么工作，几乎没有提及存在的困难、问题，以及相应的对策建议。只有教体局，对教育方面提出了几条建议，如：建议出台中小学"放管服"政策，扩大学校办学自主权；建议从法律层面明确教育部门安全管理职责和权力边界，减少"校闹"存在的土壤；建议细化和完善民办学校管理政策，包括土地出让、税费征收、资产评估、公办民办之间教师流动、民办学校退出机制等；建议完善社会资本投资民办教育和培训机构的政策；建议指定在教体领域完善政府购买服务的政策等。这些建议，虽然没有特别创新之处，但也都是针对目前我国教育领域存在的现实问题，看得出来还是下了功夫的。下午的企业家代表座谈会，所谈的问题与合肥基本相似，调研组也都认真做了记录。

上午会后已经快 11 点了，我们还是加班去考察了赵朴初先生故居和陈独秀先生陵墓"独秀园"。安庆市是国家级历史文化名城，自古是文风昌盛、人文荟萃之地，有"文化之邦""戏剧之乡""禅宗圣地"之誉，也是统治了中国文坛二百余年的"桐城派"的发源地，是黄梅戏形成与发展的地方。这里历代名人辈出，陈独秀、赵朴初两位先生也是安庆名人的杰出代表。赵朴初故居是一个四合院建筑，大门口写着"世太史第"。故居负责人介绍说，因赵氏族中自赵文楷始，赵田匀、赵继元、赵曾重四代翰林，故旧称"世太史第""四代翰林宅"。清末，赵田匀女婿、直隶总督兼北洋大臣李鸿章亲笔题书"四代翰林"。清光绪三十三年（1907）十一月五日，赵田匀曾孙赵朴初诞生于此，直到 5 岁才离开去太湖县。赵朴初先生是中国民主促进会创始人之一，卓越的佛教领袖、杰出书法家、著名社会活动家与伟大的爱国主义者。赵老也是苏州大学（原东吴大学）的校友，看到他与校友的合影，很是亲切。我向馆长提出建议，赵朴初故居应该作为民进的会史教育基地。

　　然后去看陈独秀纪念馆。陈独秀先生是新文化运动的发起者，是 20 世纪中国第一次思想解放运动的倡导者；是五四运动的"总司令"；是马克思主义的积极传播者；是中国共产党的创始人之一。正值清明前夕，我代表调研组一行给陈独秀先生敬献了花篮。在展览馆看到了一些平时没有关注到的细节，如陈独秀两岁时父亲去世，爷爷对他非常严格，每次体罚，陈独秀都不哭不喊。爷爷评论他以后要么是龙，要么是蛇。他一生命运坎坷，五次被捕，两个儿子也英年早逝。陈独秀自己撰联"行无愧怍心常坦，身处艰难气若虹"给我留下了深刻印象。据说，这是先生自己最喜欢的对联，也是他人生的写照。

　　能在工作之余到两位先生的故居、陵墓瞻仰学习，也是一次深刻的不忘初心的教育。

　　中午 1 点回到驻地。

　　下午 3 点召开座谈会。安庆外国语学校等 11 家民营教育、文化、旅游机构先后发言。他们反映，国家的一些鼓励政策到了地方落地困难（如体育场馆的水电气费用问题）、各个部门之间的政策矛盾（如教育与工商的政策不一致）等依然存在。

　　安庆市党委、政府的办事效率真是很高。早餐时魏书记的工作布置，已经有了具体落实：他们请我今晚为安庆市教育系统做一场关于新教育的报告。分管副市长牵头教体局，迅速组织了全市各学校校长、各区教体局长共两百余人参加晚上的报告会。魏书记还特别要求市委党校的领导班子也过来听报告。从晚上 8 点开始讲了两个小时，我从新教育十大行动角度比较全面地介绍了新教育实验的缘起与发展，重点讲了阅读、课程开发等方面内容。安庆市人民政府聘我为安庆市人民政府教育顾问，并在报告会上颁发了聘书。

　　安徽师范大学党委宣传部长胡靖博士和发展规划处王刚处长专程赶来听我的讲课。结束以后到我房间继续讨论教师教育等问题。一直到近 11 点。

晚上十一点半休息。

3月30日，安庆，晨雾，晴

早晨5点起床。读完国家图书馆寄来的全部图书，按时完成了审阅意见。

此次来安庆调研，还结合了一项重要工作：民进中央"不忘合作初心，继续携手前进"主题教育活动。民进中央所有主席副主席都有主题教育活动的联系点，我今年选择了安庆。这次活动正好与调研结合在一起。主题教育活动有几项规定动作：看望老会员、基层组织座谈、专题报告会。今天又恰逢民进安庆市委会成立30周年庆祝大会，今天的所有活动基本围绕主题教育和会庆展开。

上午，结合调研任务，考察了安庆外国语学校和漂牛网络科技有限公司。安庆外国语学校的校长是原安庆四中的英语教师，在名校办民校的时代创办了外国语学校，后来政府建设开发区又引进了这所学校。昨天下午校长讲述了学校的发展历程和办学理念、学校特色。今天看果然名不虚传。尤其是学校的拓展营地、果蔬园、戏剧特色教育等，给我留下了深刻印象。

漂牛公司的董事长漂牛（张庆龙）是知名网络作家，也是纯文学网站风起中文网站的站长。作为经济开发区引进的网络科技企业，他们还承担了"孵化器"的功能，一些网游、动漫企业也在他的孵化器中工作。风起中文网已经拥有100多名签约作家，并且进行IP的全产业链运作。他送我一本诗集《漂牛诗集》，作为"情诗王子"，诗集中不仅有情诗，也有他关于人生、关于亲情、关于文学等主题的诗歌。上午10点，考察民进会员办的安庆浪漫月儿童影视公司，公司已经从影视发展到早教，尤其是0—3岁的早教服务做得风生水起。公司总经理杨艳对民进组织非常有感情，参与了许多民进组织的公益活动。我们在公司的会议室参加了基层组织座谈会。座谈会上，民进安庆市委会主委洪爱敏汇报了今年市委会主题教育活动暨基层组织建设年工作实施方案的相关情况，迎江总支主委都春宝介绍了总支的基本工作情况。17位总支会员代表参加了座谈会，潘金云、王雷、陈一武、胡桂友、陶鸣 5 位总支会员代表先后发言，大家畅所欲言，围绕各自入会的经历、做好本职工作、加强基层组织建设、积极参政议政、参与社会服务等方面谈体会、讲思考、提建议，也纷纷表达了不忘初心、履职尽责的坚定信念和对民进组织的深厚情感。民进安庆市委会原主委罗小伦代表老会员也做了发言。看得出，民进迎江总支是一个充满着活力的基层组织。会员们扎根基层，围绕婴幼儿教育、关爱残疾人等教育和社会领域重点难点问题，在各自岗位上建功立业、奉献社会，为安庆经济社会发展作出了积极贡献。迎江总支的新老会员热爱民进组织，团结进取、薪火相传，推动基层组织自身建设和履职尽责等工作取得了很好的成绩。

听取大家发言后，我代表蔡达峰主席、刘新成常务副主席对民进安庆市委会各级组织和各位会员表达问候和感谢。我在讲话中提出，希望民进迎江总支结合今年的基层组织建设主题年工作，不忘初心，加倍努力，为增强基层组织活力贡献智慧和力量。

下午 2 点 30 分，参加安庆民进的 30 周年会庆活动。洪爱民主委代表民进安庆市委做了工作报告，安庆市委、市政府，市政协，市委统战部，兄弟党派代表等先后致辞。3 点开始，我做了题为"不忘合作初心，当好新时代民进会员"主题教育活动专题报告，回顾了民进创立和发展的光辉历程，结合如何做好参政议政工作，重点阐释了如何做好新时代民进会员。

报告结束已接近 5 点，简单用餐后乘车前往安庆天柱山机场，乘坐 6 点半的飞机回京。

从 25 日离京到今天已是 6 天，这 6 天期间，在常州考察了江苏理工学院的职业教育，在南京参加了民进的长三角一体化会议，在合肥、安庆召开 4 场调研座谈会 1 场基层组织座谈会，考察了 6 家单位，参观了赵朴初故居和独秀园，做了 1 场新教育报告、1 场主题教育活动报告，相当充实。

从整个调研的情况来看，服务业（也可以称为社会事业口）中教育、文化、旅游、体育、出版等领域"放管服"的问题与制造业的虽然表现形式不同，但是复杂性与艰巨性一点也不少。因为，服务业肩负的是双重使命——市场与公益。从市场的角度而言，他们要解决税收、就业等问题，企业的生存问题同样压力山大，同样也面临着"要么辉煌，要么死亡"的命运。从公益的角度看，他们具有价值引领与人文熏陶等方面的功能，肩负着培养人的问题。这是两条生命线。所以，回去以后要尽快将调研问题梳理清楚，为 4 月中旬的大调研做好准备。

晚上将近 9 点到达北京。

深化"放管服"改革，激发市场主体活力

——陕西深化"放管服"改革调研

4月15日，星期一，北京，晴，西安，雷阵雨

早晨五点半起床工作。准备出差的行囊。

7点45分出发去办公室。8点与新阅读研究所同人会见波兰作家安娜。商量新教育国际交流等事宜。

上午9点35分陪同蔡达峰主席，乘坐10点50分航班去西安。一行人12点35分落地咸阳机场。

为了减少对地方的打扰，调研组在飞机上用了简餐，下飞机后就直接到宾馆休息，准备下午的会议。在飞机上读完《写给月球的信》一书。

下午3点参加教育、文化服务业"放管服"改革座谈会。

根据中共中央的部署安排，今年民进中央确定的2019年度重点调研主题是"深化'放管服'改革，激发微观主体活力"。前期研究调研主题时，我们也曾经考虑过做关于制造业优化营商环境的调研。最后大家认为，还是结合民进自身优势与特色开展比较好，于是我们选择了这个主题，重点调研教育、文化、出版、体育、旅游等领域的"放管服"改革。

因为今年调研主题比较特殊，需要了解的情况"看"是看不到的，主要是靠"听"，所以我们今年的调研主要采取召开座谈会的方式。并且，为提高调研实效，我们并没有邀请政府主管部门直接参加座谈会，只是请他们提供相关材料。因为，我们座谈的对象，正是这

些政府部门应该服务的对象。我想这样能够听到更真实的声音。

根据会议的安排，我主持会议并大致介绍了此次调研的基本情况，包括什么是大调研、大调研的建议使用、民进的界别特色与今年的选题考虑等，并对座谈发言的内容方向提出了一定的要求。希望能坚持问题导向，多了解问题，特别是教育、文化服务业发展中的政策堵点、行业痛点；希望大家畅所欲言，多提一些希望民进中央帮助呼吁的主要问题和反映的意见建议；希望少念稿子、少表扬政府，多反映实际困难、实际问题等。

陕西省人民政府副省长赵刚同志首先对全省"放管服"改革基本情况和教育服务业"放管服"改革的有关情况作了介绍。从他的介绍中可以看出，陕西省在认真贯彻落实中共中央、国务院关于"放管服"改革的决策部署，主动适应市场发展新变化新形势，确立并不断强化监管与服务并重的理念等方面做了许多工作。譬如，继续加大简政放权力度、稳步推进"一枚印章管审批"改革、扎实推进"证照分离"改革试点、简化优化企业开办手续、加大投资审批改革、深化商事制度改革、持续开展清费降税工作、努力降低企业成本等。

在教育服务业"放管服"改革方面，陕西省针对民办教育，在落实民办学校办学自主权、促进公民办学校享受同等待遇、鼓励社会资本进入教育领域等方面做了大量工作。

赵刚副省长的介绍中，也提到了面临的一些困难。在支持民办教育发展方面，有一些政策措施还需进一步落实。比如，《民办教育促进法实施条例》修订仍未结束，国家层面的财政支持、税费优惠、用地政策等尚未明确，在一定程度上制约了民办教育的发展；对于民办教育自身来说，办学经费来源单一、办学特色不够鲜明、内部管理不够到位等问题比较突出。在规范管理校外培训机构方面，教育执法队伍有待加强、教育评价体系有待完善、规范管理长效机制有待建立等，也都是现实的问题。

之后，西京学院校长任芳、西安外事学院董事长黄藤、西安培华学院理事长姜波、西北工业大学明德学院党委书记杨建君、陕西信息工业技术学校校长王超、西安交通大学附属中学航天学校董事长马忠科、陕西童得梦教育咨询管理有限责任公司董事长李莉、北京华信智原教育技术有限公司陕西分公司总经理黄玉勇等八位同志分别从民办院校、教育培训机构办学者和管理者的角度，围绕教育服务业"放管服"改革的有关情况和重点问题进行了交流发言。

大家的发言中，对于陕西在教育文化领域的"放管服"工作还是给了了较高的评价，普遍反映近年来办事流程有所简化，各项税费有所降低，窗口单位服务态度大有提升，政府部门主动上门服务帮助解决困难的情况时有发生。

同时，大家在发言中也反映了一些共性的问题。比如，"放"得不协调、不彻底，各部门"放""管"不协调不一致；本该直接放给市场和社会的，却由上级部门放到了下级部门，仍在政府内部打转转等；"管"得不科学、不合理，全面管理多、分类管理少，过程管理多、结果管理少；"服"得不到位、不深入，许多服务流于形式，不能解决市场主体的实际困难。在民办教育方面，大家反映的问题比较集中在办学自主权方面，包括招生自主权、专业设置权、学费定价权等，都希望进一步放宽。

国家发展改革委法规司副司长杜尊亚，教育部发展规划司副司长梁谋，财政部条法司副司长周劲松，文化和旅游部市场管理司副司长戴清堂，北京师范大学中国民办教育研究院院长周海涛，民进中央文化艺术委员会委员、浙江大学城市学院文化与产业研究所副所长阮可，首都师范大学文化研究院副院长张翔参加了座谈会，并与校长们进行了交流。

最后，蔡达峰主席讲话。他说，在中共陕西省委的领导下，陕西省在深化"放管服"改革方面迎难而上、扎实推进，采取了有效做法，取得了一些很好的经验。陕西省是教育大省，特别是民办教育发展成效显著。尽管面临着各种困难，但陕西的民办学校却快速健康发展，在经济社会发展中发挥了自身的活力，这得益于大家对教育文化事业的热爱，得益于大家对市场的信心、对国家的信心。他强调，陕西省"放管服"改革走在了全国前列，在遇到很多问题的同时，也形成了大量宝贵的经验。这些问题和经验对于全国来说可能具有普遍性，应该加以总结和提炼。

蔡主席在讲话中肯定了与会同志处在"放管服"改革的第一线，

为国家经济社会发展发挥了作用。作为中国特色社会主义参政党，民进要助力宣传党和政府的方针政策。他提出，民进与大家有着共同的目标。从发展经济的需要出发，从改善民生的需要出发，只要解放思想，充分沟通，就一定能创造更好的营商环境，促进陕西教育事业的发展，造福陕西的广大民众。

会议开到接近 6 点。

晚上去健身房运动一小时。

晚上 11 点休息。

4 月 16 日，星期二，西安，晴，渭南，晴

早晨 5 点左右起床工作。发微博、头条，写日记，完成每天的必修课。读《未来学校》校样。

上午 9 点，民进中央调研组在西安召开文化服务业"放管服"改革座谈会。

今天上午仍然是座谈会，围绕文化服务业"放管服"改革。议程比较简单，与昨天下午一样，仍然是由我主持并介绍调研相关情况，参会企业家依次发言，然后是座谈交流。蔡达峰主席出席会议并讲话。陕西省人大常委会副主任梁宏贤、民进陕西省委会主委刘宽忍、中共中央统战部一局巡视员易玉娟出席会议。

今天参会的民营企业代表有 10 位。大唐西市集团执行总裁李中航、陕西亮宝楼实业有限责任公司副总经理李培西、西安左右文化传媒有限公司董事长屈立华、陕西威赢体育产业投资管理有限公司董事长吉云波、弘健文化体育发展（西安）有限公司董事长王珑、荣华控股企业集团副总裁杨竣、陕西西部新传媒有限公司总经理饶建军、陕西一点资讯数字传媒有限公司总经理郭俊秀、西部出版物物流基地有限公司董事长王发友、言几又华北区总监牛耘东等，围绕文化服务业"放管服"改革的有关情况和重点问题进行了交流发言。

同昨天下午一样，参会的企业代表，对于政府在"放管服"改革、优化营商环境方面做所的努力、所取得的成效，有比较切身的感

受，也给予了较高的评价。

　　大家在发言中也反映了一些具体的问题。比如，李中航提出，省里制定了《关于做好向社会力量购买公共文化服务工作的实施意见》，但各地市尚未出台适合本地区的具体实施意见和管理办法，尚未形成上下一致的协调机制。这个情况反映的是上下不协调的问题，具有一定的普遍性。又如，届立华提出，从自身感受来讲，"简政放权、放管结合、优化服务"做得依然不到位：区域融资环境优化不明显、无依据的涉企收费依然存在等。还有企业家反映，有些方面管得太多、审批太严的问题仍然存在。

　　国家发展改革委法规司副司长杜尊亚、教育部发展规划司副司长梁谋、财政部条法司副司长周劲松、文化和旅游部市场管理司副司长戴清堂、民进中央教育委员会主任张志勇、北京师范大学中国民办教育研究院院长周海涛、民进中央文化艺术委员会委员阮可、首都师范大学文化研究院副院长张翔参加了座谈会。

　　按照今天的会议安排，蔡主席是不讲话的。在认真听取了大家的发言后，蔡主席还是有感而发。他说，文化服务业在整个服务业中具有特殊的地位。它通过为社会提供文化产品和服务，满足社会大众的精神需求，它具有事业单位的属性，同时它也直接创造价值，具有企业的属性，两者有交叉。因此，如何理解文化事业和文化产业的属性关系，是我们在深化文化服务业"放管服"改革中绕不过去的课题。尽管文化服务业的发展面临着很多的困难和问题，但是大家通过创业奋斗，取得了令人骄傲的成绩，为当地文化事业的发展做出了贡献。这种对事业发展的信心，可以帮助克服前进道路中的种种困难。他强调，从传统的文化事业管理模式，到今天的文化服务业"放管服"改革，这是社会主义市场经济发展的必然，也是政府的主动作为。我国的文化服务业在短时间内取得了令人瞩目的成就，无论是政府管理还是企业实践，都形成了很多好的经验，这是一个相互促进、相互提高的过程，其目标就是促进我们共同的事业发展得更好。随着"放管服"改革的深化，基本公共文化服务一定会有更加坚实的基础，非基本公共文化服务也会越来越丰富，因为满足人民群众对美好生活的向往就是我们的奋斗目标。希望大家进一步增强信心，为国家文化事业的发展贡献自己的力量。

中午接近 12 点散会。午餐，休息。

下午是实地考察。两点半，调研组一行乘车前往第一个考察点：亮宝楼。亮宝楼离大唐芙蓉园和大雁塔都不远。据介绍，亮宝楼创办于 2005 年 7 月，建筑面积万余平方米，拥有展览馆、美术馆、古代艺术品陈列馆等展览场地，同时还拥有图书资料中心、多功能厅、翠玉商店、文物商店等附属设施，是专事文化艺术品展览展示、经营、推广的全国性交流平台。作为一家文化实体企业，亮宝楼还和全国及各省（市）六十余家文化艺术单位和大专院校合作设立交流机构和合作共建基地，十余年来累计举办各项文化展览交流活动 1100 余场次，免费接待观众 300 余万人次。曾被文化部授予"国家级文化（美术）产业示范基地"、被中国美术家协会授予"中国美术家协会西安展览中心"等称号。在亮宝楼的露台上，可以俯瞰大唐芙蓉园全貌。

之后来到西安交大航天中学实地考察。这是一所 12 年一贯制的寄宿制民办学校，位于西安航天产业基地的核心区域，环境优美、交通便利、设施精良，是一所高起点、高标准、现代化、国际化的优质学校。学校以"培养终身学习者和未来引领者"作为育人目标，办学颇有自己的特色。

学校非常重视阅读，正在举行第二届阅读节。在学校主楼门口的展板上，我看到了新教育研究院新阅读研究所推荐书目的海报。还有一个介绍我关于阅读的著作的海报。

在学校里，我们参观图书馆、阅览室、实验室、手工艺教室以及各类才艺教室。走到一个绘画教室里，看到两位同学的蔡主席的素描画像，惟妙惟肖。蔡主席很高兴，在画作上签了名，并与他们合影留念。总体来说，学校硬件设施一流，教学理念也比较先进。

学校董事长是陕西省人大常委，也是一位"海归"。他介绍说，学校已经投资 6 亿多元，但是受陕西对民办学校收费标准限制，每位学生的收费每学期 7000 元。维持学校的办学都有难度。

从学校出来，即乘车赶往渭南市。经过一个多小时的车程，五点半到达下榻酒店渭南光明大酒店，据说是市供电公司的物业。

晚上 8 点与刘宽忍主委等跑步，考察老街。一个小时。

　　晚上 9 点回来以后继续工作。

　　11 点休息。

4 月 17 日，星期三，渭南，晴

　　早晨 5 点起床工作。仍然是写手记、发微博和头条。昨天微博访问量超过 25 万。

　　上午 9 点在酒店三楼参加文化领域的"放管服"座谈会。座谈会的模式和程序与西安相同。下午实地考察并召开教育服务业"放管服"改革的座谈会，共有来自渭南市的 18 家民办学校与培训机构以及民营文化企业的负责人先后发言。总体而言，校长和企业家们也感受到了"放管服"改革以来的变化，有的企业负责同志说，他感到部门办事效率明显提高、监管更接地气、为企业服务更加积极主动。而所谈到的问题，也都比较相似：小微企业融资难、民办企业（学校）未真正享受公办企业（学校）同等待遇、中央政策在地方落实不到位、地方政策配套不到位，以及部门之间、层级之间政策矛盾的问题。

　　最后，蔡达峰主席代表民进中央和调研组，向为此次大调研付出大量心血和劳动的各方表示衷心感谢。他结合调研情况，谈了一些想法。从经济发展的角度来说，优化营商环境作为重要的建设任务，需要多方面的努力，"放管服"是其中一个重要的因素。经营主体能否在当地得到发展，取决于它所处的环境，因此，要推动营商环境的法治化、国际化和便利化。没有优质的营商环境，就没有综合竞争力，这是市场化的一个基本特征。优化营商环境是经济发展的重要任务，是国家法制化建设的重要任务，也是实现国家治理体系和治理能力现代化的重要任务。当前，企业发展还有许多困惑，许多诉求没有得到满足，维护企业的信心需要外部环境鼓励，需要各方帮助，从而让企业更好地为国家的经济建设发挥作用。

　　蔡主席强调，民进中央将年度大调研作为一项重要的政治任务，希望通过调研，宣传好中共中央的大政方针，为政策的贯彻落实建

言献策，这体现出中国共产党领导的多党合作和政治协商制度的优越性。民进中央将充分听取各方意见，把基层群众的心声反映上去，将有关建议通过民进自身的渠道向有关部门反馈，为党和政府决策提供参考。

下午天气非常炎热。调研组一行实地调研了陕西华山技师学院。陕西华山技师学院隶属于华山教育集团，是一所以科技育人为宗旨的全日制高等职业技师院校，是中西部六省铁道专业核心院校。学校曾获得"全国职业教育先进单位"，华山集团领军人物任永敏是全国人大代表。调研组参观了学校的轨道交通专业实训中心、学术报告大厅、形体训练室等，观摩了课堂教学，看到同学们表现出的职业素养，调研组给予了高度评价和热情鼓励。调研组还认真听取了集团负责人汇报，详细了解学校的办学情况，以及面临的问题。

华山教育集团党委书记、董事长任永敏是一位很有思想的职业教育者。自 1995 年 12 月从事职业教育事业至今，他先后被评为"全国十大杰出青年""全国优秀校长""全国劳动模范""优秀共产党员"等荣誉称号。任永敏校长反映了一些问题，主要有民办学校的党建工作没有纳入统一管理，没有进党校学习机会等；学校没有办学自主权，专业审批周期长；企事业单位对职业学校毕业学生有偏见，技师学院高级技工与大专学历互认制度没有得到落实，国家政策规定技师学院高级工学历等同高职学院大专学历，但有政策，无实施细则，体现不出政策效应；民办技工学校教育土地、资产、房产等资源不能抵押、不能贷款，为了运行，部分学校甚至被高利贷拖垮，甚至出现了民间借贷的官司，制约了学校发展壮大；国家制定的专业目录滞后，专业调整过慢；学校开设的专业不能自主选择，专业调整增设相关审批程序复杂；统编教材内容更新慢，新知识、新技术的学习、推广不及时，使学校所教的知识滞后于社会的发展。这些都是职业教育发展面临的现实困难。

座谈会期间，我还接受了中央电视台记者柴丹枫的采访，介绍了我们今年大调研选题的考虑，谈到了调研中发现的问题，以及下一步打算向中央提出哪些建议等。

会后，乘车回到酒店。

晚上六点半中央统战部易玉娟、饶海泉来访，交流工作体会。

晚 8 点去渭南博物馆，在市政府大院的公园跑 1 个多小时，很畅快。发现这个城市的两端是古典与现代的不同风格，得一打油诗："昨日去城东，今日来城西。东西大不同，风景各相异。"

晚九点半回酒店。继续阅读《未来学校》清样。

晚 11 点休息。

4 月 18 日，星期四，渭南，晴，北京，晴

早晨五点起床工作，发微博、头条。昨日微博访问量 18.9 万。

继续审核《未来学校》书稿。这是一本写作时间很长的图书。

今天是此次调研的最后一天。根据安排，今天上午蔡主席与民进渭南市委会班子成员座谈，这也是民进中央的一个传统。会中央领导到一个地方，都要尽可能安排下基层，看望老同志，参加基层组织的活动等。

我则负责组织召开调研组内部座谈会，对这几天的调研进行总结，并讨论调研报告的主要结构内容。

座谈会上，杜尊亚、梁谋、周劲松、戴清堂、张志勇、阮可、周海涛、张翔 8 位调研组成员先后发言，分享了参加此次调研的感想和体会，分析探讨了教育文化服务业"放管服"改革推进中存在的重点问题，提出解决问题的初步思路，并对后续形成调研报告和建议书提出了意见。大家一致认为，此次调研主题鲜明、准备充分、重点突出、形式灵活、收获很大。

根据大家的发言情况，我做了总结发言。我代表民进中央和蔡达峰主席对参与此次调研的国家相关部委和各位专家学者表示感谢。我说，这次考察调研活动在调研重点和内容方面做了一些改进，比如把以往调研中政府相关部门的情况汇报座谈会改为提前沟通收集书面材料，分界别召开调研组与相关领域民营企业的交流座谈会，重点听取相关企业的体会与感受、困难与困惑、意见和建议；同时，坚持问题导向，改变以往看得多谈得少的调研模式，座谈与实地调研并重，

提升调研效率。从实际情况看，调研组对于调研主题的认识越来越深入，对"放管服"改革目前存在的问题越来越清楚，对未来建言献策的思路越来越清晰。

我还谈到了此次大调研选题的过程。在年初确定优化营商环境这个大的调研主题后，经过近两个月的前期酝酿调整，最终选择"小题大做"，从民进参政议政工作的"老阵地"教育、文化、出版领域切入，希望发现服务业"放管服"改革的症结所在，厘清政府和企业在改革过程中良性互动的边界，提出促进我国服务业高质量发展的政策建议。优化服务业营商环境问题，特别是教育文化服务业营商环境问题非常复杂，以往关注得也比较少，调研难度比较大，但如果通过此次调研发现真问题提出好建议，就能够对国家经济社会发展作出积极贡献。

关于形成高质量的调研报告和后期成果，我提出，此次调研结束后，报告起草组成员要与相关国家部委和专家学者再做一些深入的研讨交流，不断充实完善问题与建议，同时，可以通过 5 月份赴湖北的考察调研活动来修正和改进报告内容。此外，要充分发挥民进全会上下联动的组织优势，督促省级组织加紧推进协同调研，及时上报成果，进一步丰富和完善调研成果。

11 点 10 分，会议结束，用餐。11 点 40 分，乘车前往咸阳机场。下午三点半到首都机场，去民进中央机关处理相关事宜。

晚上五点半到达翠玉酒店见香港教育大学李子建副校长，商讨生命教育的合作研究事宜。6 点同首都师范大学孟繁华校长和教育学院的教授一起用工作晚餐。

晚上 9 点回家。整理这次大调研的材料。总的来说，我们的选题既紧扣国家的重大课题，又结合民进的界别特点。教育文化新闻出版体育旅游等领域的"放管服"问题，直接影响到国家经济社会发展的方方面面，不仅是未来经济的新的生长点，也是一个非常重要的与民生息息相关的问题。后续我们会继续关注深入研究，争取交出一份合格的调研报告，提出一些切实可行的建议。

晚上 11 点休息。

围绕"两不愁三保障"下功夫

——湘西脱贫攻坚民主监督调研手记

湘西土家族苗族自治州，湖南省深度贫困地区，也是习近平总书记关于精准扶贫重要论述的首倡地。作为湖南唯一的少数民族自治州和脱贫攻坚的主战场，民进中央的民主监督工作自然不能缺位。同时，去十八洞考察学习和自我教育，也是民主监督的重要内容。受民进中央主要领导的委托，2019 年 4 月 24 到 26 日，我和有关专家以及参政议政部的同志，专程来到湘西自治州进行脱贫攻坚民主监督调研。

4 月 24 日，星期三，湘西州，阵雨

根据工作计划，今天前往湖南湘西土家族苗族自治州开展脱贫攻坚民主监督调研。

凌晨 3 点多起床，早早地完成了今天的微博和头条内容发布。四点半出发前往机场，乘坐 6 点 20 分的飞机飞往铜仁。到达机场后，机场服务人员说，这是全天最早的一班飞机。

上午 8 点 50 分，飞机准点到达铜仁凤凰机场。乘车一个小时，到达调研的第一站：湘西民族职业技术学院。

这所学校我并不陌生。2016 年，民进中央在湖南开展大调研期间，我曾经陪同严隽琪主席考察过这所学校。到了学校，还看到了当时调研的照片。这所学校成立于 2004 年，是湘西州唯一一所高等职业技术院校。学校校园占地 1100 余亩，建筑面积 24 万余平方米，有教职工近 700 人，在校生一万余人（其中"一村一名大学生"1100 余人），设有 10 个教学部、25 个高职专业，毕业生就业率达到 90% 以上，为当地脱贫攻坚及产业发展做出了贡献。在学校，我们参观了非遗传承人项目，同时对农业畜牧业专业教室以及数控机床车间、汽修车间等进行了实地考察。这些考察点，是 2016 年调研时就已经看过的，情况比较熟悉了。即使是这些学校的"窗口"专业，硬件设施与内地的高等职业院校还是有很大的差距。尤其是在产学研合作方面，缺乏产业的支持。

考察结束后，十一点半到达驻地酒店，午餐，休息补个觉。

下午两点半，出发前往湘西州委，在第二会议室召开座谈会。湘西州人民政府副州长李平首先做了"湘西自治州'两不愁、三保障'工作情况汇报"的工作介绍。之后，自治州扶贫办、教体局、民政局、卫健委、发改委、住建局、财政局、农业农村局、水利局等相关部门负责同志分别作了发言。

从李州长的介绍中我们看出，湘西州的脱贫攻坚工作扎实而卓有成效。近年来，州委、州政府牢记总书记殷切嘱托，扎实推进精准扶贫脱贫"十项工程"，聚力实现"两不愁、三保障"，着力解决好绝对贫困问题，脱贫攻坚取得了决定性进展。六年来，全州累计减贫 55.4 万人，贫困发生率由 31.93% 下降至 4.39%，农民人均可支配收入由 2012 年的 4249 元增加到 2018 年的 9183 元，贫困群众的获得感显著增强，成为全国有影响力的脱贫典型。

成绩虽然喜人，困难依然不少。由于历史、地理、观念的原因，湘西州基础薄弱，财力较差，目前发展不充分、相对贫困落后的基本州情还没有从根本上改变，深度贫困区脱贫任务仍然繁重，残疾人口和特殊群体帮扶任务依然艰巨。

各相关委办局的发言重点谈了目前脱贫攻坚工作中面临的困难，都是一些很具体的问题。比如，贫困村与非贫困村投入的不均衡问题，导致了之前的非贫困村看起来倒像是贫困村了；村民中贫困户与非贫困户政策差距大，悬崖效应强，也有一些不满情绪；职业教育投入不足，生均建筑面积和师资只有普通高中的四分之一；教学点撤并后学生上学距离过远；有些村依然没有卫生室和村医，并且中央原来有的每村五万元的村卫生室建设经费也已经取消；易地搬迁扶贫搬得出、稳不住；贫困户危房危险性鉴定和改造后安全性评估专业人员缺乏；一线扶贫干部人力不足、工作量太大，以及转移支付系数较低、地方配套比例过高等问题。有些问题，恐怕不只在湘西州，而是普遍存在的。

陪同我们的自治州政协副主席向顶天是县委书记出身，特别就"两不愁三保障"的深层次问题做了补充发言。他认为，到2020年全面实现脱贫攻坚目标应该问题不大，关键是如何全面提升农村和贫困地区教育医疗卫生水平的问题。

我在讲话中对一些问题也做了回应。的确，无论是基层干部还是高层领导，都已经开始关注后脱贫攻坚时代的许多问题了。这些具体的问题值得我们关注和研究。

会议一直开到6点。六点半回到宾馆，用餐。

晚上8点吉首大学贾琼来访，谈新家庭教育译丛的翻译事宜。贾琼是吉首大学的学生，毕业以后去美国夏威夷大学深造，一直读到博士后。怀着报效母校建设家乡的梦想回国。前两年她写了一本以自己的孩子从完全不懂英文到考取哈佛名校的故事为蓝本的家庭教育著作，我为她的这本书撰写了序言。作为中国教育学会家庭教育专业委员会的理事长，凝聚专业人才本身是我的重要工作。难得有机会到吉首，见面交流感到特别高兴。期待她能够发挥自己的专业优势，在引进国外家庭教育重要文献方面多做工作。

9点多送走贾琼，与秘书一起在吉首文化广场跑步一小时左右。文化广场建设得非常漂亮，颇具特色的三座桥横跨水面，倒映在河水中流光溢彩。边欣赏夜景，边跑步，不知不觉过了50分钟。

晚上读《杜威讲演录》。

11点休息。

4月25日，星期四，花垣县，晴

　　早晨五点起床工作，发微博、头条。紧张工作了整整 3 个小时。

　　因为要赶一个材料，思考今天的会议讲话内容等，没有去用早餐。细心的向顶天主席把早餐打包送到了车上。

　　八点半，乘车前往花垣县双龙镇十八洞村考察，约一小时车程。十八洞村是习近平总书记"精准扶贫"重要论述的首倡地。2013 年 11 月 3 日，总书记来到十八洞村，在同村民座谈时，提出了"实事求是、因地制宜、分类指导、精准扶贫"的重要论述，这也成为全国上下推进脱贫攻坚工作的指导思想。

　　到达十八洞村后，遇见县委常委、宣传部长曾春梅。两年前她曾经与县委领导到北京，我们共同商定在花垣县开展新教育实验，为教育扶贫做一些实实在在的工作。回来不久，花垣县就成为新教育实验区，区域推进新教育实验。老朋友见面，很亲切。

　　我们首先参观了村里的展览馆。展览馆里详细还原了习近平总书记考察十八洞村的经过，以及当时提出"精准扶贫"重要论述的一些细节。之后，我们重走习近平总书记考察十八洞村的路线，沿路考察了村容村貌，非常感慨。对比之前的老照片可以发现，几年来十八洞村真是发生了翻天覆地的变化，宽阔平整的柏油路，整齐优美的景观绿化，错落有致别有风情的苗寨、银行、邮局、电商基地，以及眼睛看不见的全村无线网及 4G 信号覆盖……已经完全看不出曾经贫困村的模样，现在真是可以称得上是美丽乡村的样板了。

　　沿线，我们到了"巧媳妇农家乐"，这个人家的女主人就是当时总书记称为"大姐"的老人家龙德成。也正是在她家，总书记提出了"精准扶贫"重要论述。

　　现在，他们家开着一家农家乐，生意红火。几年前一个重庆姑娘嫁了过来，成为他们的儿媳妇。我们很有缘见到了这位"大姐"，她高兴地说："这几年我去了北京好几趟，高铁、飞机都坐过了……还是坐飞机好。"她还自豪地说她还上过《星光大道》节目。我问她见总书记紧张不紧张？她说不害怕，习主席是国家主席，全国人民都是他的亲戚，我看见他就像看见亲戚一样，一点也不害怕。调研组同志说要与老人合影留念，她高兴地答应了。

我们继续往村里走，到十八洞村小学。说是小学，其实是一个教学点。学校环境优美，硬件不错，孩子不多。走进一间教室，看到孩子们正通过网络直播上课，据说是吉首大学附属小学的老师。相对优质的教育资源直接到了最基层的教学点，现代技术对于促进教育公平真是功不可没。

走了很长一段山路，由于天热，出了一身汗。调研组一行在村里吃了午饭，没有休息，紧接着赶往下一个考察点：双龙镇岩罗村。

在岩罗村，我们首先考察的是一家九年一贯制寄宿制学校。这也是一所中心学校，上午看的十八洞村小，就是属于他们学校的办学点。校长介绍，学校共有七百多名学生，寄宿生 396 人。我们走进了二楼学生宿舍，看到每间宿舍住 12 个人，也还算整洁，但学校宿舍都没有卫生间。校长介绍说，由于条件有限，学校没有洗漱间和卫生间。学生只能到另外的楼上打水，到外面的厕所如厕。毫无疑问，非常不方便，尤其是冬天，夜里起来跑到外面上厕所很不安全。

后来，在座谈会上讲话时我也提到这个问题。现在国家大力推行"厕所革命"，很多村里及旅游区的旱厕都改为冲水式，而不少学校的旱厕似乎是被人遗忘的角落。在三楼的六年级教室，看到有两个孩子写小说呢，已经写了厚厚一叠。我想，如果他们能有足够高质量的阅读作支撑，说不定将来可以成为作家，但目前学校的图书太少，质量不高，也没有专门指导阅读的老师。

之后我们到了岩罗小学。这是一个真正的教学点，只有一名老师，6 个孩子，其中学前班 2 名，二年级 4 名。6 个孩子本该是活泼可爱的年龄，但显得比较拘谨。学校的硬件设施还不错，教室、阅览室、食堂都有，生均面积非常大。阅览室里的书数量很少，质量也不高，估计都是捐赠的，有不少根本不适合低年级学生阅读（譬如还有几本关于公司经营的书）。与老师聊天得知，算上年底奖金，平均下来他每月也有五千多元的收入，在当地算是很不错了。

出了教学点，我们沿着村里的小路继续往里走，看望了两户贫困户。第一户叫龙远顺，他家有 7 口人：他的父母、哥哥、两个女儿以及他们夫妇。父母年事已高，哥哥智力有点问题，两个女儿都在上学，所以能赚钱的只有他们夫妇。幸有扶贫政策，女儿们上学基本不花什么钱，再加上他们勤劳肯干，去年终于脱贫了。龙远顺精神状态不错，不是"等靠要"的那类，跟我们说自己一定会坚持下去。第二户叫秧生成。秧生成家有 6 口人：父母、他们夫妻，以及外孙和外孙女。女儿女婿在长沙工作，每月往家寄点钱，秧生成在村里做泥瓦匠，每月也有三四千元的收入。外孙外孙女在镇上上学，一个幼儿园一个一年级，需要他的妻子每天接送。这个接送，是靠双腿走的，单程要一个小时。一老两小，每天早晚走路一小时，也是蛮辛苦的。我问她，村里学校很大，只有 6 个孩子，为什么你们还要到镇上去读书呢？无疑，还是村里的学校质量不高，他们不信任村里的学校。所以，教育的保障，不仅仅是有学上的问题，还应该保证基本的质量。

3 点左右，我们到达原排碧乡政府，准备开座谈会。进会场之前，我看到了"村民阅览室"。走进去看到两个年轻女孩。经了解，他们是在这里做义工参加社会实践的研究生，是湖南省委组织部购买服务的项目。他们属于湖南省大同社会工作服务中心，在这里帮忙管理图书，以及下午四点半孩子放学后帮忙看着孩子写作业、辅导等。这也算是政府办的托管班了。

座谈会上，双龙镇党委书记和中心小学校长分别介绍了双龙镇的基本情况、学校的基本情况，也提到了一些困难与困惑。我在讲话中提到了学校厕所改造问题、师生阅读缺乏高质量书籍问题，以及农家乐产生的垃圾可能污染环境的问题。这也都是在考察中发现的。

会议结束以后赶回酒店。当地同志建议晚餐以后看看沈从文笔下的边城。知道我喜欢看学校，向顶天主席特地介绍，那里有一所历史悠久的学校——花垣县第三中学。

沿着酉水河畔走了一圈，古镇风貌犹存，边城意境尚在。如果能够像十八洞那样用心经营，应该有很大的发展空间。第三中学门口有学校的介绍，学校前身是 1941 年抗战时成立的"国立茶师"。坐落在湘渝黔两省一市交界的酉水河畔——边城茶洞。抗战胜利后，更名为"湖南省立茶洞师范学校"。1953 年学校改名为"湘西第二民族师范学校"。1962 年春迁并吉首民师。1962 年花垣县人民政府在"湘西第二民族师范学校"旧址上建立了花垣县第三中学。

晚上准备次日发言。

睡前继续读《杜威讲演录》。再过几天，就是他到中国访问的100周年了，总想写点东西。晚上十点半左右休息。

4月26日，星期五，花垣县，阴

早晨醒来多次，还是在5点起床工作。发微博，写日记和头条。昨天微博访问超过25万。

8点，带着行李下楼吃早餐。餐后出发去考察几所学校。

上午考察的第一所学校是湘西自治州花垣县第二小学，这是一所完全小学，2016年加入新教育实验。学校占地38.6亩，在编教师115人，在校生2402人，其中留守儿童369人，建档立卡贫困户子女97人，城乡低保户子女249人。据校长介绍，新教育实验彻底改变了这所学校。通过扎实有效的专业阅读、专业写作、专业交往，老师们的专业素养大幅提升，职业认同感不断增强，幸福指数不断提高。学生开始热爱阅读、热爱学习、热爱学校，厌学率大幅降低。学生父母充分认识到了家庭教育的重要性，担起了做父母的责任，学会了如何教育孩子。

特别让我们感动的是，我们在一间陈列室里看到了校长龙正忠的数百万字的教育随笔，他不仅自己坚持多年，而且带领学校师生写作，学校的写作蔚然成风。学校把每个学生的日记本留一本永久保存在学校陈列室中。这是我多年前曾经提出的一个建议。我曾经说过，也许，几十年以后，这是学校最重要最有特色的财富。一个国家级深度贫困县的普通学校，从偶然与新教育的相遇到自觉与新教育的相守，一路走来，一路芬芳。新教育实验让这个贫穷地区的教育扶贫工作获得了强大的助力。这是我特别欣慰的。

在去第二所学校考察的途中，受自治区政协副主席、原花垣县县长刘昌刚和向顶天副主席的邀请，顺道看了一下华鑫学校。这是一所全日制的民办学校，由长沙的华鑫教育集团投资创办，是当地的一所名校。因为不在考察计划之中，只是走马观花，未作深入了解。

最后一所学校是花垣县职高，进入学校，首先看到的大牌子是"山东蓝翔技师学院十八洞分院"。据悉这是蓝翔技师学院在全国建立的唯一一所分院。该院主要开展中职技工教育和短期技能培训，重点突出建档立卡劳动力和贫困户"两后生"技能培训，设有汽车维修、烹饪等专业，并举办挖掘机短期技能培训班等。2018 年，举办了两期挖掘机技能班，培训学员 183 人，全部免费。学院开设的一系列课程，及一系列免费的培训，切实为当地脱贫做出了贡献。走进教室时，恰好赶上了山东蓝翔为这所职高捐赠挖掘机等设备的仪式。刘主席当"总导演"，让我对师生做了一个简短的发言。我介绍了职业技术教育面临的新的机遇，希望大家珍惜学习机会，掌握过硬本领。在学校的几处空地上，看到了学生们为参加州里民族文化展演而排练的场面。考察了他们的汽修和机械的实训车间。

从学校出来，紧接着赶回去开座谈会。这次是跟花垣县委县政府及相关委办局座谈。恰巧湖南省召开全省脱贫攻坚电视电话会议，县委书记要在会上作介绍经验的发言。所以由县常委、宣传部长曾春梅汇报了花垣县这几年来脱贫攻坚工作的总体情况。可以看出，作为"精准扶贫"的首倡地，花垣县切实提高政治站位，始终把脱贫攻坚作为最重大的政治任务、最紧要的民生工程来抓，取得了优异成绩，也积累了丰富的可复制、可推广的经验。截至 2018 年底，花垣县 142 个贫困村退出了 129 个，建档立卡贫困人口 77413 人已脱贫 65228 人，贫困发生率由 2014 年的 28.6% 下降到 4.5%。成绩喜人，干部群众也信心满满，表示一定能提前完成脱贫任务。

但是我们也看到，一些深层次问题和困难也还是不小的，尤其体现在教育和医疗方面。比如，虽然能实现"两不愁、三保障"，但如何提高教育质量、提高诊疗水平，都是需要考虑的问题，不能仅限于有学上、能看病。针对花垣县调研的具体情况，我们如何提高义务教育的办学质量，加强村小的品质提升工作，增强村小的吸引力？如何加强村级卫生室的建设工作，提高村医的诊疗水平？如何建立新型的农村困难人群住房解决机制？如何建立适应脱贫后的新型社会保障机制与巩固脱贫攻坚成果相适应？我特别就花垣县残疾儿童等特殊群体的教育问题谈了自己的意见。目前全县没有特殊教育学校，普通学校的融合教育开展得也还不到位。据介绍，全县仅有 180 名左右的持证特殊教育学生，但我想实际情况肯定远远不止这个数。建议他们提前部署，加强特殊教育的资源建设。

调研会结束以后，简单用工作午餐。12 点 20 分乘坐面包车去怀化东站，2 个小时左右的车程。乘坐 3 点 5 分高铁去长沙。

下午 4 点 44 分到达长沙南站。湖南教育出版社教育理论编辑室主任李军接站。为了响应习近平总书记关于家庭、家教和家风建设的倡议，新家庭教育研究院与湖南教育出版社联合举办了新家庭教育文化节，从 2017 年开始已经成功举办两届，今年开始，湖南省教育厅和妇联主动参与主办。在车上与李军讨论新家庭教育文化节的有关细节，以及新家庭教育文库和译丛出版等事宜。决定编写《论家庭、家教、家风建设》和《今天，我们怎样做父亲》《今天，我们怎样做母亲》《家校合作共育——新教育的探索》等书籍。

晚 6 点与湖南教育出版社黄布高、兰海、孙云晓、《父母必读》主编恽梅等进行工作晚餐。

晚 8 点与孙云晓、蓝玫讨论家庭教育的工作，中国自古倡导家国情怀，提出了一系列工作计划，直到九点半。

晚上读杜威，写晨诵一周。

十一点半休息。三天的调研正式结束。

重视农村基层在文化教育方面的创造精神
——"加强农村基本公共文化服务建设"和"教育领域的放管服改革"调研手记

5月13—14日，我随全国政协副主席、民进中央常务副主席刘新成，赴沈阳就"加强农村基本公共文化服务建设"和"教育领域的放管服改革"问题进行专题调研。

5月13日，星期一，北京、沈阳，晴

早晨5点起床工作。写童书过眼录。发微博和头条。

上午7点10分出发去机场。乘坐8点40分航班去沈阳。

上午10点不到到达沈阳。11点，入住沈阳友谊宾馆。

本次在沈阳有两项活动，一个是下午的"加强农村基本公共文化服务建设"调研座谈会，另一个是明天一整天的"2019年基础教育改革座谈会"。

下午2点出发去沈北新区。两点半在沈北新区政府召开座谈会。今年全国政协把"加强农村基本公共文化服务建设"作为十个年度重点协商议题之一，并计划于7月召开专题协商会，由全国政协文化文史和学习委员会与民进中央共同承办。为做好筹备工作，民进中央开展了包括此次调研在内的一系列调研。

据沈北新区区委书记李宏德同志介绍，沈北新区成立于2006年，全域面积819平方公里，常住人口60万，下辖32个城市社区、

142 个农村社区。他简要介绍了沈北新区加强农村基本公共文化服务体系建设的总体情况。随后，来自沈阳市、沈北新区的宣传部、文旅广电局、教育局、体育局、发展改革委等部门负责同志，以及来自基层街道办、社区的文化站长、支部书记等共 10 位同志，围绕当前农村基本公共文化服务建设情况和问题作交流发言并提出意见建议。与会专家针对相关问题，结合各自的工作经验和体会与当地同志进行了深入的交流互动。

从大家的发言中，调研组既了解了成绩，学习了经验，也看到了不足，听到了建议。比如，沈阳市教育局在做好基本公共教育服务均等化的同时，针对城镇化进程加快、农村人口向乡镇集聚、乡村人口减少的特点，依托中小学校，以学校"三个共享"（设施共享、课堂共享、师资共享）为平台，托举集聚地文化建设，以社区教育"三个延展"（社区教育向乡村延展、培训内容向精神文化方面延展、睦邻学习点由点向面延展）为核心，助力散在地农村文化建设，取得了不错的效果。其中"睦邻学习点"是当地村民自发、首创的一种新型的学习组织，有效促进了家庭和邻里和睦，也是推进农村公共文化服务体系建设的有力抓手，调研组的专家领导非常感兴趣。关于建议，则更多集中在希望"国家或省里加大投入"方面，总体感觉是在农村公共文化方面投入有待加强。

来自基层街道的发言，有不少生动的故事，其中也包含了值得借鉴的经验。譬如，沈北新区画家街道拉塔湖村在加强农村基本公共文化服务建设方面的成就和经验就很有代表性。拉塔湖村是锡伯族民族村，是一个富庶的鱼米之乡，全村 203 户 711 人，耕地稻田 10800 亩，水产养殖面 1000 亩，2018 年人均收入 32000 元，村集体年收入 20 万元。这些成绩的取得，离不开文化建设"以文化人塑造乡风"的作用。马喜军已经在这个村子当了 34 年党支部书记。据他介绍，拉塔湖村十分重视村民的文化需求，不断加大文化基础设施投入，先后建成了 2600 平方米、设施齐全的大型文化活动广场。同时，通过组织秧歌队、舞蹈队、篮球队、乒乓球队等多彩多样的文化、体育活动，丰富村民业余生活，促进村民团结和谐。此外，村里还经常开展法律讲堂活动，请相关部门进行普法教育，使村民懂法、守法，最终形成良好乡风。全村十余年来无刑事案件、无偷盗、无赌博、无群体上访、无家庭暴力。村民富裕、村风文明、村容美丽，文化建设功不可没。

听取发言后，刘新成常务副主席代表民进中央，向辽宁省、沈阳市和沈北新区各级党委政府对此次调研的大力支持表示感谢。他说，近年来辽宁省、沈阳市和沈北新区对农村基本公共文化服务建设高度重视，取得了突出成绩，创造了很多鲜活经验，农村文化面貌发生了巨大变化，成绩值得肯定。这表明，我们推动这项工作的方向正确、方法得力，进一步坚定了前进信心。

刘新成指出，加强农村基本公共文化服务建设需要深化对基本内涵的认识。"五位一体"总体布局中文化建设是根本性、基础性的，文化建设中公共文化服务建设又是基础性的。公共文化服务建设不仅限于硬件设施建设等具体工作，而是和国家先进文化建设、优秀传统文化弘扬、意识形态工作、社会稳定、社会和谐联系在一起的，是关系国家经济、政治、文化、社会、生态建设全局的基础性工作，是政府的基本职责和国家治理体系的基本任务，也是新时代人民群众对美好生活向往的基本组成部分。加强农村基本公共文化服务建设需要提高文化管理能力。要加强对干部，特别是基层文化管理干部的培训，补齐文化管理能力的短板。要建立相应的评价机制，使优秀的文化管理干部脱颖而出。此外，加强农村基本公共文化服务建设需要适应农村的变化。时代在变化，社会在变化，农村也在变化，农村的人口结构、技术环境、生活样态都在变化，提供农村公共文化服务必须有面向未来、适应变化的思维。

晚上 6 点张雷书记在沈阳友谊宾馆会见刘新成主席一行。张雷书记是我在苏州工作期间的老同事，见到很是亲切。

7 点开始康平县副县长于晓萍、锦州凌海市教育局长等先后来访，交流新教育实验区建立等事宜。新教育实验在沈阳的皇姑区、法库县等开展得有声有色，在东北知名度也逐步提升，不少县市区主动提出参加新教育实验。

7 点 20 分全国政协委员、吉林省工商联副主席宋亚坤、《视听导报·新教育》总编辑崔守军等来交流工作，与他们边跑步边谈话 40

分钟。

读史雷的新著《正阳门下》。讲述的是解放前夕北京的一个家庭的故事。

晚上 11 点休息。

5 月 14 日，星期二，沈阳，晴

早晨 5 点起床工作。发微博，头条。昨天微博访问量是 17.5 万。

今天全天，在沈阳市和平区和平大街第一小学参加"2019 年基础教育改革座谈会"。基础教育改革座谈会是民进履行参政党职能、发挥会员作用、广泛联系各方的重要平台，已经连续举办了十多年，从 2018 年开始由每年一次改为每年举办两次，上半年聚焦义务教育和学前教育，下半年聚焦普通高中教育。

本次座谈会由民进中央教育委员会、民进中央办公厅、民进辽宁省委会共同主办。民进中央常务副主席刘新成，教育部党组成员、副部长郑富芝，民进中央副主席庞丽娟，辽宁省副省长李金科，民进辽宁省委会主委姜军等出席会议。

上午 9 点座谈会准时开始。会议的主题是"落实中小学办学自主权，激发办学活力"。李金科和沈阳市委副书记刘晓东分别代表辽宁省委省政府和沈阳市委市政府对此次会议的召开表示热烈祝贺，对与会校长和专家学者表示诚挚欢迎。

刘新成代表民进中央讲话。他说，民进是以教育为主要界别之一的参政党，长期关注国家教育事业的发展，以支持、推动和参与教育改革发展为己任。落实中小学办学自主权在教育界已形成一定共识，相关政策即将出台，召开此次座谈会，有利于各方就相关改革的具体内容、步骤和细则进一步协商。他指出，落实中小学办学自主权，是转变政府职能，实现国家治理体系和治理能力现代化的必然选择。教育治理体系和治理能力现代化，是国家治理体系和治理能力现代化的重要组成部分，是深化教育领域综合改革的总要求。理顺政府与学校、学校与社会的关系，落实各级各类学校的办学自主权，是实现教育治理体系现代化的题中应有之义。落实中小学办学自主权，是激发中小学办学活力，办好人民满意的教育的必然选择。办好人民满意的教育，需要适应人民群众日益多样化和个性化的教育需求。在义务教育阶段学校软硬件配置不断标准化的基础上，满足人民群众更高水平、不满足于标准化的教育需求，需要学校提供多样化、特色化的教育服务。这必须依靠落实中小学办学自主权、发挥学校的主体作用，通过改革完善中小学管理体制、完善中小学内部管理和激励机制，激发学校、教师的活力和创造力。

刘新成常务副主席还从深入一线，及时了解民进会员关切；打造平台，促进一线教师与专家、教育行政部门沟通交流；建言献策，为教育改革和发展提建议出实招；扩大影响，提升民进在教育界和社会的影响力等几个方面讲述了举办基础教育改革与发展座谈会的意义。

来自北京、天津、上海、河北、辽宁、黑龙江、江苏、浙江、山东等省市的 15 位校长，以及来自民进中央教育委员会、北京师范大学中国教育与社会发展研究院、东北师范大学中国农村教育发展研究院的 4 位专家在座谈会上发言。大家围绕会议主题就改革完善中小学管理体制、完善中小学内部管理和激励机制、依法维护学校和校长教师权益、营造让校长教师安心教育教学的良好环境等问题进行交流，介绍各地区、学校的经验以及遇到的问题和困难，并提出相应的政策建议。

如北京中学的夏青峰校长，就健全学校的法律支撑体系，激活学校的内部管理体制，提高生均经费标准、减少项目经费，避免运动式的教育改革等提出了建议。

北京灯市口学校校长反映文山会海的问题依然严重，他们集团的三所学校去年一年收到的文件在 1580 份以上，最多的一所学校收到 1980 份文件，而教职工在校时间延长到每天 10 小时左右。

来自江苏常州武进的钱爱芙校长则反映，目前教师的职称晋升通道狭窄，专业化发展比较困难。黑龙江哈尔滨群力实验第二小学的陈天宇校长反映，教师的老化问题比较严重，由于超编，学校已经连续 12 年没有补充教师。天津滨海新区的一位校长反映，学校应付各种评价检查太多，而且许多不同的部门有不同的标准，如关于危化品的界定，各个部门就各自为政，让学校左右为难。

随后，民进中央教育委员会主任张志勇和辽宁省政协副主席姜军分别发言。作为长期从事基础教育管理的省级教育机关的领导，张志勇长期分管基础教育，对存在的问题一针见血。他从治理观念的现代化，治理权力的再分配等方面，对如何分权、限权、放权和确权等方面进行了全面的论述。而姜军副主席，作为长期分管教育的政府领导，他对教育问题有自己的见解。他重点阐述了落实中小学办学自主权需要处理好的几种关系。

最后，教育部郑富芝副部长讲话。他首先代表教育部对民进中央长期以来对教育事业的关心和支持表示感谢。他说，此次会议选题好、召开时机好，各位校长和专家的发言对现状有思考，对问题有剖析，对基础教育改革的意见建议非常有参考价值，为教育部即将出台的相关文件的起草发挥了集思广益、献计出力的作用。他指出，推进基础教育改革发展，需要研判形势、找准问题，分析梳理中国基础教育面临的形势和问题的特点。他认为我国基础教育主要面临四个方面的挑战：一是教育普及程度总体比较高，但部分地区缺口比较大；二是教学秩序比较规范，但管理秩序乱象不少；三是教育理念先进，但落实不到位；四是教育改革的呼声高，但改革的动力与活力不足。他特别强调要明确思路、调整策略，在深化基础教育改革中注重引领方向、整顿秩序、激发活力、改善生态。

座谈会开得很成功。5 点 20 分会议结束，赶回友谊宾馆用餐，准备乘晚上 7 点 40 分的飞机返回北京。

6 点 50 分出发去机场。飞机上读完史雷的新著《正阳门下》。

晚上 9 点到家。整理行囊。明天开始在中央党校学习两个月，早晨就要去学校上课。

晚上 12 点休息。

重视残疾儿童送教上门的质量

——湖南省岳阳市平江县"残障儿童教育保障"调研手记

7月23至25日，我和民进中央调研组一行去湖南省岳阳市平江县进行了脱贫攻坚民主监督调研。以下是调研手记。

7月23日，星期二，北京，晴

早晨5点起床。发头条、微博等。

7点50分出发去政协。

全天在政协礼堂三楼参加全国政协专题协商座谈会，这次专题协商会议首次由民主党派中央与政协专门委员会合作，民进中央主要领导高度重视，民进政协委员积极参与，昨天多位民进的政协委员从不同角度对于农村公共文化体系建设提出了建议。汪洋主席和中宣部黄坤明部长等出席并讲话。汪洋强调，加强农村基本公共文化服务建设，是实施乡村振兴战略和建设社会主义精神文明的重要内容，是社会主义制度优越性的集中体现。要深入领会习近平总书记关于农村文化建设的重要论述，坚持党的领导，坚持以人民为中心，坚持从实际出发，因地制宜、久久为功，完善广覆盖、保基本、促公平的公共文化服务体系，焕发乡风文明新气象。我在会议上做了一个预约发言，就加强和完善农家书屋，把农家书屋与农村村小的图书馆建设和县图书馆的总分馆建设结合起来等问题提出了建议。让现在的农民阅读事倍功半，而培养未来的农民养成阅读的习惯则事半功倍。

会议结束以后直奔机场，去湖南参加脱贫攻坚民主监督调研活动。这次的重点是围绕残障儿童受教育的问题进行调研。

飞机上读蔡志忠的专访，很受感动。这是一个忠实于自己内心的人。他说，把爱好变成职业的人才是顶尖人物（top person）。世界上大部分人都不知道自己要做什么。但比尔·盖茨知道创办微软比念哈佛重要，乔布斯知道做个人电脑比读大学更重要。鱼当然要摆在水里，鸟当然要放到天空。如果倒过来两个都会死掉。世界上最美妙的事情是把每个人摆到最正确的位置上。在漫画功成名就后，蔡志忠"消失"了十年，去研究物理学和数学。他说，只要有纸和笔，把他关30年他都不会觉得空。他只要一个人。其实，我也觉得教育最重要的使命是帮助人们去寻找，发现和成就自己。

飞机晚点，到达平江县已经是半夜两点。

稍事洗漱，两点半休息。

7月24日，星期三，岳阳市，平江县，晴

昨晚因飞机延误，到达宾馆已是凌晨两点。

生物钟依然在5点敲响，赖了一会儿床，5点40分起来工作，完成每天的阅读与写作功课。

8点早餐，平江县教育局刘日新局长拿出他两次购买的《我的教育理想》请我签名。其中一本是2006年的第十三次印刷版。我写了一句"苟日新，日日新"共勉。

8点30分出发开始调研。

此次调研的主题"残障儿童教育保障"问题，这是我近两年来比较关注的问题。在今年的两会上，我还专门提交了《关于有效提高残障儿童入学率的提案》。我认为，保障残障儿童受教育的权利，促进残障儿童义务教育的均衡发展是国家和社会的共同责任。但目前我国的学龄残障儿童的基数还没有摸清楚，残联、教育部、民政部等部门拿不出准确的数据。

据有关数据，我国大约有 8500 万残疾人。按照 10% 左右的比例，应该有 850 万在校学习的残疾儿童。但是根据教育行政部门的统计，我国当年全国包含特殊学校就读和普通学校随班就读在内的义务教育阶段残障儿童在校生仅为 57.88 万人。根据这个数据推算，应该还有很大部分的残障儿童未能入学。教育部《第二期特殊教育提升计划（2017—2020）》明确提出要将残障儿童义务教育入学率在 2020 年提高到 95% 以上，残障儿童入学就学仍面临重重困难。同时，这也是脱贫攻坚民主监督的重要问题。

调研组 8 点 40 分到达平江特殊教育学校调研。学校整体环境不错，新的教学楼正在修建。作为一个县，能有一所像样的特殊教育学校，已经很不错了。该学校创建于 1997 年，占地 11084 平方米，是平江县唯一一所进行适龄聋哑和智力障碍儿童早期康复训练、学前教育、九年制文化教育的义务教育学校。学校现有教职工 50 人（据了解，特教专业毕业的老师只有 11 人），特殊教育的专业教师招聘非常困难。学校在籍学生 334 人，其中在校就读学生 178 人，另外 156 名重度残疾的特殊儿童学校利用双休日时间开展送教上门。

调研中发现，学校的送教上门还是存在一些问题。譬如，据了解，老师利用休息日送教，并不计入老师的工作量，老师也多是自己开车前往，甚至是需要老师的家人也上阵帮忙；同时，老师少、学生多，只用周末送教也无法保障残障儿童的受教育时间，估计一个孩子每月能轮上半天就不错了。

离开学校后，我们走访了四户残障儿童家庭。第一户有一个 17 岁的孩子，肢体残疾一级，感知觉低敏，认知低下，生活无法自理，需要家人照料饮食起居。送教主要以康复训练为主，包含精细、粗大、语言等七大领域训练。据了解，由于家人不了解相关知识，这个孩子是到了七八岁才开始康复训练，错过了好时机，现在恢复效果也不佳。第二户家里有一个被认为是有轻微智力障碍的女孩，随班就读。亲生父母常年在外打工，已将她过继给大伯。小女孩可以看书写字，喜欢画画。我们离开的时候，她落泪了。我们感觉不到孩子的任何不正常行为表现，我想她应该是缺少亲情关怀和与人打交道的机会吧！第三户家里的孩子有语言障碍，言语二级残疾。小女孩现在读二年级，精神状态不错，也比较活泼外向。第四户家里的孩子是肢体一级残疾，家里的康复训练做得不大好，现在也在小学随班就读。总体感觉，这几家各有困难，孩子的照顾、康复训练做得还是有些不到位的。看到这些孩子，心情是沉重的，也觉得保障他们接受良好的教育是很迫切的事情。

下午，调研组在平江县召开民进中央"残障儿童教育保障"问题调研座谈会。岳阳市及平江县两级残联、教育体育局、民政局、扶贫办分别汇报了有关情况，平江县委书记汪涛汇报了该县残障儿童义务教育保障情况及问题建议。经了解，该县登记在册的862名义务教育阶段残障儿童，随班就读、特教就读和送教上门三项措施均有保障，但质量仍有待提升。今年95名义务教育阶段毕业生只有5%的残障学生能进入高中阶段学习。

调研组专家做了发言，我做了总结讲话。

我在讲话中高度评价了平江县脱贫攻坚工作取得的成绩，特别是在保障残障儿童义务教育权利方面的做法。同时建议平江县有关部门要进一步深入学习贯彻习近平总书记在"两不愁三保障"突出问题座谈会上的重要讲话精神，依法保障每个残障儿童平等接受义务教育的权利，切实做到"全覆盖、零拒绝"。要以问题为导向，补齐残障儿童教育问题的短板。要进一步研究残障儿童教育保障还存在哪些改进空间，要在摸清底数上下功夫，特别是要重视解决送教上门、特教老师培训、推动融合教育方面存在的问题。关于送教上门，应该建立国家标准，规定什么样的孩子应该送教上门，每月送教的时间、内容等，同时也要对老师的权利进行保障。

座谈会开到5点40分，之后用了工作餐。本来是两天的调研，但因为明天要开政协秘书长会议，我只能今晚赶回北京了，其他同志明天继续调研。

没有想到，晚上八点半的航班，又遇到飞机延误。到家又是深夜一点多了。

调研结束以后，民进中央参政议政部结合我和专家们的意见，整理了一份《关于规范农村残障儿童送教上门工作的建议》报送有关领导。

报告分析了目前残障儿童教育面临的主要问题。

一是适龄残障儿童基础数据不一致。目前残联、教育等部门掌握的数量，主要是持证适龄残疾儿童数量。但由于残障认定标准偏高，加上残疾证含金量偏低，不少家长为了孩子不被贴上标签或对残障治愈抱有不切实际的希望，并没有申报持证。残联、教育等部门的动态数据尚未完全衔接，统计时间节点也不同，每年残疾人口基础数据库与教育部学籍库比对时，只有大概 40% 在学籍库中。在基层入户摸底调查中也发现，统计数据仍有差错，有学籍无学生、有学生无学籍现象都存在，个别学生过世后信息系统也没更新。由于适龄残障儿童基础数据不准确，难以保证所有适龄残障儿童义务教育得到应有的保障。

二是送教上门缺少专业机构评定。2018 年全国送教上门的残障学生有 11.64 万人，占在校生的 17.48%，但在中西部农村地区比例普遍偏高。调研发现，多数地方政府和教育部门对残障儿童义务教育高度重视，采取各种方式予以保障，但由于残障种类不同、程度不同，对于哪些残障儿童适合送教上门缺乏专业机构参与的评估机制，导致农村适龄残障儿童送教上门门槛界定不清，送教比例偏高，部分地方占比约 40%，甚至超过残障儿童总数的一半。

三是送教上门质量难以保证。由于缺少规范，比例偏高，同时特殊教育资源不足，导致部分送教上门工作质量难以保证，有的流于形式。比如，送教上门频次多为一月一次，难以形成有效教育成果；送教上门的教师很多都是非专业教师，多数停留在送温暖和浅层次教育；为了实现控辍保学不落一人，对个别完全无学习能力的重度残障儿童送教上门，基本是流于形式，有的孩子经过一年送教上门连数字"1"都不认识。有的孩子因身体完全不能活动同时又智力低下，现实地看，他们更需要的是送康复救助上门。

四是送教上门保障机制不健全。目前大多是学校安排教师利用非教学时间送教上门，也无课程、制度保障，对于尚可接受教育的残障儿童难以保障预期效果。同时缺少专项工作经费保障。当前的送教上门工作，主要立足于完成教育扶贫阶段的硬性任务，由相关片区的乡村学校教师或特殊教育学校教师承担，缺少机制化的经费保障，有的由学校统筹挤出部分工作经费象征性地予以补贴，有的是老师"自掏腰包"支付交通费用，导致积极性受影响，难以长期坚持。从总体上来看，缺少规范性岗位职责要求及工作考评。不少送教上门无记录、无评估。

　　为此，我们就规范农村残障儿童送教上门工作提出了几点建议。建议国务院研究出台关于残障儿童送教上门工作的文件，指导地方政府统筹协调各个职能部门规范送教上门工作，引导区县完善送教上门制度，为残障儿童提供规范、有效的送教和康复服务，努力让残障儿童享有公平而有质量的教育。建议针对不同类型、不同程度的残障儿童，由各个县区级政府负责，依法建立由教育、心理、康复、社会工作等方面专家组成的残障儿童教育专家委员会，健全残障儿童入学评估机制，规范界定送教上门标准，落实"一人一案"。建议健全送教上门的"四个一"：一支稳定的送教队伍，一套规范的送教流程，一套以儿童需求为中心设立的特教课程和一套科学合理的跟踪考评机制。此外，我们对细化特教生均公用经费的使用办法，加强长效机制建设等也提出了具体工作建议。

　　　（感谢民进中央参政议政部同志为调研和撰写报告作出的贡献）

推进普通高中育人方式改革

——内蒙古巴彦淖尔市、乌海市调研手记

10月21至23日，我和民进中央教育委员会、参政议政部的同志以及部分特邀专家，专程赶往内蒙古巴彦淖尔和乌海市，就高中教育改革问题进行了调研。以下是调研手记。

21日，星期一，北京，晴，巴彦淖尔，晴

早晨四点半起床工作。

早晨乘坐7点45分的国航班机，9点不到就到达巴彦淖尔。

从机场直接去会场。上午10点，参加巴彦淖尔市民进总支基层组织建设座谈会。该市民进组织虽然成立不到十年，会员人数不满五十，但在贾润莲主委领导下，组织建设、思想政治建设、参政议政、社会服务、宣传工作全面推进，成效明显。会员的精气神很足，岗位建功立业，履行会员职责都非常好。

下午3点，为了准备11月在北京举行的民进中央基础教育座谈会，我们邀请了部分会内会外的专家组成了调研小组，来到巴彦淖尔临河一中参加"推进高中育人方式改革"座谈会。听取了临河一中马永福校长、临河三中宋斌校长、田家炳外国语学校宁智明校长等人以及部分教师关于高中育人方式改革的意见和建议。北京四中原校长刘长铭、北京考试院原副院长臧铁军、天津市南开区分管教育的副区长沙红，以及民进中央参政议政部的同志等参加调研，与参加座谈的校

长和老师们开展了深入的交流。

在交流中发现，大家对新高考改革的理解仍然有偏差，一些校长和老师反映，因为没有经验，不知道如何指导学生进行选课。有的反映受场地、教师、教学资源的限制，落实"开齐开足体育与健康、艺术、综合实践活动和理化生实验等课程"有一定难度，欠发达地区高中的实践渠道狭窄，社会教育资源的整合利用率很低，劳动实践、社会实践很少。

下午在巴彦淖尔临河一中参加高中育人方式的座谈会结束以后，晚上6点30分左右我们来到了位于城乡接合部的临河八小。虽然天色已晚，视线不是非常清晰，但是我们仍然能够感受到学校潜心耕耘新教育的氛围，看到孩子们用心创作的各种艺术作品，师生用心写作的教育叙事、教育日记和读书笔记，看到遍布校园的100多棵高大的白杨树。学校把白杨精神作为文化的底蕴，在书香校园建设等方面做了大量卓有成效的工作，把一所几乎无人问津的农村学校，办成了一个颇受欢迎的新教育乡村小学。

今天《人民政协报》发表了全国政协教科卫体委员会副主任常荣军先生关于《共识凝聚力量》一书的评论文章《一份沉甸甸的履职报告》。

晚上回到酒店休息。读冯骥才的《世间生活》。

11点休息。

22日，星期二，巴彦淖尔，晴

早晨5点起床。发微博等。

全天考察学校。巴彦淖尔市第二实验小学是一所地处城乡接合部的学校，学校研发了颇有特色的绳舞飞扬课程，学生的绘画、手工作品也很有创新，充满童趣。

巴彦淖尔临河二小的青竹青年突击队讲述他们与新教育结缘，与幸福教育邂逅的故事。

巴彦淖尔市第二实验小学地处城乡接合部，学校研发了颇有特色的跳绳课程，学生的绘画、手工作品也很有创新，充满童趣。

巴彦淖尔市第一粒新教育的种子，校长杨百凌所在的临河三小，全面推进新教育十大行动。在他们的尼尔斯绘本馆中，看到了数千本各种各样的图画书，以及数百本孩子们自己创作的手绘图画书。

巴彦淖尔市临河四小以"推进每月一事"为抓手，整合学校各种仪式庆典社团活动，取得了很好效果。

中午 2 点出发去乌海。下午 4 点左右到乌海十中调研。这是一所矿区的高中，学校管理很严格，不允许带手机进学校，但有急事可随时借老师手机。每层楼有图书角，高三楼层有不少"励志"标语。校长说，是各个班级学生们的原创。学校年轻教师较多，专门为他们的孩子建了"宝贝驿站"。在学生食堂看到了许多吃方便面的学生，与校长交流应注重"食育"，加强健康教育与生命教育。学校的成长记录室也颇有特色，为每个学生终身保留一份档案、一个记录。今年学校一位学生考取清华，在乌海产生了很大的反响。

在高中看学校，和上午在小学看学校，完全是不同的感觉，前者深沉安静，甚至有点压抑，后者活泼开放，一派生机勃勃。

晚上与调研组专家交流高中办学的有关问题。

11 点休息。

23 日，星期三，乌海，晴

早晨 5 点 15 分起床。整理自己对于高中教育问题的思考，为上午的会议做准备。

上午八点半，考察内蒙古乌海市蒙古族学校。学校的校长是我们民进会员亮梅同志，学校在义务教育阶段以蒙古语教学为主，初中以上以双语教学为重。在学校看到了学生的蒙古族舞蹈训练，教师的蒙古语粉笔字每日展示，观摩了学校的书法课程、体育课程等。学校面向社区开放，向乌海市的居民传授蒙语、马头琴的蒙古文化，成为了一个真正意义上的蒙古文化的学习中心。几年前，我们民进中央参政议政部的姜其和副部长到乌海做挂职副市长，我曾经应邀考察过这所学校，留下了深刻印象。

上午九点半，在乌海一中参加民进中央"转变高中育人方式"座谈会，就高中办学等问题听取乌海市领导、有关校长和教师的意见和建议。中国教育学会高中教育专业委员会理事长、北京四中原校长刘长铭，民进中央参政议政特邀研究员、北京考试院原副院长臧铁军，天津市南开区分管教育的区长沙红等在座谈会上发言。刘长铭校长重点谈了家庭与家校合作共育在高中阶段的意义，臧铁军院长结合他多年参加高考改革的实践，详细分析了新高考的特点与趋势，给大家上了一堂很好的高考改革辅导课。

我在总结发言中提出，高中教育阶段在整个教育中具有非常重要的地位和承上启下的作用，下对巩固义务教育的质量，上对提升高等教育的品质，都具有非常重要的作用。而且，高中教育阶段的升学考试，会作为一个指挥棒，直接影响着中小学的日常教学模式和学生的学习方式。高中教育阶段，不能把考试作为唯一的目的，而应该把全面育人、立德树人、培养一个真正的人作为最高的目标和出发点。

14 点 35 分，调研组一行乘坐中国联航 KN2286 航班回北京。16 点 10 分到达大兴国际机场。

回北京以后，看到今天的《中国教育报》庆祝中华人民共和国成立 70 周年专论栏目发表了我的文章《中国基础教育实现跨越式发展》。

这次关于高中教育改革的调研，是今年民进中央教育委员会的重点调研题目，此前民进中央教育委员会副主任、天津市教委副主任孙惠玲已经带队赴无锡市、上海市进行了调研，考察了无锡市第一女子中学、无锡市锡山高中、上海市上海中学、上海市民办平和学校等学校，并召开了 3 场调研专题座谈会，与当地教育行政部门、校长、老师们进行了深入交流。

调研结束以后，参政议政部撰写了调研报告。报告总结了推进普通高中育人方式改革的主要经验，包括基于课程建设的特色发展；注重学校的文化建设；聚焦课堂，不断改进教学方式；注重教师专业能力提升等。对改革推进当中存在的主要问题也进行了分析，主要有对政策理解、执行不到位；应对育人模式改革的能力亟须提升；新高考改革还没有完全落地等。

调研组对进一步推进高中育人模式转变提出了五点建议：

一是要进一步强化宣传与政策解读，树立高品质思想，切实落实立德树人根本任务，把坚持正确的育人方向放在首要的位置上。要更加注重教育如何直接作用于人，挖掘人的潜能，着力培育学生正确的价值观、必备品格和关键能力；要树立以学生为本的理念，把科学的人才观、教育观、质量观落实到教育教学全过程，促进每一位学生全面发展、健康成长。

二是要建设高品质课程。课程是学校各项工作最重要的抓手，也是教育思想落实的最根本的保证。要聚焦学生发展核心素养，努力构建体现多元开放、多层次、可选择的，具有学校特色课程体系，构建适合每个学生发展的课程。

三是要实施高品质教学。要大力倡导"适合的才是最好的"教育理念，因材施教，更加注重个性化、多样化培养；要克服重知识轻能力、重认知轻实践的倾向，倡导启发式教学，注重学思结合、知行合一；要坚持以学生为主体，以学习者为中心，改变传统教学模式，从以教为主转向以学为主，实行自主、合作、探究式学习，切实在"减负增效"上取得明显实效。要积极探索课堂教学、社团活动、社会实践、与高校联合培养等多种培养途径。

四是要强化高品质管理。高中育人方式改革必然是整体改革。改革的系统性，需要在教育行政部门的统筹领导下，加强组织管理，积极协调各部门，共同研究制定深化改革的政策措施，增强各项改革的协调性。

五是要高度重视深化改革中"人"的关键因素，切实下大力气加强队伍建设。要切实提高各级教育管理干部和校长对教育改革与发展的领导能力，特别是课程领导力。要加强教科研队伍建设，充分发挥教科研部门的专业引领作用。要切实提升教师队伍实施课程教学的专业能力。对老师的激励政策要落到实处。

（感谢民进中央参政议政部同志为调研和撰写建议作出的贡献）

参政之声

　　真正的思考是从写作开始的。雪落无痕，雁过留声。政协委员不是为了博取声誉、青史留名而写作，但是要学会记录自己的思考，学会通过写作把自己的意见表达出来。在这个意义上看，声音就是存在感。所以，政协委员一方面要像雪落无痕那样默默奉献、不求名利，另一方面也要像雁过留声那样，把自己的意见、思考记录下来，传播出去。

新的一年和美好教育相遇

2019，又是新的一年。时光向我们铺开了新的画卷。

我相信，对于任何一个人来说，过去的一年，肯定有幸福也有痛苦，有成功也有挫折，有泪水也有欢笑。当然，也有美好或者丑陋。

具体到我们每一个人的生活之中，这一切就像白天和黑夜、太阳和月亮，都是永恒存在的。不同的，只是它们在生活中所占据的比例不同而已。这种不同的比例，也就把我们的生活调成酸甜苦辣咸的百般不同滋味。

教育是什么呢？从某种意义上说，教育其实就是通过各种方法，有意识调整生活中各种滋味的比例，努力创造自己喜爱的生活滋味的过程。

教育让我们首先从过去之中，撷取一些记忆，选编一些事物。法国思想家涂尔干说："面对人类成熟的思想文化，教育的责任就是选编。"历史中沉淀的那么多美好，是人类一代代积累所得。

教师就像是厨师，把这些选编的素材，进行搭配，进行烹饪。于是，同样的原材料，经过不同的手，捧出不同的食物。教师的作用，不仅是对已有美好的传播，而且是对新生美好的创造。

教学就是我们将这些食物，不仅自己品尝，而且馈赠他人。在这样教学相长的过程中，通过共享与分享，让自己的身心强健，让他人也因此强壮。教学的过程，是师、生、亲的多方成长，是一段美好的旅程。

这样，美好的教育，就能在年轮画下一个圆圈的时候，让每一个人感觉圆满，并且心满意足地站在一个新的起点上。

对于我们每一个个体而言，传播这些美好，就应该成为我们自觉的选择。

我一直说，哪怕戴着镣铐，也能跳出精彩的镣铐舞。任何追寻梦想的行动，都是对现实的改写，当然会遇到阻力。作为教育工作者，我们从事的就是传播美好、创造美好的工作，如果能够把传播美好变成本能，我们的努力将会事半功倍。以美好为目标去行动，又以行动传播美好，我们自己就能够从生活之中收获更为丰厚的幸福。

那么，在前行的起点，在这时光的初始处，请不要忘记，带上一个美好的心愿，带上一种美好的心境，以传播美好的行动，不断去播撒这些美好的种子吧！这一切，让我们自身变得更加美好，让世界变得更加美好！

2019 年已经到来，让我们一起去和美好的教育相遇，一起去享受教育的幸福。

教师不仅仅是园丁，他自己本身应该是一朵美丽的花。教师也不是春蚕，教师的生命在每一个季节。

教师还不是人类灵魂的工程师。人类的灵魂不可能是一个机器，让工程师任意修理，用一个固定的工艺流程去塑造或者改变。而且，教师自己的灵魂由谁去塑造呢？

教师更不是蜡烛。那种把教师看成是点燃自己照亮别人的说法，其实很荒唐。把学生发展的前提建立在牺牲教师的基础之上，显然并不妥当。

有人说，教师是绚丽的晚霞，在照亮天空的同时，也呈现出自己的美丽。但是，晚霞退却时，那星星和月亮构成的夜色天空难道不美丽吗？

（2019 年 1 月 7 日发表于《中国教育报》）

深化教育体制改革，"放、管、服"怎么做？

　　2016 年 5 月 9 日，国务院专门开过一个关于推进"放管服"改革的电话会议。李克强总理讲了一番严肃的话，他说"放管服"改革实际是政府的自我革命，要"削手中的权，去部门的利，割自己的肉"。让利于民，用政府减权、放权、限权和监管改革获得的市场活力和创造力，以牺牲小我来成就大我。两年多以来，我们做了什么？我们的认识到位了吗？还有多大的"放、管、服"改革空间呢？

　　"放管服"是简政放权、放管结合、优化服务的简称。我在思考这三个字的内涵到底是什么，应该怎么做，下面我对这三个字谈谈我的想法。

　　一是如何"放"？

　　前天，我到北大附中去看探月学院。这是一个什么学校呢？创办人是一个高中毕业、拿到国外大学录取通知书的学生。两年多的时间，他办了一个在全世界都很有影响的高中。他们学校的团队以 20 多岁的年轻人为主，已经拿到了 5000 万的资助，在北大附中有一个孵化器的天地。我在他们办公室里看到一句话：人类文明的延续是教育和灾难的比赛。也就是说，我们人类文明究竟能不能发展，能不能战胜各种各样的灾难，取决于我们的教育。这帮年轻人有着很强的使命感，他们的梦想是要培养有强烈的热情、内心成熟的个体和积极行动的公民。他们做了很多不一样的课程设计。这一群年轻人让我深受感动。

　　中国人是有行动力，有创造力的。这两年我们登月、下海全世界领先，许多其他领域我们中国人也走在世界前沿。教育为什么做不到呢？

美国人发现我们探月学院做得很有意思，这所学校在美国的影响力比在国内的还大。目前在国内这个学校还是"特别"的，没有任何先例，估计也很难广泛传播，他们就在一栋房子里做他们的梦想。但是我们给这样的梦想多少空间、多少机会呢？我们能让更多人在中国大地上做这样的探索吗？

18 年前，我发起了一个民间的教育改革，我们一步步往前走，也得到了国家基础教育改革成果的一等奖，有 146 个教育局跟我们合作，全面推进教育事业的改革。但是，这还远远不够，尤其是课程变革在学校推广很难。我们研发了生命教育课程，但是走进学校的时候，发现国家课程时间都已经填满了，根本没有空间去尝试新的课程。

我就在想，我们能不能思想再解放一点？能不能给大家更多空间和权利？改革开放 40 年，最大的经验我认为是两个字"解放"：把农民从土地上解放出来，农民解放了，工人解放了，资本解放了，一起释放出巨大的生产力。

中国人的勤奋、智慧和创造性在全世界是领先的，我相信我们在教育上一定能走在世界的前沿，只要给我们空间。

那么，有什么原则来指导"放"呢？我的看法是要放心、放手、放权。

政府首先要放心，这个很重要。不能认定民办教育举办者都想在教育上赚钱、大家都走歪门邪道，现实不一定是这样的。我们还是可以相信人性的善，相信中国有一群敬业的教师。

前两天，全国政协开讨论会的时候，提到"办人民群众满意的教育"的问题。其实，我们教育人在很多地方就是朝着这个方向努力的，我们学校、老师有大量可歌可泣、推陈出新、变革教育的好故事，只是讲得太少了。我们"地方教育制度创新奖"就是讲中国教育的好故事，教育行政部门的好故事。

我们政府要更多地对教育者放心，让他们大胆地实践。如果可以尝试放手，教师在教室里就会做出你想象不到的精彩，校长在校园里就能做出你想象不到的精彩。不需要刚刚露出端倪，各种各样的规定就出来了，很多规定不一定是有道理的。

比如幼儿园零起点，小学零起点。这个规定虽然用意好，但其实是有问题的。每个小孩成长都不一样，像我的孙子，现在 5 岁，已经学了宇宙飞船和火箭的很多知识了，认识一两千个字。其他的小孩子也都有自己不同的情况，每个小孩都不同，有许多比我孙子更优秀的孩子。所以，我认为教育要根据教育的规律，不要以标准的规定控制太多，而是可以放手让大家去做，而这只有通过放权才能让大家放手。

前几年我去美国，发现了一些很好的教育创新例子，突破了许多我们常规教育的框架。比如密涅瓦（Minverva）大学，他们在旧金山市中心的一个楼里做大学，没有我们平常认为需要的场地。学生们以城市和全球为自己的学习场所。另外，还有斯坦福线上高中，在斯坦福大学里一层楼中的网络学校，学生完全在网上学习，能够获得高中文凭，而且教育效果很好。

我就在想，我们为什么不能有这种突破性的尝试呢？为什么不允许办一些这样的学校？

我觉得，教育可能还需要再一次思想解放。改革开放 40 年，思想解放过了，但是同时，我们还不断地在解放禁锢、禁锢解放之间徘徊。面临一放就乱，一管就死，要么一窝蜂，要么一刀切的两难。因此，怎么样真正发挥教育者的积极性、主动性和创造性，我觉得是很大的课题，需要我们去研究，这是我们体制机制改革的重要突破点。

二是如何"管"？

最近，我去望京拜访了在做"一起作业"的一群年轻人。他们平均年龄 24 岁，5000 多个员工，融资了几十个亿在做线上教育事业。我们聊天的时候他们说，教育部现在规定所有 APP 不允许直接进学校，都要经过当地教育行政部门的批准。因此他们跟全国所有的教育局都要一个个去沟通。这种情况下，互联网的教育发展起来就有很多阻力。不过，要不要备案是一回事，可以去讨论。

所以，我们"放管服"要怎么结合？怎么管理？可能大家感受很深的是开不完的会，和应付不完的文件表格。很多人说，他们不是在开会，就是在去开会的路上。这样校长还有时间沉浸教改吗？老师的时间也被淹没在越来越多的文件中，休息权都没有保障。

教育部门更好的管理可以是什么呢？我认为是管方向，管边界，管体系。

我们教育的事业方向是建设中国特色社会主义，实现中华民族伟大复兴的中国梦。包括未来中国公民应具备的人文素养、科学素养和综合能力，是我们人才培养的大方向，需要把控好。而至于课程怎么开，用什么方法教，可以交给学校和老师。比如北大附中的课程就很有意思，他们的课都是艺术家在上，有学服装的，有学沙画的，非常精彩。与大师对话，这种情况下学生们才有创造性。

我们新教育也正在研究面向未来的卓越课程体系，建立了未来课程的模型。首先，我们反思了学生到底要学什么？现在开的课程是天经地义的吗？目前我们一直在教授知识上做加法、做细分，加到学生喘不过气，理科、人文相互割裂。这样的方向其实是错的，因此，我们构建了"真善美科学体系"。根据大科学概念编制一套面向未来的科学教育的课程纲要和人文教育课程纲要。文学、历史、地理、哲学可以汇集在一起变成大人文课程，科学课程也可以如此。

所以，我们认为，管边界，就是在管好大方向的前提下，教育的内容和方法交给教师和学校，而不是教育的事情就不要让教师和学校去做。

那又如何管体系呢？我们知道很多东西一管就死了，比如说"一起作业"的例子，包括民办教育，都有很大的忧虑。整个教育都应该是公益性的，政策需要把行业往公益性引导，鼓励非营利的民办教育。就怕一刀切，各种各样的规定，把教育行业都管死了。

三是如何"服"？

习近平总书记在去年 11 月 1 日开了民营企业家座谈会，做了重要的讲话，告诉企业家们要有信心，表明民营企业只能壮大，不能弱化。不仅不能离场，而且要有更大的舞台。让民营企业家们吃下了定心丸，安心谋发展。

我不禁想，我们对民办教育这么做了吗？我们怎么给他们做服务的？我们能否也召集投资民办教育的人开座谈会、恳谈会，给他们吃点定心丸，让他们好好地做教育？

政府在这里的角色是引导他们在教育事业上不赚钱，引导他们做公益。因为民办教育投资家起步的阶段可能走一些弯路，这个是慢慢滚雪球的过程，如果政府能够给予足够的引导，让他们更好地发展，对教育事业发展能起到巨大的促进作用。民办教育也是民办企业的一部分，总书记讲的话对他们同样是适用的。

那好的服务是怎么样的呢？第一是暖人心，第二是聚人才，第三是促成长。

首先要让办教育的人感到温暖、有信心、有继续办教育的愿望，而且不想离场！现在的问题是，很多办民办教育的人想离场，这不是好事情。中国民办教育的资本不是太多，而还是太少了。当更多民间资本、民间智慧、精英人才进入教育，中国教育才有希望。

我今天早上给新教育团队发了一个短信，我说我们都老了，我都60岁了，中国教育需要更多有开拓精神的年轻人。我们也应该寻找更多年轻的力量和更青春的活力，中国教育如果没有这样的愿景和新能量是不行的。

而已经进来的人要能够让他们感到温暖，没有这种温暖，就没有人愿意进来。中国教育也需要更多的资本进入，更多人才的参与。现在我们政府强大了，资金多了，好像不缺钱了，但是，如果把我们的教育和世界发达国家相比，差距还是很大的，我们经费的投入还差得很多。所以，我们还是要继续吸引各种各样的民间资本进入教育。

教育最后还是为了人的成长和国家的成长，"放管服"的成功改革，可能对我们整个中国教育未来，尤其是最近这段时间的发展，都非常重要，需要引起大的重视。

现在，我们办法、规定、措施、文件都有，最关键的是意识、理念和精神，所以需要我们全体成员形成一个共识，那就是我们继续为教育发展提供更宽松的条件，提供更好的"放管服"服务，提供更好解放思想的舞台。

（2019年1月12日在全国地方教育制度创新论坛暨第六届地方教育制度创新奖颁奖典礼的发言）

成为世界图书之都的真正意义

朱老师：

　　1995 年正式批准设立"世界图书日"之后，2001 年，联合国教科文组织启动了一个新项目：世界图书之都。作为"世界图书日"的承继，它被公认为是当下全球图书与阅读领域中最成功的项目。

　　"世界图书之都"是一种荣誉，由相关组织每年推选一座城市，以表彰它在图书出版和公众阅读方面作出的贡献。被确定为"世界图书之都"的城市，以一年为单位，围绕阅读、出版、创作、版权等主题，面向全社会、面向广大民众，举办各种由作家、出版人、图书销售商和政府相关部门、民间相关组织共同参与的活动。到目前为止，已有 17 座城市成为"世界图书之都"，其中包括亚洲的 4 座城市：2003 年，印度新德里；2009 年，黎巴嫩贝鲁特；2013 年，泰国曼谷；2015 年，韩国仁川。

　　2014 年，青岛市与深圳市曾申请"世界图书之都"，两城均为我国全民阅读水平较高的城市。特别是深圳市，连续 26 年人均购书量排全国第一，市民人均日阅读时间超一小时，每万人即拥有一座图书馆，曾被联合国教科文组织评为"全球全民阅读典范城市"，但最终还是落选了。

　　有国内媒体在相关的报道中发出追问：我们离"世界图书之都"究竟有多远？报道认为，我们将"世界图书日"误会成了"世界读书日"，只强调"阅读"，未涉及"出版"与"创作"；其次，"基本忽略了版权概念"。

　　这些年我到深圳出差，曾经几次跟当地的朋友聊过这个事情。我和朋友们都认为深圳应该继续申办。

那么，如果深圳重新启动申办工作，您对申办团队有什么建议？

——林茶居

茶居老师：

你每期的问题都是很"烧脑"的。不过，很有意思，也很有挑战性。

这个问题，也正是我非常愿意回答的。

的确，如你所说，我们把"世界图书与版权日"（World Book and Copyright Day）错误地翻译为"世界读书日"。这个错误会导致许多相关问题。除了包括深圳在内的城市在申请"世界图书之都"时，因为比较重视阅读，而相对忽视了出版、版权与知识产权保护方面的工作落选。我从 2003 年开始在全国政协和全国人大提出建立国家阅读节，也因为有了"世界读书日"而成为被拒绝的理由。

1995 年，国际出版商协会在第二十五届全球大会上提出"世界图书日"的设想，并由西班牙政府将方案提交联合国教科文组织。后来，俄罗斯认为，"世界图书日"还应当增加版权的概念。所以，1995 年 11 月正式确定每年 4 月 23 日为"世界图书与版权日"，值得注意的是，这个纪念日也是西班牙著名作家塞万提斯和英国著名作家莎士比亚的辞世纪念日。这也是我一直希望中国把孔子诞辰日作为我们国家阅读节的原因所在，我们需要一个原汁原味的属于中国的阅读节。

你信中提出的希望深圳重新申请"世界图书之都"，我是非常赞成的。这些年来，我一直关注深圳在阅读方面做出的努力，我认为深圳无愧于这个称号。这个年轻的移民城市，这个曾经一度被认为是文化荒漠的城市，经过改革开放 40 年的洗礼，经过多年自觉的文化建设，已经成为中国的阅读之都，成为全民阅读的重镇。

2000 年开始，深圳市把每年 11 月定为深圳读书月。深圳读书月秉承营造书香社会、实现市民文化权利的宗旨，每年举办三四千场读书文化活动。创出了深圳读书论坛、经典诗文朗诵会、年度十大好书、年度十大童书、领导荐书、诗歌人间、中小学生现场作文大赛、书香家庭、赠书献爱心、绘本剧大赛、青工阳光阅读、手机阅读季、海洋文化论坛、温馨阅读夜等许多知名品牌活动。深圳读书月吸引了来自全国数百家出版机构和数万慕名而来的读书人，年度参与人次由首届的 170 多万上升至现在的 1000 多万，读书月已经成为深圳一张靓丽的城市名片。

2003 年开始，深圳实施"图书馆之城"建设计划。经过 12 年的努力，建成了比较完善的公共图书馆系统，拥有大小图书馆 621 家，其中，226 家主要图书馆实现"统一服务"，实现了全市文献资源的共享和大流通。深圳的自助图书馆规模也已达到 220 家，全市图书馆（服务点）近千家。

2014 年开始，深圳开始实施"一区一书城，一街道一书吧"发展战略，目前已经拥有大型书城 4 个，书吧 7 个，一批书城和书吧正在建设之中。

目前，深圳拥有全世界单店面积最大的书城——占地 8.7 公顷、经营面积 4.2 万平方米的深圳中心书城，拥有面向成人的人文社科、语言文字、经济管理、生活、科技、艺术等各类专业书店，和针对儿童的少儿书店，以及各种特色书店。还有"永不落幕的 24 小时约会地"——中心书城 24 小时书吧，以及"深圳晚八点"的精彩纷呈的文化主题活动。

深圳的民间阅读推广机构和推广人也渐成规模。深圳市新闻出版局先后举办了多期阅读推广人培训班，已经有 140 余人获得了"阅读推广人"资格，各种阅读推广机构活跃在深圳的各个角落。

有媒体记者曾经写道："对于如今的深圳人来说，天天都是阅读日。从已经坚守了 19 年的深圳读书月，到每天异彩纷呈的读书活动，读书已经成为深圳人血脉中的文化基因，深圳也因热爱读书成为一座更受人尊重的城市。"我想，这样的赞誉一点也不为过。深圳完全具备申请"世界图书之都"的条件。

如果说我对深圳继续申请有什么具体建议，我想，当然要把之前推动阅读的诸多工作进一步深化，除此之外，还可以从以下几个方面着手：

第一，启动深圳的"城市写作计划"。世界上很多城市，都有这样非常有意义的写作计划，邀请国外的作家到自己的城市一段时间，可以把自己未完成的书稿带来，把在这个新城市的体验融入书中；也可以对这个城市进行新的探寻，写出自己想写的故事。我最近正在看冯骥才先生的《漩涡》一书，其中就谈到奥地利政府邀请他去写维也纳的故事。我们国家的上海从 2008 年开始就启动了一个叫作"上海写作计划"的项目，至今已有超过 90 位外国作家参与到这个项目之中，"留下了各自的丰富、独特的体验，并将为期两个月的停留时间无限延展到自己的书写记忆中"。对于深圳这样一座充满活力与创造精神的城市，有着太多的美丽故事，邀请国内外知名的作家来体验、写作，对于深圳申请"世界图书之都"无疑是有重要意义的，当作家们用自己的母语写出他们眼中的深圳，当深圳的故事为世界更多的人所熟悉，当深圳的主题图书出现在世界各地的书店时，阅读、写作、出版，自然就融为一体了。

第二，做好版权与知识产权保护的工作。深圳是我国知识产权创造最为活跃的城市之一，2017 年深圳 PCT 国际专利申请量达 20457 件，占全国总量的 43.07%，连续 14 年高居全国榜首。在第十九届中国专利奖评审中，深圳获专利金奖 5 项（含外观设计金奖），占全国总数的 20%，居全国大中城市第一。在第三届中国商标金奖评审中，深圳获商标金奖 3 项，占全国总数的 12%。为了做好版权与知识产权的保护工作，深圳市先后成立了版权局、版权协会，加强了对影视动漫、音乐、软件、文学、创意设计、数字内容等产业的研究与保护。今年年初，深圳市内容产业知识产权联盟正式成立，该联盟将加快深圳内容产业链知识产权服务资源的战略整合，提升内容产业知识产权创造、运用、保护、管理和服务的整体水平。

今年 8 月，《深圳经济特区知识产权保护条例（草案）》首次提交深圳市六届人大常委会第二十七次会议审议，这是深圳运用特区立法权，对知识产权进行最严格保护的重大措施。深圳的这些做法，应该纳入申报"世界图书之都"的内容之中，用事实和数据讲述深圳的版权和知识产权保护的工作。同时继续深化细化这方面的工作。

第三，继续打造深圳出版与传媒的品牌。深圳作为一个新型城市，出版和传媒的资源与北京、上海以及世界的许多大都市仍然有比较大的差距，但是，无论是海天出版社，还是《深圳特区报》《深圳商报》《晶报》《深圳晚报》、深圳电视台、深圳广播电台等，都非常有活力和特色。深圳出版发行集团拥有 5600 多名员工，总资产超过了 10 亿元，年销售额超过了 7 亿元，以图书的编辑出版、发行和文化产品流通为核心业务，多元化经营涉及教育培训、数码科技、物业管理、书业软件、文化艺术用品及广告等行业，在业内外获得了广泛认可。接下来如何进一步做强做大，与国内外的出版传媒深度合作，引进更多的品牌出版与传媒机构，出版更多的精品力作，把深圳建设成为出版传媒的强市，是深圳申请"世界图书之都"需要下功夫之处。

"让城市因热爱读书而受人尊重"，这是深圳人的文化追求，也是深圳给自己城市的精神定位。我相信，只要深圳人努力向着这个目标前行，就会有"世界图书之都"之实，而"世界图书之都"的称号，只是时间问题。

当然，最重要的并不是评比本身，而是通过这样的申报与竞争，让越来越多的人重视阅读和版权，重视我们的精神生活，让我们的生活变得更加美好。从这个意义上，我们对与图书有关奖项如此积极参评，本身已经是一种对自我的精神洗礼。这是参评"世界图书之都"的最大意义。这已经是我们最大的收获。

你的朋友：朱永新

2018 年 12 月 12 日写于北京滴石斋

（发表于《教师月刊》2019 年第 1 期）

时光从不辜负任何真诚的努力

在全国政协十三届一次会议的闭幕会上，汪洋主席给全国政协委员布置了"委员作业"，要求我们在 2019 年政协大会报到时，"不仅能提出好的提案，也能用自己的实际行动交上一份好的履职报告"。作为老委员，同时作为新一届政协的常委和副秘书长，这句话不是一句外在的号召，更是自我的要求，一直在我心中回响。一年来，如何才能更好地履行委员职责，如何才能用提案和行动共同履职，我一直在思考与践行。

这一年，我以个人名义或联名的形式提交提案 13 件，内容涉及教育、阅读、文化等方面，其中关于"建立国家阅读节，把全民阅读提升为国家战略""关于用制度去'文山'填'会海'"等多篇提案受到媒体关注，各类媒体发表相关报道数十篇。

这一年，我个人出版的 10 卷本编年体参政议政录《见证十年——一个民主党派成员见证的中国民主政治进程》正式发行。这是迄今为止国内第一部原生态全景式介绍人大代表和政协委员个人履职的书籍，全国政协副主席何维称这套书为"一部民间两会史"，全国政协副主席邵鸿评价这套书是"代表委员的履职教科书"。回望这一年的履职路，不敢奢谈成绩，只是未敢懈怠、不知疲倦地一路耕耘着，一丝不苟地向生活学习，向专家学习，用心向人民、向政协交出一份认认真真的作业。

积极参会　认真建言

这一年，我积极参加全国政协的各种会议。精心准备发言，积极参加讨论，贡献自己的智慧。

在全国政协十三届一次会议上，我代表民进中央作了题为《发挥中等职业教育在脱贫攻坚中的特殊作用》的大会口头发言，提出了实施"中职教育扶贫国家工程"等建议，受到了与会委员的好评，引起了关注。

6 月 29 日，参加全国政协教科卫体委员会举行的"民办教育发展问题及对策"对口协商座谈会，并且做了促进民办教育健康发展的发言。建议国家税务总局尽快对营利性民办学校执行什么样的税收政策，提出方向和基本要求，同时希望加快《民办教育促进法实施条例》的修订和出台工作，以稳定和提振民办教育举办者的信心。

7 月 10 日，在全国政协专题协商会上，我做了《完善技能，形成制度，助力制造强国建设》的发言。我在发言中引用了民进中央近年来的调研成果，指出困扰制造业发展的三大难题，建议进一步完善技能、形成制度，助力制造强国建设。

9 月 29 日至 30 日，我应邀参加全国政协召开的习近平总书记关于加强和改进人民政协工作的重要思想理论研讨会，在会议上就探索政协协商与基层协商有机衔接，深入推进协商民主广泛多层制度化发展的问题做了发言，受到了与会人员的好评。

10 月 12 日，我参加由全国政协民族和宗教委员会与民进中央联合举办的"加强国家通用语言文字普及，促进各民族交往交流交融"双周协商座谈会，在会上做了《在民族地区全面推进"学前学会普通话"》的发言，建议将民族地区普通话从学龄前学起作为一项国家战略。

精心准备　深入调研

这一年，我参加或主持的调查研究也深入各地，开展得比较丰富扎实。

5月14日至18日，参加了全国政协副主席汪永清率领的全国政协社会和法制委员会调研组，深入广西百色市就"解决深度贫困地区脱贫问题"开展专题调研。我们调研组深入到3个县（市）的9个村，到30户贫困群众家中走访调研，详细了解群众生产生活情况，实地查看村小学、卫生室建设运转情况。每到一村，都召开基层干部群众座谈会，面对面听取扶贫干部、乡村干部、贫困户和脱贫户的意见建议，了解、掌握了不少第一手情况。每天晚上还花两到三个小时召开调研组内部研讨会，总结交流当天调研情况并深入讨论，不仅掌握了大量一手资料，也进一步丰富了调查研究的具体方法。

7月26日至29日，参加了全国政协副主席卢展工率领的全国政协社会和法制委员会调研组，就"健全志愿服务管理体制，形成全民参与的良好局面"在黑龙江开展调研。在调研中发现，虽然我国志愿服务随着经济社会发展积极推进，仍然面临着一些不足，成为制约志愿服务向更大规模更广领域推进的短板。

11月19至27日，参加全国政协副主席马飚率领的代表团访问秘鲁和智利。这是我第一次参加全国政协的外事访问活动，收获颇多。其中感受最深的是与秘鲁全国协商组织的交流。这是一个成立于2002年，具有秘鲁特色的全国性"统一战线"组织，其宗旨是通过对话协商，凝聚各方共识，更好地制定国家政策，保障国家包容、公平、可持续发展和良好治理。该组织的秘书长介绍说，这个组织的规则是所有讨论的政策在全体人员未达成一致意见前不能公开，核心在于赢得共识。

我在民进中央分管参政议政工作，更多的调查研究是在日常的工作之中进行的。这一年，我先后参与了民进中央"完善乡村治理体系"年度重点调研和"民主党派基层组织参与基层社会治理"课题调研。并且带队赴滇调研中缅边境替代种植情况，到内蒙古通辽开展"科尔沁沙地综合治理调研"，带队在河南省新乡市、云南省原阳县、建水县开展脱贫攻坚民主监督对比调研，先后去四川、湖南、河北、河南、江苏、黑龙江、云南、内蒙古、江西、广西等地开展调查研究，提交了一批调研报告和政策建议。

发挥专长　勤勉尽责

除了调查研究之外，我也积极参加全国政协和地方政协举办的培训活动。先后三次为全国政协举办的政协委员培训班做关于委员履职与参政议政的讲座。同时，应云南省政协、唐山市人大之邀，做关于如何当好政协委员和做好参政议政工作的专题讲座，受到与会者的高度评价，许多政协委员认为讲座内容"解渴""实用"。

作为政协的兼职副秘书长，我积极参加秘书长工作会议以及相关工作会议，做好全国政协与民进中央之间的桥梁，及时沟通信息，把全国政协的工作部署向民进中央主要领导报告，落实相关的各种安排。5 月 8 日，我应邀参加了全国地方政协秘书长工作会议，并做了题为《人民政协是民主党派发挥作用的辽阔舞台》的发言，介绍了自己如何做好党派与政协之间的桥梁，如何发挥党外副秘书长的作用的情况。

这一年，民进中央积极配合政协的工作部署。在全国政协十三届一次会议上，提交了党派提案 43 件，民进组提案 7 件。其中《关于构建产业扶贫"新生态"的提案》等 15 件被列为重点办理提案，名列各党派前茅。民进提交的反映社情民意的信息达 500 多件，被采纳的数量和总分位列民主党派、工商联第 2 名。

这一年，民进中央参政议政部门建设和队伍建设也有了进一步加强。同时着力加强对全会相关业务的培训，先后举办民进全国参政议政调研工作培训班、脱贫攻坚民主监督工作培训班、脱贫攻坚民主监督社情民意信息工作培训班等，为民进全国参政议政战线工作人员及会员提供丰富的培训机会。

这一年，我仍然勉力推进新教育实验，和广大一线教师孜孜不倦地共同耕耘。这是我多年以来，以实际行动撰写履职报告的一种方式。

截至去年，新教育实验区校蓬勃发展，目前已经有 146 个实验区、4200 余所学校、490 万左右的师生参与实验，成为国内规模最大的民间教育实验。新教育实验荣获基础教育国家级优秀教学成果一等奖。

这一年，我的学术研究工作也取得了较为丰富的成果。我主编的 10 卷本《中国教育改革大系》荣获中国新闻出版领域的最高奖项第四届中国出版政府奖。《创新教育才能创造未来——朱永新教育讲演录》《新教育年度主报告（2014—2018）》《回家》，日文版的 3 卷本《中国教育思想史》、韩文版和尼泊尔文版的《朱永新教育小语》、蒙古文版的《中国教育思想史》等著作陆续出版发行。

时光从不辜负任何真诚的努力。在新的一年，我会继续努力，按照"懂政协、会协商、善议政"的要求，继续以思考和行动呈交自己的履职报告，做一名真正合格的政协委员，无愧于政协委员的光荣称谓。

（发表于《中国政协》2019 年第 4 期）

未来已来，学校将面临转型

现代学校制度是大工业时代的产物。面对当代社会网络化、信息化、智能化、个性化的发展，我们的教育已经无法适应。渴望教育变革，呼唤未来学校，已经成为当今教育的最强音。近年来，关于未来学校的研究呈现出井喷的态势，世界各地关于未来学校的探索与实践也如火如荼。对 2007 年至 2016 年"中国知网"数据库十年来关于"未来教育"的主题进行检索，有效文献多达 458 篇，最近两年更是呈急剧上升态势。这里我们简单介绍一下主要的观点与研究成果。

关于未来学校形态

关于未来的学校形态，专家们有不同的看法。有专家认为学校在未来会消亡，如华东师范大学袁振国教授在 2018 年第五届北京中学构建未来理想学校研讨会上，就以"未来，只有学习，没有学校"为题讲述了他的观点。也有学者提出，未来会出现多种学校形态并存的局面。

更多的学者认为，未来学校会转型。如笔者先后在 2016 年新教育国际论坛和 2017 年的中国教育 30 人春季论坛上提出，未来学校的形态会发生根本的变化，传统意义上的学校（school）会转型为新型的学习中心（learning centre）。未来学习中心将有十个基本趋势：从学习中心的内在本质来说，它会走向个性化；从学习中心的外在形式来说，它会走向丰富化；从学习中心的时间来说，它会走向弹性化；

从学习中心的内容来说，它会走向定制化；从学习中心的方式来说，它会走向混合化；从学习中心的教师来说，它会走向多元化；从学习中心的费用来说，它会走向双轨化；从学习中心的评价来说，它会走向过程化；从学习中心的机构来说，它会走向开放化；从学习中心的目标来说，它会走向幸福化。

除了传统的学校会转型为学习中心，各种社会教育机构也会转型为新的学习中心，为学生提供各种各样的学习资源。政府可以通过服务外包或者资源采购的方式购买服务。

关于未来学习内容

世界教育创新峰会（WISE）对全世界教育家的调查表明，许多人认为现代学校体系中的教育内容只需要保留17%。专家们的共识是，未来的课程会进一步整合，让学生自我建构学习内容，以学习方法为主的学习将成为未来学校的主要特征。

近年来，新教育实验在中国提出了面向未来的基础课程体系，其设计指导思想是：以生命教育课程为基础，以公民教育课程、艺术教育课程、智识教育课程为主干，并以"特色课程"作为必要补充。

公民教育课程，解决的是"善"。公民教育课程的目标是培养遵守社会公共道德，认同、理解、遵守与维护宪法，关心及参与公共事务，能够独立思考与敢于承担责任，对民族的传统和文化有归属感的现代公民。它包括公民道德、公民价值观、公民知识和公民参与技能四个方面的内容。

艺术教育课程，落脚点在于"美"。艺术教育课程的目标是让学生在学习艺术知识、欣赏艺术作品、习得艺术技能的基础上，掌握艺术的思维，拥有艺术的品位，具有艺术的精神，传承人类的文化，陶冶丰富的情感，培养完善的人格。艺术教育课程不是为了培养职业艺术家，不是艺术尖子和精英的选拔与培育，而是源于儿童天性的自由发挥，注重艺术欣赏力和艺术情怀的培育，是源于艺术（每个儿童的自然天性）、通过艺术（无处不在的中介作用）、为了艺术（艺术化的人生目的与境界）的教育。

智识教育课程，落脚点在于"真"。智识教育课程类似于通常所说的文理课程，主要包括语文、数学、外语、科学（或物理、化学、生物）、历史与社会（或历史、地理）等，这是传统课程的主干部分。之所以不用文理课程或智力课程的概念，是因为我们是用大人文、大科学的理念重新构建了课程，同时也是因为"智识"更能够准确表达我们对于课程本质的思考。因为课程的根本目的不是传授知识，而是形成用以统领知识的智慧和运用知识的能力。

"特色课程"解决的是"个性"问题。重新设计公民教育、艺术教育和智识教育课程，可以节省大量的时间，这为特色教育课程留下了广阔的空间。

关于未来学习方式

关于未来学习方式，研究者们认为会发生以下新的变化。

首先，未来学习中心会打破传统的班级授课制与传统的课堂教学模式，会形成线上线下结合、集体讲授与小组学习结合、主动学习与认知外包结合等新型的学习方式。

其次，突破时空限制的"泛在学习"将逐步取代传统的固定时间、固定地点的学校学习。在泛在学习环境中，学生根据各自的需要，在自由的时间、多样的空间，以多样的方式进行学习，把所有的环境都变成学习的空间。学习时间弹性化与学习空间多元化是其最显著的特征。

再次，未来学习中心会更多采用虚拟现实技术，实现沉浸式学习。利用电脑模拟产生一个三度空间的虚拟世界，为学生提供视觉、听觉、触觉等感官的模拟，如同身临其境一般，可以及时、没有限制地观察三度空间内的事物。

复次，以研究问题、解决问题为导向的合作探究学习在未来将取代接受性学习。同时，借助智能设备生存与发展的时代已经来到，人机结合的学习方式会发挥更大作用，认知外包的现象会更加注重方法论的学习。利用网络学习，利用大数据和人工智能实现精准学习也会成为未来学习的一个重要特征。

最后，更重要的是，在未来，学生不仅是知识的消费者，同时也可以是知识的创造者。未来的学习过程本身是一个探索的过程。在学习的过程中，学生不仅是验证已经发现的知识，同时可以在学习过程中创造新的知识。研究性学习将会成为未来重要的学习方式。

关于未来学校教师

关于未来学校的教师问题，现在的编制、职称等问题将不再困扰教育行政部门，因为未来教师职业会呈现多种形态，教师的来源会进一步多样化。

一方面，传统学校教育中的教师仍然会存在，他们负责"兜底"教师职责，贯彻国家的意志和教育方针，完成国家规定的教育目标和基本内容。

另一方面，教育有更大的开放性和选择性，国家教育行政部门及其委托机构，会对社会提供的各种教育资源进行认证与评估。诸如罗辑思维、喜马拉雅、知乎这样的民间知识传播机构，史金霞这样的"自由教师"，胡进这样的教师工作室（课程公司），甚至类似新东方、学而思这样的社会补习机构，以及各种技能培训机构，以购买公共服务的方式，为学生提供更多的优质教师资源。

这样，学有所长的人都可以把自己的知识和技能，通过学校教育机构和其他平台，向学生传授，"能者为师"的新的教育时代将会真正到来。

关于未来学校评价

随着互联网、大数据、区块链、人工智能技术的不断成熟和在教育上的应用，新型的过程性评价、诊断性评价会应运而生。其中，一种新型的基于互联网的学分银行评价模式会出现。

所谓学分银行，是指面向未来学习中心的专门管理机构、授证机构、学习成果认证机构与组织体系，以及其他相关机构与组织体系赖以存在和运行的一整套标准、规范、规则和规定的综合系统。学分银行制度，就是模拟和借鉴银行的机理、功能和特点设计的制度。这套制度，以学分为计量单位，实现各级各类学习成果的存储、认证、积累、转换。目的是利用信息化手段扩大优质教育资源共享的有效机制，搭建终身学习"立交桥"，促进教育公平。

学分银行模拟银行的组织结构体系，从"中央银行"到"地方银行"，从"地方银行"到"储蓄所"，最终到"个人账户"。通过为各种学习成果赋予不同学分的方式建立流通工具，用学分的储存和兑换，使不同学习成果之间的等值转换成为可能。

当然，未来学校还有许多新的特征，如中国教育科学研究院未来学校实验室于 2018 年 11 月发布《中国未来学校 2.0：概念框架》，对"学校""学习""课堂""学习路径"等核心概念进行了全面的审视；北京师范大学教授陈建翔提出，"家庭教育与学校教育结合是未来教育的发展方向"。

不同的专家，心中有不同的未来学校模样。但是，未来已来，无论是中国还是世界，已经有越来越多的学校开始深刻变革，打破传统的学校格局，学校转型已经是势不可当的时代潮流。

（2019 年 01 月 03 日发表于《中国社会科学报》）

规范"知识付费",促成"能者为师"

　　新年伊始,有关"知识付费"的争议突然多了起来。有些人认为所谓"知识付费"只不过是在消费主义洪流中贩卖希望和焦虑,很多"付费的知识"并不是原创的,只是把一些传统知识进行二次加工,让读者、听众"吃别人嚼过的馍"。

　　与此同时,也有不少人为"知识付费"的兴起叫好。他们认为"知识付费"确实让一些信息、知识得到普及。比如大多数人不愿意、不喜欢读书,但通过时下的"知识付费",听一堂课、听几次关于某本畅销书内容的音频,也相当于间接"读完""看过"了这本书。这样的间接阅读总比没有阅读强许多。

　　那么,究竟该如何看待"知识付费"?笔者认为,就本质而言,"知识付费"其实是一场教育变革的"前哨战",是对传统学校教育制度和教师职业体系的一种挑战。我们一方面要看到"知识付费"对于知识传播和社会文明的积极意义,另一方面也要规范"知识付费",鼓励深度阅读。

　　教师职业是世界上最古老的职业之一。但真正大规模教师的出现,是随着工业革命的兴起、现代学校制度与师范教育体系的形成而开始的,此时的学校和教师,基本上是人们知识来源最主要的渠道。伴随着新的工业革命的兴起和信息化社会的到来,伴随着教育的个性化、差异化、定制化的需要,完全依靠从学校教师那里获得知识与技能的时代正在终结。新的体制之外"能者为师"的时代,已经拉开帷幕。

　　所以,尽管现在人们获取知识的渠道越来越多,越来越便捷,但还是有不少人愿意"付费"来获取知识。无论哪种平台上的知识付费产品，其本质都是由身为"能者"的"自由教师"提供的收费课程。虽然这火爆一幕的背后有宣传营销的因素，但毕竟是成人的购买行为，是自己的独立选择。这种选择原因主要有二：一是这种方式节省了许多人通过查找、阅读获取知识的时间，碎片化的时间得到利用；二是从消费心理学的角度看，付费的东西往往会更加珍惜，简单说就是"用花钱的方式来逼迫自己学习"。

其实，知识付费产品早已不仅面向社会公众，在校学生也是非常重要的消费群体。有一位高中在职物理老师，开设了单价为 9 元的高中物理在线直播课，被 2617 名学生购买。扣除平台分成后，一小时的课程收入约达 1.9 万元。事实上，这样的老师已不是个案，一批活跃在线上线下的"自由教师"和他们的工作室已经出现。

"知识付费"与"自由教师"的出现，已经预示了未来教师职业的多种形态，也会直接影响未来的学校教育模式。一方面，传统的学校教育中的教师仍然会存在，他们的职责是贯彻国家的意志和教育方针，完成国家规定的教育目标和基本内容；另一方面，教育有更大的开放性和选择性，促成培育人才的丰富性。

我们更希望能促使全社会学有所长的人都乐于把自己的知识和技能通过各种平台以"有价"的方式贡献给他人。同时，政府部门的相关机构也需要对各种平台进行规范和评估，对这些知识产品的提供者进行必要的监督和管理，要创造更多免费、优质的知识产品，以引导和规范知识付费的市场，通过学校教育机构或其他规范平台向学生传授，促成"能者为师"的新教育时代到来。

（2019 年 1 月 9 日发表于《环球时报》）

科学教育　孕育创新

　　发展科学教育，提升全民的科学素养，是把我国建设成为富强民主文明和谐美丽的社会主义现代化强国的必然选择。

　　科学教育是科学普及的手段，也是科学创新的基础。习近平总书记在致世界公众科学素质促进大会的贺信中指出，科学技术是第一生产力，创新是引领发展的第一动力。

　　人们越来越关注科学教育与国家发展的关系，越来越密切地把发展科学教育、提升公众科学素养与国家民族利益联系在一起。众多国家也越来越清晰地把科学教育改革作为国家的重要战略。

　　改革开放以来，中国人民实现了一个又一个伟大飞跃，取得举世瞩目的科学成就。在科学教育与科学普及方面也做了大量卓有成效的工作。作为世界上参与人数最多的科普活动，全国科普日举办 14 年来，共组织活动 7 万多场次，参与人数超过 14 亿人次。这些年来，我国公民科学素质也取得大幅提升，中国科协发布的数据显示，相比于 2010 年的 3.27%，2015 年的 6.20%，2018 年我国公民具备科学素质的比例已达到 8.47%。但总的来说，我们的科学教育、科学普及与先进国家相比仍然有明显的差距。

　　2018 年 5 月 28 日，习近平总书记在中国科学院第十九次院士大会、中国工程院第十四次院士大会上指出："中国要强盛、要复兴，就一定要大力发展科学技术，努力成为世界主要科学中心和创新高地。我们比历史上任何时期都更接近中华民族伟大复兴的目标，我们比历史上任何时期都更需要建设世界科技强国！"他还指出，应该"牢固确立人才引领发展的战略地位，全面聚集人才，着力夯实创新发展人才基础"。

纵观世界格局，当下的国际科技竞争比以往任何时候都更加激烈，我国对战略科技支撑的需求比以往任何时期都更加迫切，发展科学教育，提升全民的科学素养，是将我国建设为科技强国的必然选择，也是把我国建设成为富强民主文明和谐美丽的社会主义现代化强国的必然选择，更是奋力实现中华民族伟大复兴中国梦的必然选择。

如果说科学技术是第一生产力，那么科学教育、科学普及可谓第一助推力。

先进的科学技术是促进国家富强的重要保障，为国家经济实力的增强提供坚实的支撑，提高国家的国际影响力与竞争力。尤其在 20 世纪 90 年代之后，科学技术在经济社会发展中的作用更加显著。

科学教育通过培育高素质科技人才、向全民普及科学知识，让科学技术的进步与创新被极大地推动，科技成果惠及亿万人民，有力地改善民生福祉，实现国家的繁荣与富强。

物质文明与精神文明的发展，实际上是物质生活与精神世界的发展。科学技术能引起国民生活、国家经济、国际关系的广泛变革，推动物质生活的腾飞。科学教育则发挥着对精神世界重新建构的作用，推动人类物质生活和精神世界协调统一，反过来再推动科学技术的发展，形成良性互动。

让我们用科学之光照亮求真创新之路，用科学教育提升全民科学素养，为实现中华民族伟大复兴的中国梦共同努力！

（2019 年 2 月 3 日发表于《人民日报》）

重视农村孩子的"精神正餐"

近年来，我先后考察过百余所贫困地区中小学，欣慰地看到绝大多数学校的学生营养午餐得到较好解决，采购、加工、管理等各个环节都有相对严格的制度，有力保障了孩子们的健康成长。但与此形成鲜明对比的是，一些中小学的图书馆建设与学生的阅读状况却令人担忧。

首先，中小学图书馆的图书配备品质较低。不少农村中小学图书馆的图书或者是由各种渠道的捐赠而来，或者是通过图书招标的补充而来，不符合中小学生阅读要求的图书不少，真正的经典著作却比较少。

其次，中小学图书馆的利用率低，管理水平较差。我们去过的中小学，大多都是在每天下午放学后开放一小时左右。规模大一点的学校，往往要按照年级轮流借阅，每个学生大概每周能轮到一次借阅图书。许多学校没有专门的图书管理人员，对学生缺少必要的阅读指导。

再次，中小学校长和老师对于阅读的重视程度不够。有的县城重点学校拥有大量的图书，却没有编目，成包成包的图书躺在库房睡觉；有的乡村学校因为学校翻建教学楼，把所有的图书打包送到食堂的仓库。调查中，学生在被问到"给你印象最深的一本书"时，有的人无言以对。

一个人的精神发育史离不开阅读，一个民族的精神境界取决于这个民族的阅读水平。为此，有必要大力推进农村中小学的书香校园建设，给农村孩子提供"精神正餐"，夯实农村教育的基础。

第一，加强农村中小学图书馆标准化建设。可以邀请专家参考已有成熟书目，如专业的阅读研究机构制定的中小学学生基础阅读书目等，进一步研制适合中小学生的阅读书目，作为中小学图书馆的基本书目，规范农村中小学图书馆的图书配备，遏制目前的低价招标过程的腐败现象，确保最好的图书能够进入农村学校。

第二，组织专项行动，检查剔除劣质图书。对全国各地中小学图书馆进行一次全面自查，明确中小学图书的质量要求，将不适合中小学教师及学生阅读的图书、音像制品和电子出版物剔除出学校图书馆。在学校自查结束后，组织专业人员赴全国各地进行随机抽查。

第三，加强农村中小学图书馆的专业化建设。可以根据不同学校的规模，设置专兼职结合的图书管理员岗位，积极推进相关培训，发挥师生进行图书借阅的自组织管理工作，加强对于农村中小学师生的阅读指导，深入推进中小学的学科阅读。

第四，鼓励社会公益组织和民间团体支持农村中小学的阅读工程建设，在捐赠优秀图书、培训阅读推广人、开展各种阅读活动等方面给予帮助。鼓励阅读志愿者协助学校开展书香校园建设。

知识就是力量，阅读改变命运。身体的成长需要营养午餐，心灵的成长需要"精神正餐"。只要对精神和身体同样重视，把最美好的书籍给最美丽的童年，我们就能以阅读强壮乡村教育，以乡村教育进一步强大中国。

（2019 年 2 月 26 日发表于《人民日报》）

以阅读工程强壮乡村教育（摘要）

近年来，我先后考察过百余所深度贫困地区中小学，欣慰地看到绝大多数学校的学生营养午餐得到了较好解决，采购、加工、管理等各个环节都有相对严格的制度把关，有力保障了中小学生的健康成长。

但与此形成鲜明对比的是，这些中小学的图书馆建设与学生的阅读状况令人担忧。首先，图书配备品质较低。大部分农村中小学图书馆的图书或由各种渠道捐赠而来，或通过招标而来，其中许多不太符合中小学生的阅读要求，真正的经典作品很少。其次，图书馆利用率极低，管理水平较差。我们去过的中小学，大部分是在每天下午放学后开放一小时左右。规模大一点的学校，往往按照年级轮流借阅，每名学生每周轮到一次就非常不易了。大部分学校没有专门的图书管理人员，大多由老师临时兼职，谈不上有效指导学生阅读。最后，中小学校长和老师对阅读的重视程度普遍不够。我们对在校师生调查时发现，大部分学校没有阅读指导课程，很多学生在回答"你印象最深的一本书"时，竟无言以对。

中小学正值学生精神成长的关键期，农村学校与城市学校最大的差距，其实不是硬件设施，而是软件环境。尤其在当下中国，农村学校可以将阅读作为提高学生综合能力的重要途径。为此，我建议在继续做好农村中小学免费营养午餐工程的同时，及时推出农村中小学"精神正餐"工程，大力推进农村学校书香校园建设，让农村孩子的精神世界得到滋养。

知识就是力量，阅读改变命运。只要对孩子的精神和身体同样重视，把最美好的书籍给最美丽的童年，我们就能以阅读强壮乡村教育，以乡村教育进一步强大中国。

（2019 年 3 月 5 日发表于《中国教育报》）

书香强国

今年两会我自己最想谈的两个问题，一个是如何办人民满意的教育，一个是如何推进全民阅读建设书香中国。

5日上午10点40分，参加完全国人大开幕会议后，就赶往媒体参加两会特别节目"教育中国"的直播访谈《推进全民阅读，建设书香中国》。

主持人专门备了课。一连串的问题逐一抛出。这些都是我推广全民阅读的过程中早就亲身遭遇的，回答起来也是不假思索。

下午3点，在民进组讨论的发言中，讲了自己学习《政府工作报告》的三点体会。

一是干货多。政府工作报告的民生"礼包"很厚重，许多税费或降或免。

二是金句多。如"困难不容低估、信心不可动摇、干劲不能松懈""政府部门做好服务是本分、服务不好是失职"等。这些不是靠语言的华丽，而是靠真诚的力量，打动着每位代表委员。

三是回应了民进方面的建议。一个是大篇幅地讲述了职业教育问题，我们前几年调研技工荒等问题时提出的许多建议得到了落实；另一个是明确提出解决文山会海的问题，把国务院的文件压缩了三分之一左右，让干部把精力用在解决具体问题上。去年两会的联组会议上，我曾当面向韩正副总理提出这个建议，没想到这么快就得到了回应。

我在发言中还特别提出了三条建议：一是希望在今年的政府工作报告中能够加上"推进全民阅读"或者"建设书香中国"的表述，

这也是抓精神文明建设最有效、最廉价、最直接的路径；二是希望全面体现对于"发展民办教育"的政府立场；三是能够对发展 0—3 岁幼托事业有所安排。

特别是对于全民阅读的问题，这是我这些年来持续关注的重点。我一直呼吁，一个人的精神发育史就是他的阅读史；一个民族的精神境界取决于这个民族的阅读水平；一个没有阅读的学校永远也不可能有真正的教育；一个书香充盈的城市才能成为真正的家园；共读共写共同生活才能拥有共同语言、共同价值、共同愿景。

尤其在信息时代，在经济外部输入性风险上升、国内经济下行压力加大的背景下，教育是最大的民生，阅读是最高效的教育，推动阅读是推进教育公平最简便的方法。

许多人都熟悉时间管理理论中的四象限法则：紧急又重要、重要不紧急、紧急不重要、不紧急不重要。其实，一国之计也是如此。

书香强国。如果说国家安全、经济发展等事务属于紧急又重要的第一类，那么阅读、教育等事务就属于重要但不那么紧急的第二类。21 世纪是人才的世纪，为了国家发展、人民幸福，我们需要多类人才的金字塔式稳定构成。

只有把阅读作为国家战略，长远部署，稳步推进，我们才能在每一个今天，不仅创造物质财富，还能积累精神财富，才能为明天储备足够的财富基础，才能在明天再一次转化为更为丰厚的精神、物质的双重财富。

（2019 年 3 月 7 日发表于《新京报》）

特许学校是缩小学校差距的良方

我认为，"办好人民满意的教育"有两个重要标准：第一个是有学上，第二个是上好学。

按照惯例，昨天（3月12日）的议程是围绕本界别关心的议题开展界别协商。民进是"教育党"，所以我们选择了"办好人民满意的教育"作为今天的话题，也为今年的议政性常委会做准备。

我事先也预约了一个发言，提出"办好人民满意的教育"有两个重要标准：第一个是有学上，第二个是上好学。

关于有学上的问题，现在并没有得到根本的解决，而这个问题主要关乎三个群体。

第一个群体是残障儿童。我们国家有8500万残疾人，这是根据国内残疾人口占总人口6.21%的比例计算的。如果按全世界的平均值10%来算，我国的残疾人口恐怕还要更多，那么，学龄前残疾儿童至少在400万左右。

但在义务教育阶段，全国登记的持证残疾儿童入学人数只有59万多，入学率为90%。但中国残疾人的持证比例相对较低，没证则不予以统计，无法做好后续工作。所以，我建议发改委、残联、教育部等相关部门联合起来，抓紧对全国残疾儿童的人数进行更科学的统计。

第二个群体是进城儿童。无论是农村进城务工人员的子女，还是所谓"白领"的孩子，没有所在城市户籍的学生，现在入学手续都非常烦琐，甚至无法在所在城市入学。

第三个群体就是学前儿童。我们现在理解的学前教育，还是传统的学前儿童概念，主要是指 3 到 7 岁的儿童。我建议，今后应该改成 0 到 7 岁。因为现在脑科学已经证明，0 到 3 岁是一个人的大脑发育最快的一段时间。所以，学前教育很有教育价值。

至于上好学的问题，我建议，政府在配置公共教育资源的时候，尤其要注意向薄弱学校倾斜。

那么，如何解决薄弱学校的发展问题呢？这次两会我提出了一个发展有中国特色的"特许学校"的建议。

所谓特许学校，它是自 1990 年以来，在美国兴起的众多公办民营学校之中的一种学校类型。之所以被称为"特许"学校，是因为它是经过法律授权而诞生的新兴学校，它的经费由政府根据在校生人数进行拨款，经营却由专业团体或其他非营利机构等私人主体开展，除了必须达到双方预定的教育成效之外，不受一般教育行政法规的限制，为破例特别许可的学校。如今，特许学校在美国、英国等发达国家已经很成熟了。

我们不能把民办教育完全变成有钱人来办的学校。民办教育完全可以交给那些有理想、有本事、有能力的人去做，集团化办学并不是扩大优质教育资源的唯一道路。

今天的协商会，委员们的发言涉及方方面面，汇聚了各方智慧，发改委、教育部和财政部等有关部门的领导也做了回应，达成了共识。委员们还可以在会后提交书面材料，使协商会的成果更好地发挥效力，把"办好人民满意的教育"落到实处。

（2019 年 3 月 13 日发表于《新京报》）

三年基本解决执行难，让法治真正成为公众依靠（摘要）

国家盼望国泰民安，民众期待安居乐业。"两高"工作报告一直都是两会中的焦点之一，讲的正是公众关注的问题，是乐业的前提，安居的基础。无论是作为基石的司法体制改革走向，还是公益诉讼如何保障大局利益，都是大家关注的对象。

今年的两高报告，用一系列的大数据，醒目而清晰地呈现出过去一年的工作成绩。

其中一石激起千层浪的，莫过于"执行难"的问题。

早在 2016 年的"最高法"工作报告中，就已经宣布要用两三年的时间，在全国基本解决执行难的问题。这几年，民众都拭目以待。

今天"最高法"工作报告对这个目标的反馈结果显示，三年行动，功不唐捐。不仅以近两千万执结案件、4.4 万亿执行到位资金表明了赫赫战果，更以执行联动、失信惩戒等体系机制，从根源处破解问题，有力推动了诚信社会的建设。

正因为这三年的行动，如今在社会上，"老赖"已经成为人人避之唯恐不及的对象，这让诚信成为一张网络时代里的有效名片，越来越成为普通人的追求。

知与行之间的距离，是世界上最遥远的距离。何况我们面对的"执行难"，是具有惩戒性质的执行，在趋利避害的本能之下，人们更会想出各种方法来逃避。在破解"执行难"的这个难题上，体现出我们正是有着不可动摇的意志，有着各部门齐心协力的智慧，有着坚定不移的行动，才打赢了这场硬仗。

三年基本解决执行难，让法治成为公众的依靠，让公平正义成为人们心中的准绳……这正是两高工作报告让人印象深刻的一个地方。

值得一说的是，为了执行，各级法院的确做了大量工作，甚至付出了生命的代价。今年的法院和今年两会报告中不时有一些自发的掌声，很多与"执行"有关。无论是周强院长在讲到黑龙江高院执行局局长等 46 名干警牺牲在执行岗位上，讲到激励法官敢于担当，"坚决守住维护社会公平正义的最后一道防线"，还是张军检察长在讲到"法不能向不法让步"，违法者必须为恢复受损公益"买单"时，代表委员都报之以热烈的掌声，这是过去不常见的。

我想，从中也可以看出，任何难题都永远有解，只是在考验着我们的意志，我们的智慧，我们的行动。

下午分别参加主席会和常委会。晚上八点半，在返回驻地酒店的车上看两会新闻，发现大家都在热议基本解决执行难问题。看来，这个问题积极回应公众对安全宁静生活的诉求，也得到了公众的拥护。相信在进一步的巩固和提高中，公平正义的保护伞，能让更多人安享人生静好，也增强对法治的信心。

（2019 年 3 月 14 日发表于《新京报》）

履行好职责，用好话语权，发出民进好声音

各位同志：

全国政协十三届二次会议于 2019 年 3 月 3 日开幕，3 月 13 日闭幕；十三届全国人大二次会议于 3 月 5 日上午开幕，3 月 15 日闭幕。今年的两会，是在建国 70 周年、人民政协成立 70 周年，更是全面建成小康社会、实现第一个百年奋斗目标的关键之年召开的一次重要会议。对于广泛团结动员各党派团体和各族各界人士，更加紧密地团结在以习近平同志为核心的中共中央周围，开拓进取，凝心聚力，攻坚克难，保持经济平稳健康发展和社会和谐稳定，继续把改革开放和社会主义现代化建设事业推向前进，具有重要意义。

全国政协十三届二次会议主要议程是：听取和审议政协常委会工作报告和提案工作情况报告；列席人大会议，听取并讨论政府工作报告、计划报告和预算报告、"两高"工作报告，讨论外商投资法草案；审议通过会议各项决议、提案审查情况报告。小组会议还围绕学习贯彻习近平总书记关于加强和改进人民政协工作的重要思想交流研讨，结合常委会工作报告和政协全国委员会 2019 年协商计划讨论政协工作，围绕本小组关注的热点问题举行界别联组会议和协商会议。

我重点就民进中央和民进组政协委员履职情况，向大家进行汇报。

一、提案情况

（一）民进中央党派提案

民进中央共向全国政协十三届二次会议提交党派提案46件。从提案内容来看，体现教育文化出版主界别特色的提案17件。其中教育类13件，主要涉及发挥乡村学校社会治理功能、完善普通高中学生综合素质评价工作、进一步促进家庭教育发展等问题；文化类2件，涉及推进农村文化服务供给侧改革和改进少数民族特色村寨建设问题；出版类2件，涉及支持网络文学持续良性发展和推动中国期刊"走出去"问题。在围绕党和国家中心工作、反映百姓关注的热点问题方面，提交经济建设类提案10件，主要涉及全面、系统布局减税降费政策和解决当前金融风险突出问题等内容；科技医疗卫生类7件，涉及关于人工智能影响就业供需的策略等内容；生态建设类7件，涉及推进长江流域环境监测平台建设、助推长江经济带绿色发展等内容；社会法治类5件，涉及加快制定中华人民共和国司法救助法和推进我国养老事业良性健康发展等内容。

（二）民进组及委员提案

据统计，本次大会期间，民进组以界别小组的名义提交提案10件。今年民进组提案是通过本组委员集体审议、匿名投票产生的。另外，民进组45位委员共提交提案（含个人提案和联名提案）200余件，通过社情民意、快报等形式反映重要信息5篇。提案内容涉及经济社会发展各领域的问题，特别是对一些关键信息的及时反映，体现了委员的责任担当。

二、发言情况

全国政协十三届二次会议于2019年3月10日下午3点在人民大会堂举行第三次全体会议。民进中央副主席姚爱兴代表民进中央作《用优秀文化产品提升文化自信》的发言。发言立足优秀文化产品对坚定文化自信发挥积极作用的主基调，痛陈"娱乐至死"的快餐文化、低俗媚俗文化、外国绘本泛滥等现象。结合习近平总书记3月4日下午看望文化艺术界、社会科学界委员时的重要讲话精神，立场鲜明地指出我们要全面贯彻落实中共十九大精神，坚持中国特色社会主义文化发展道路，激发全民族文化创新活力，创作更多优秀文化产品，满足人民群众不断增长的精神文化需求。提出注重对传统文化的继承与弘扬；坚持对改革建设伟大成就的讴歌，不断丰富现实题材的精品力作；用优秀文化产品培养青少年的中国心等三个方面的具体建议。

发言获得与会人员的好评，成为会后热议的话题。充分展现了以文化为主阵地之一的民进人对中华文化的深刻认识和自觉担当。

三、民进界别小组会议情况

根据大会安排，民进组共举行2次联组会议、9次小组会议。委员们以高度的责任感、认真务实的态度，进行充分讨论，提出意见建议。

（一）界别联组和界别协商会议情况

3月7日下午，教育部、文化和旅游部、广电总局、国家知识产权局有关负责人到民进组听取委员意见和建议。联组会上，12位委员围绕推动专利高质量发展、整合规划电视节目、关注特殊教育发展、发展互联网教育、加快知识产权立法等主题作发言。

3月11日上午，政协民进组委员围绕"办好人民满意的教育"这一议题开展界别协商会。中央统战部、教育部、财政部、发改委有关负责人到会听取委员们的意见和建议。协商会上共有16位委员分别就加强教师队伍建设、解决教师编制、提高乡村教师待遇、推动义务教育均衡发展、发展职业教育、教育减负等重要问题作发言。

（二）小组会议讨论情况

讨论政协常委会工作报告和提案工作情况报告，明确方向，提振士气。委员们一致认为，政协常委会工作报告内容丰富，指导性强，展现了新时代人民政协的新面貌和新气象。2018 年，人民政协突出专门协商机构特色，彰显双向发力优势作用，坚持履职为民，助推民生改善和社会发展，工作注重实效，成绩显著。部署 2019 年主要任务，提出了凝聚共识的总要求，更加强调高质量推进，给政协工作提出了新的更高要求，也给每一个政协委员指明了新的努力方向。委员纷纷表示，要进一步增强责任感使命感，尽心尽力履职，聚焦重大任务献计出力，深入调研，汇聚人民群众的真知灼见，提出有价值的意见建议，努力当好人民政协制度的参与者、实践者、推动者。

讨论政府工作报告和计划、预算报告，畅谈感想体会，积极资政建言。委员们认为，政府工作报告贯穿了习近平新时代中国特色社会主义思想，坚持稳中求进工作总基调，坚持新发展理念，总结工作客观全面，谋划目标科学精准，提出的举措具有很强的针对性、操作性，"金句"频频，"硬核"满满，特别是释放了大量的民生红利，充满了惊喜和感动。计划报告和预算报告充分体现了今年政府工作报告的精神，满足当前我国经济社会各项事业发展的需要，讲求实效，贴近实际。委员们围绕职业教育发展、文化旅游产业、满足人民群众精神文化生活、打好污染防治攻坚战、推动高质量发展、粤港澳大湾区建设等问题，提出了意见建议，并表示要进一步增强委员意识，承担委员责任，自觉为改革发展稳定大局献计出力。

讨论外商投资法草案，在学习中增进认识。小组会上，陶凯元副主席和杨静华委员从专业角度介绍了该法起草的背景、重要意义，为大家答疑释惑。委员们认为，制定和实施外商投资法，是营造国际一流营商环境的要求，将为推动新一轮高水平开放提供更有力的法治保障，彰显了我国以高水平开放促进高质量发展的信心和决心。同时，委员提出做好原"外资三法"过渡期衔接工作，加快与外商投资法相关的法律法规、政策措施的清理、调整和制定工作，做好对港澳台投资者的宣传和解读等意见建议。

讨论协商工作计划，深化认识，增进信心。委员们认为，全国政协把学习习近平总书记关于加强和改进人民政协工作的重要思想和协商计划结合起来，体现了站位高、重落实。协商计划时代性强，协商内容选择的大多是与人民群众生活密切相关、社会关注度高的具体问题，体现了家国情怀、民生意识。人民政协制度经过 70 年实践，已经显示出不可比拟的独特优势，协商民主作为一种新型的民主形式有很大发展空间，要把它放在我国基本制度的框架下不断探索、完善。委员还提出加强对人民政协工作的宣传力度，支持民主党派结合界别特色开展民主监督工作，不断完善协商制度，大兴调查研究之风，加强对界别工作的支持力度等意见建议。

讨论"两高"工作报告。这次小组讨论，最高法、最高检有关同志也列席会议。委员们认为过去一年法院、检察机关忠实履行宪法法律赋予的职责，在维护社会大局稳定，保障改革发展，促进社会公平正义，保护人民群众生命财产安全等方面，做了大量卓有成效的工作，真正做到了群众有所呼、报告有所应。特别是"基本解决执行难"工作力度空前，成效显著，让委员们备感振奋。大家主要围绕加大两院信息化建设，进一步提高办案质量，整治虚假诉讼、恶意诉讼，加大知识产权司法保护的宣传，保护未成年人权益等方面提出意见建议。

四、新闻媒体报道情况

据人民网舆情数据中心统计，2 月 25 日至 3 月 14 日，与"民进中央"相关的两会信息有 2 万多条，其中各类 APP、微信推送转载近万条。重点统计的 27 家中央主要新闻媒体对民进的报道数量达到 630 条，其中对提案和发言的报道 300 多条（重点提案报道 140 多条），对民进代表委员的报道近 500 条，其他方面报道 140 多条。

今年两会报道主要表现有"三多"：重点提案报道多、央视新闻露面多、新型媒体推送多。此外，两会期间民进网站发稿 600 余篇，民进网微信公众号推送稿件 40 余篇，及时准确反映了大会动态和代表委员履职成果。

今年民进两会宣传聚焦大会主题，紧扣会议议程，特别关注重点活动和重点内容，如蔡达峰主席 3 月 3 日做客人民网强国论坛，以

"发挥多党合作制度效能，提高民主监督实效"为主题接受专访。这些重要活动，受到会内外的广泛关注，取得了非常好的效果。

突出重点，集中宣传，党派提案获得更多关注。2 月 25 日，新春伊始，我们召开了民进中央与媒体座谈暨两会新闻通气会，邀请 40 余家主流媒体参会，为两会宣传预热。会上介绍了民进中央拟向政协大会提交的 46 件党派提案的情况，以及 2019 年民进出席全国两会的代表委员的基本情况，并着重向媒体推荐了 11 个重点提案。

组织对重点提案的集体采访是我们加大提案推介力度、提高宣传效率的一项重要举措，实施 4 年来取得了非常好的效果。今年会中央宣传部组织了多场集体采访，邀请部分委员对提案进行解读。各位委员对党派提案宣传工作高度重视、全力支持。11 个重点提案以综述、深度报道、人物专访、图片新闻、视频访谈等多种形式呈现出来，发出了民进中央的"两会好声音"。尤其是《关于进一步促进家庭教育发展的提案》和《关于系统制定人工智能影响就业供需的应对策略的提案》等重点提案，具有很高舆论关注度。一些没有被列为重点但与社会民生问题结合紧密的党派提案，也有媒体做了大量的报道。

3 月 12 日，朱永新副主席做客新华网 2019 全国两会特别报道，介绍民进中央参政议政工作亮点和 2019 年重点工作计划。3 月 10 日，姚爱兴副主席代表民进中央在政协全体会议上作《用优秀文化产品提升文化自信》的大会发言。3 月 3 日，潘碧灵委员在两会首场委员通道上与中外记者近距离交流。这些重要活动，提高了民进的社会影响力和美誉度。3 月 11 日，政协民进组围绕"办好人民满意的教育"召开界别协商会议，这是全国政协全体会议期间首次举行界别协商会议，人民日报、中央广播电视总台等十多家媒体对座谈会进行了报道。

关注民生、积极献言，民进代表委员受到媒体广泛关注。两会期间，民进代表委员认真履职尽责，提交了大量建议、提案，这些建议、提案紧密围绕党和国家中心工作和民生热点，对问题分析透彻，可操作性强，受关注度高。

《人民日报》、《人民政协报》等媒体持续关注政协民进组和民进代表委员协商建言的情况，相关报道广为转发。电视台方面，在央视综合频道、新闻频道、农业频道的一些主要新闻栏目，以及中国教育电视台、各省级卫视新闻栏目，均有民进代表委员出镜接受采访。如央视《新闻联播》就多次对民进代表委员进行了采访，对政协民进组小组讨论情况进行了报道。网络媒体方面，我们进一步加强与新华网、人民网等重点新闻网站的联系，及时反映民进代表委员的观点和风采，同时邀请多位代表委员接受网络媒体视频专访。

两会期间，一些关于民进代表委员观点的报道内容，如教育公平、教师减负、教育扶贫、防癌体检等等，在社会上也引起了热烈反响。

媒体融合，全面宣传，民进网站微信杂志覆盖网上网下。按照习总书记推动媒体融合向纵深发展的要求，今年的两会宣传，民进网站、民进网微公号、民主杂志等三个自有宣传平台立足特点、统筹策划、协同发力，多形式、多视角、多层次宣传民进组织履职尽责的成果，宣传民进代表委员参与国是、议政建言的风采。

民进网站制作"直击2018全国两会专题"，及时报道两会重大新闻，权威发布民进提案信息，重点宣传民进履职情况，独家报道政协民进组有关讯息，全面展现民进代表委员的声音和风采。专题内容权威、及时、丰富、全面，成为会内外网友、各级组织宣传干部、媒体记者关注民进两会动态、获取代表委员一手信息的重要渠道。

民进网微信公众号与民进网站优势互补，在时效性、生动性上下功夫。第一时间发布两会重要新闻；每天推出1—2篇重点推荐的民进中央党派提案的报道；推出多期民进人两会语录，让民进代表委员的意见建议得到更多呈现；策划制作视频、图片新闻，让民进代表委员的风采得到更生动的展现。特别是在3月3日政协大会开幕当天，推出《你好，我是中国民主促进会》文章，以名片的形式向社会介绍民进，得到大量转发，在会员微信朋友圈中形成"刷屏"的效果，阅读量达到4.6万，创下今年民进网微信公众号文章阅读量新高。民主杂志记者深入两会报道一线，会后将开设两会专题，对两会进行深度报道。

同志们，全国"两会"已经胜利闭幕。在这个备受海内外关注的国内政治生活大舞台上，民进的代表委员们以高度的政治热忱，履行好职责，用好话语权，发出了民进好声音。今年是中华人民共和国成立 70 周年，人民政协也将迎来 70 华诞。站在新的历史起点上，我们要不忘初心，牢记使命，把握历史性成就背后的中国特色社会主义道路、理论、制度、文化优势，坚定信心决心，增强行动自觉，不断提高履职能力，多下学习的真功夫，勤下调研的苦功夫，积极建净言、谋良策、出实招，为全面建成小康社会、实现中华民族伟大复兴中国梦贡献力量。

（2019 年 3 月 18 日下午在民进学习贯彻两会精神座谈会上的讲话）

童年的长度与国家的高度

今天是六一节。儿童从来没有像今天这样得到关爱和重视。这是社会进步和文明发展的标志。

我们知道，长期以来儿童是不受关注的。在人类的历史上，在人类历史的记载中，我们是看不见儿童的。

最早的一部儿童宪章是 1923 年起草的《儿童权利宪章》。1959年的联合国大会才通过了《儿童权利宣言》。也就是说，上个世纪中叶，我们才承认了儿童，才承认儿童是一个独立的人，才承认了儿童所拥有的权利。

而真正从法律意义上承认儿童的权利，是 20 世纪 80 年代的事。1989 年 11 月 20 日，联合国第 44 次大会，以 25 号决议的形式正式通过了《儿童权利公约》。这个公约有将近 200 个国家参加，我国在 1991 年 12 月经全国人大正式批准，成为《儿童权利公约》的缔约国。

重视儿童，是一个社会、一个国家文明进步的标志。从世界范围来看，把儿童优先的原则正式提出来，也只有不到 30 年的时间。1990 年，世界上举行了首届世界儿童问题首脑会议。这次会议上明确提出了一个口号——First Call For Children（一切为了儿童），同时提出了儿童优先原则。这个原则要求世界各国应该向所有的儿童生存和正常发展提供基本的保护，在社会所有资源分配时，儿童的基本需求应该得到高度的优先。原因很简单，儿童是一个国家的未来，是世界的未来。

1996 年，联合国儿童基金会和联合国人居署共同制定了一份

《国际儿童友好城市方案》。方案中关于儿童友好的内容，主要包括三个方面：一是保护儿童权利，二是满足儿童需求，三是确保儿童参与。

为什么要关注儿童，为什么要儿童优先，为什么要儿童友好？我认为至少有以下四个原因：

第一，对于成年人的社会而言，儿童是弱势人群。这个社会的所有规则都是成年人制定的，所有的标准都是成年人决定的。儿童在大多数情况下没有发言权，没有表决权，没有决策权。儿童的主张经常是没有人代言的，儿童也很难发出自己的声音，儿童通常只有在 18 岁以后才能够作为公民拥有自己的相应权利。

第二，童年生活是否幸福影响到一个人的一生。今天的幼儿将成为什么样的人，起决定性作用的是他们如何度过自己的童年。意大利儿童教育家蒙台梭利说："所有人都关注儿童的未来，但是恰恰没有人关心儿童的现在。""成年人的幸福是与他在儿童时期所过的生活紧密相连的。"奥地利心理学家阿德勒则说，"幸运的人一生都被童年治愈，不幸的人一生都在治愈童年"。苏霍姆林斯基也有一段非常精彩的话："童年是人生最重要的时期，它不是对未来生活的准备时期。童年是真正的灿烂的，独特的，不可或失的、不可重现的一种生活。"几乎所有有真知灼见的伟大学者都洞见到，成年人的幸福和他童年时期是不是幸福有着非常密切的关系。

但是，我们经常打着为了儿童未来幸福的旗号牺牲儿童当下的幸福。其实，我们知道，过去、现在和未来是一条长河，对儿童当下的关注，就是对儿童一生的关注。心理科学已经发现，一个成年人身上所有的问题，差不多都可以从他的童年生活中找到答案，可以从他的童年生活经历中寻找源头。所以，童年对一个人的影响来说，的确是非常非常重要的。

第三，童年的长度反映了一个国家的高度。一个国家对儿童关注的程度，在很大程度上体现了这个国家文明的程度。儿童是一个未经雕琢未受污染的个体，虽然不够成熟，但是足够珍贵。儿童身上保存着人类最珍贵的品质。

第一个品质，好奇好问。当儿童来到这个世界的时候，一切都是他所未知的，他对世界的一切都充满着好奇，他想探索，他想了解。而这种好奇心和提问题，正是打开世界之门的钥匙。

第二个品质，纯洁天真。儿童是纯洁的、天真的，没有我们成年人世界的尔虞我诈、钩心斗角，没有种种虚假、狡诈、丑恶。在生活中，我们如果说一个人很天真，很纯真，很纯洁，往往就是表示他有童心。这自然也是弥足珍贵的。

第三个品质，无忧无虑。儿童本质上对这个世界是不设防的。他没有什么忧虑，不用担心明天，也不用考虑油盐酱醋，几乎不需要担心任何的事情，所以儿童是快乐的。一个人一天到晚愁眉苦脸担惊受怕，那他不是儿童了，他有着成年人世界的痛苦。儿童其实是真的没有痛苦的，或者是儿童的痛苦都是瞬间的，在他的躯体和其他需要得不到满足的情况下，他会表现出短暂的痛苦。

第四个品质，活泼好动。这个特点是和好奇好问紧密联系的，儿童要不断地去探索这个世界，就需要活动，通过他的手，通过他的腿，通过他的肢体活动等各种各样的方式。他要释放他的能量，你让一个儿童坐在那不动，双手背起来听老师讲课，那你已经不是在把他当作儿童来对待。所以儿童是活泼好动的，好动是儿童的天性，所以你要跟他游戏、跟他玩，你要跟他奔跑，你要让他走进自然。

第五个品质，不惧权威。成年人世界有角色之分，有上级和下级，有领导和被领导的关系，是有权威的。儿童世界里没有权威，没有大小，完全平等。所以当儿童和你争辩，儿童和你讨论，儿童和你坚持，你不要觉得是他太倔强了，而是因为他根本没有把你当权威。当他发现权威、承认权威的时候，他已经不完全是儿童了。

这五个品质基本上可以勾画出一个儿童基本的模样。我们看五点基本特征，恰恰是人类最宝贵的五点品质。成年人是不是能够勇于探索，是不是能够真诚待人，是不是能够乐观开朗，是不是能够乐于行动，是不是勇敢坚毅，与他们在儿童时期这些品质是不是得到呵护有很大的关系。随着人的成长，随着生活世界给我们的标准，我们的童心会不断地削减、不断地泯灭，慢慢地就不再是一个儿童了。所以一个人如果能始终让大家觉得有童年的纯真，有童年的纯洁，有童年的好奇，是非常了不起的。儿童本身具备的品质，值得我们用心呵护。

我们要珍惜儿童身上这些宝贵的品质，让儿童有真正的童年，让成人有真正的童心。让儿童童年的长度能够不断地去延长，让现在的成人更多地拥有童心，才能体现这个国家的高度。

第四，今天的儿童就是明天的公民，今天孩子的模样，就是明天共和国的模样。我认为，对儿童的关心，让他们有更好的成长环境，更好的呵护，做得再多也不过分。蒙台梭利说过，"我们的错误会落到儿童身上，给他们留下一个不可磨灭的痕迹，我们会死去，但是我们的儿童将承受因我们的错误而酿成的后果，对儿童的任何影响，都会影响人类，因为一个人的教育就是在心灵敏感的时期完成的"。所以，对儿童友好，才会让社会美好，让明天美好。这也是我们把今年的论坛主题定名为"儿童优先，筑基中国"的原因所在。

中国教育三十人论坛愿意携手中国发展研究基金会和中国儿童中心，把中国儿童发展论坛一届一届地办下去，为传播儿童优先的理念，推进全社会关注关心关怀儿童，建设儿童友好型社会，做出我们的贡献！

（2019 年 6 月 1 日在钓鱼台国宾馆首届中国儿童发展论坛上的演讲）

家校社合作激活教育磁场

习近平总书记在全国教育大会上指出，"办好教育事业，家庭、学校、政府、社会都有责任"。在教育中，学校是专业机构，家庭和社区则是非专业单位。但是，学校、家庭和社区不是相互孤立的教育"孤岛"，而是彼此联系、互相补充的"环岛"。在政府的引导下，家庭、学校、社区合作共育，将会达到最佳的教育状态。

家校社合作共育的一个基本理念，就是与孩子一起成长。成长不仅仅是孩子的事情，也应该是父母、教师、社会的事情。因此，家庭教育、学校教育和社区教育，都不是单向度地教育孩子，而是在与孩子的沟通交流中，实现父母、教师和社区工作人员的自我教育。这种平等互动的关系，让教育中的多方角色互相促进、共同成长。

家校社合作共育给父母们提供了一个重要的学习机会和成长平台。父母参与子女的学校教育，本是父母的权利、义务与责任。参与孩子教育的过程，也是父母树立权利意识和责任意识的过程。通过沟通、协商乃至妥协来解决孩子的教育问题，有助于父母更加积极地投入社会生活。同时，孩子的教育，对于父母也是一种再次成长的动力，让父母在性格、人格、学识的不断进步中，给孩子树立更好的榜样。

对于教师来说，家校社合作共育使教育工作者能够更加全面、客观地认识学生。在与家长和社会不断互动中，教育工作者也能加强与社会各界的交往能力，既为本职工作增效减负，也能创新教育工作的方式方法，推动教育向更好的方向发展。

家校社区合作共育，也是社区相关工作人员学习与成长的过程。

家校合作会涉及各个机构的支持与协调，包括政府机关、专业社会组织，以及一些公共服务机构，如图书馆、科技馆、博物馆、少年宫、电影院、医院、商场等。相关人员在工作中可以由学校进行相应的培训，这正是一种相互学习、相互受益的过程。在给孩子的教育提供支撑时，这些公共机构也能为提供更好的公共产品积累经验，增强公共性、公益性。

家庭、学校、社区是相互联系和相互推动的，家庭教育指导、学校生活参与、家校互动沟通、社区融合协作。家庭、学校、社区共育，能促进父母对于教育机构的信任与支持，能培厚学校教育的土壤，也能在全社会形成关心教育的氛围。更重要的是，随着信息技术的深入发展，传统的教育方式也正面临深刻变革。在可以预见的未来，单一化、封闭式的教育，将被更为开放、更为丰富的学习方式取代。在这样的大趋势下，家庭、学校、社区携手前行的家校合作共育机制，也将成为未来教育的一种常态。

家校社合作共育，能形成一个强大的教育磁场，让所有参与者实现精神共振，产生潜移默化的"不教之教"的良好效果，更有着辐射社会并提升全民素养的重要功效。激活这样的教育磁场，有利于家庭增强教育功能，促进家庭、家教和家风建设；有利于学校建立现代学校制度，拓展教育教学资源，提升教育教学质量；也有利于师生、亲子和相关参与者共同成长。

（2019 年 6 月 5 日发表于《人民日报》）

未来从此刻开始

　　就在完成了《未来学校》的初稿后不久，我读到了《终身幼儿园》一书。这位名叫雷斯尼克的美国学者撰写的这本著作，让我又一次有了他乡遇故知的感觉。

　　作者在书中呼吁，要打破学科、年龄、空间、时间上的诸多壁垒，和我所设想的未来学习中心的部分构想，非常相似。

　　事实上，对未来教育的向往与勾勒，一国又一国、一代又一代的学者们，从来没有停止过。仅仅在《未来学校》写作的前后，我就读到了很多此类著作:《去学校化社会》《让学校重生》《混合式学习:用颠覆式创新推动教育革命》《翻转课堂的可汗学院:互联时代的教育革命》《大学的终结:泛在大学与高等教育革命》……

　　可是，我们不得不承认，未来的教育，只是一幅蓝图，在不断被描绘，不断被修订，却并没有真正成为一幢教育大厦，成为让理想栖居的现实。

　　有的学者认为，之所以会产生这样的结果，之所以教育停滞不前、学校固守传统，根本原因在于僵化的教育制度，在于教育没有发生结构性变革。因为教育工作者的思维模式在一代又一代沿袭，仍然是工业时代里的思维模式。受到这样的惯性思维模式影响，制定出的教育制度、所指导的教育行动，都仍然是传统的，自然无法适应新时代的需求，也就无法真正让未来到来。

　　《终身幼儿园》一书的作者为此在书中甚至写道:"事实证明，教育制度顽固地抵制着变革……即使新技术已经进入学校，大多数学校的核心教育结构和战略基本还是没有改变，仍然停留在装配流水线的思维模式中，与工业社会的需求和发展过程保持一致。"

但是，我认为，制度作为推动群体工作的有效组织方法，固然是不可忽视的一个方面，但对每一个教育工作者而言，从个体上探索如何推进未来学习中心的建设，才是最细微也是最深入、最有效的重新定义教育之法。

从个体而言，教育的根本问题还是在于理论与实践之间的鸿沟。在世界范围内，我们都可以发现，能够把先进教育理论转化为实践，尤其是转化为一线教师的行动，将是一个格外艰难也非常漫长的过程。新教育实验正是在这样的全人类教育的困境中，以教师成长为起点，以"十大行动"为路径，在历时 19 年的探索中，以弥补理论和实践的鸿沟为目标，进行着持久而深入的努力。

我一直坚信，之所以会有未来，恰恰是因为我们现在行动上的创造。从这个意义而言，未来学校与其说是在未来存在的学校，不如说是我们现在要去努力筑造的学校。这才是我写作《未来学校》一书的真正目的所在。

所以，以描述未来学习中心来重新定义教育，归根结底并不是为了描绘一幅蓝图，而是为了梳理一条行动的路径。在行动的过程之中，任何蓝图都可以继续修订，可我们当下的行动，才是真正的未来。

我曾经呼吁中国应该设立"国家阅读节"，为了这个心愿，我每年呼吁，迄今已有 16 年。16 年中，许多人询问：如果中国一直没有设立"国家阅读节"，你会一直呼吁下去吗？我回答，是的，只是我呼吁的根本目标，其实并不是执着于一定要建立这个节日，而是希望全社会各个方面都能意识到阅读的重要性，从而更好地推动全民阅读。

同理，梳理出这样一条通往未来学习中心的路径，其实并非把愿景放到明天。我们只有把指向未来的美好心愿，倾注到当下的生活中，落实到点点滴滴的言行之中，才能创造无限美好的今天。如果今天的每一个人，在教育之中，都真正拥有着幸福完整的教育生活，那么就在当下，我们就已经拥有了无限美好的未来。

以未来照亮现实，是我们这一代教育人的使命。

　　我相信，教育在走向未来的过程中，经过一代又一代的创新，一人又一人的行动，新的美好万物，将会因此而来。

（2019 年 6 月 5 日发表于《人民政协报》）

坚持扎根中国大地办教育

　　非常高兴参加这次座谈会。作为课题组成员，我近年来反复学习、深入领会习近平总书记关于教育的重要论述，先后撰写了《好教师是民族的希望》《新时代呼唤新人才》《用教育串起中华优秀传统文化的珍珠》《新时代、新人才、新家风》等多篇学习体会文章。我想着重就习近平总书记"扎根中国大地办教育"的论述再谈一些个人体会。

　　习近平总书记在全国教育大会上的重要讲话中指出，要坚持党对教育事业的全面领导，坚持把立德树人作为根本任务，坚持优先发展教育事业，坚持社会主义办学方向，坚持扎根中国大地办教育，坚持以人民为中心发展教育，坚持深化教育改革创新，坚持把服务中华民族伟大复兴作为教育的重要使命，坚持把教师队伍建设作为基础工作。这"九个坚持"深刻回答了培养什么人、怎样培养人、为谁培养人的教育根本问题，为新时代教育改革发展提供了根本遵循。作为一名教育理论工作者、一名在基层一线推广新教育实验的草根行动者，我对扎根中国大地办教育体会尤其深刻。

　　首先，从中国教育面临的形势与任务看，需要扎根中国大地办教育。正如习近平总书记所指出的那样，当今世界正在经历百年未有之大变局，科技创新从未像今天这样深刻影响世界经济政治力量对比，成为国际竞争力的关键。在这样的背景之下，如何优先发展教育事业，以教育现代化支撑国家现代化，成为新时代的"党之大计""国之大计"。同时，我国有51万多所学校、2.7亿名在校学生、1600多万名教师，教育体量为世界之最。面对如此庞大而复杂的教育体系，汲取各国教育改革发展经验教训基础上的教育创新，坚持扎根中国大地办教育，坚定不移地走出一条具有中国特色的社会主义教育发展道路，就显得十分重要而迫切。

其次，从中国教育具有的先天禀赋和思想资源看，需要扎根中国大地办教育。习近平总书记强调，我国有独特的历史、独特的文化、独特的国情。我国 5000 多年的文明史，孕育了学无止境、有教无类、因材施教等深厚的教育思想。新中国成立以来，在不到 70 年时间里，我国就从一个文盲占国民总数 80% 的教育弱国，发展成为教育总体水平进入世界中上行列的教育大国。中华民族优秀的教育思想和教育实践遗产，不仅是我们教育改革发展的重要思想财富，也正在成为世界许多国家关注和研究的对象。我们不能够数典忘祖，更不应该妄自菲薄，"蜂蝶纷纷过墙去，却疑春色在邻家"。

再次，从中国当代民间的教育探索成果来看，需要扎根中国大地办教育。习近平总书记说："世界上不会有第二个哈佛、牛津、斯坦福、麻省理工、剑桥，但会有第一个北大、清华、浙大、复旦、南大等中国著名学府。"在浙江工作期间，他曾经多次就浙江大学创新发展提出要求。他强调，要充分体现中国特色、浙江特色，充分发挥浙大规模大、学科多、实力强的优势，通过推进各学院、各部门开放式办学和开放式科研，推动学科交叉融合、优势互补，使某些学科达到国内顶尖，甚至世界一流。

改革开放以来，中国民间涌现出了一大批富有成效的教育改革与创新成果。从洋思经验到杜郎口模式，从尝试教学到情境教育，从清华附小到北京市十一学校，从新课程改革到新基础教育，包括我发起的新教育实验，都在教育方面进行了一系列卓有成效的探索。这些从中国大地上长出来的教育，有着鲜明的中国特色。

我们正处在一个教育大变革的前夜。作为传统的工业化时代诞生的现代学校制度，正在面临结构性变革的契机，互联网、大数据、人工智能、脑科学等已经为教育变革提供了新的技术，包括中国在内的各种教育创新也提供了可以复制和推广的模式。只要我们坚持扎根中国大地办教育，坚持以马克思主义为指导，坚持全面贯彻党的教育方针，坚持以人民为中心的发展思想，坚持以立德树人为根本任务、以促进公平为基本要求、以优化结构为主攻方向、以深化改革为根本动力，我们一定能够走出一条中国特色的教育现代化之路。

（2019 年 6 月 13 日发表于《中国教育报》）

全民阅读奠基未来

在今年全国两会的提案中，我最看重的是关于建立国家阅读节、建设书香中国的提案。

阅读对一个人精神世界所产生的影响，非常重要。一个人的精神发育史就是他的阅读史，一个民族的精神境界取决于这个民族的阅读水平。一个国家的精神气质，就像一个人的气质一样，同样离不开阅读。

这么多年来，我们的全民阅读正在有序地推进。在信息爆炸的互联网时代，这个浪潮对纸质图书阅读的冲击是很大的，但我国的纸质阅读不仅没有下降，反而略有增长。这和政府与相关职能部门这些年来一直倡导阅读、建设书香中国，有着非常密切的关系。

在过去的一年中，我先后走访了很多深度贫困地区，到现场去看过之后，发现当地的阅读情况不太乐观。比如有的村小学中午图书室"铁将军"把门，找校长打开图书室，图书的品质尚可，但是图书室并没有发挥应有的作用。孩子们在学校吃完饭都回家休息，村民更是无人借书看书。又如，有的村小因为新建教学楼，图书放在了食堂仓库，我们跟踪到仓库，发现所有的书被打包放在仓库的墙角，很多新采购或者赠送的书，包装也没有打开。要么无书可读，要么书不适合学生读，要么不让学生借书读、缺少管理人员、不懂如何让学生借书读，要么开放时间太短无法满足所有学生……

调研发现，凡是真正落实书香校园建设的乡村学校，这里的孩子的发展明显超出周边学校，有一些完全不亚于城里的孩子。各类案例和试点已经明显表明，农村的孩子只要大量地阅读，在各方面的技能素养上不会落伍，在学习成绩上也完全可以具备与城里孩子一样的竞争力。

这一次的阅读提案中，还有一个是关于加强高校图书馆建设的问题。受教育部委托，民进中央在调研中发现，现在高校图书馆场馆等硬件设施差异巨大。从场馆面积来看，馆际差别显著。面积最小的图书馆仅为 640 平方米，最大的馆舍面积 11.7 万平方米，相差 181.3 倍。场馆建设中投入不足和资源浪费并存。一个极端现象是，长期投入不足，馆舍陈旧，面积小，新增图书量不够，难以满足基本需求。另一个极端则是，设计施工标准过高，后期运营维护费用很高，资源浪费严重。另外，还有诸如馆藏资源配置、现行图书采购和资产管理模式不合理、人力资源建设严重滞后、开展社会化服务难度大等问题，都亟须解决。

建设书香中国，是凝聚国人精神力量的重要抓手。要达到高质量的全民阅读，需要用更多时间精力和智慧方法去推动。推动全民阅读，让书香萦绕，我们方能稳稳立足当下，轻松赢在未来。

（2019 年 3 月 13 日发表于《光明日报》）

共识凝聚力量

　　人们常说，知识就是力量。其实，在当下，共识凝聚的力量，才是我们的信息时代的人们最需要的力量。

　　所谓共识，是指我们各行各业、各有不同的人群，对同一件事情，通过彼此的沟通与磨合，最后形成的认识。

　　人类迄今所创造的知识，已经呈现出信息大爆炸的趋势。在这个多元化时代里，不同的框架体系之下，有着不同的正确知识，但不同的人依据这些知识行动时，往往会互相冲突。

　　就像是寓言故事里讲的那样，天鹅、大虾和梭鱼都拼命拉着车。可是，天鹅想往云里钻，大虾弓腰使劲往后靠，梭鱼则一心想往水里跳……齐心协力，前者是前提，后者是结果。不能齐心，必然力不能协，行动自然事倍功半，甚至导致失败。所以，如果不是共识，仅仅是正确的认识，未必会成为群体行动的力量。

　　人们为什么无法形成共识？最根本的还是沟通交流不够。虽然我们并不是天鹅、大虾、梭鱼那样天生截然不同，虽然我们同为人类，有着最根本的共同追求，但是，如果不能在共同追求的道路上，达成精神上的共识，行动时互相掣肘，也只能徒然消耗了彼此的力量。

　　盲人摸象的故事，在现代人眼里早已经被解读为一个笑话。可直至今日，这样的事情仍然时有发生。如果只是守着自己的那一份认知，哪怕再独特再高明，也只是盲人摸象。共识，则是一头大象。它不可能由某一个人完整地勾勒出来，而只可能通过群体的智慧，在时光中，由行动逐渐雕琢。

　　共识综合了各方的认知，能够在最大限度上避免盲人摸象的错误。因此，真正的共识，能够形成精神上的同心圆，本身就具有强大的力量。所有的共识，都意味着凝聚更多的力量。

抗日战争时期，有了保家卫国的共识，国共才能一致抵御外敌。解放战争时期，中国共产党与各民主党派有了建立新中国的共识，才能团结一致奔向光明。改革开放初期，有了实践是检验真理的唯一标准的共识，才能突破"两个凡是"的藩篱，实现了从站起来到富起来的目标。

生活在今天，我们早就习惯了民意一次又一次的汹涌，犹如潮水一般，滔滔不绝。这些潮水既可以发挥强大的动力发电，也可能在泛滥中产生破坏。而恰恰是共识，既能够成为汇聚更多潮水来发电的动力，又能够成为防止洪水泛滥的智慧堤坝。

信息碎片化、利益多元化是我们这个时代的特征。它同时也给形成共识造成了障碍。如何通过各种沟通协商的机制，让不同的利益主体在关键问题上形成共同的认识，通过共同的认识汇聚更多的力量，是我们这个时代的重要课题。

习近平同志在看望参加全国政协十三届一次会议的民盟、致公党、无党派人士、侨联界委员时曾经说过，中国特色社会主义进入新时代，要求我们坚定不移巩固和发展中国共产党领导的多党合作和政治协商制度；要用好政党协商这个民主形式和制度渠道，有事多商量、有事好商量、有事会商量，通过协商凝聚共识、凝聚智慧、凝聚力量。

作为全国政协委员，如何更好地让自己的声音更大限度地代表共识，从而汇聚更多力量？

我们虽然代表着各种人群的利益诉求，但是共和国的整体利益是我们的最大利益，画出最大的同心圆是我们共同的心声。在两会的舞台上，需要我们起到上传下达的作用，需要我们通过协商达成共识，需要通过共识来凝聚力量。委员的使命之一，正是以形成共识为己任。每一位委员代表通过自己专业上的不同认识，通过对民间走访摸到的一手信息，通过对具体问题进行的深入调研，就能够把自己变成形成共识的一个个小小枢纽。

共识凝聚力量，这首先应该成为政协委员的共识。真正的共识，必然是民间官方不同声音的结合，必然是科学人文不同专业的组合，必然是激进保守各种心态的平衡，必然是四面八方各种力量的汇聚。因共识而行动，中国梦将会书写最美的新篇章。

（2019 年 3 月 8 日发表于《人民政协报》）

协商民主 广泛多层制度化发展

　　党的十八大和十八届三中全会深刻总结我国社会主义民主政治建设的经验和规律，作出健全社会主义协商民主制度、推进协商民主广泛多层制度化发展的重大战略部署。

　　《中共中央关于加强社会主义协商民主建设的意见》明确提出要统筹推进政党协商、人大协商、政府协商、政协协商、人民团体协商、基层协商以及社会组织协商七种协商形式。民主党派参与的主要有：

　　一是政党协商。民主党派提出的意见和建议得到中国共产党中央的高度重视，基本上件件有批示、有落实。

　　二是政协协商。民主党派积极参加政协大会、常委会、专题协商会、双周协商座谈会，通过提案、发言、反映社情民意信息等形式履行职责。

　　三是政府协商。每年年初国务院会召开党外人士座谈会，就政府工作报告征求意见，或者党派中央与国务院相关部委建立工作联系，就具体问题开展调研、进行协商。

（2019 年 3 月 4 日发表于《光明日报》，记者龚亮采访整理）

察真情才能建真言

参会这几天，无论是参加对政协常委会工作报告的讨论，还是与委员们进行交流，其中一个共同点给我留下深刻印象：委员们都非常善于用故事和数据说话，这些故事和数据并不是道听途说，而是通过自己一步一个脚印亲自调研、亲身经历所得。这些察真情、明实情履职调研后提出的建言，鞭辟入里、切中肯綮，赢得大家的认同。

或许有人认为，在网络时代，沟通交流如此便利，信息渠道如此多元畅通，委员们不必花费那么多时间、精力俯下身、沉下去搞调查研究。网络信息固然便捷快速，但同时具有碎片化、鱼龙混杂的特点。事实上，如果仅仅在电脑屏幕前点点鼠标、浏览网页，极易造成盲人摸象般的误判，落入闭门造车的窠臼，无法履行好建言资政的职责。

今年的政协常委会工作报告提出，要坚决摒弃谈一般观感、做笼统表态，要做到建言有理有据、对策可行可用。这意味着，在网络时代，委员们越发需要真正沉下心、俯下身去履职尽责。

没有调查研究就没有发言权。没有察真情，何来出实招、聚共识？只有来自大量调研的真实情况，才能看见真正的成绩、发现真实的问题。对于委员们来说，一年的履职尽责，就像在田野中一年的辛苦耕耘。委员们应如同赤脚踩在泥土上的农夫一样，以"去除稗子、侍弄禾苗"的态度，对这片土地辛勤扎实地耕耘。

委员们根据了解到的真实情况，提出可行的建议，在一起交流碰撞，激发火花，最终形成共识。共识不是没有不同意见，而是对趋势、对大局的共性看法。察真情、出实招、聚共识，提高建言资政和凝聚共识双向发力的质量，更加有效地助推决胜全面建成小康社会，这是我们肩负的使命，也应成为我们的自觉。

（2019 年 3 月 8 日 发表于《人民日报》，记者陈亚楠整理）

当务之急是将家庭教育纳入现代教育管理体制

新中国成立 70 年以来的家庭教育可分为四个阶段：第一阶段（1949 年—1966 年）是重建探索期，第二阶段（1966 年—1978 年）是混乱颠覆期，第三阶段（1978 年—2012 年）是积极行动期，第四阶段（2012 年至今）是自觉建构期。

重建探索期，教育的主要任务就是改造中国旧教育，建立民族的、科学的、大众的文化，主要任务是接管改造旧学校、院系调整、扫盲、提高工人和农民的文化素质、教师的思想改造，在家庭教育方面没有太多具体的政策和行动。

混乱颠覆期，中国传统的家庭教育被严重颠覆，很多家谱烧了、祠堂撤了，传统家训、家风都从根基上受到了动摇，家庭亲情淡化、亲子反目、夫妻互相揭发，教训多过于经验，需要反思和检讨。

积极行动期，出台了很多国家层面的家庭教育政策法规，如1995 年通过的《中华人民共和国教育法》提出学校、教师可以对学生家长提供家庭教育指导；1986 年通过、经 2006 年修订的《中华人民共和国义务教育法》提出社会组织和个人应当为适龄儿童、少年接受义务教育创造良好的环境，学校应当把德育放在首位……形成学校、家庭、社会相互配合的思想道德教育体系；1991 年通过、经2006 年修订的《中华人民共和国未成年人保护法》提出父母或者其他监护人应当学习家庭教育知识，正确履行监护职责，抚养教育未成年人；1999 年发布的《中共中央国务院关于深化教育改革全面推进素质教育的决定》提出素质教育应当贯穿于学校教育、家庭教育和社会教育等各个方面，要形成学校、家庭和社会共同参与德育工作的新格局，共同开创素质教育工作的新局面；2010 年审议并通过的《国家中长期教育改革和发展规划纲要（2010—2020 年）》明确提出建立中小学家长委员会，同时在德育、减负、评价等部分也明确提及家庭教育。

全国妇联和教育部也出台了大量文件，如 1998 年全国妇联和教育部联合发布了《全国家长学校工作指导意见（试行）》，2011 年全国妇联和教育部、中央文明办发布了《关于进一步加强家长学校工作的指导意见》。在实践层面，从中央到地方都行动了起来，做出了卓有成效的探索。

党的十八大召开以后，中国家庭教育进入自觉建构期，最大的特点就是国家最高领导人反复强调家庭教育，强调家庭、家教、家风建设。

2015 年团拜会上，习近平总书记讲到家庭是社会的基本细胞，是人生的第一所学校。不论时代发生多大变化，不论生活格局发生多大变化，我们都要重视家庭建设，注重家庭、注重家教、注重家风等，这三个注重已经成为推进家庭教育非常重要的指导思想。

2016 年 12 月，习近平总书记出席第一届全国文明家庭表彰大会时也做了长篇讲话，提出家庭是社会的细胞，家庭和睦则社会安定、家庭幸福则社会祥和、家庭文明则社会文明，家庭是人生的第一个课堂，父母是孩子的第一任老师。

2018 年 9 月 10 日全国教育大会上，习近平总书记更是明确提出了家庭是人生的第一所学校，家长是孩子的第一任老师，要给孩子讲好人生第一课，帮助孩子扣好人生第一粒扣子，同时提出学校、家庭、政府、社会在教育上都有责任，提出了教育、妇联等部门要统筹社会资源支持服务家庭教育。这次讲话第一次把教育部门放在妇联前面来支持家庭教育。

在习近平总书记的推动下，家庭教育进入前所未有的黄金时期。先是教育部颁发了《教育部关于加强家庭教育工作的指导意见》，然后全国妇联联合教育部、中央文明办、民政部、文化部、国家卫生和计划生育委员会、国家新闻出版广电总局、中国科协、中国关心下一代工作委员会共同印发《关于指导推进家庭教育的五年规划（2016—2020 年）》。

1978 年以来，家庭教育发展有两大亮点，一是领导前所未有地重视，二是各部门协同推进家庭教育事业的发展，特别是全国妇联、关工委及教育行政部门，对于推动家庭教育发展起到了非常重要的作用。

目前，三种主要的家庭教育工作模式是妇联模式、关工委模式和区域性、民间模式，涌现出非常多的好典型。

反思家庭教育存在的问题，一是家庭教育理论研究和学术支持不够，二是社会的家庭教育素养存在问题，三是家庭教育一直没有被真正纳入现代教育体系。

国外的各种家庭教育理念背后，都有学术理论及大型调研报告的支持，例如科尔曼报告。虽然近两年中国教育学会家庭教育专业委员会也在努力推动家庭教育调研工作，但无论从深度还是广度上都很不够，发布的调研报告对社会并没有产生很强的冲击力，也没有产生深刻的影响。现有的家庭教育研究学者力量比较薄弱，广大教育学者对家庭教育的关注度仍然不够。

目前社会大众，包括受过高等教育的中产阶级父母，对孩子的教育存在过多的焦虑。普遍焦虑的背后，反映的正是全社会家庭教育素养较低，很多教育的常识并没成为社会共识的问题。

如何把家庭教育纳入现代教育三教结合的制度体系，是目前家庭教育发展最根本的问题。习近平总书记明确指出办好家庭教育事业，家庭、学校、政府、社会都有责任，但现在实际推动过程中，教育行政部门没有设立独立的家庭教育处，没有把家庭教育纳入其基本职能，也没有专项的预算及经费。而妇联牵头推动家庭教育，无论从财力、人力、协调能力上，都存在着心有余而力不足的内在缺陷。

2019 年 2 月印发的《中国教育现代化 2035》，并没有把家庭教育、社会教育非常好地融入其中。因此，我们建议重构现代教育体系，明确教育部门在家庭教育、学校教育和社会教育中要起到牵头作用，当务之急就是将家庭教育纳入现代教育管理体制，在家庭教育的黄金时期趁热打铁，更好地推动家庭教育事业蓬勃发展。

（2019 年 6 月 27 日发表于《中国教育报》）

5G 如何改变我们的教育

　　如果说，2017 年被认为是人工智能年的话，那么，2019 年将注定作为 5G 年而载入史册。2019 年 6 月 6 日，中华人民共和国工业和信息化部在全球首先发放了 5G 商用牌照，标志着 5G 技术正式进入商用领域。

　　6 月 27 日，世界移动大会在上海召开。中国移动在大会上举行了"5G 赋能教育·智慧点亮未来"的分论坛。论坛上发布的《5G 智慧校园白皮书》，提出了教育教学、教育管理、校园生活、雪亮校园、教育评价、5G 特色应用等六大智慧教育应用场景及解决方案，宣称将通过利用 5G、云计算、大数据、人工智能等信息技术手段，全面赋能智慧校园建设，标志着 5G 技术在教育上的应用开始了。

　　5G，是第五代无线网络的简称，它与目前使用的 4G 相比，具有三个显著的特点，即高速率、低延迟、高容量。因此，5G 在教育上的应用，也有着几个重要的特点。一是大大扩展了物联网网络容量。通过物联网应用程序可以帮助教师更方便地获得关于学生学习的各种数据，提高教育的有效性。二是较低的延迟和较高的速度将扩展 VR/AR 的应用，扩大课堂中混合现实内容和视频的容量。预计 5G 的延迟时间将减少到 10 毫秒以下，是人眨眼时间的 1/30，会大大改善 VR/AR 的用户体验，成为教师更有用的教学工具。三是视频与远程同步课程会变得非常便捷，将会更好地推动城乡教育资源共享。

　　因此，近日有不少媒体发出了"5G 赋能教育""5G 改变教育""5G 推进教育公平"等评论，教育界关于 5G 与教育关系的讨论也热闹非常。那么，5G 的普及是否会改善各地区之间教育资源不平衡的状态呢？ 5G 究竟会对教育产生怎样的影响呢？

　　的确，从教育的历史来看，每一次技术的进步，都会推动教育的变革。但是，技术的革命究竟如何影响教育，在不同的时代也有不同的路径。

　　由于教育与我们每个人利益攸关，人们特别期盼新的技术革命能够成为变革教育的神器。正像互联网颠覆了商业模式，颠覆了金融体系一样，人们希望以 5G 为代表的新技术能够彻底改变我们的教育。

　　早在上个世纪 60 年代计算机开始出现的时候，就有学者想用机器教学替代人的教学，甚至还有人提出了"学校消亡论"。互联网出现以后，更是有学者呼吁通过网络技术来颠覆当下的教育。在这方面，世界各国的努力程度和投入力度非常之大，也远远大于商业与金融业。

　　但是，一直到今天，教育并没有发生根本性的变化。据说，苹果公司创始人乔布斯生前曾经提出一个著名的"乔布斯之问"："为什么计算机改变了几乎所有领域，却唯独对学校教育的影响小得令人吃惊？"对于这个耐人寻味的问题，2011 年 9 月，美国前联邦教育部长邓肯给出了答案：原因在于"教育没有发生结构性的改变"。

　　一般认为，信息技术在教育领域的应用可分为三个阶段：工具与技术的改变、教学模式的改变和学校形态的改变。电化教育、PPT课件等都是工具与技术层面的变革，慕课、翻转课堂等是教学模式的变革，这些都是教育的局部变革，而且都是非刚需性变革。如果学校形态不发生深刻的变革，教育结构不发生相应的变化，真正意义上的教育变革是非常困难的，甚至从本质上几乎是不可能的。

　　作为一种文化样式和意识形态，作为与人的身心发展和国家的前途命运紧密联系的教育，变革的难度和复杂程度，远远超出我们许多人的想象。所以，要想解决教育的问题，仅仅有技术是不够的。不能指望通过技术的革命，我们就能一劳永逸地把教育问题解决了。这是不切实际的。5G 技术对教育的影响，也是如此。

　　到目前为止，我们对 5G 与教育关系的研究，主要仍然局限在技术、工具与教学模式的问题上，也就是说，仍然停留在前面两个层次上，而很少从第三个层次，即学校形态与教育结构方面进行真正的思考。

　　那么，究竟如何从第三个层次上突破呢？最近，我的新著《未来学校：重新定义教育》对这一问题进行了初步的梳理，提出了把学校建成新型的学习中心，充分利用 5G 技术背景下教育资源获取的便利性、即时性、共享性特点，对现在的学校进行重构，建立国家优质教育资源中心和新型的学分银行制度，打通学校与学校、学校与社会教育机构、学校与家庭的壁垒，创造"能者为师""课程为王"的新的构想。在学校形态和教育结构进行变革的背景之下，再利用现在的5G、大数据、人工智能等现代技术，一套新的教育生态系统，一种面向未来的教育模式，就完全可以成为现实。

　　　　　　　　　　　　（2019 年 7 月 4 日发表于《环球时报》）

寄语未来

首先，祝贺第二届 PDC 国际教育大会顺利召开，呼家楼中心小学马骏校长让我在会上做一个 10 分钟的致辞。我想用三句话表达我的观点。第一句话，未来总要来，不请它自来。第二句话，未来正在来，现在有未来。第三句话，美好的未来，行动做起来。

下面，我想解释一下我对这三句话的理解。

第一句话，未来总要来，不请它自来。其实，我清晰地记得在世纪之交的时候，我们对新的世纪，对即将到来的 21 世纪充满憧憬和期待。没想到，转眼之间 21 世纪就来了。今天，我们仍然有很多美好的愿景和对于未来的期盼。其实，未来真的是一位不速之客，你不请它，它自己就来了。

第二句话，未来正在来，现在有未来。未来跟现在之间没有一个鸿沟，时间就像一条奔腾不息的长河一样，我们站在长河之中，在我们前方可能是过去，在后面可能是未来，但是这是一条没有办法隔离的河流。而且，未来是由现在所孕育的，未来的很多东西都是在现在就可以看出的端倪。在我们讨论未来学校的时候，在我们讨论未来教育的时候，很多人都在问：到底未来的教育是什么样？到底未来的学校是什么样？

6 月份，我在呼家楼中心小学的未来学校做了我的新书《未来学校》的发布会。发布会之后，很多媒体一直持续在关注。无一例外是问，你畅想关于未来学校的一套构想，究竟什么时候才能实现？其实，在《未来学校》这本书里面，我提出未来没有学校，只有学习中心。传统意义上的学校没有了，变成了一个一个学习中心。未来，不会像我们现在一样，孩子准时准点到学校学习同一个内容，因为，现在的科学技术已经完全可以做到让每一个人进行定制化学习和个性化学习。大家觉得这好像是一个天方夜谭，好像几百年来我们的教育就是如今这样。

几百年前教育就是这样吗？不是现在的这样。教育的形态在不断地变化。我畅想的这样一套东西，包括未来的学习也不是学习现在这样的教材内容体系。因为现在学习的这些东西都是我们强加给孩子的。孩子们学习的内容都是天经地义的吗？哪些学科是不可或缺的，哪些学科可以减少内容，哪些学科是可以整合的，其实有很多可以讨论的空间。

科学家们都认为，自己的学科很重要，所以不断往学科里面加深加难加多，都希望孩子们走进自己的学科之中。但是，我个人认为，更重要的是未来的孩子们应该自己去建构他们的知识体系，而不是我们把一个既成的体系交给他们。所以，未来的教师也不是现在这样，我们现在的师范教育体系培养的教师，他的专业性是打问号的。未来可能是艺术家在学校里教艺术，可能是优秀的运动员在学校里面教学生运动，未来的教师来源可能多样化，社会的培训机构可能是未来教育资源的提供者。未来学生没有必要在学校里学数学，放学再去好未来学数学，在学校里学外语，放学到新东方再学英语。未来可以孩子们选择，你在哪里学、学什么，都是孩子说了算。我说的这些，其实在现在都可以找到原型。我在《未来学校》这本书里面所有的案例和畅想，在中国在世界里都可以找到具体的原型而不是无中生有。未来就是如此，就是这样一点一点的积累终究会冲破现在的教育大坝，造就一个新的教育景观。所以，现在之中就有未来。

最后一句话，美好的未来，行动做起来。对于未来，我们有几种态度，第一种是不要做任何事，就是等待。未来总要来，你可以等待。第二种是在现在中去寻找未来，去发现那些美好，去发现它、培育它，让它从星星之火变成燎原之势。第三种方法是自己主动去创造，马校长联盟做的事情，就是主动创造的事。

二十年前，我写过一本书叫《我的教育理想》。很多人都看过，这本书一直到今天依然是畅销的书。记得最初出版时，很多老师说，朱老师，你书中讲的这些理想，我们看了之后激情澎湃、热血沸腾，但是回到学校里马上就冷下来了。现在这样一套考试制度，这样一套评价体系，我们没有办法做。我们带着"镣铐"怎么跳舞？我对他们说，带着"镣铐"同样可以跳出精彩的"镣铐舞"，任何改革都是在夹缝中寻找出路，任何变革都是寻找发展的空间。为什么在同样的体系下，有一些老师做得有声有色？在同样的考试评价下，有一些学校像马校长一样，可以做得如火如荼？其实，我们有空间，任何变革都是有空间的，未来需要我们创造起来。

20年前，我们发起了新教育实验。当时，只是在一所学校进行探索。到今天，将近20年的时间，已经有5200多所实验学校加盟新教育实验。按照新教育的理念去行动的学校，远远超出这个数字。虽然我的理想中提出的很多愿景没有实现，但同时也应该看到，有很多主张，如营造师生校园、缔造完美教学等，都已经在中国的很多学校、很多的区域成为教育的现实。

我们积极行动起来，比任何事情都重要。所以，我们新教育学校成立了自己的未来学校联盟。我的梦想，就是让每一所所学校从自己的学校开始做起，把它改造成未来的学习中心，让学生有更多的选择权利和回旋的空间。比如，我们的学校是否可以允许学生不上课，在图书馆里、在实验室甚至在家里做自己想做的研究，为什么不可以？

所以，这些都是靠我们认认真真地一步一个脚印去往前走，把它做起来。未来有多美好，取决于我们现在有多用心。我们现在全力以赴去做，未来就会更好，努力往前推进，未来就会更好。我一直认为，中国是最有可能做成未来学习中心的国家，因为我们有一个强大的政府。如果真正有一个美好的教育理念，有像我在《未来学校》这本书里提出的，构建面向全国的最一流的中国教育资源平台，为所有的学校提供可以选择的全世界最好的课程和教育资源，同时，政府再给边远地区和弱势群体更多的关注，更多的补贴，更多的资源，让所有的孩子一样，有更多选择教育的机会和可能性。那么，所有的学生无论再边远再偏僻都可以和城里的孩子得到同样的教育资源，得到最好的教育图书，得到最好的课程，得到最好老师的指导，所有的孩子同在蓝天下，站在同一个起跑线上，拥有同样最好的明天。

未来已来，未来取决于我们当下的每一分努力。我们愿意和大家一起努力，为探索我们未来的学习中心，为建设我们更美好的教育生活而努力。

（2019 年 10 月 17 日在第二十届中国国际教育年会未来教育研讨会暨第二届 PDC 国际教育大会开幕式的演讲）

对人民政协制度更加成熟更加定型的几点思考

谈三点思考。

第一，关于怎么理解我们基本政治制度中多党合作和政治协商的关系。中国共产党领导的多党合作和政治协商制度是国家的基本政治制度。人民政协是中国共产党领导的多党合作和政治协商的重要机构，是中国人民爱国统一战线的组织，是我们国家政治生活中发扬社会主义民主的重要形式，各民主党派在多党合作框架下，在人民政协这个平台开展工作。所以多党合作和人民政协政治协商的关系怎么进一步界定清晰还需要探讨和研究。

第二，怎样理解政协的主要职能。人民政协有三项基本职能：政治协商、民主监督、参政议政。它跟民主党派的三项职能基本一致，次序不一样。民主党派的三项职能是参政议政、民主监督、积极参加中国共产党领导下的政治协商。这三项职能也有重复，特别是民主监督，需要思考作为党派的职能怎么监督？

第三，怎么理解七种协商——政党协商、人大协商、政府协商、政协协商、人民团体协商、基层协商、社会组织协商的关系。政党协商是中国共产党和各党派之间的党派协商，放在人大协商、政协协商之前。同时明确人民政协是社会主义协商民主制度的重要渠道和专门协商机构。既然是重要渠道和专门协商机构，它在这七种协商里面是什么作用？这七种协商的关系还可以进一步地思考和探讨。习近平总书记提出的推动人民政协制度更加成熟更加定型，的确，无论是理论还是实践探索，有很多工作还值得我们继续做。

（2019 年 3 月 27 日发表于《人民政协报》）

理顺家庭教育管理体制，推进家庭教育健康发展

习近平总书记在全国教育大会上指出，办好教育事业，家庭、学校、政府、社会都有责任。作为教育事业的重要组成部分，家庭教育同样需要这四股力量共同推进。

但是，从我们调查来看，这四个方面远远没有形成合力，问题的症结在于"发动机"没有选对，部门职能交叉，妇联作为负总责的"牵头"部门，小马拉大车，步履艰难。家庭教育没有真正纳入我们的现代教育体系之中，家庭教育、学校教育、社会教育"三张皮"的问题不同程度存在。所以，进一步明确教育行政部门的责任，是关键所在。

如何保证教育行政部门充分发挥作用？

第一，理顺家庭、学校、政府、社会的责任体系，积极形成政府主导、部门协调、学校主体、家庭尽责、社会参与"五位一体"的现代教育制度，明确教育部门的责任和牵头作用。教育行政部门要对家庭教育的全过程（0—18岁）和全领域全面负责。

第二，要把家庭教育，以及社会教育纳入教育整体发展战略。

第三，要把家庭教育纳入教育行政基本职能。在教育行政管理体系中建立专业部门，配备专门的工作人员。（目前教育部只是在基础教育司的德育处兼管家庭教育）。

第四，在政府教育经费预算中列家庭教育专项经费。

第五，把家庭教育工作纳入对区域政府和教育行政部门的评估指标体系。

在此基础之上，完善"三教结合"的微观基本运行机制。包括

教育（学校）、妇联、民政、财政、文明办、卫健委、扶贫办等多部门，围绕各自职能，建立针对特定儿童群体的教育常态工作内容、方式、组织、管理。

在"三教结合"的教育体系中，强化学校主体作用是基础和关键。要依托学校开展科学系统的父母成长教育，在高中和大学开设亲子教育与家庭教育课程，实现父母学校在中小学幼儿园的全覆盖。要完善家校沟通和教师家访制度，加强学校与学生家庭的有效联系，引导家庭教育与学校教育在理念、内容、方法和策略上有机衔接。要引导父母参与学校民主办学和管理，建立家庭和学校、父母和教师相互信任和相互支持的长效机制。要将家庭教育和家校合作共育纳入师范院校专业教学，开设儿童发展和家庭教育专业，纳入教师继续教育内容体系。

（2019 年 6 月 28 日在全国政协双周协商座谈会上的发言）

探索政协协商与基层协商有机衔接，深入推进协商民主广泛多层制度化发展

　　政协协商与基层协商都是社会主义协商民主的重要组成部分。政协协商主要关注国家或地区层面的方针政策，多是宏观问题，基层协商关注的则更加细微，主要是人民群众的实际问题。习近平总书记在庆祝人民政协成立 65 周年大会上的讲话中强调指出："人民群众是社会主义协商民主的重点。涉及人民群众利益的大量决策和工作，主要发生在基层。要按照协商于民、协商为民的要求，大力发展基层协商民主，重点在基层群众中开展协商。"如何实现政协协商与基层协商的有机衔接、推动协商民主建设向纵深发展，是当前一个值得深入研究的新课题。

　　从必要性上来看，一方面，基层协商需要更多优质资源的投入和推动。随着经济社会的转型升级，基层社会治理面临的挑战更加严峻，基层社会的利益主体更加多元、利益选择更加多样，更加需要发挥基层协商独特的作用和价值。基层协商的发展空间很大，但压力也很大。另一方面，政协可以成为基层协商的重要参与主体和高质量协商资源。就我国政治体制中各组织机构的属性看，党委是领导机构，人大是权力机关、立法机关，政府是行政机关，法院、检察院是司法机关，而政协是协商机构，协商是我们的"看家本领"，政协有着丰富的协商经验、畅通的协商渠道、优良的协商传统，以及一定的组织和人才优势。政协所追求的求同存异、体谅包容与基层协商通过平等理性的对话、沟通以取得共识的价值取向高度契合。政协委员也生活在最基层的街道、社区和企事业单位，直接面对基层群众和具体工

作，看群众问题最清，开展协商民主也最直接。因此，政协可以成为提升基层协商民主实效的关键。

从实践层面来看，中共十八大以来，各地开展基层协商的一个明显特征和趋势就是"政协和统战色彩"越来越突出。具体表现为人民政协和统战部门在推进基层协商中扮演的角色越来越直接、介入的程度越来越深。采用的模式多为"政协协商向基层延伸模式"，江苏、浙江、广东的不少地方，都设立了乡镇（街道）政协工作委员会，依托街道基层组织开展活动，零距离倾听民声、反映民意、协调关系、讨论问题，与人民群众建立了紧密联系，在推进基层协商民主方面成效显著。这也证明了，政协工作向基层延伸是可行的。

从效果上来看，一方面，政协的融入，确实有利于提高基层协商的制度化水平、提升基层协商的质量。有利于推动政协和统战成员更加贴近基层、更有效反映社情民意，更好协助基层党委和政府优化决策、协调关系、化解矛盾、凝聚力量，从而切实推进我国基层治理体系和治理能力的现代化。另一方面，加强了基层协商与政治协商的联动、精英民主与大众民主的相互促进。最直接的体现是政治协商层面达成的一些共识可以通过政协的渠道传递到基层民众中，而基层协商中提出和发现的一些事关更大范围、更高层次的共性问题，可以通过政协的渠道进入同级甚至上级中共党委和政府的视野，进而对公共决策产生影响。

因此，建议在总结各地成功做法与经验的同时，在更大地域范围内探索设立乡镇（街道）政协工委或者政协委员联系点，在县级政协和乡镇（街道）党工委领导下组织委员开展经常性的基层协商活动。

借此机会，我介绍一下民进中央的相关研究。

今年，民进中央将"民主党派基层组织参与基层协商、推动基层社会治理"作为参政议政的重点调研课题之一，由全国政协副主席、民进中央常务副主席刘新成同志亲自主持开展。

选择这个课题的初衷。我们将关注点放在基层治理，主要是由于从治理实践来看，世界上凡是将现代治理理念付诸行动的国家，大都选择其最低层级政府作为多主体共同治理的体制领域，这既是在多元治理时代对政权和主权的保护举措，也是因为基层直接与公民打交道，公民对国家治理的印象中有很大比重来自其对基层治理的直接印象，基层治理的好坏善恶是整个国家治理绩效的最直接表征。

我们将关注点聚焦在民主党派基层组织参与基层治理，主要是看到基层治理特别需要多元参与。而多元参与的最大障碍是社会成员的参与意识不足，如何挖掘潜在的参与意愿就成了基层党委探索的问题。在这个探索的过程当中，由地方统战部或政协发起的各种形式的基层党委、党支部与民主党派基层组织的共建活动不期然而然地成为基层协商民主的载体之一，不期然而然地成为促进基层社会治理的有效方式之一。这是地方和基层工作的一个尝试和创新，带给我们很大的启发。

课题调研情况。6 月以来，我们先后在广西、重庆、江苏、天津、上海、山东、北京、江西等地，或进行实地调研，或召开调研座谈会，或开展试点，同时，我们还对民进全会 273 个市级组织进行了问卷调查。从调研地的实践来看，一些地方已经作出了积极的探索，甚至形成了较为规范的模式，一些民主党派基层组织已经参与基层协商的相关工作并且发挥了一定的作用。

但同时，我们也发现，这项实践仍处于探索阶段，面临着诸多问题。如，从参与主体看，组织化参与程度比较低，未能很好体现和发挥民主党派的组织优势和整体功能；再如，参与范围较窄且不平衡，乡镇（街道）、城市社区层面的协商中有一定参与，农村、企事业单位层面的协商中尚未找到合适的参与载体和方式；还有，民主党派参与基层协商的制度化和规范化程度不高，随意性较大。我们认为，最主要的原因就在于，这项实践尚缺少顶层设计、政策安排和制度规范，特别是在理论方面，这涉及两种基本政治制度的衔接（多党合作制度和基层自治制度），需要从理论上给予清晰的阐释。

民主党派是人民政协的重要组成单位，民主党派基层组织与基层政协参与基层协商，在某些领域、某些范围具有一致性。我们将继续对该课题进行深入研究，也希望这个课题能够得到全国政协的关注，双方的调研能够相互印证、相互促进，共同推动政协协商、基层协商的有机衔接，共同推动协商民主的广泛多层制度化发展。

　　（2019 年 7 月 24 日在庆祝人民政协成立 70 周年理论研讨会上的小组发言）

整合资源办好农家书屋

　　全民阅读是提升国民素质的最直接、有效的路径。农家书屋是开展全民阅读在农村的主阵地、大平台，把好书送到家门口是对农民群众基本阅读权利的有效保障，也是促进农村基本公共文化服务不断优化的有效举措。由于我国城乡发展差异巨大，乡村文化基础设施总体落后，广大农民群众整体文化水平有限、阅读习惯还未普遍养成，在乡村巩固宣传思想文化阵地、建设先进文化、培育文明风尚、提升农民精神追求的任务还较重，农家书屋工程实效性还有待提高。为此，建议：

　　将农家书屋与乡村中小学图书馆建设合二为一，着力解决学校图书配备品质较低、图书馆利用率低、对阅读重视不够、缺乏阅读课程和活动等问题。在经费方面，由各责任部门按原有渠道筹集，使用时应充分发挥基层自主权，允许将不同部门的"项目"拨付资金因地制宜改作其他公共教育、文化活动资金；在图书配备方面，研制符合乡村实际、适合乡村学生阅读的基本书目；规范配备程序，确保适需的好书能够进入乡村。

　　将农家书屋和基层图书馆的互联互通进行制度化设计，通过两个体系的资源整合，提升基层公共文化服务效能。调整以"出版发行"为出发点的"供书"思路，加大"供书"中的农民群众参与度，使广大农民群众阅读内容更加丰富；增加图书借阅和使用的便捷性，推广"一屋多点"的服务模式，将图书放在农民最容易拿到的地方，使农民获取图书的途径更加多样和便利；吸引社会资本和力量进入，以委托管理等方式提高农村公共文化服务体系的社会化水平，打破乡镇之间、村与村之间区域行政的限制，便于盘活和调配图书资源，使农家书屋的服务水平、质量明显提升。

（本文为作者在全国政协"加强农村基本公共文化服务建设"专题协商会上的发言摘编，2019年7月24日发表于《人民日报》）

江苏：中国教育现代化的先行者和探索者

　　2019 年 2 月，中共中央、国务院印发了《中国教育现代化 2035》，明确了推进中国教育现代化的指导思想、八大理念、七项原则、总体目标、推进策略。其中，把教育现代化分为两个重要的阶段。第一个阶段是到 2020 年，教育总体实力和国际影响力显著增强，劳动年龄人口平均受教育年限明显增加，教育现代化取得重要进展，为全面建成小康社会作出重要贡献。第二个阶段是到 2035 年，总体实现教育现代化，迈入教育强国行列，推动我国成为学习大国、人力资源强国和人才强国，为到 21 世纪中叶建成富强民主文明和谐美丽的社会主义现代化强国奠定坚实基础。2035 年的中国教育现代化主要发展目标是：建成服务全民终身学习的现代教育体系、普及有质量的学前教育、实现优质均衡的义务教育、全面普及高中阶段教育、职业教育服务能力显著提升、高等教育竞争力明显提升、残疾儿童少年享有适合的教育、形成全社会共同参与的教育治理新格局。

　　围绕国家的教育现代化目标，全国各地都制定了相应的教育现代化发展规划与实施方案，其中江苏出台的《江苏教育现代化 2035》，除了明确全面完成国家教育现代化的基本要求外，还提出了具有江苏特点的新的教育愿景，那就是努力使"江苏教育更加公平、更加优质、更加美好，充满仁爱、充满温暖、充满乐趣，建成引人入胜的课堂、给人智慧的学校、让人幸福的教育，形成学生学习快乐、教师从教幸福、家长放心信任、社会普遍认同的良好教育生态"。

　　江苏历来崇文重教，也是全国最早提出并探索教育现代化的省份之一。改革开放以来，江苏围绕教育现代化的目标，做了许多卓有成效的工作。我在担任苏州大学教务处处长和苏州市政府副市长期间，就直接参与和见证了江苏教育现代化的进程。20 世纪 90 年代初，江苏以乡镇为重点率先推进教育现代化建设，大力改善办学条件，启动了教育现代化的试点探索。世纪之交，江苏以县域为单位推进教育现代化建设，着力扩大办学规模、提高办学水平，开始了建设重点从学校、乡镇扩展到县域层面的区域教育现代化推进。2010 年以来，尤其是党的十八大以来，江苏以省域为整体推进教育现代化建设，坚持优先发展教育，持续加大教育投入，推出一批标志性、引领性的改革举措，在解决教育深层次、根本性问题上取得了突破，特别是更加关注人的发展，教育现代化进入了全面提升阶段。

经过多年实践，江苏已在教育现代化建设方面取得了许多重要进展，成为全国教育发展均衡水平最高、总体教育质量较高、人才供给适应经济社会发展较好的省份，形成了在人口众多、经济和社会发展不平衡的省份加快推进教育现代化的"江苏样本"。

从江苏推进教育现代化的进程来看，最鲜明的特点之一就是强化政府主导，坚持持续发力。早在 2005 年，江苏省委、省政府召开了 21 世纪以来的第一次全省教育工作会议，出台了《关于加快建设教育强省率先基本实现教育现代化的决定》。2007 年，江苏省政府印发了《江苏省县（市、区）教育现代化建设主要指标》。2010 年的第二次全省教育工作会议上出台的《江苏省中长期教育改革和发展规划纲要（2010—2020 年）》，继续把率先基本实现教育现代化作为重要工作目标。2013 年，江苏专门召开了全省教育现代化建设推进会，出台了《关于推进教育现代化建设的实施意见》和《江苏教育现代化指标体系》。2016 年，江苏召开第三次全省教育工作会议，出台了《关于深入推进教育现代化建设努力办好人民满意教育的意见》，同时修订完善了《江苏教育现代化监测指标》。这些指标体系，已经并正在发挥着积极的作用。前不久，以省委、省政府名义印发的《江苏教育现代化 2035》，更是全面地从教育现代化进程的新方位、经济和社会发展的新要求、教育改革和发展的新使命方面提出了江苏教育现代化的指导思想、基本理念、主要原则、战略任务、实施路径和保障措施。像这样长期围绕教育现代化目标不放松，不断与时俱进，丰富完善教育现代化的内容与体系的省份应该是不多见的。

江苏推进教育现代化的特点之二是注重理论研究，加强学术引领。江苏是全国较早开展教育现代化研究的省份，1999 年，时任江苏省教育厅副厅长的周稽裘就发表了题为《教育现代化：江苏社会发展的必然选择》的文章，之后又发表了一大批关于教育现代化工程的理论研究文章和实施教育现代化工程开展地区和先进学校的经验文章。当时我在苏州市政府分管教育工作，也参与了这场讨论，先后发表了《人的现代化与教育现代化》《苏州教育现代化》等一批论著。近年来，江苏教育系统继续围绕教育现代化开展理论与实践探索，更加清晰地认识到教育现代化是随着时代的进步与发展，教育逐渐向现代社会转变和融入的过程，是教育的"现代性"和"时代性"的生长和体现；更加清晰地认识到教育现代化必须实现从器物层面、硬件保障转向制度设计、人才培养理念、人才培养模式等方面，从侧重于对"硬性指标"的考核转向人才培养的特色彰显、良好师生关系构建等"柔性指标"的实现。以《江苏教育现代化监测指标》为例，他们参照了发达国家的教育主要发展指标，从教育普及度、教育公平度、教育质量度、教育开放度、教育保障度、教育统筹度、教育贡献度、教育满意度 8 个一级指标、16 个二级指标、49 个监测点提出了操作性很强的监测指标体系。这些研究成果，也被充分吸收在省委省政府的相关文件之中。

江苏推进教育现代化的特点之三是坚持分类指导，实施工程带动。针对苏南、苏中、苏北发展不平衡的实际情况，江苏在推进教育现代化的过程中坚持分类指导因地制宜。一方面，推动条件较好的地区先行先试、提供示范。1993 年，在苏南地区开展教育现代化的试点工作。进入 21 世纪，选择部分条件好的县（市、区），试点县域教育现代化建设。2011 年，选取 8 个县（市、区）开展教育现代化建设水平提升工程试点。2013 年，确立 22 个示范区和 5 所高校示范点先行先试、率先突破，为全省面上教育现代化建设探索路子、提供借鉴。另一方面，推动条件欠缺的地区突出工作重点、分轻重缓急、有计划有步骤地推进，确保教育现代化建设取得实实在在的成效。同时，在政策设计、项目安排、经费支持等方面，向苏中，特别是苏北地区倾斜。为了使教育现代化落到实处、见到实效，江苏采取了工程带动的推进模式。如在硬件建设方面，先后实施了中小学危房改造工程、"三新一亮"工程、"六有"工程、农村学校"四配套"工程、中小学校舍安全工程、中小学运动场地塑胶化建设工程等，保证了教育现代化的物质条件。在优化资源配置方面，实施了中小学布局调整工程、职业教育"1122"工程、"三通两平台"建设工程等，在提升内涵质量方面，实施了学前教育五年行动计划、义务教育学校现代化建设工程、江苏高水平大学建设工程、优势学科建设工程、协同创新计划、品牌专业建设工程、特聘教授计划等。

作为全国教育现代化的先行者和探索者，江苏的教育现代化建设工程为我国教育现代化建设积累了丰富的经验，探出了一条道路，对其他各地推进教育现代化具有一定的启示和借鉴意义。

（发表于《教育家》2019 年第 7 期）

新时代，新人才，新要求

新时代对人才提出了新要求。要实现党的十九大提出的宏伟目标，需要有一批勇于改革、善于改革，敢于直面矛盾和问题、善于化解矛盾和问题，有想干事、真干事的自觉和会干事、干成事的本领，能够应对重大挑战、抵御重大风险、克服重大阻力、解决重大矛盾，确保党中央确定的目标任务和战略部署顺利实现的干部，更需要一大批"志存高远、德才并重、情理兼修、勇于开拓，在火热的青春中放飞人生梦想，在拼搏的青春中成就事业华章"的青年干部。

新时代的新人才，既要有爱国情怀，又要有国际视野

习近平总书记指出，爱国是人世间最深层、最持久的情感，是一个人立德之源、立功之本。他强调，气节也好，人格也好，爱国是第一位的。我们是中华儿女，要了解中华民族历史，秉承中华文化基因，有民族自豪感和文化自信心。要求青少年要时时想到国家，处处想到人民，做到"利于国者爱之，害于国者恶之"。爱国主义不是空洞的口号，不是装潢门面的标签，而是实实在在的行动，是要真正地"把自己的理想同祖国的前途、把自己的人生同民族的命运紧密联系在一起，扎根人民，奉献国家"。

当然，爱国主义绝不是狭隘的民族主义，而要有国际视野和人类命运共同体情怀。2017年1月17日，习近平总书记在瑞士达沃斯国际会议中心向世界描绘了一幅构建人类命运共同体的壮美蓝图。在

党的十九大报告中，习近平总书记指出，世界正处于大发展大变革大调整时期，面临的不稳定性不确定性突出，"没有哪个国家能够独自应对人类面临的各种挑战，也没有哪个国家能够退回到自我封闭的孤岛"。呼吁各国人民同心协力，构建人类命运共同体，建设持久和平、普遍安全、共同繁荣、开放包容、清洁美丽的世界。

随着新时代的中国日益走近世界舞台中央，随着中国深度参与全球治理体系改革和建设，意味着中国将更加积极地发挥负责任大国的作用，意味着中国特色社会主义道路、理论、制度、文化能够给世界上那些既希望加快发展又希望保持自身独立性的国家和民族提供新的选择，也意味着中国将为解决人类问题贡献自己的智慧和方案。这也意味着新时代的新人才应该有着国际视野，有国际对话与跨文化沟通的能力。

2015年10月26日，习近平总书记指出，建立一个公平、包容、可持续的地球，是包括全球青年在内的每个人都要重视和担当的责任。青年最富有朝气，最富有梦想，是未来的领导者和建设者。世界的未来属于年轻一代。全球青年有理想、有担当，人类就有希望，推进人类和平与发展的崇高事业就有源源不断的强大力量。青年干部应该清晰地认识到自己在全球治理中肩负的责任担当，不断拓宽自己的国际视野，学习国际交流与合作的本领，为构建人类命运共同体，为人类社会实现可持续发展作出自己应有的贡献。

新时代的新人才，既要有青春梦想，又要有实干精神

习近平总书记指出，理想指引人生方向，信念决定事业成败。没有理想信念，就会导致精神上"缺钙"。党的十八大以来，习近平总书记多次勉励青年人要有青春梦想。2013年5月4日，习近平总书记在同各界优秀青年代表座谈时指出：要为每个青少年播种梦想、点燃梦想，让更多青少年敢于有梦、勇于追梦、勤于圆梦，让每个青少年都为实现中国梦增添强大青春能量。

实干精神是青春梦想的最佳拍档。"幸福都是奋斗出来的"，这

是习近平总书记对于青年的殷切希望。他多次用古人的"纸上得来终觉浅，绝知此事要躬行""知者行之始，行者知之成""道虽迩，不行不至；事虽小，不为不成"等名言警句来勉励青少年做知行合一的实干家。

2018 年 5 月，他对北大学子说："学到的东西，不能停留在书本上，不能只装在脑袋里，而应该落实到行动上，做到知行合一、以知促行、以行求知。每一项事业，不论大小，都是靠脚踏实地、一点一滴干出来的。"他指出，做人做事，最怕的就是只说不做，眼高手低。不论学习还是工作，都要面向实际、深入实践，实践出真知；都要严谨务实，一分耕耘一分收获，苦干实干。他希望广大青年要努力成为有理想、有学问、有才干的实干家，在新时代干出一番事业。

习近平总书记特别告诫青年要牢记"空谈误国、实干兴邦"，从自身做起，从点滴小事做起，用勤劳的双手、一流的业绩成就属于自己的人生精彩。他也鼓励青年学会正确面对各种困难，希望青年要有敢为人先的锐气，勇于解放思想、与时俱进，敢于上下求索、开拓进取，要有逢山开路、遇河架桥的意志，为了创新创造而百折不挠、勇往直前。

新时代的新人才，既要有健康体魄，又要有学习热情

习近平总书记多次强调青年需要有健康的体魄。2014 年 8 月 15 日，习近平总书记在南京看望青奥会中国体育代表团时指出："少年强、青年强则中国强。少年强、青年强是多方面的，既包括思想品德、学习成绩、创新能力、动手能力，也包括身体健康、体魄强壮、体育精神。"

习近平总书记对学习非常重视。学习是他和青年交流时使用频度最高的词汇。2013 年五四青年节，他语重心长地指出："青年人正处于学习的黄金时期，应该把学习作为首要任务，作为一种责任、一种精神追求、一种生活方式，树立梦想从学习开始、事业靠本领成就的观念，让勤奋学习成为青春远航的动力，让增长本领成为青春搏击

的能量。"2018年五四青年节，他再次强调，建设社会主义现代化强国，发展是第一要务，创新是第一动力，人才是第一资源。希望广大青年珍惜大好学习时光，求真学问，练真本领，更好为国争光、为民造福。

习近平总书记自己就是勤于学习的楷模。他曾经回忆自己青少年时期的读书生活："我到农村插队后，给自己定了一个座右铭，先从修身开始。一物不知，深以为耻，便求知若渴。上山放羊，我揣着书，把羊圈在山坡上，就开始看书。锄地到田头，开始休息一会儿时，我就拿出新华字典记一个字的多种含义，一点一滴积累。我并不觉得农村7年时光被荒废了，很多知识的基础是那时候打下来的。""爱看书""好学"，是他留给陕北梁家河村乡亲们的印象之一。乡亲们至今还记得，他"带一箱子书下乡"，在煤油灯下"看砖头一样厚的书"，"有时吃饭也拿着书"。可以说，读书学习，已经成为习近平总书记的生活方式。

大中小学阶段是学习的黄金时段，拥有学习的热情，勤于学习，善于学习，不仅向书本学习，而且向实践学习，向他人学习，应该是新时代新人才的行为方式和生活方式。

（2019年8月2日发表于《学习时报》）

农家书屋，建好更要用好

全民阅读是提升国民素质直接有效的途径之一。农家书屋是全民阅读在农村的主阵地、大平台，把好书送到家门口是对农民群众文化权利的有效保障，也是促进农村基本公共文化服务不断优化的有效举措。

截至2018年底，农家书屋共向农村配送图书11亿多册，农民人均图书拥有量从农家书屋政策实施以前的0.13册增长到1.63册。但也要看到，由于我国城乡发展差异巨大，乡村文化基础设施相对落后，广大农民群众阅读习惯还普遍未养成，在乡村建设先进文化、培育文明风尚、提升精神追求的任务还较重，农家书屋工程正该大有作为。对此，今年初，中宣部等十部门印发了《农家书屋深化改革创新提升服务效能实施方案》，针对农家书屋资源闲置、机制不活、内容不合口味、数字化程度不高等问题提出了一系列有针对性的改进措施。把这些措施贯彻落实好，可以有两个抓手。

一是将农家书屋与乡村中小学图书馆建设结合，让文化的种子扎根农村。儿童时期是阅读兴趣与习惯养成的最佳时期。一旦孩子发现了书籍这个智慧的宝藏，就可能养成良好阅读习惯。这对于培养更多用知识改变命运、建设家乡、实现梦想的人才有着重要意义。对农家书屋进行布点调整，与乡村中小学图书馆建设合二为一，能有效解决学校图书配备品质较低、图书馆利用率低、缺乏阅读课程和活动等问题，可谓一举两得。在图书配备上，可以设置符合乡村实际、适合乡村学生阅读的基本书目，把孩子们最喜欢、最想看的书优先配齐；在活动开展上，可以利用课余开展丰富多样的亲子共读、朗读比赛等活动，让孩子带动全家读书的积极性；在人员使用上，可以聘请退休教师作为农家书屋管理人员，发挥其教化育人的特长。

二是将农家书屋嵌入公共图书馆体系，构建深入基层的阅读网络。目前，农家书屋与图书馆体系，在选书用书、开展活动、人员培训等方面，都还相对独立。可以对农家书屋和基层图书馆的互联互通进行制度化设计，通过两个体系的资源整合，提升基层公共文化服务效能。可以调整选书供书思路，加大农民群众参与度；增加图书借阅和使用便捷性，推广"一屋多点"的服务模式，将图书放在农民最容易拿到的地方，如人流集中的广场、超市、便民服务大厅等地，使农民获取图书的途径更加多样和便利；吸引社会资本和力量进入，以委托管理等方式提高农村公共文化服务体系的社会化水平，打破乡镇之间、村与村之间区域行政的限制，以便盘活和调配图书资源，使农家书屋的服务水平、质量明显提升。

中办、国办印发的《乡村振兴战略规划（2018—2022年）》，明确提出要推进农家书屋延伸服务和提质增效。只要各部门携手推动、全社会共同发力，农家书屋工程一定会形成有书读、有人管、活动多、可持续的生动局面，筑牢乡村振兴的文化基石。

（2019年8月13日发表于《人民日报》）

中国基础教育实现跨越式发展

70年来，中国基础教育随着中国社会政治、经济、文化发展而发展，历经曲折，不畏艰难，实现了历史性跨越，构建了世界上规模最大的基础教育体系，书写了世人瞩目的辉煌篇章。

勉力前行，中国基础教育历程辉煌灿烂

70年，中国基础教育勉力前行，主要经历了以下发展阶段。

新中国成立初期，基础教育进入初创与探索期。这一时期，教育面临的最紧迫、最重要任务就是建立社会主义教育制度，使占人口绝大多数的劳动人民及其子女享有受教育的权利与机会。

刚刚成立的共和国，在基础教育方面主要做了四项工作：一是接管和改造旧学校，如把外资津贴的544所中学、1133所小学收归公办；二是改革旧学制、颁布新学制，小学由6年改为5年，工农速成学校和业余补习学校与其他学校同样重要；三是大力扫除文盲，所有教育设施向工农劳动人民开门；四是改造教师思想。同时，引进苏联教育模式，逐步形成了完整的教学系统和正规的办学道路。

总的来说，这个时期的基础教育发展是迅速的、高效的。至1965年底，全国共扫除文盲10272.3万人。1949年学龄儿童入学率仅约20%，到1965年底达85%。小学在校生1.16亿人，中学在校生1432万人，比新中国成立前中小学在校生人数最多的1946年分别增长3.9倍和6.9倍。大中小学和幼儿园教职工555万人，较1949年前

增加 5 倍。普通中等教育为国家培养了 2000 多万名毕业生和大批劳动后备力量，为高级专门人才培养奠定了基础，适应了经济社会发展和教育发展的基本需要。

在教育指导思想上，毛泽东关于"健康第一"的意见以及 1957年提出的"受教育者在德育、智育、体育几方面都得到发展"的教育方针，对中国基础教育起到根本指导作用。刘少奇倡导的"两种教育制度"和"两种劳动制度"，对基础教育改革发展也产生了很大影响。

改革开放后，基础教育进入发展期。"文化大革命"结束后，中国基础教育开始规范中小学教学活动。中共中央、国务院 1980 年发布《关于普及小学教育若干问题的决定》，1983 年发布《关于加强和改革农村学校教育若干问题的决定》。在邓小平"教育要面向现代化，面向世界，面向未来"的方针指导下，重视基本知识、基本技能的"双基"教学目标得以确立，教育教学过程中倡导"发展智力，培养能力"，并开始重视非智力因素培养在人的发展中的作用。

1985 年，《中共中央关于教育体制改革的决定》颁布，提出把发展基础教育的责任交给地方，有步骤地实行九年制义务教育；调整中等教育结构，大力发展职业技术教育；加强领导，调动各方面积极因素，保证教育体制改革顺利进行；等等。1986 年《义务教育法》颁布；中共中央、国务院 1993 年发布《中国教育改革和发展纲要》，1999 年发布《关于深化教育改革，全面推进素质教育的决定》。这一系列举措，对于普及义务教育、农村和城市的教育综合改革以及素质教育的全面实施，起到重要推动作用。

进入新世纪，2001 年《国务院关于基础教育改革与发展的决定》颁布，明确农村义务教育"实行在国务院领导下，由地方政府负责、分级管理、以县为主的体制"，要求中央和各级政府加大财政转移支付力度。2005 年《国务院关于深化农村义务教育经费保障机制改革的通知》，逐步将农村义务教育全面纳入公共财政保障范围，建立中央和地方分项目、按比例分担的农村义务教育经费保障机制。中央重点支持中西部地区，适当兼顾东部部分困难地区。

此后，《国家中长期教育改革和发展规划纲要（2010—2020 年）》等文件发布，国家密集出台一系列重要政策法律，打出基础教育发展战略和关键节点的政策"组合拳"。其中最关键也最有力的措施，就是开展"两基"攻坚、全面"普九"等工作，推动农村、边远和少数民族地区教育，扶持薄弱学校，进行教育扶贫，关注进城务工人员随迁子女和留守儿童成长与发展。

进入新时代，基础教育进入了快车道和黄金发展期。习近平总书记强调，基础教育在国民教育体系中处于基础性、先导性地位。国家高度重视基础教育改革与发展，强化立德树人根本任务，强调教育质量提升和内涵式发展，突出强调学生全面发展；加强法治化建设，改革考试招生制度，加强教学、学校管理、教师评价等方面的标准化建设，加强新时代教师队伍建设等。基础教育进入新征程。

党的十九大后，我国连续出台三份关于基础教育的重要文件。《中国教育现代化 2035》提出的八个方面的发展目标中，直接涉及基础教育的就有六个：普及有质量的学前教育、实现优质均衡的义务教育、全面普及高中阶段教育、职业教育服务能力显著提升、残疾儿童少年享有适合的教育以及形成全社会共同参与的教育治理新格局等，为基础教育的发展指明了方向。

"超常规"推进，中国基础教育取得跨越式发展

70 年来，中国基础教育成就是全方位的，为经济社会发展培养了大量合格人才和劳动者，为国民素质提高作出了重要贡献。

党和国家确立了教育优先发展的战略地位和基础教育的基础地位，教育成为国之大计、党之大计。1982 年 9 月，党的十二大指出，要把教育作为经济发展的战略重点。1984 年《关于经济体制改革的决定》把教育体制改革作为战略性任务。1987 年，党的十三大指出，把发展科学技术和教育事业放在首要位置。尽管表述不同，但是对于教育的重视是一致和一贯的。

自党的十四大开始，历届党代会都强调教育优先发展。1993 年《中国教育改革和发展纲要》明确了教育优先发展的战略地位，并提出一系列教育发展目标，其中包括国家财政性教育经费支出占国民

生产总值的 4%。1978 年，中国教育支出占国民生产总值的比例仅为 2% 左右。2000 年，国家财政性教育经费支出仅占国内生产总值的 2.87%。经过几届政府努力，2012 年终于实现了 4% 以上的目标，且连续 7 年超过 4%。

大量增加的教育经费，在投入结构上也在逐步优化，在"保运转、保工资、保安全"的基础上，重点保障基础教育，加强薄弱环节和关键领域，努力做到四个倾斜：向农村地区、贫困地区、民族地区倾斜，向农村义务教育、职业教育和学前教育倾斜，向特殊困难学生倾斜，向建设高水平教师队伍倾斜。先后实施了免费义务教育、家庭经济困难学生国家资助制度、农村义务教育学生营养改善计划、村小和教学点经费保障、薄弱学校改造等一系列政策，促进了基础教育阶段的教育公平。同时，国家通过发展学前教育两个"三年计划"、中等职业学校免费计划、高中阶段教育普及攻坚计划等，补齐了基础教育阶段的短板，基础教育的基础地位得到了全面落实。

中国构建了世界上最大的基础教育体系，攻克了"穷国办大教育"的难题。70 年来，中国基础教育经历了一个从"人民教育人民办"到"义务教育政府办"的历史性转变。在经济社会发展相对落后、政府财力紧张拮据的情况下，我们广泛发动全社会力量兴办教育，基本实现了基础教育的全面普及。在很长一段时间内，我们用不到全世界 5% 的教育经费，支撑起占全世界 20% 的基础教育人口。在政府财力有所增长，对教育的认识进一步提高以后，又及时调整政策，发挥政府主导作用，加大投入力度，解决了许多历史欠账，基础教育逐步走上健康发展轨道。

中国基础教育曾得到国际援助。1979 年至 2003 年，中国接受的官方援助总额为 1072 亿美元，其中相当一部分用于基础教育。20 世纪 90 年代，世界银行的中国贷款项目重点资助贫困地区基础教育发展，取得了很好的效果。

与新中国成立之初相比，我国学前教育毛入园率从 1950 年的 0.4% 提高到 2018 年的 81.7%，小学净入学率从 20% 提高到 99.95%，初中毛入学率从 3.1% 提高到 100.9%，高中毛入学率从 1.1% 提高到 88.8%。建立并管理如此庞大的基础教育体系，中国走的是一条其他国家没有走过的道路。

执着追求公平而有质量的教育，保证教育科学发展。党和政府重视推进教育公平，并把义务教育作为重中之重，落实政府责任。新中国成立之初，向工农兵开门办学，迅速提升了教育公平水平。改革开放后，开始注重均衡发展。20 世纪 80 年代，国家开始重视扶持农村和中西部地区义务教育发展，并推行深化农村义务教育经费保障机制改革等一系列重大举措。进入新时代，发展公平而有质量的教育成为时代命题。2011 年底，我国实现全面普及九年义务教育。

教育督导制度在保障基础教育公平与质量方面发挥了重大作用。"两基"督导检查和评估验收制度、全国义务教育质量监测制度等，确保了"两基"目标的实现，促进义务教育质量不断提升。中小学校责任督学挂牌督导制度已延伸至幼儿园，以确保学校办学行为规范有序。

形成了"公办民办并举"推进教育改革的格局。新中国成立之初，中国基础教育除了少量学校由厂矿、企业、合作社等举办外，基本是清一色公办学校。改革开放后，通过推进办学体制改革，积极发展社会力量办学，我国实行政府为主、社会参与举办学校的机制，形成了公办民办共同推进教育改革的格局。2018 年，全国共有各级各类民办学校 18.35 万所，占全国学校总数的 35.35%；各类在校学生 5378.21 万人，占全国的 19.51%。其中，民办幼儿园 16.58 万所，占全国的 62.16%；在园幼儿 2639.78 万人，占全国的 56.69%。民办普通小学 6179 所，占全国的 3.82%；在校生 884.57 万人，占全国的 8.56%。民办初中 5462 所，占全国的 10.51%；在校生 636.30 万人，占全国的 13.68%。民办普通高中 3216 所，占全国的 23.41%；在校生 328.27 万人，占全国的 13.82%。民办中等职业学校 1993 所（不含技工学校），占全国的 25.39%；在校生 209.70 万人，占全国的 17.28%。

70 年来的民间教学改革也比较活跃。如顾泠沅小组大面积提高数学教学质量的教改实验、邱学华的尝试教学实验、卢仲衡的自学辅导教学改革实验、李吉林的情境教育实验、吕敬先的小学语文能力整体发展实验、叶澜的新基础教育实验、裴娣娜的主体教育实验、朱永新发起的新教育实验、杜郎口课堂教学改革、北京十一学校课程教学改革、清华附小主题教学探索、重庆巴蜀小学课程综合化实施与评价改革等，为提升教育质量作出了贡献。

建立起一支配置不断优化、专业化水平不断提高的教师队伍，有力支撑起基础教育的改革和发展。教师是提高教育质量、推进教育公平的关键性支撑力量。到 2018 年，普通小学专任教师为 609.19 万人，学历合格率 99.97%，生师比 16.97：1；初中专任教师 363.90 万人，学历合格率 99.86%，生师比 12.79：1；普通高中专任教师 181.26 万人，学历合格率 98.41%，生师比 13.10：1。需要提及的是，在 70 年发展历程中，民办教师和代课教师为基础教育发展写下了浓墨重彩的一笔。

70 年发展的历程表明，坚持中国共产党的领导，坚持中国特色社会主义的基础教育发展道路，坚持基础教育的优先发展，坚持中央政府统一领导全国基础教育，坚持依法办基础教育，坚持促进公平和提高质量，坚持基础教育的改革开放，坚持扎根中国大地办基础教育，是中国基础教育持续健康发展的关键所在，也是主要经验。

进入新时代，中国基础教育向高质量发展进军

面对 21 世纪经济社会的快速发展和教育发展的信息化、国际化、个性化趋势，新时代中国基础教育面临着前所未有的新挑战，从内容、形式到方法等都发生了深刻变化，为中国特色社会主义教育道路的探索提供了更加生动的实践。

随着新一轮考试招生制度改革的推行，育人模式发生深刻变革，教育活动越来越强调遵循教育规律，发展素质教育，落实立德树人根本任务。党的十八届三中全会发布《中共中央关于全面深化改革若干重大问题的决定》，提出推进考试招生制度改革。2014 年 9 月，《国务院关于深化考试招生制度改革的实施意见》颁布，对基础教育育人模式产生了深远影响。

未来基础教育更要以育人为根本，构建综合育人体系，培养优

秀的时代新人，更好地落实立德树人根本任务。

互联网、人工智能等新科技对学校结构性变革提出新的要求。我们正处在一个互联网、人工智能技术变革的时代，传统的商业模式、金融体系、生产方式都发生了脱胎换骨的变化。近年来，教育信息化发展步伐加快，《教育信息化十年发展规划（2010—2020 年）》深入实施，"三通两平台"工作不断推进，《教育信息化 2.0 行动计划》深入推行，等等。

面向未来，中国的基础教育要在教育与技术深度融合上下功夫，探索学校结构性变革，积极应对信息技术给教育带来的挑战。

人民群众对于美好教育生活的向往，对教育公平与质量提出新的期待。2012 年 11 月 15 日，习近平总书记在与中外记者见面时提出，"人民对美好生活的向往，就是我们的奋斗目标"。党的十九大报告重申了这一目标。

人民对于美好教育生活的向往与教育发展不均衡不充分的矛盾，集中表现在两个方面，一是期待教育更加公平，二是期待教育更加个性化。在全国教育大会上，习近平总书记对加快教育现代化、建设教育强国、办好人民满意的教育作出了全面部署。《中国教育现代化 2035》及《加快推进教育现代化实施方案（2018—2022 年）》坚持以人民为中心的发展思想，顺应人民期盼，将会让教育发展成果更多、更公平地惠及全民。

新一轮基础教育课程改革不断深入推进、部编教材投入使用等，都将有效提升教育质量，提升教育过程公平程度。

教育部出台"减负令"，与其他部委联合对校外培训机构进行治理，出台家庭教育指导意见等，都将改善教育生态。

经济全球化为教育国际化和教育资源配置方式提供了新的可能。改革开放以来，中国基础教育的国际合作交流日益广泛深入，"走出去"与"引进来"步伐不断加快。党的十八大报告提出了"倡导人类命运共同体意识"，教育国际化在承担这一使命过程中肩负重任。

因此，我们要以更加开放的心态，用国际化的视野，积极主动地在全球配置基础教育资源，进一步培养具有中国情怀、世界眼光的国际化人才。在继续引进、消化、吸收国外先进教育文化的基础上，进一步发挥中国文化的影响力，将中国的特色课程传播出去，让更多人了解中国的文化和教育。

教育强则国家强，教育必将为中华民族的腾飞作出新的贡献。

（2019 年 10 月 24 日发表于《中国教育报》）

发展互联网＋教育，促进城乡优质教育资源共享

发展"互联网＋教育"，可以有效促进城乡优质教育资源共享，弥补城乡教师水平差距带来的"剪刀差"，改变传统的人才培养模式和教学方式，重塑教育形态和生态。

目前，我国城乡教育差距仍然较大，乡村地区教育发展相对滞后，教育资源严重短缺，网络硬件设施没有配齐，或有硬件但缺少合格的师资等，种种问题牵制了互联网对乡村教育发展的促进。为此，提出以下三条建议：

一是建立国家网络教育资源平台，构架城乡一体化的课程资源体系。尽快建设真正意义上的国家网络教育资源平台（线上学习中心），这个平台应该汇集全国，甚至全世界最优秀的课程资源，由国家统一采购，免费为所有的学习者提供。各地着力开发适合本土教育需求、各具特点的课程资源，作为国家课程体系的重要组成部分。乡村学生可以通过移动终端便利快捷地得到所有教育资源。同时，要大力提升乡村教师的信息化教学能力，给予教师和学生使用网络课程资源所必需的指导和培训。

二是用信息化手段连接城镇学校、社会教育机构与乡村薄弱学校，构建基于互联网的学习共同体。应进一步鼓励城市名校、社会教育机构帮扶乡村教育，让越来越多的高校、中小学、研究机构、社会组织、慈善基金、互联网公司等社会资源与乡村薄弱学校结对支持。浙江省在今年3月宣布，2019年推进1000所以上城乡义务教育学校实现结对帮扶。江苏民进在南京和黔西南州安龙县实施了"点亮工程——同步课堂"，极大地提升了教学质量，使学生不断回流。

　　三是建立和完善线上线下、城市乡村合作的"双师教学"模式。乡村学生在学习时接受两名教师的指导与辅导：一名线上教师，可以是本区县、本省市乃至全国或全球的名师，负责教学设计，提供教学视频与音频、练习、测验与考试材料等；另一名线下教师，立足真实的课堂，担任组织、答疑、指导与辅导任务。未来还可以同时配备人工智能的虚拟老师。

　　（在全国政协十三届常委会第八次会议全体会议代表民进中央做的大会发言，发表于 2019 年 8 月 29 日《人民政协报》）

人民满意的教育创造美好幸福的生活

为人民办教育、办人民满意的教育，是中国共产党初心和使命的重要体现。

全国政协召开以"办好人民满意的教育"为主题的专题议政性常委会会议，就党和国家高度重视的、人民群众普遍关切的问题协商议政，正是体现了人民政协的使命担当。

新中国成立 70 年来，我国教育事业用几十年时间走过西方发达国家几百年历程，建成了世界上规模最大的教育体系，总体发展水平进入世界中上行列，基本实现了中华民族千百年来"学有所教、有教无类"的理想。实践证明，只有在中国共产党坚强领导下，才能取得这样前无古人的成就。

尤其是党的十八大以来，教育事业的中国特色更加鲜明，人民群众教育的获得感明显增强。党的十八大报告，把教育问题作为创造美好生活、改善民生与社会建设的首要问题进行了阐述，其核心主题就是努力办好人民满意的教育。习近平总书记在党的十九大报告中再次指出："建设教育强国是中华民族伟大复兴的基础工程，必须把教育事业放在优先位置，深化教育改革，加快教育现代化，办好人民满意的教育。"

办好人民满意的教育，关键是要深刻认识教育的战略地位。教育是"国之大计、党之大计"，是国家富强、民族振兴、社会进步、人民幸福的重要基石，是功在当代利在千秋的德政工程。教育强则国家强，教育兴则民族兴。教育是最廉价也是最坚固的国防。没有教育的强大，永远不会有国家的强盛。所以，应该优先发展教育，保障教育投入，确保办好人民满意教育的前提。

办好人民满意的教育，就要把立德树人作为教育的根本任务。教育的根本任务是培养和谐发展的人，要以凝聚人心、完善人格、开发人力、培育人才、造福人民为工作目标，培养出"志存高远、德才并重、情理兼修、勇于开拓，在火热的青春中放飞人生梦想，在拼搏的青春中成就事业华章"的一代新人。这就需要我们摒弃片面追求升学率、把分数和成绩作为考核学校、教师和学生的唯一标准的做法，注重理想、道德、人格教育，注重探索能力和创新精神的培养，真正实现从应试教育向素质教育的转变。

办好人民满意的教育，就要大力促进教育公平，合理配置教育资源，办好每一所学校，教好每个孩子。教育公平是社会公平的基础，是实现社会阶层合理流动的重要通道。教育是美好生活的第一要务，也是人民满意的重要方面。我们要努力做到让每个人都享有公平而有质量的教育，加快缩小城乡、区域、学校、群体间的教育差距，回应人民群众"上好学"的热切期待，缓解人民群众的"教育焦虑"，让择校热、补习风等不断降温。

人民政协是社会主义协商民主的重要渠道和专门协商机构，是国家治理体系的重要组成部分。围绕中心、服务大局，顺应民心、尊重民意，关注民情、致力民生，为聚焦全面深化改革凝聚共识、汇集力量、建言资政，是人民政协的使命所在。办好人民满意的教育，社会基础是全社会和每个家庭都逐步树立科学的教育观、成才观，正确理解教育的目的和内涵。政协委员要广泛宣传党的教育方针政策，多做解疑释惑、凝聚共识的工作，引导广大群众对办好人民满意的教育有更加全面、客观、理性的认识。

相信这次会议形成的共识与建议，会有助于进一步改进教育工作，推动我们国家的教育事业健康发展，朝着"办好人民满意的教育"前行。

没有人民对教育的满意，就没有真正的美好幸福。办好人民满意的教育，能让人民从教育中享受到当下的幸福，同时创造明天的幸福。"两个一百年"奋斗目标的落实，中华民族伟大复兴中国梦的实现，就在这样让人民满意的一个个行动之中。

（本文发表于《中国政协》2019年第16期）

教师为立教之本、兴教之源

党的十八大以来，以习近平同志为核心的党中央高度重视教育问题，强调教育事业在坚持和发展中国特色社会主义战略全局中的地位和作用，把教育摆在优先发展的战略位置。习近平总书记围绕教育问题作出了一系列重要论述。

比如在 2018 年教师节召开的全国教育大会上，习近平总书记发表重要讲话，提出"九个坚持"：坚持党对教育事业的全面领导，坚持把立德树人作为根本任务，坚持优先发展教育事业，坚持社会主义办学方向，坚持扎根中国大地办教育，坚持以人民为中心发展教育，坚持深化教育改革创新，坚持把服务中华民族伟大复兴作为教育的重要使命，坚持把教师队伍建设作为基础工作。这"九个坚持"，回答了培养什么人、怎样培养人、为谁培养人的教育根本问题，为新时代教育改革发展提供了根本遵循。

除了在"九个坚持"中把教师队伍建设作为教育工作的最重要基础，习近平总书记还多次强调，好老师是民族的希望，教师是立教之本、兴教之源。习总书记从多个角度阐释教师工作的意义与价值、教师的素质与修养，回答如何弘扬全社会尊师重教风尚的问题，而且身体力行成为尊师重教的表率。

不难看出，教师问题是习近平总书记关注最多的重要主题。

一、提炼教师工作的本质：塑造灵魂、塑造生命、塑造人

习近平总书记对教师队伍建设高度关注和重视，指出教师是人类灵魂的工程师，是人类文明的传承者，承载着传播知识、传播思想、传播真理，塑造灵魂、塑造生命、塑造新人的时代重任。

2014 年教师节前夕，习近平总书记在与北京师范大学师生的座谈会上说："教师是人类历史上最古老的职业之一，也是最伟大、最神圣的职业之一。"他希望教师肩负实现"两个一百年"奋斗目标、中华民族伟大复兴中国梦的使命和责任，努力为发展具有中国特色、世界水平的现代教育，培养社会主义事业建设者和接班人作出更大贡献。

2016 年教师节前夕，习近平总书记来到母校北京市八一学校看望慰问师生，并在讲话中强调：教育决定着人类的今天，也决定着人类的未来；基础教育在国民教育体系中处于基础性、先导性地位，必须把握好定位，全面贯彻落实党的教育方针，从多方面采取措施，努力把我国基础教育越办越好。

习近平总书记对于教师工作的性质做了一个重要定位："教师重要，就在于教师的工作是塑造灵魂、塑造生命、塑造人的工作。"教师的工作不是把知识从自己的脑袋装进学生的脑袋，而是一个培养真正的人的事业。一个好的教师应对学生的终身教育负责，要为学生设计一生的发展规划，对学生产生长期的、连续的影响。好教师，带给学生的绝不仅仅是好分数，而是一生取之不尽用之不竭的成长力量，也就是好品质、好习惯、好能力。教师工作的特点，决定了教育事业是一项极其复杂的劳动，需要用整个身心竭尽全力投入。教师不仅是在塑造学生的心灵，塑造人的生命，其实也是在塑造未来社会的形象，创造未来社会的品质。

也正是在这个意义上，习近平总书记深有感触地说："一个人遇到好老师是人生的幸运，一个学校拥有好老师是学校的光荣，一个民族源源不断涌现出一批又一批好老师则是民族的希望。"

二、提出"四有好老师"标准：理想信念、道德情操、扎实学识、仁爱之心

教师工作的重要性，对教师素质提出了很高要求。习近平总书记在系列讲话中，先后对广大教师提出了具体要求，希望广大教师要做"四有好老师"，做学生的"四个引路人"，在教育工作中做到"四个相统一"。

2014 年第 30 个教师节前夕，习近平总书记考察北京师范大学时，对广大师生提出了要做"有理想信念、有道德情操、有扎实学识、有仁爱之心"的"四有好老师"要求。

2016 年第 32 个教师节前一天，习近平总书记在北京市八一学校与教师座谈时，又对广大教师提出了"四个引路人"的希望：做学生锤炼品格的引路人，做学生学习知识的引路人，做学生创新思维的引路人，做学生奉献祖国的引路人。

2016 年 12 月，习近平总书记在全国高校思想政治工作会上强调，要加强师德师风建设，坚持教书和育人相统一，坚持言传和身教相统一，坚持潜心问道和关注社会相统一，坚持学术自由和学术规范相统一。

2017 年 3 月 4 日，在全国政协十二届五次会议期间，习近平总书记在看望民进、农工党、九三学社的政协委员时说，我国知识分子历来有浓厚的家国情怀，有强烈的社会责任感，重道义、勇担当。他希望我国广大知识分子自觉做践行社会主义核心价值观的模范，坚持国家至上、民族至上、人民至上，身体力行带动全社会遵循社会主义核心价值观；积极投身创新发展实践，不断攀登创新高峰。我有幸在现场聆听了习近平总书记的这番讲话，感触特别深。从某种意义上说，教师不仅是知识分子，而且是特殊的知识分子，教师的职业使命要求广大教师既要善于求知，也要勤于传承。

2017 年 5 月 25 日，习近平总书记对学习吉林大学地球探测科学与技术学院教授黄大年先进事迹作出重要指示，强调要以黄大年同志为榜样，学习他心有大我、至诚报国的爱国情怀，学习他教书育人、敢为人先的敬业精神，学习他淡泊名利、甘于奉献的高尚情操，把爱

国之情、报国之志融入祖国改革发展的伟大事业之中，融入人民创造历史的伟大奋斗之中，从自己做起，从本职岗位做起，为实现"两个一百年"奋斗目标、实现中华民族伟大复兴的中国梦贡献智慧和力量。

这一系列讲话，对象和重点虽然不完全一样，角度也不完全相同，但精神实质是一致的，明确提出了优秀教师的基本要求与条件，为教师的培养和专业成长提供了标准。

第一，好老师要有理想信念。理想信念是源头活水，是好老师的不竭动力。习近平总书记指出：正确理想信念是教书育人、播种未来的指路明灯。通往未来的路，永远不可能一蹴而就，总需要人去探索。一位好老师，应该把"传道"之"道"，蕴含在"授业""解惑"的过程之中，用正确的方法诠释科学的理念，以自身的理解去诠释和传播中华优秀传统文化、汲取世界文明，培养出德智体美劳全面发展的社会主义建设者和接班人，从而用行动实现中华民族伟大复兴的中国梦。

第二，好老师要有道德情操。道德情操是境界修为，是好老师的成长阶梯。一位教师具有了理想信念之后，再具有扎实学识和仁爱之心，就很容易迎来事业的成功。良好的道德情操，则会保证教师处理好自己与他人、与集体、与国家的关系，成为一个不断自我提升的人。

第三，好老师要有扎实学识。扎实学识是行动利器，是好老师的实践工具。在信息社会，教师如果没有扎实的学识就会寸步难行。在信息化时代，文化反哺是教师必须面对的时代特征之一。好教师应该善于不断学习，学会站在大师肩膀上进行专业阅读，站在自己肩膀上进行专业反思，站在团队肩膀上进行专业交往。要乐于学习他人的成功经验，乐于分享自我的成长收获，在不断践行中不断总结提升，让一线经验完善丰富为教育智慧，在自己的工作领域逐渐成长为教育专家。

第四，好老师要有仁爱之心。仁爱之心是幸福之本，是好老师的成就之根。习近平总书记在与北师大师生代表座谈时说，世界上没有两片完全相同的树叶，老师面对的是一个个性格爱好、脾气秉性、兴趣特长、家庭情况、学习状况不一的学生，必须精心加以引导和培育，不能因为有的学生不讨自己喜欢、不对自己胃口就冷淡、排斥，更不能把学生分为三六九等。对所谓的"差生"甚至问题学生，老师更应该多一些理解和帮助。老师在学生心目中具有重要位置，老师无意间的一句话，可能造就一个天才，也可能毁灭一个天才。好老师一定要平等对待每一个学生，尊重学生的个性，理解学生的情感，包容学生的缺点和不足，善于发现每一个学生的长处和闪光点，让所有学生都成长为有用之才。一颗仁爱之心会保证教师良好的生命状态，会确保专业技能的正常发挥。

三、对乡村教师寄予厚望：素质优良、甘于奉献、扎根乡村

乡村教师是农村教育的关键，习近平总书记对农村教育和乡村教师特别关注。为了缔造一支素质优良、甘于奉献、扎根乡村的教师队伍，他或是写信，或是探望，或是领导制定与落实相关政策，亲力亲为，不断努力。

2014年，一群西部支教毕业生代表收到了习近平总书记写的热情洋溢的回信。2000年，河北保定学院15名毕业生远赴新疆且末县支教，扎根边疆。在他们的带动下，越来越多的保定学院学子投身西部支教，截至2013年，该校已有97名毕业生扎根西部。他们向习近平总书记写信汇报了工作和生活情况，习近平总书记在回信中说："我在西部地区生活过，深知那里的孩子渴求知识，那里的发展需要人才。多年来，一批批有理想、有担当的青年，像你们一样在西部地区辛勤耕耘、默默奉献，为当地经济社会发展、民族团结进步作出了贡献。"他在信中勉励全国的青年学生以他们为榜样，"到基层和人民中去建功立业，让青春之花绽放在祖国最需要的地方，在实现中国梦的伟大实践中书写别样精彩的人生"。

2014年9月9日，习近平总书记在北京师范大学与参加"中小学教师国家级培训计划"的贵州小学骨干语文教师进行了交流。一年

后的第 31 个教师节，他在回信中再次强调："发展教育事业，广大教师责任重大、使命光荣。希望你们牢记使命、不忘初衷，扎根西部、服务学生，努力做教育改革的奋进者、教育扶贫的先行者、学生成长的引导者，为贫困地区教育事业发展、为祖国下一代健康成长继续作出自己的贡献。"

习近平总书记不仅勉励教师们扎根西部，也非常关注他们工作与生活条件的改善。2015 年 4 月，习近平总书记主持召开中央全面深化改革领导小组第十一次会议，这次会议审议通过了《乡村教师支持计划（2015—2020 年）》。计划明确提出，必须把乡村教师队伍建设摆在优先发展的战略地位，多措并举，定向施策，精准发力，通过全面提高乡村教师思想政治素质和师德水平、拓展乡村教师补充渠道、提高乡村教师生活待遇、统一城乡教职工编制标准、职称（职务）评聘向乡村学校倾斜、推动城镇优秀教师向乡村学校流动、全面提升乡村教师能力素质、建立乡村教师荣誉制度等关键举措，努力造就一支素质优良、甘于奉献、扎根乡村的教师队伍。各级党委和政府要加强组织领导，因地制宜制定符合乡村学校实际的有效措施，把准支持重点，着力改革体制，鼓励和引导社会力量参与支持乡村教师队伍建设。

两个月后，国务院正式印发《乡村教师支持计划（2015—2020 年）》，提出逐步形成"下得去、留得住、教得好"的局面，到 2020 年，努力造就一支素质优良、甘于奉献、扎根乡村的教师队伍，为基本实现教育现代化提供坚强有力的师资保障。

四、提高教师待遇地位：让教师安心从教、热心从教、舒心从教、静心从教

基于对教育重要性的深刻认识、对教师的深厚感情，习近平总书记在每年的教师节或亲自走访学校，或写信慰问教师，用行动倡导全社会大力弘扬尊师重教的良好风尚，让广大教师安心从教、热心从教、舒心从教、静心从教。

2013 年第 29 个教师节，远在乌兹别克斯坦进行国事访问的习近平总书记专门写信向全国广大教师致以节日问候。在信中，他充分肯定了广大教师为我国教育事业发展、为国家发展和民族振兴作出的突出贡献，祝教师们身体健康、工作顺利、生活幸福，要求"全社会要大力弘扬尊师重教的良好风尚，使教师成为最受社会尊重的职业"。

2014 年 9 月 9 日，习近平总书记在会见全国教育系统先进集体和先进个人表彰大会受表彰代表后来到北京师范大学，看望教师学生，观摩课堂教学，进行座谈交流，向全国广大教师和教育工作者致以崇高的节日敬礼和祝贺。他在考察讲话中强调，"百年大计，教育为本。教育大计，教师为本"。国家繁荣、民族振兴、教育发展需要我们大力培养造就一支师德高尚、业务精湛、结构合理、充满活力的高素质专业化创新型教师队伍，需要涌现一大批好老师。

2015 年 9 月 9 日，习近平总书记给"国培计划"北京师范大学贵州研修班全体参训教师回信，对他们提出殷切希望，并向全国广大教师致以节日的祝贺和诚挚的祝福。这一年的教师节前夕，习近平总书记收到了浙江大学张泽等 49 名教师的来信，他及时通过浙江省委转达了对浙大教师的节日祝贺，并对来信做了回复。

2017 年 5 月 3 日，习近平总书记来到中国政法大学考察，他强调，要"立德树人，德法兼修，培养大批高素质法治人才"。

2018 年教师节，习近平总书记在全国教育大会上发表重要讲话，强调全党全社会要弘扬尊师重教的社会风尚，努力提高教师政治地位、社会地位、职业地位，让广大教师享有应有的社会声望，在教书育人岗位上为党和人民的事业作出新的更大的贡献。

五、以身作则礼敬教师：推动全社会从"尊师重教"到"尊师敬教"

习近平总书记不仅强调尊师重教的重要性，也身体力行成为尊师敬教的表率。他曾说过："教过我的老师很多，至今我都能记得他们的样子，他们教给我知识、教给我做人的道理，让我受益无穷。"2016 年 9 月 9 日，习近平总书记来到母校专门看望了当年教过自己的老师。他说：当年老师对我们要求十分严格，现在回想起来，终身受益。一位老师对总书记说："您给人民带来了幸福。"习近平总书记立即答道："是老师培养了我们。"在学校召开的座谈会上，北京市八一学校校长沈军在发言时说，欢迎首长回到母校。习近平总书记马上回应："到这儿就没有首长了，都是学生。"

习近平总书记同陈仲韩、陈秋影等几位老师一一握手，愉快回忆往事，聊起其他老师、同学的近况。陈秋影老师不仅是一位优秀的语文老师，也是一位儿童文学作家。1999 年夏天，陈秋影老师新创作出版了一册十余万字的童话集，她把新书寄赠习近平。不久之后，习近平在回信中对陈老师退休以后仍然辛勤耕耘笔耕不辍表达敬佩，同时表示："尊师敬教是中华民族的传统美德，正如毛主席对徐特立老人所说的那样：您过去是我的老师，现在仍然是我的老师，将来还是我的老师。"

"尊师敬教"四个字，很值得关注。从人们通常所说的"尊师重教"到"尊师敬教"，一字之差，"敬教"体现出对教育本身的敬重，对教育的价值意义的高度认可。教育是关乎人类未来的神圣事业，对教育怀有一份敬畏之心，才会更加对教师深怀一份尊重之情。因为，教师本身就是教育事业最关键的人物，教师决定了教育的质量和教育的未来。

三尺讲台值得一生伫立。一个国家、一个民族真正尊师敬教，就会真正视教师为立教之本和兴教之源，就会激发教育的无限活力，释放人民的无限潜力，不仅会赢得当下的幸福，还能赢得未来的腾飞。

（发表于 2019 年第 17 期《人民教育》）

民进与新中国教育 70 年

中国民主促进会（以下简称"民进"）是以教育、文化、出版传媒为主要界别的参政党。据统计，目前民进有 17 万会员，其中 60%以上是教师，主体则是中小学教师。

70 多年来，民进一直深度关注和参与教育事业，为中国教育的发展建言献策，为提高教师的社会地位和经济待遇鼓与呼。本文通过系统梳理民进与新中国教育 70 年发展的关系，回顾民进为中国教育改革与发展所做的主要工作。

教师节、教师法的出台

我国的教师节定在每年的 9 月 10 日。35 年以来，每年的这一天，国家都要举行教师节庆祝活动，民进中央也都要在教师节前夕举办中国教师发展论坛。这一天，这个节日，与民进中央有着特别的渊源。

中国历史上最早出现的教师节是在 1931 年。当时，由教育界知名教授邰爽秋、程其保等联名发起，拟定每年 6 月 6 日为教师节，并发表《教师节宣言》，提出改善教师待遇、保障教师工作、增进教师修养三项目标。"六六"教师节系民间自发倡议，没有得到当时国民党政府承认，但在全国各地产生了一定影响。1939 年，国民党政府决定另立孔子诞辰日 8 月 27 日为教师节，并颁发了《教师节纪念暂行办法》，但由于种种原因，也未能在全国推行。

　　中华人民共和国成立后，中央人民政府曾恢复 6 月 6 日为教师节。教育部通告各地可根据实际情况自行组织庆祝活动。1951 年，全国教育工会成立，教育工作者被确认为工人阶级的一部分。所以，1951 年 4 月 19 日，时任教育部长和中国教育工会全国委员会主席发表书面谈话，宣布"五一国际劳动节"同时为教师节。但由于各种原因，教师节逐渐销声匿迹。

　　教师节再次被提上议事日程，是改革开放以后的事情。1981 年 8 月 30 日，《光明日报》头版刊登署名为北京章连峰的关于《建议建立教师节》的"读者来信"，其中对当时存在的"一工交、二财贸，不三不四搞文教"的说法进行了批评，建议定每年 9 月 1 日为教师节，"全国学校在这一天举行庆祝活动。通过这种活动，让学生尊重教师，让各界人士尊重教师，逐步达到全社会尊重教师的目的"。

　　两个多月后的 1981 年 11 月，在全国政协五届四次会议上，民进 17 位会员联名提交了《建议确定全国教师节日期及活动内容案》。在提案人中，叶圣陶曾任民进第七届中央委员会主席，雷洁琼曾任民进第七、八、九届中央委员会主席，徐伯昕、吴贻芳、葛志成、叶至善曾任民进中央副主席，张明养、柯灵、方明曾任民进中央参议委员会副主席，而方明又是提案的主要发起人及撰稿人。提案中明确提出教师担负着培养"四化"建设人才的重任，应该享有崇高的社会地位，尊重教师、关注教师的发展，应该成为国家非常重要的政策。希望不仅要有儿童节、青年节，同时更应该有教师节。

　　这件提案当时被编为全国政协的 170 号提案。民进中央原秘书长陈益群曾经说："事实上，民进是以组织的名义来推动教师节成立的。170 号提案是民进中央的组织行动，集体意志。"而且，民进不是简单提出教师节成立的建议，而是深思熟虑提出设立教师节的理由、办法、日期、节日活动内容等等，是经过调查研究和研讨思考的。

　　1981 年 12 月，时任中共中央书记处书记习仲勋接见参加全国中小学工会思想政治工作会议的代表时，方明和教育部原副部长张承先一起向习仲勋提出建立教师节的事。习仲勋听后，建议教育部和全国教育工会联合起来写报告请示中央。

　　1982 年 4 月，教育部党组和全国教育工会分党组联合，由张承先和方明共同签发的《关于恢复"教师节"的请示报告》送中央书记处。

1982 年 7 月 20 日,《光明日报》再次以"读者来信"的形式刊登天津南开中学语文教师田家骅的建议,提出"教师应有自己的节日。日期最好在暑假后开学的第十天为宜"。这恰好与后来教师节的时间相吻合。

1983 年 6 月,全国政协六届一次会议上,包括方明、葛志成、霍懋征在内的 19 位民进政协委员,再次联名提出《为提高教师的社会地位,造成尊师重教的社会风尚,建议恢复教师节案》。全国政协审查的意见是:"建议由中共中央宣传部会同教育部研究办理。"同年 9 月,中宣部办公厅致函教育部办公厅,经研究政协六届一次会议方明等同志的提案,同意恢复教师节。1983 年 12 月,由教育部何东昌部长和方明共同签发的教育部党组和全国教育工会分党组《关于恢复"教师节"的请示》送中央宣传部。

1984 年 10 月,万里、习仲勋等中央领导对教育部党组和全国教育工会分党组的请示圈阅。1984 年 12 月,教育部党组和全国教育工会分党组《关于建立"教师节"的报告》送中央书记处并报国务院。同年 12 月初,暨南大学和中山大学学生倡议设立"尊师节"。12 月 15 日,北京师范大学原校长王梓坤院士在一次座谈会上倡议 9 月为"尊师重教月"。

1985 年 1 月,国务院向全国人大常委会提出设立教师节的议案,全国人大常委会通过了这一议案,确定每年的 9 月 10 日为教师节,1985 年 9 月 10 日就成为新中国的第一个教师节。

从 1981 年到 1985 年,民进人为推动教师节的设立,前前后后努力了 5 个年头。期间社会各界人士通过各种方式呼吁设立教师节,共同为教师节的设立做出了贡献。但毫无疑问,民进前辈们有着不可替代的历史性贡献。

除教师节以外,《中华人民共和国教师法》的出台,同样凝聚着民进人的心血。20 世纪 80 年代,一度出现了教师队伍不稳定、普通教育发展面临困难的情况。1984 年,全国教育工会、中国民主促进会和全国政协教育组组成联合调研组,对教师地位和教师权益问题进行调研。调研报告提出，必须要立法，依法治校，用法律来保障教师的政治地位、社会地位和合法权益，从根本上稳定教师队伍。

1986 年初，方明同志又收到广东石人嶂钨矿中学教师朱源星寄来的教师法设想稿。在此基础上，全国教育工会草拟了教师法初稿，并将草案和有关资料分送给民进中央、中国陶行知研究会、北京市教育科学研究所、北师大教育科学研究所的负责同志。之后，全国教育工会和上述四家组成《中华人民共和国教师法》联合起草小组，方明任组长。方明同志是全国教育工会的主席，同时也是民进中央的常委，民进在这个过程中发挥了很重要的作用。

1986 年 3 月，在调查研究的基础上，方明和民进组的 20 位全国政协委员在全国政协六届四次会议上联名提出《尽早制定"教师法"案》。

1986 年 4 月，在广泛深入调查研究基础上，由北京市教育科学研究所梅克执笔，写出《中华人民共和国教师法》草案（一稿）。全国教育工会和民进中央两个渠道，组织了约有一万人参加讨论，起草小组又写出草案的二稿、三稿、四稿。

1987 年，中国教育工会在青岛召开教师法研讨会。同年，国家教委在南京召开教师法研讨会。

为了使教师法尽快出台，1988 年 3 月全国政协七届一次大会上，方明和民进中央副主席、全国政协常委葛志成联名作了《制定〈教师法〉提高教师地位和待遇》的发言。方明呼吁，必须正视当前出现的"教师危机"，增强制定教师法的紧迫感。

经过多年的努力，1993 年 10 月 31 日，《中华人民共和国教师法》终于颁布。对此，身兼民进中央常委和全国教育工会主席的方明感慨并谦逊地说："许多同志，包括起草的、研究的、组织工作的，以至数以万计参加讨论的，都为教师法的诞生出了一份力。至于我们的贡献，是很微薄的，不过我们是努力的、真诚的。教师法作为国家的一部重要法律，主要是人大常委会、国务院、国家教委的工作成果。"

民进在教育领域的参政议政故事

70 年来，民进在教育的诸多领域都提出了许多有价值的提案与建议，从学前教育到高等教育，从民办教育到职业教育，从义务教育均衡发展到改善教师待遇，等等。这里仅就民进聚焦的几个重点议题做一些介绍。

呼吁制定和颁行职业技术教育法

多年来，民进十分关心职业教育工作，并把为这项教育事业的改革与发展献计出力作为全会参政议政工作的重要内容。早在 1990 年，民进中央就发展职业教育问题开展了专题调研，发动全会各级组织，依靠会内外有关人士调查情况、研究问题，征询意见和建议，形成了民进中央关于发展中等职业技术教育的建议书。1991 年全国政协七届四次会议上，时任民进中央副主席葛志成代表民进中央做了《全社会都来关心和重视中等职业技术教育的发展》的大会发言。1992 年，在全国政协七届五次会议上，民进提交了《制定和颁行〈职业技术教育法〉案》。

在该提案提出次年，即 1993 年，国家开始正式起草职业技术教育法，后来颁布的职业教育法是人大常委会最后确定的法律名称。1996 年 5 月 15 日，八届全国人大常委会第十九次会议审议通过了《中华人民共和国职业教育法》。该法的诞生是我国职业教育发展过程中的重要里程碑，我国职业教育从此走上了有法可依、依法治教的健康发展轨道。

呼吁尽快制定民办教育法，促进民办教育健康发展

改革开放以来，我国各级各类民办教育机构有了长足发展，成为社会主义教育事业的重要组成部分。但各级政府对民办教育的鼓励、引导和管理，都缺少有章可循的法律依据。民进的同志们意识到，制定和颁行民办教育法是民办教育得以健康发展的迫切需要，也是保证依法治教的必要措施，于是，在 1997 年全国政协八届五次会议上提出该提案。

当时的国家教委对提案非常重视，1997 年 5 月 20 日对该提案进行了书面答复，答复中提出："你们提出的四点建议很好，我们将在起草民办教育法的过程中注意吸收采纳，同时我们将采取不同的方式邀请社会各界包括民主党派参加研讨，认真听取各方面的意见。"

全国人大八届 22 次常委会议决定起草民办教育法。2002 年 12 月 28 日，全国人大九届 31 次常委会通过了《中华人民共和国民办教育促进法》，该法自 2003 年 9 月 1 日起施行。

呼吁切实采取措施，缩小义务教育阶段学校差距

基础教育阶段学校之间的水平差距过大，使素质教育难以实施。在大量调研的基础上，1998 年 3 月，民进中央在政协九届一次会议上提交提案，建议切实采取措施，缩小义务教育阶段学校差距。提案要求各级教育行政部门应该最大限度地合理分配和使用教育资源，即一方面继续加大建设基础薄弱学校的力度，努力办好每一所学校；另一方面敢于制止不切实际的攀比高标准、高水平办学条件的倾向，以免造成资源浪费。

教育部对此提案高度重视，在进一步调研的基础上，2005 年正式出台《关于进一步推进义务教育均衡发展的若干意见》，意见中采纳了民进中央提出的逐步缩小学校办学条件的差距、加快薄弱学校改造等具体意见。该提案被列为全国政协优秀提案。

促进教育公平、推进义务教育均衡发展是民进中央长期关注的重点议题，2013 年民进中央专门就此议题开展了党派中央重点考察调研，并围绕这一议题形成了一系列成果。如《关于在新形势下进一步推进农村教育综合改革的建议》（2009 年）、《关于优化义务教育财政转移支付制度的建议》（2015 年）、《关于加强乡村教师队伍建设的建议》（2016 年）等。我本人和马德秀委员先后在全国政协大会上代表民进中央作了《县区义务教育均衡发展是促进教育公平的当务之急》和《让老少边穷岛地区乡村教师"下得去、留得住、教得好"》的大会发言。

与此同时，民进中央先后提交了多件全国政协大会党派提案，如《关于加强体制机制创新，促进城乡师资均衡发展的建议》（2008

年）、《关于进一步调整我国农村教师编制的提案》（2015 年）、《关于基础教育财政投入由"公办学校"向"公共教育"转变的提案》（2017 年）等。这些意见建议和党派提案，对于推进义务教育均衡发展政策的完善，发挥了积极的作用。

关注学前教育的普及和普惠性发展

学前教育是基础教育体系的有机组成部分，是学校教育和终身教育的奠基阶段。我国是学前教育大国，但尚存许多难以解决的问题。民进中央一直以来高度关注这个议题，围绕这个问题展开了比较深入的调研，我也带队专门做过两次关于学前教育的专题调研。

在广泛调研的基础上，在 2010 年 3 月召开的全国政协十一届三次会议上，民进中央提交了关于促进学前教育发展的提案。提案指出，对学前教育投入带来的收益是各个学段中最高的，而对贫困幼儿学前教育投入带来的效益则更高，学前教育是消除儿童贫困、切断贫困代际传递的重要途径，对国家减贫战略具有重要意义。

2010 年以后，民进中央持续关注学前教育的发展问题，围绕这一议题形成了一系列成果，包括全国政协大会党派提案 6 件，如《关于加快制定〈学前教育法〉的提案》（2011 年）、《关于加快发展边疆民族地区学前教育的提案》（2017 年）、《关于在民族地区全面推进"学前学会普通话"的提案》（2019 年）等。

除了通过提案为学前教育发展建言献策之外，民进中央还与全国政协教科文卫体委员会共同承办了一次以学前教育为主题的双周协商座谈会。2017 年 2 月 16 日，全国政协在京召开第 62 次双周协商座谈会，围绕"办好学前教育"建言献策。此前，民进中央作为这次双周协商座谈会主办方之一，组织会内外专家力量，分别在山西省太原市、大同市，湖北省武汉市、宜昌市开展了关于办好学前教育的专题调研。在充分调研的基础上，12 月 29 日在京举行了"民进中央学前教育专题研讨会"，就办好学前教育发展的关键性问题深入研讨。

在第 62 次双周协商座谈会上，民进会员中的全国政协委员朱永新、胡卫、卫小春、罗黎辉、杨建德、汤素兰、陈自力、卢天锡，以及民进专家学者庞丽娟、李丁丁做了发言，占到了本次座谈会发言人数的半数以上，为推动学前教育普及和普惠发展，做出了应有贡献。

呼吁制定《农村学校布局调整若干规定》

从 2000 年到 2010 年 10 年间，我国农村的小学减少了一半。乡村小学的撤并导致乡村文化氛围、适宜居住度严重降低，还带来农村、山区孩子上学难、辍学率回升，家庭教育费用成倍增加等问题。为此，民进中央在 2012 年召开的十一届五次会议上，提出《制定〈农村学校布局调整若干规定〉的提案》。

教育部多次就这一提案与民进中央沟通意见，还专门邀请民进中央有关人员参加专题调研，参与了《规范农村义务教育学校布局调整的意见》从初稿到最终确定的整个过程。在调研和充分采纳民进中央建议的基础上，《规范农村义务教育学校布局调整的意见》于当年 9 月正式出台。可以说民进中央在该政策出台过程中起到了重要的推动作用。

呼吁深化教学改革、减轻学生课业负担

多年来，民进在基础教育领域长期关注学生的身心健康和德智体美劳全面发展，尤其对义务教育减负工作高度关注，进行了长期研究。早在 2013 年，民进中央就向中共中央、国务院报送了《关于教育减负的几点建议》。在 2014 年 2 月召开的全国政协十二届二次会议上，提交了《关于教育减负要从深化教学改革做起》的提案。

该提案被确定为当年全国政协的重点提案，由时任全国政协副主席、民进中央常务副主席罗富和率提案委员会重点提案调研组，赴山东、天津调研，形成了《关于以减负提质为重点深化义务教育教学改革的调研报告》。

2015 年至 2017 年，教育部就义务教育语文、历史、思想品德三科全国统编教材多次向民进中央征集意见，民进中央的意见也充分考虑了课程内容整合、减轻学生过重课业负担的因素，大多数意见被教育部采纳。2019 年初开始，围绕减轻学生过重课业负担，民进中央常务副主席刘新成同志多次带队调研，并主持召开了三场座谈会。在调研和座谈的基础上，在 2019 年 8 月的全国政协十三届常委会八次会议上，刘新成常务副主席作了有关"减轻学生过重课业负担、促进学生身心健康发展"的讲话。我也代表民进中央在会上作了《加强互联网教育的建设，促进义务教育的均衡发展》的大会发言。

呼吁修订《中华人民共和国教育法》，规范国家通用语言文字表述

2013 年 9 月，国务院法制办公室启动了《教育法律一揽子修订草案（征求意见稿）》公开征求意见工作，为修订教育法提供了契机。民进中央在深入调研的基础上，在 2015 年 3 月召开的全国政协十二届三次会议上正式提交了《关于修订〈中华人民共和国教育法〉，规范国家通用语言文字表述的提案》，提出对教育法第十二条进行修订，规范国家通用语言文字表述。

该提案由全国人大常委会法工委、新闻出版广电总局、教育部办理。在民进中央的大力推动下，2014 年，中央民族工作会议明确提出推广国家通用语言文字。2015 年 12 月 27 日，第十二届全国人大常委会第十八次会议表决通过了关于修改教育法的决定，教育法第十二条已改为"国家通用语言文字为学校及其他教育机构的基本教育教学语言文字"。该提案获"全国政协优秀提案"。

呼吁加强教师队伍建设

教师是教育的第一资源，是发展教育事业的关键所在，教师队伍建设是民进长期关注的议题。从 2007 年起，民进中央坚持每年召开中国教师发展论坛，为深化教育改革广泛建言献策。在呼吁设立教师节和出台教师法之后，民进中央继续发力，围绕加强教师队伍建设的议题形成了一系列成果。

这些成果包括报送中共中央、国务院的建议书 3 份和全国政协党派提案 10 件。其中包括《关于解决聋人教师资格认证问题的建议》（2013 年）、《关于进一步完善免费师范生教育政策的建议》（2015年）和《关于加强乡村教师队伍建设的建议》（2016 年）等建议书，以及《大力加强西部农村地区义务教育教师培训能力建设》（2008年）、《关于完善财政保障机制，切实落实义务教育教师绩效工资的

提案》（2010 年）、《关于改革基础教育师资培养模式的提案》（2017年）、《关于吸引高素质人才进入教师队伍的提案》（2017 年）等。

2018 年，中共中央、国务院出台了《关于全面深化新时代教师队伍建设改革的意见》，其中不少举措与民进中央多年呼吁的加强教师队伍建设的建议是完全一致的。

（本文 2019 年 10 月 31 日发表于《人民政协报》）

民进教育家对中国教育的贡献

如果要列一个民进教育家的名单，那将是一个长长的、难以罗列完全的教育家名单。从民进的领导人马叙伦、叶圣陶、许嘉璐、车向忱、林汉达、吴贻芳，到老一辈的教育家傅任敢、吴研因、辛安亭、顾黄初、霍懋征、赵宪初、方明、俞子夷、吴若安、陈一百、张志公、段力佩、吕敬先、董纯才、王企贤、朱有洄、陈孝禅、郄禄和、孟雁君、张光璎、郝守本、邱光、叶上雄、刘运来、俞旭初等，再到现在活跃在教育舞台的中青年教育学者庞丽娟、周洪宇、张志勇、王兰、吴正宪、李镇西、蓝继红、胡卫、霍力岩、程方平、项贤明、肖川、万玮、吴国平等等，不胜枚举。他们在各自的岗位上，为中国教育的发展作出了独特的贡献。本文仅选择部分民进领导人和会员代表做一些个案的分析与介绍。

马叙伦：新中国第一任教育部长

马叙伦（1885—1970）先生是中国民主促进会的主要创始人和领导人，也是著名的教育家、语言文字学家、诗人和书法家。

马叙伦曾经分别在小学、中学、大学任过教，做过校长、教育厅长、教育部次长及代理教育总长等。新中国成立后，他出任了第一任教育部部长和第一任高等教育部部长。

1949 年 12 月 23 日，在北京召开的第一次全国教育工作会议上，马叙伦对新中国教育的性质和总任务进行了系统阐述，对于如何改造旧教育、建设新教育，如何从各级学校的课程、教材、教学方法、师资到制度层面进行彻底、有计划、有步骤的变革进行了全面部署。在很短的时间里，一批新型学校——中国人民大学、民族学院和工农速成中学兴建起来，一批工农干部及优秀产业工人被选拔到学校深造，开办了大量工人补习学校，开展了全国规模的识字运动，加强师资培训，解决师资缺乏的困难，发展中等技术教育，以适应经济建设的急需。

在政务院领导下，马叙伦主持和参加了新学制的研究和制定工作。根据当时国家建设实际需要，他研究、吸收了我国教育工作的经验，特别是老解放区的教育经验，提出了改革意见。1951 年 11 月 1日，政务院发布实施《关于改革学制的决定》。新学制改正了原有学制的缺点，密切配合国家各项建设事业的需要，对各级各类学校的地位、年限和互相衔接关系，做出了新的规定，铸造了新中国人民教育的基本格局和框架。

作为民主党派的领导人，马叙伦在教育资政建言方面也有着特别的贡献，其中，高度重视师生健康问题和收回教育主权就是两个重要的方面。

中华人民共和国成立之初，马叙伦了解到学生学习负担过重、健康受到影响的情况后，在参加中国人民政治协商会议第一届全国委员会第二次会议期间，他及时向毛泽东同志作了汇报。毛泽东旋即手书"健康第一"，接着，他又函示马叙伦："各学校注意健康第一，学习第二。营养不足，宜酌增经费。学习和开会时间宜大减，病人应有特别待遇。全国一切学校都应如此。"马叙伦和教育部的干部通过调查研究提出了六项改进措施：一是调整学生日常学习及生活的时间；二是减轻学生课业学习与社团活动的负担；三是改进学校卫生工作；四是注重体育、娱乐活动；五是改善学生伙食管理办法；六是学校经费的支配，应适当地照顾保健工作的需要。在周恩来总理的关怀下，政务院第 93 次政务会议讨论通过了《关于改善各级学校学生健康状况的决定》。

马叙伦对办学主权问题高度重视，20 世纪 20 年代就提出收回教育主权的愿望，即将外国教会学校和接受外国津贴的学校收归国办，夺回长期为帝国主义国家和宗教势力所霸占的文化阵地。1950 年 9 月 25 日，马叙伦代表教育部召见天主教罗马教会驻辅仁大学代表芮哥尼并谈话，阐明新中国独立自主的教育政策，并义正词严地驳斥了其诬蔑中国干涉宗教自由的谰言，谴责教会侵犯中国人民教育主权的行径。1951 年 1 月，教育部召开"处理接受外国津贴的高等学校会议"，重申中华人民共和国不允许外国人在境内办学的方针。会后，有 11 所学校改为公办，9 所学校改为中国教育工作者完全自办。在这场复杂而且政策性很强的斗争中，马叙伦既是建言谋策者，又是决策执行者，他准确地把握并坚决贯彻执行了中共中央和政务院确定的方针政策，对取得斗争胜利起到了重要作用。

在马叙伦担任新中国首任教育部部长的 3 年时间中，教育事业发生了根本性的变化，"从根本上改变了旧中国半殖民地半封建的教育状况，整个国家的教育机关和教育事业，已经是完全属于人民，成为为人民服务的工具了"。教育事业的发展为我国大规模的经济建设和文化建设做了重要准备。

1952 年 12 月，马叙伦改任高等教育部部长，集中领导培养高级建设人才的工作。担任高教部部长后，他的重点工作是在院系调整的基础上，"着重改组旧的庞杂的大学，加强和增设工业高等学校，并适当地增设高等师范学校；对政法、财经各院采取适当集中"。经过半年多的工作，院系调整基本完成。我国的许多省份都有一所综合性大学，并设有工、农、医、师等专门学院；几所大学已改造成为多学科的工业大学；在高等工科院校中，基本建成机械、电机、土木、化工等主要工科专业比较齐全的系，设置了 294 种专业，其中工科 137种。由此开始改变了旧中国不能培养比较配套的工程技术人才的落后状况，培养了国家经济建设急需的工程等专门人才。

林汉达：为中国孩子讲故事

林汉达（1900—1972）先生是中国民主促进会的创始人之一，著名的儿童文学作家、教育家、翻译家。从 20 世纪 50 年代后期开始，他先后编写出版了《东周列国故事新编》《春秋故事》《战国故事》《春秋五霸》《西汉故事》《东汉故事》《前后汉故事新编》《三国故事新编》等大量通俗历史故事读物。以此为基础编辑出版的《上下五千年》和《中国历史故事》，是影响了中国数以亿计的几代人的儿童读物。

1962 年中华书局出版的《东周列国故事新编》序言中，林汉达谦虚地说："我喜欢学习现代口语，同时又喜欢中国历史，就不自量力，打算把古史中很有价值的又有趣味的故事写成通俗读物……我当初写中国历史故事的动机只是想借着这些历史故事来尝试通俗语文的写作，换句话说，是从研究语文出发的。"

身居高位、学至大家的林汉达致力于把以艰深的文言文记录的中国历史，用通俗易懂的白话文表达出来，他投入大量精力来做这样的"小事"，不仅造福了一代又一代孩子，也为读者历史知识的启蒙做了奠基性的工作。儿童文学作家任溶溶曾经说："林汉达的历史故事不仅可以让读者津津有味地读到我们祖国的历史，而且文字规范，对我们学语文、学作文都大有好处。"历史知识是爱国教育的基础与前提。这些中国历史故事已经成为儿童读物的一座丰碑，至今仍广为流传，几乎无人企及。

《中国历史故事》丛书收录的 100 多个春秋故事、战国故事、西汉故事、东汉故事、三国故事，从一个侧面反映了林汉达为孩子讲中国故事的能力，所有的故事，都用一个浅显明了的四字标题，如"千金一笑""一鼓作气""放虎回山""起死回生"等表达，不仅文字规范，而且生动有趣。如果林汉达还在世，去百家讲坛讲中国历史，恐怕会远比现在流行的一些讲座更加精彩。

林汉达是学贯中西的学者，对于中国教育的传统和西方教育的发展了然于胸。1941 年，他的教育理论代表作《向传统教育挑战》正式出版，一方面有批判地引进西方的教育学说，一方面向中国的传统教育提出鲜明的挑战。在这本书中，林汉达对传统教育的"镶金嵌玉的锄头""小和尚念经""填鸭教育与放任主义""贼养儿子掘壁洞""铁杵磨成绣花针"等观点与做法提出了尖锐批评。

这本书在当时的确是一部"破天荒"的著作，林汉达用"幽默的态度，生动的笔调，深刻的见解，透彻的讨论"，既批评了传统教育的弊端，又系统介绍了学习心理学的理论，是一部有破有立、简明扼要的教育心理学普及读本，出版以后受到学界与社会的广泛好评，一再重印再版。前几年还有出版社重新再版了这部著作。

叶圣陶：为中国学生编教材

叶圣陶（1894—1988）先生是民进中央原主席，著名的教育家、文学家、出版家和社会活动家。我国第一部童话集《稻草人》和第一部长篇教育小说《倪焕之》出自他的笔下。中华人民共和国成立后，叶圣陶曾担任国家出版总署副署长、教育部副部长、人民教育出版社社长、中国作家协会顾问、中央文史研究馆馆长、全国政协副主席等职。

从 18 岁做小学教师开始，叶圣陶的一生几乎没有离开过教育，从事教育工作近 80 个春秋。他对教育的挚爱之炽和思虑之深，堪称教育工作者的楷模。无论是在甪直的吴县第五高等小学的青春年华，还是在开明书店主编《中学生》杂志和编写系列国语教材时的激情岁月；无论是主持人民教育出版社期间对教材"国家队"的建设，还是主政中国民主促进会时对一线老师的关怀……工作不同，职务各异，但围绕着教育这一核心，叶圣陶先生始终在坚定探寻。

在漫长的教育生涯中，叶圣陶提炼出了"教是为了达到不需要教""教育就是养成好习惯""学校教育应当使受教育者一辈子受用"等教育观点。这些观点来自火热的教育生活，又经过他的提炼，一经提出便脍炙人口。其中许多教育观点，如教育不是工业是农业、文理不宜分科、语文是发展儿童心灵的学科、写作就是说话、先做学生的学生才能做学生的先生、儿童非缩小的成人、品德教育重在实做等，不仅在当时具有深远的影响，即使历经数十年，在今天看来仍然具有重要的现实意义。

在教育理论上，叶圣陶的语文教育思想最为丰富系统。他认为，语文教育对于儿童具有十分重要的作用，语文是儿童非常需要的学科，也是"发展儿童心灵的学科"，"除了技术的训练而外，更需含有教育的意义"。语文教育的重要任务，是培养学生听说读写的能力。听说读写又可以分为两个方面，听和读、说和写。"有了听和读的能力，就能吸收人家的东西，化为己有。有了说和写的能力，就能表达自己的心意，让人家完全明晓。"这四方面的能力是相辅相成的，听和读能力的提高，有助于说和写能力的提高。

在叶圣陶看来，小学语文应该偏重"语"，应该"把训练儿童说话这件事看得极其重要"。而且，儿童的说话训练不但是语文学科和语文老师的事情，也应该是各科教学和全体老师都要注意的事情。他认为，所谓善于说话，并不是一般意义上的口齿伶俐，而是"要修养到一言片语都合于论理，都出于至诚"。具体说，就是要精于思想、善于情感和工于表达。说话的训练，关键有两条，一是尽可能给学生说话的机会，二是老师的说话要成为学生的典范。

叶圣陶明确指出，阅读是教育的核心与关键。离开学校以后，学生的成长主要是通过阅读来实现的。所以，"不待老师教，自己能阅读"是学生在学校期间必须形成的能力。他主张给学生阅读的自由空间，他曾经严厉批评一些学校禁止学生阅读课外书报的现象，认为这样做其实是"把学生看作思想上的囚犯"，而把学生的思想禁锢在狭小的圈子里，听不见远处的风声唱着什么曲调，看不见四围的花木显着什么颜色，"这样寂寞和焦躁是会逼得人发疯的"。他建议要加强阅读的指导，认为阅读指导如同给走路的人指点某一条路怎么走，按照这个指点，走路的人不但不会走冤枉路，而且会"见得广，懂得多，心旷神怡"。他认为，图书就是"人类经验的大仓库"，仓库里藏的东西不一定全是好的，也有霉烂变质的，不合时宜的。所以，开卷未必有益，必须有选择地读书，选择那些对自己最有用的书来读。

作为著名作家，叶圣陶对写作有深切的感受和深刻的见解。他指出："写文章跟说话是一回事儿。用嘴说话叫作说话，用笔说话叫作写文章。嘴里说的是一串包含着种种意思的声音，笔下写的是一串包含着种种意思的文字。"所以，写文章绝不是找一些稀奇古怪的话来写在纸上，只不过是把要说的话用文字写出来而已。也就是说，思想、语言、文字，三样其实是一样。"思想是脑子里在说话——说那不出声的话，如果说出来，就是语言，如果写出来，就是文字。"

既然写作就是说话，那么，怎样才算把话说好呢？叶圣陶认为，关键是做到四个不：不花言巧语，言不由衷；不认是为非，将虚作实；不含含糊糊，不明不白；不颠三倒四，啰里啰唆。前面两个是说老实，后面两个是说明确。说不老实的话，写不老实的文章，无非是想自欺欺人；说不明确的话，写不明确的文章，在自己是等于说了白说，在人家则是听了莫名其妙。当然，写作虽然说是说话，但是毕竟不同于一般意义上的口头说话。要让自己说的话老实而明确，就要锻炼我们的语言习惯。同时，也要了解文章与语言两样的地方，如说话有面部表情和身体姿势的帮助，文章则没有；说话可以天南海北，不讲究开头结尾，文章则需要讲究；说话可以没有题目，文章则需要；说话可以用方言土语，文章则不能过多采用等等。

叶圣陶对于教师的写作和写作教学也非常重视，强调教师应该带头写"下水作文"，希望老师深知作文的甘苦，对取材布局、遣词造句能够"知其然又知其所以然，而且非常熟练，具有敏感，几乎不假思索，而自然能左右逢源"。如此，对学生的指导才是"最有益的启发，最切用的经验，学生只要用心领会，努力实践，作一回文就有一回的进步"。

叶圣陶认为，写作教学不是为了让学生个个成为著作家、文学家，而只是因为在现代社会，"写作已经同衣食一样，是生活上不可缺少的一个项目"。所以，一方面要关注写作的两个重要基础：阅读与生活；另外一方面要改进写作教学，如题目要尽可能让学生有话可说，让学生养成自己检查修改的习惯，学生共改和教师面批等，都是行之有效的写作教学方法。

在教育实践上，叶圣陶先生对于中国教育的最大贡献，就是为中国学生编辑出版了影响几代人的教材。1922 年，不到 30 岁的叶圣陶受教育部的礼聘，担任了全国教育会联合会新学制课程标准起草委员，拟订了《新学制初级中学国语科课程纲要》。不久，他与人合编了初级中学教科书《国语》（6 册），由商务印书馆出版，这是叶圣陶第一次主编一整套正式的教科书。此后，从 1932 年的初级小学《开明国语课本》到 1948 年的《文言读本》，他先后自编或参与编写了十多套国文教材。其中有的教材，如《国文百八课》从编排体系、课文选取到教学指导诸方面都达到完善的程度，堪称语文教材的经典。

1949 年以后，叶圣陶担任教育部副部长兼人民教育出版社（以下简称人教社）社长，在肩负全国教育改革任务的同时，仍然以极大的精力领导中小学教材的改革和建设。"文革"之前 17 年间，人教社出版的各种教材中，绝大部分是经他之手修改的，语文教材更是一字一句一个标点都凝结着他的心血。

叶圣陶的教育思想与实践探索，最重要的特点就是直面当时当下的教育问题。例如，1981 年 10 月，《中国青年》杂志发表了一篇《来自中学生的呼声》的调查报告，希望叶圣陶先生发表评论。老人家请孩子念给他听，结果，念的人越来越哽咽，听的人越来越难受。其后，他奋笔疾书，写下了一篇脍炙人口的《我呼吁》。

在这篇文章中，叶圣陶希望教育部的领导拿出比说话更加有效的实际行动；希望各省市自治区教育局的领导不要用摧残学生的身心来换取本地区的虚誉；希望高校的领导千万不要招收那些"死记硬背的东西太多，缺乏独立思考和丰富的想象力"的学生；希望小学的领导不要从小开始应试教育。尤其希望中学的领导要顶住上级领导、父母、舆论的压力，不要害怕"剃光头"；希望中学的老师处处为学生着想，保护他们的切身利益；希望父母们明白进大学是成才的一条道路，但不是唯一的道路；希望媒体的编辑不要为应试教育推波助澜；希望出版社的编辑不要印行高考试题解答之类的书。叶圣陶在文章的结尾诚恳地写道："爱护后代就是爱护祖国的未来。中学生在高考的重压下已经喘不过气来了，解救他们已经是当前急不容缓的事，恳请大家切勿等闲视之。"可以说，这是一篇批评应试教育的檄文，也充满着对于未来的素质教育的期待。

霍懋征：用"爱"诠释教育的真谛

霍懋征（1922—2010）是当代著名教育家。她一生倡导和实践"爱的教育"，用"爱"诠释了教书育人的真谛，并将"爱"融入了中国教育的长河。周恩来称她为"国宝"，胡锦涛盛赞她"把自己一生献给了教育事业"，温家宝为她题词"把爱心献给教育的人"，刘延东称她是"德高望重的教育大家"。她被誉为"中国教育的一面旗帜，人民教师的优秀楷模，全社会的一代师表"。

霍懋征老师一辈子扎根基础教育事业。1943 年，她从北京师范大学数理系毕业，放弃留校的机会，自愿赴北师大第二附属小学任教（今北京第二实验小学），是我国高学历人才从事小学教育的先行者。新中国成立后，她接连被北京第二实验小学和相关教育部门委以重任，不仅承担了小学五年一贯制实验工作，而且被调到教育部、人民教育出版社等部门，从事小学教学大纲的编写和教材的改编等工作。1954 年，她主动申请调回学校。1956 年，她被评为新中国首批特级教师。60 年间无论国家、学校、家庭发生什么变化，她都始终躬耕于小学教育园地。这期间虽然有很多调到其他单位工作的机会，但她心无旁骛，无怨无悔。她说："小学教师是我的职业，更是我的事业。""我教过的每个学生都成才了，这是我最大的荣誉和幸福。"

霍懋征老师热爱学生和教师工作，坚信"没有教不好的学生"，坚持教书育人 60 年，她的学生个个成才，从没有一个学生掉队，每届学生几乎都是全面发展的好学生。她对学生一视同仁，与学生情深似海，学生们把她比作自己的妈妈。她几十年如一日专注投入、业精于勤。从教 60 年，她有四个"从没有"：从没有和学生发过一次火；从没有因为学生犯错把家长请到学校来，但是孩子们个个都成才；从没有惩罚或变相惩罚过一个学生；从没有让一个学生掉过队。她从教 60 年没留级过一个孩子，而且把很多别人不要的孩子都要到自己班，培养成才。在教学实践中，她先后提出了以学生为本、育人必先育德、教人必先教心，以及家庭也是学校，社会是大课堂等教育思想；探索出在减轻学生负担的前提下提高教育质量的途径；形成了以培养学生的自学能力、发展学生的智力和开发学生的创新意识和创造潜能等为特征的教学艺术。她的教育思想与实践对我国基础教育的改革发挥了引领作用。

霍懋征老师热爱民进，积极参政议政，自觉肩负起参政党的职责和使命。她 1953 年加入民进，担任过第五届全国政协委员，第六、

七、八届全国政协常委，是当时全国基础教育界唯一的全国政协常委。她是第六、七、八、九届民进中央常委。她和叶圣陶、雷洁琼主席、方明等16位民进全国政协委员联名提出建立教师节、制定教师法的提案。从20世纪80年代起，她就随民进中央教育研究小组到内蒙古、贵州、云南等地交流教学经验。她走遍了全国50多个省区市，上了百余节公开课，为智力支边、兴教办学付出了极大心血和努力。85岁高龄时，她仍然每天工作十多个小时，撰写教学体会，做好经验总结和教师培训工作。她说人生就只有三天，"昨天"已经离我们而去，要珍惜"今天"的分分秒秒，为社会、为国家的"明天"多做实事。

在霍懋征老师的告别仪式上，两副挽联深深地感动着我：一副是"传道授业解惑躬耕一生，彰爱扬清懿德垂范千秋"；另外一副是"爱心烛照千秋人人可得为尧舜，懿德师表万世缕缕不绝继圣贤"。我想，这不仅是霍老师一生的真实写照，也是国家和人民对于她的最高褒奖。霍老师的人生告诉我们，只要我们拥有爱心，只要我们用心做事，一个普通的灵魂，也可以走得很远很远。

吴正宪：让数学"好吃又有营养"

吴正宪是民进中央委员，北京教育科学研究院正高级教师、数学特级教师、国家督学、全国小学数学专业委员会理事长、北京师范大学和东北师范大学特聘教授。曾荣获"全国模范教师"、全国"两基"先进个人、北京市政府授予的"人民教师奖"等荣誉称号。

吴正宪从事教育工作近50年，其中一半时间在做小学教师（教过语文、数学，任班主任），一半时间做教研员。作为小学数学教师，她秉持"教书育人"的目标，把"传授知识，启迪智慧，完善人格"融为一体，努力探索符合儿童认知特点与能力发展需要的教学策略与互动教学实践，激发学习的兴趣，开发智力潜能，彰显数学教育的育人价值。她与儿童建立了平等、和谐、友善的师生关系，使儿童体验学习的快乐，由此唤起儿童学习数学的内在需求和学习自信。

她注重儿童"数学核心素养"的培育，努力把握准数学本质，帮助儿童学会用数学的眼光去观察、用数学的思维去分析、用数学的语言去表达。她努力为儿童构建"好吃又有营养"的数学课堂实践，且坚持"以学定教"的课堂评价，在探索中找到了实现教学目标和体现儿童数学教育本质要求的课堂形式和有效的教学组织策略。她根据儿童学习规律和数学教学内容，创设了 8 种不同特点的课堂，使教与学紧紧围绕"促进儿童发展"这个核心展开。

作为教研员，她始终把教师（特别是农村地区教师）专业发展作为重要工作。她秉承着"着眼教师需求，尊重教师实践，重在案例研究，成在后续跟进，贵在资源建设"的研修理念，帮想做事的人做成事，为能做成事的人搭好台，把教师培养工作做实，带起了一支优秀的数学教师队伍，形成了有特色的团队研修文化，促进了教师的专业发展。

吴正宪带领团队边实践、边研究、边思考、边写作，开发和建构了教师专业发展的课程资源，为北京市小学数学教学研究积累了宝贵的资源，出版了 20 本著作和 2 套教学实践光盘，录制了丰富的视频教材，被全国广大一线教师学习和实践。其中《吴正宪给小学数学教师的建议》一书被评为 2012 年最具影响力的教育丛书之一，《吴正宪老师课堂教学策略》被教育部基础教育课程教材发展中心列入 2014 年中小学图书馆推荐书目，《吴正宪教育教学文丛》获市政府颁发的哲学社会科学二等奖。"北京市小学数学教师专业研修远程培训项目"资源，已经成为北京 18 个区县乃至全国部分地区数万名小学数学教师的培训课程，并受到基层教师的认可与喜爱。

（本文 2019 年 11 月 7 日发表于《人民政协报》）

新形势下中国留学交流的战略定位

一

翻开中国近代史，我们可以看到近代中国人留学日本有过两次高潮，第一次是甲午战争后的第二年，清朝政府向日本派出了 13 名官费留学生，打开了中国向日本派遣留学生的大门。在二十世纪的最初十年中，中国学生前往日本留学的活动形成了迄今为止"世界史上最大规模的学生出洋运动"（费正清）。进入 20 世纪 70 年代后，中国改革开放，又掀起了第二次留日高潮。一百多年来，数以十万计的留日学生在民族危亡的关键时刻，身先士卒，挺身而出，表现出"我以我血荐轩辕"的壮烈爱国情怀。

这两次留日高潮给中国带来的影响是极其重大和深远的：大批留日学生用生命和热血再造民国，为推翻两千多年的封建统治写下了可歌可泣的业绩；同时又通过日本，将马克思主义传入中国，推进了中国新民主主义革命；把现代科学知识传入中国，推进了中国近现代的知识转型。

改革开放后的留学目的更加明确，是为了加快当代中国的国际化进程，学习日本先进的科技文化知识。近代以来，为什么要大规模地派学生去日本而不是别国？对此，张之洞的论述很有代表性："至游学之国，西洋不如东洋：一路近省费，可多遣；一去华近易考察；一东文近于中文，易通晓；一西书甚繁，凡西学不切要考，东人已删节而酌改之，中、东情势风俗相近，易仿行，事半功倍，无过于此。

若自欲求精求备，再赴西洋，有何不可？"应该说，张之洞的主张既表达了中国人要学习西方先进文化的迫切感，又考虑到了派遣学生留学日本的诸多具体方便。时隔半个世纪后，在中国重新恢复向日本派遣留学生的时候，一位研究中国问题的日本学者曾忧心忡忡地建议："希望中国方面，即使对清末、'五四'时期的留学热情和愿望给予高度评价，也不要拿张之洞的所谓'地近、情通、费省、效速'的观点来看待日本。日本有日本自己的路……因此不要以'情通'，而应以'智通'来看待日本。"（广岛大学小林文男.《重新开始派遣留学生的意图和背景》[J].《世界大学》1979，2-2.）这种说法也许多少点到了问题的要害。

　　当年日本有识之士也不是没有认识到中国派学生到他们国内留学的重要意义。像上田万年等学者和大鸟圭介等外交家都开始就教育其邻国子弟而出现的机会和责任问题向其同胞们写文章和发表演说，号召大家采取行动，专门为中国学生准备教育计划；设立专门的语言学校，以便使他们在到达后两三年内可以为攻读大学水平的课程做好准备。专门为留日学生设立的专门学校先后诞生，如日华学堂（建于1898 年）、高等大同（建于1899 年）、东亚商业（建于 1901 年）和弘文学院（建于 1902 年），而其中同文书院东京分院（也建于 1902年）的作用尤为重要。例如，弘文学院前后共收 7192 名中国学生，其中 3810 人毕业，学生中有周恩来、黄兴、鲁迅和陈独秀等。许多私立学校，特别是早稻田，新开辟了外国学生区，以供应新收学生的伙食。为了培养未来的现代女性，还开办了女子学校，开学典礼常滔滔不绝地提起孟母和华盛顿之母，因而生色不少。而今的立命馆亚洲太平洋大学（建于 2000 年）、日本经济大学（改建于 2010 年）、城西国际大学（建于 1992 年）、平成国际大学（建于 1996 年），以及许多大学的国际学部等都在此例。各校争相开设和实施英日双语教学课程，但是这样的课程和活动，虽然降低了中国留学生报考和学习的门槛，另一方面又令中国学生无法感受到留日的具体好处。

　　当年的日本教师乐于使留学生们相信，中国面临着日本在明治初期的处境。而 20 世纪 70 年代的日本导师则告诉他们，中国正处在类似日本战败后经济高度增长期。各专业的代表人物都准备使他们相信，这个专业对中华腾飞是必不可少的。

因此，历史学家曾下过这样的结论，"从 1898 年到 1914 年这段时期，人们可以看到日本在中国的历史进程中的重大影响"。（费正清等编：《东亚的近代化改革》，第 631 页。）这并不意味着日本本身影响了中国，留学欧美，远水不解近渴。相比之下，到学习西方颇见成效的日本取经，便成了一条捷径。背负救国使命，"以强敌为师"，东渡日本，留学生在日本吸取了先进文明思想，将日本当作是一条更易被接受的通向西方化的道路。20 世纪 70 年代后的留日高潮，也重复和验证了这一结论。

然而，进入 21 世纪后，形势发生了翻天覆地的变化，中国的经济开始腾飞，2010 年中国的 GDP 超过了日本。随着人们生活水平的提高，留学进入寻常百姓家，有调查显示，70.1% 的中国高中生对出国留学感兴趣，近八成（79.9%）中国父母赞成孩子出国留学，并且选择留学目的国主要看重该国的教育水平。统计也表明出国留学的人越来越多，连续三年来，出国留学人数分别增长了 24.4%、27.5%、24.1%，其中增长最快的是高中毕业出国人数。而恰巧在这个时期，日本经济则进入衰退期，昔日跨国大公司上耀眼的光环渐渐地失去了光彩；人文社会科学方面，全球知识系统发生了变化，迅速形成的全球知识库使人们可直接向西方汲取"真经"，全球化、信息化又为人们提供了这样的手段。在不需要捷径的这一新形势下如何来重新审定对应中国留学生的需求和对策，这不仅仅决定今后中国留学生赴日留学的成败，而且还关系到中日两国关系和民间感情的大问题。

二

一般在统计外国留学生时，人们往往会忘记或忽视了日语学校及语言学校，来日本留学的外国留学生中还有不少原来没有准备留学日本的，由于各种原因，选择了日本。但日本教育机关显得有些准备不足。教育制度在接纳外国人方面尚未得到完善之时，却迅速扩大了留学生的接纳，从而形成了一种有些复杂难解的构造。如最早接待中国 13 名留学生的是嘉纳治五郎创办的"学校"，人们已经无法知道这所学校叫什么名字，因为它本身就没有名字。严格意义上说这不是一所正规的学校，缺乏最起码的教学仪器设备，最初是借用神田地区一所房子作为校舍兼宿舍，理科与体育课，在高等师范学校讲授。可是尽管如此，3 年后 7 名中国留学生却从这里毕业。以后，在中国留日高潮到来之时，诸如此类招收中国留学生的"学校"，更不知凡几。如今日本正规教育机关已经大大降低了对日语的要求，并且在积极地开设以英语授课的学科和研究科。取得正规高等教育机关入学通知，持留学签证即可赴日留学，已经成为世界各国赴日本留学的常识。但是其中不少人还以日语学校作为进入大学和研究生院留学或在日本就业的入口，选择先进入日语学校学习。这是因为如今早已经不是留学只是为了出国的年代了，大多数赴日留学生还是想获得高等教育的机会，以攻读学历学位为根本目的。为了能够正式进入更好、更理想的学校，很多人第一步先到语言学校试水。所以在日本的学校毕业、取得学位的人数虽然在逐年增长，却大大低于在日的华人人数。

另一方面，随着日本的高龄少子化和"大学全入时代"（即大学招生人数和实际报考人数持平）的到来，日本高等教育生源匮乏。日本文部省四年前发布的学校基本调查数据显示，2014 年大学入学者（包括非应届高中生）达 608232 人，升学率达到 51.5%，如果包括短期大学、高等专门学校等高等教育机构，全部升学率为 80.0%，比去年同期增加了 2.1%，历史上首次突破 80%。这是由于日本虽然年轻人在减少，但各大学仍普遍扩招所致。文部科学省统计表明，日本大学升学率从 1990 年的 24.6% 开始逐年增加，2009 年突破 50% 后维持稳定。突破 50% 的主要原因是，1994 年至 2014 年，日本 18 岁人口数减少了大约 136 万人，但大学的招生人数和 20 年前相比，不但没有减少，招生总数从 49 万人扩大到 59 万人，这样一来，大学升学率也就自然在增加。这二十几年日本大学升学率增加的趋势，反过来反映了日本年轻人口减少的趋势。

对于大学为何要扩招，相关人士普遍分析认为是由于日本的大学建校标准降低，许多短期大学也转为 4 年制大学。由于大学数量增加，许多私立大学面临招生困难的问题，也使日本大学的生存状况面临考验。许多大学为了生存，便扩大招收外国留学生。除了不断有大学倒闭之外，近半数的私立大学招生不足，出现了各大院校争抢"优秀学子"的现象。日本大学为了在海外抢夺"高质量"的留学生，到处设置"据点"。日本文部科学省在 2010 年时曾发表过一个统计数字，日本 61 所大学在海外设立了 166 个事务所招收留学生，其中最多的就是在中国，设立了 49 个事务所。在北京，东京大学、早稻田大学及一桥大学等名校先后设立了事务所。这样一来就将日本国内语言学校给挤了出去。但是近年来，日本的日语学校也出现了井喷式增长，学校总数达 610 余所，在数量上已经超过了日本私立大学（604所），而在校生人数也飙升到 68165 名学生。日本国内不具备到国际上去"争食"的弱小大学则寻求与日语学校相互提携，设立推荐入学制度，以求得稳定的生源供应渠道。这些活动以三流私立大学为主，可预测今后将越来越活跃。

虽然近期美国出于某种需要限制了中国的留学生。但是总体上来说，美、英等国政府出于经济收益、文化外交、吸引精英人才等方面的考虑，一贯非常支持国际招生，注重从政策、教育、人文、环境等各方面着力吸引国际学生，从而使英美等国成为亚洲学生选择的主要留学目的国。中国学生争先出国留学一个主要原因是对国内教育环境和教育水平不满，进而出国寻求补偿。为此，中国学生向往的留学目的国首选美国，其次是英国，加拿大和澳大利亚为第三或第四位的选择。

对中国优秀生源，欧美各国更是虎视眈眈，上到总统，下到大学校长，纷纷出动来华游说留学生。美国国际教育研究所去年发布的一份有关留美外国学生的调查显示，2009 至 2010 学年度有近 12.8 万中国学生在美国接受高等教育。据该机构负责研究与评估的副主任拉伊卡·班达里说："中国学生 2011 年的增长率为 30%，其中增长最多的是本科生，他们目前占美国所有国际留学生的近 30%。"加上美国公立学校基于"文化交流"和"提供学生国际观"的理念下广开中国学生升学之门，近两年美国正规大学皆反映，中国学生赴美签证除了极个别的因个人因素被拒签以外，几乎在短时间内毫无悬念地全部通过。

而相比较赴日本的留学签证，日本留学申请者被要求提交极其烦琐、冗长的申请材料，这不仅加重了申请者的精神负担，同时也影响着签证审查机构的审查效率。日本签证审查周期通常在 3 个月左右，提交的文件种类复杂不说，法务省签证官的任意性很大，日本的留学签证通过率是以低而出名的，中国内地签证率一直徘徊在 60% 左右，有的年份甚至会发生整个学校的申请全部被拒的所谓"滑铁卢"现象。这不但极大地挫伤了中国学生赴日留学积极性，而且还令人对号称法治国家的日本制度本身产生不信任感。这是日本留学生政策上的痼疾，多年来已有无数有识之士建议改革，但仍是固态依然。

第二是语言能力问题。日本对申请者的日语能力极度重视。入国管理局规定，申请者在提交留学申请时，要求提交相关日语能力界定考试证明。特别是一些低端学历拥有者，能力证书的提交成为一项硬性规定。中国学生从小开始习得的第一外语通常是英语，在世界上亦只有日本一个国家将日语作为母语使用，加之日本大学普遍用日语授课，如不突破"日语关"在日本通常无法正常完成学业。但是，在进入大学或研究生院时，中国留学生所遇到的语言却是英语，入学考试时需要参加英语考试或提交英语托福成绩单。要知道，目前中国一般对英语不反感的人都选择英语，留学都去欧美，剩下学日语或赴日本留学的，基本上与英语都没有什么缘分了。更令中国留学生感到困惑的是那些一流院校将能开设英语课程或双语课程引以为豪，殊不知，这些学生如果英语好的话，就不选择留学日本了。但凡选择了留学日本的人都希望能学点真正的日本文化，而不是近百年来留学前辈学的那种"和魂洋才"。这也是日本高等院校课程设置和教学内容对中国留学生缺乏魅力的原因所在。

第三，日本也有一部分大学教学内容陈旧，教学方法过时，课程设置缺乏魅力。许多大学经营者，将招生维持大学开支作为首要乃至唯一目标。至于所谓的学术自由、学术之独立等"大学精神"早已被丢弃于一旁，或者只是嘴上的说辞，用来招徕学生的广告语。有些大学的改革只停留在课程名称和系科排列上，名目翻新而具体的教学内容则一成不变。再加之很多大学由于背负巨债，为了还债，不得不压缩正常的教育经费，教育质量自然也就大打折扣。中国留学生已经不再满足去日本，而是想要进好的大学，接受一流教育。

我们东亚在过去漫长的历史进程中创造出与欧美不尽相同的理

性、理念、智能和价值观、伦理观体系，这就是我们独特的东亚共同文化认知。正是因为有了这一文化认知，直到西学东渐的 19 世纪为止，东亚地区基本上是和平睦邻、繁荣安逸的。所以，在今天要想建立稳定的和平睦邻友好关系，当务之急就是要重新发现、发掘和重建东亚的共同文化认知，培养具有这一共同认知的人才。而纵观目前在西方教育模式影响下建立起来的亚洲大学，如果不加以改革的话，几乎不堪此重任。从这一意义上来讲，包括留学生交流战略在内的大学改革，现在正面临着严峻的挑战，因此，要把教育交流纳入国际关系的大局来考虑。

三

在中日两国恢复邦交正常化 45 周年之际，我们很欣慰地看到中日两国留学交流所取得的成绩和硕果，同时也非常担忧日本教育界对世界留学大潮的变化视而不见。长此以往，肯定会影响中国学生的赴日留学。迄今为止，无论地动山摇，或是核辐射外泄，近年前往日本的中国留学生数量有增无减，只要日本大学能够适应中国年轻人的变化，把握住中国留学生的需求，与时俱进，必定会迎来更加波澜壮阔的留学交流热潮。

我本人在 20 世纪末赴日留学高峰时，在日本上智大学做访问学者，当年的情景至今仍时时浮现在眼前。虽比不上鲁迅先生等许多前辈学人留学时的艰辛，但是短暂的留日生活，在我今后的人生中起到了巨大的、难以用语言表达的作用。在日本期间，我也对日本的经济社会、文化教育发展做过许多近距离的观察与研究，主编过《当代日本教育丛书》等著作，为我的学术研究拓宽了视野。

最后，衷心地希望老友王智新先生主编的这本《日本留学指南》，能为新的留学日本热潮起到助推作用，为中国学生更理性地选择理想的学校提供帮助。

（发表于日本《东方新报》）

用教育阻断贫困的代际传递

党的十八大以来，脱贫攻坚取得了决定性进展，现行标准下农村贫困人口从 2012 年的 9899 万人减少到 2018 年的 1660 万人。取得这些成绩很不容易，但也要清楚认识到，从长远看，要想从根本上消除贫困，离不开教育。教育要做的就是增强贫困地区群众的自我发展能力，帮助他们从根本上摆脱贫困。从当前的脱贫攻坚工作安排看，教育扶贫其实肩负着双重任务：扶智与扶志。同时，教育还承载着"两不愁、三保障"中义务教育有保障、发展教育脱贫等重要任务。

结合调研情况，我认为一定要重视农村地区特别是贫困地区的教育发展。只有教育跟上了，才能激发贫困人口的内生动力，增强贫困群体的持续发展能力，贫困家庭才有希望能"转运"，对未来的日子有奔头、有盼头。教育扶贫就是在营造扶志、扶智的环境，给钱、给物只能解决一时的问题，且容易"养懒汉"。要致力于转变一些贫困人群的"等靠要"观念，就需要让孩子们接受良好教育。这是阻断贫困代际传递的重要途径。综上，我认为要关注三个方面问题。

把最好的书给农村孩子看

近年，西部教育整体水平有所提高，但农村教育仍有一个比较大的问题，就是农村中小学图书馆建设问题。这些年我大概走访过 100 多所深度贫困地区的中小学，看到营养午餐的问题基本解决了，而且管理规范，但中小学图书馆建设的问题令人担忧。

在走访过的中小学图书馆里，我发现，不符合中小学阅读要求的图书非常多，图书质量、品质比较差。有的学校图书馆和村里的农家书屋是一体的，但很多都是"铁将军"把门，不开放；规模大一点的学校，学生想每周借一次书都难以实现。大部分学校没有专人管理图书，老师也不了解什么年龄段的学生应该读什么书，更谈不上指导，校长和老师对阅读普遍不够重视。在西部县城的一些重点学校，我看到大量图书堆在仓库里，有的放了两三年甚至更久；还看到一些乡村学校在改建时，把所有图书全部封存在仓库，我问校长为什么不开放，他回答说现在没人管。

阅读是教育里一个非常关键的问题。老师教给孩子的东西有时可能不如图书的影响大，一本好书能对孩子命运的改变发挥很大作用。苏霍姆林斯基讲过，当一个边远地区的农村孩子能读到和城里孩子一样好的图书时，其实他们就已站在了同一起跑线上。短期内要提高西部老师的水平有一定难度，但让优秀的图书进入农村应该说是容易得多的。

最近我在看美国学者艾瑞克·唐纳德·赫希在2006年写的《知识匮乏：缩小美国儿童令人震惊的教育差距》。在美国，学校和学校之间的差距也主要体现在阅读上。要提升农村孩子的教育质量，阅读是最好、最易推动的策略，所以我建议：

一是要推出"精神正餐"工程，大力推进农村中小学的精神家园建设，让学生得到滋养。

二是实施农村中小学图书标准化工程，研制适合阅读的书目，把最经典、最值得阅读的书推广到学校去，保证把最好的书给农村的孩子看。

三是加强农村中小学图书馆的专业建设。根据学校规模，设置专、兼职的图书管理员岗位，现在不仅是农村中小学图书管理员，包括城市中小学的图书管理员总体素质都是不够高的。台湾一位中学校长曾跟我说，他们学校的图书馆长是学校里最有学问的人，一定是学校里最懂图书的人才能担任这个职务。

四是鼓励引导社会公益组织和民间团体捐赠优秀图书，培训阅读推广人，开展阅读活动。

其实，图书馆的问题解决了，把孩子对阅读的兴趣点燃了，其作用不逊于任何好老师。

真正实现"一个都不落下"

第二个方面的问题是残障儿童的教育。残障儿童被称为"人间折翼的天使"，保障残障人群获得教育的权利是中国教育公平的宗旨，但残疾儿童受教育的问题目前还得不到足够的关注。统计数据显示，全国还有 60 万义务教育阶段学生失学辍学，但各地都说义务教育"一个都不落下"，那这 60 万学生群体到底在哪？我最初判断有部分是残障儿童群体，后来有关摸底也印证了这一点。全国残疾人基本服务状况和需求专项调查显示，全国残疾儿童少年中没有解决好义务教育问题的，81% 为农业户口，近 80% 生活在中西部地区。

当前，专业机构对残障儿童入学的评估机制是不够的，如何保证送教上门的质量也存在问题。我在调研中发现，很多送教上门的老师没有学过特殊教育，完全不懂手语，不懂怎么对待和照顾残障儿童。送教上门没有标准，学生属于几级残疾也没有标准，保障机制也还不健全。近期，一个湖南特殊学校的老师对我说，送教上门基本是义务的，利用周六日上门，每月一次，去了以后拍照留底，填个档案就回来了，至于效果好不好并不清楚。她提到，连路费都是自费的。可想而知，老师怎么会有积极性送教上门呢。

因此，我建议：一是要加大中西部整体教育资源的布局和调整。结合教育扶贫，贯彻落实残疾人教育条例，推动实施融合教育，重点推进普通学校的特教资源建设和特教教师配置。在世界范围内，推进融合教育，把残障儿童放入普通学校是普遍做法，但在我国的推进难度很大，我们把残疾儿童放到特殊学校进行教育，其优点是集中资源，效率可能高一些。但这也相当于把普通孩子和残疾孩子区隔开来，当残疾孩子走向社会时，他们便缺乏和正常社会相处的经验。我建议所有师范生都学学特殊教育，且最好以某一类型的特殊教育课程为必选课程。

二是严格制定送教上门的标准，针对不同残疾儿童的类别和程度，建设由教育、心理康复、社会工作等专家组成的残疾人教育委员会，落实"一人一案"。要对残疾儿童进行有针对性的评估，什么学生可以送教，什么学生应该送教，什么学生送教要达到什么标准，目前这些规范是不够的。

三是健全送教上门的"四个一"，包括：一、一支稳定的送教队伍。鼓励地方因地制宜地多元化组建送教队伍，加强对教师队伍的特殊教育培训，探索把特殊教育纳入教师教育、准入、培训和考核内容，适应融合教育的发展趋势和就近送教上门的现实需求。可以统筹社会自愿力量或以政府购买服务的方式提供。二、一套规范送教流程。按照教育规律，研究确定送教的工作方案、时间频次、备课要点、授课内容、教学档案等，落实好"一人一案"。三、一套标准化特教课程，明确特教理念、目标、要求，加强对特教课程的编制工作。四、一套跟踪考评机制。教育部门加强对特殊教育的考评工作，研究特教规律。

四是细化特教生均公用经费的使用细则。把送教上门的适龄残障儿童纳入学籍管理，足额拨付 6000 元的生均公用经费。指导县区制定出台特教生均公用经费的使用细则，统筹考虑送教上门产生的费用和教师的津补贴、绩效等，加强保障力度。

五是加强长效机制建设。加强残联、扶贫、民政、公安等部门及医院方面的数据对比，摸清残障人口和适龄残障儿童的人口底数，为国家做好残疾人事业提供数据支撑。进一步明确残障标准，充分学习借鉴世界的经验做法，根据我国发展阶段，适时通过降低标准、扩大覆盖面和种类、提高待遇等措施，充分保障残障儿童的教育发展权利。进一步统筹解决残疾儿童升学和就业问题，加强研究和政策供给，解决出口问题，吸引更多残障儿童接受义务教育。

"授人以鱼不如授人以渔"

第三个方面的问题是职业教育。职业教育是离农村贫困人口和底层打工族距离最近、最能直接提升其就业能力和收入水平的教育类型。因此，好的职业教育可以说是一条快捷的脱贫之路。在脱贫攻坚中，职业教育不仅大有可为，而且必须大有作为。

据媒体报道，甘肃现在每年有近 6 万名贫困家庭学生接受免费中职教育，近 3 万名贫困家庭学生在省内高职（专科）院校接受免费高职（专科）教育。2018 年以来，甘肃确保自主招生院校 50% 的自主招生计划面向省内 58 个贫困县（市、区）和 17 个插花贫困县（市、区）实施分县单独测试招生，专门用于建档立卡贫困户学生，实现建档立卡户有技能需求人口接受职业教育全覆盖。

我在湖南了解到，湖南推动实施了"一家一"助学工程，除国家的中职学校免除学费政策外，湖南省每个贫困学生每年能拿到资助金 2000 元，并在毕业后实现稳定就业。毕业生年薪一般在 3 万元以上。职业教育要本着授人以渔的理念，让贫困学生通过职业发展脱贫，这体现了职业教育在阻断贫困代际传递方面的巨大作用。

然而从全国范围看，当前职业教育资源的供给和农村脱贫需求之间仍不匹配：优质的职教资源、就业机会、新兴产业主要集中在发达地区和大城市，而贫困人口或职业教育的生源主要在欠发达地区和农村。主要问题表现为：贫困地区职业院校基础薄弱，无法为区域产业发展和脱贫攻坚提供高质量的职业教育。发达地区优质职业教育资源未能面向贫困地区发挥帮扶作用。近年来，一些经济发达、汇集大批优质职教资源的城市，由于户籍制度和招生政策限制，职校办学规模骤减，与外地院校合作办学处于停滞状态。这实际上剥夺了贫困学生到大城市接受职业教育的机会。为此，我建议：

一是实施"职业教育脱贫国家工程"，整合教育部、人社部、扶贫办等的培训资金，针对地方产业发展和脱贫攻坚需要，把职业教育和培训落实到每个贫困家庭和建档立卡的所有适龄学生和贫困劳动者身上。

二是实施"全国教育资源一盘棋"，借鉴"内地西藏班"的经验，要求或鼓励各地已有的职业教育培训资源，积极承担向贫困家庭开放的任务，尤其是要盘活发达地区优质职教资源的存量，进一步向贫困地区开放。

　　三是开展以就业为导向，学制灵活、内容多样的职业教育与技能培训。以中等职业教育为主体，培养两类人才：一类是面向贫困地区生产生活需要的本土人才，如产业技师、社区卫生院的医生和护士、幼师、文化活动站指导老师，以及村干部等；另一类是面向城市流动的技能人才，采取就近、随时、"零存整取"等简单方便的教育与培训方式，把文化补习、技能训练和学历教育打通，实现职业教育的零门槛准入。

　　"授人以鱼，不如授人以渔。"合适的职业是一个人的立身之本，职业教育是阻断贫困代际传递最有效的路径。让贫困者通过职业教育与培训改变命运，为自己也为下一代创造更美好的未来。

　　　　　　　　　　　　　　　　（本文发表于《同舟共进》2019 年 11 期）

教育科学研究应该"上天入地"

　　日前，教育部印发了《关于加强新时代教育科学研究工作的意见》（以下简称《意见》）。这是新中国成立以来第一个以教育部名义印发的关于教育科学研究工作的规范性文件。

　　《意见》充分肯定了教育科学研究的意义和价值，明确提出教育科学研究是教育事业的重要组成部分，对教育科学研究的指导思想、基本原则、发展目标进行了全面阐述。同时，《意见》对丰富完善中国特色社会主义教育理论体系、全面提高服务教育决策能力、推动解决教育实践问题、立足发挥专业引领作用、着力提升国际影响力、加强科研成果转化等体现教育科学研究水平的六个方面提出了明确要求。对推进科研体制机制创新，建设高素质创新型科研队伍，提高教育科研工作整体水平等体现教育科研、管理、服务与保障能力的三个方面也提出了具体的工作目标。

　　作为一名长期从事教育理论与政策研究和教育实践的教育科研工作者，对《意见》的出台感到深受鼓舞。《意见》体现了党和政府对教育科研工作的高度重视，回应了教育科研工作人员的热切期盼。尤其是《意见》中提出的服务实践需要的原则，以及全面提高服务决策能力、推动解决教育实践问题，明确了教育科学研究的价值与重点，对于教育科学研究的方向有重要的引领作用。

　　首先，教育科学研究需要"上天"。衡量教育科学研究水平的最重要标志，不是出版了多少著作，拿到了多少项目，而是看能不能回应国家教育决策的需要和一线教育实践的需求。这就是我们通常所说的"上天"和"入地"。《意见》明确提出，要加强教育智库建设，加强教育政策研究，要瞄准国家重大战略和区域发展需求，把握世界教育发展大势和经济社会科技发展的特点，强化预研预判，为国家和区域教育发展提出具有基础性、前瞻性、针对性、储备性的教育政策建议。

长期以来，教育科学研究的评价标准偏重于纯理论和学术研究，强调在重点学术刊物发表论文和出版学术著作，职称评定、学科建设也唯论文、唯项目、唯奖项论，政策性建议往往不作为重要的学术成果。

从教育事业的发展来看，一项重要的教育科学研究成果往往能够深刻地影响教育决策，助力教育决策科学化。所以，联合国教科文组织和有关发达国家在提出重要的教育政策前，往往会组织专家进行深入的调查、研究和论证，进行政策的可行性研究等。我们国家的许多重要教育政策，也是充分听取和吸收了相关专家学者的意见。如1999年高考扩大招生规模的决策，就是采纳了经济学家汤敏先生的研究成果。

再比如，我们国家免费义务教育的政策，也与全国人大代表和全国政协委员中的教育学者的呼吁有着密切的关系。我自己作为全国人大代表和全国政协委员，就参与和见证了免费义务教育政策的决策过程。这个建议，就是根据我们对于世界义务教育发展历史和我国国情的研究，从本世纪初叶开始，特别向国家提出的政策性建议。2004年全国两会期间，我们提出在边远地区和贫困地区率先实施免费义务教育，2005年全国两会期间，我们再次提出在全国农村实施免费义务教育。同时，我所在的苏州市在全市推广实施免费义务教育，在全国城市中是首例。2006年，全国人大修订了《义务教育法》，并且在当年正式实施免费义务教育。

其次，教育科学研究需要"入地"。教育科学研究的另外一个重要方面就是解决一线教育实际问题，帮助一线老师改进教育行为，提高教学效率，提升教育质量，帮助有关区域整体提升教育品质。《意见》中明确提出，要围绕中央关心、社会关注、人民关切的教育热点开展调查研究，推动重点领域和关键环节取得突破。一方面，教育理论工作者要深入教育实践一线，掌握第一手资料，解决实际的教育问题。另一方面，一线的大中小学校教师也要增强科学研究意识，结合实际问题学习教育理论，不断提升自己的教育教学水平。

在世界范围内，教育理论和教育实际脱节一直是困扰教育界的大问题。一方面，教育专家沉不下去、不接地气，不注重解决教育实践提出的问题，只满足于写论文发文章，为研究而研究，为学术而学术。另一方面，一线教师视教育理论为畏途，对教育科学研究缺乏兴趣，而对学校、教育实践中的许多问题束手无策，从而产生职业倦怠。

从 2000 年开始，我发起了一项民间教育改革运动新教育实验。这是一个以教师成长为逻辑起点，以营造书香校园、师生共写随笔等十大行动为路径，以帮助新教育共同体成员过一种幸福完整的教育生活为目的的教育实验。近 20 年来，新教育实验在理论联系实际、解决教育实践中提出的问题方面进行了有益的探索。新教育实验规模从一所学校发展到 5216 所，160 多个实验区，570 多万师生参与，培养出一批有教育情怀和理论兴趣的一线教育专家，改变了教师的行为方式和区域教育生态，是唯一进入"一丹奖"发展奖前五名的中国团队，并获得 2018 年国家基础教育教学成果一等奖。美国麻州大学教育领导学系主任严文藩教授评论说，新教育实验有效地解决了教育理论研究与一线教师之间的鸿沟问题，在两者之间架起了一座融合的桥梁。

我们深切地认识到，理论一旦被教师掌握，就会产生强大的力量；专家一旦深入田野现场，就会大有用武之地。同时，我们发挥专业引领作用，通过新教育种子计划和新教育网络师范学院，引导一线教师研读教育理论书籍，撰写教育叙事，培养了一批有理论、有智慧、有热情、有办法的专家。

我们相信，在《意见》精神的指导下，在正确的教育科研评价的引导下，教育科研工作者将进一步增强责任感和使命感，扎根中国大地办教育，面向基层一线研究教育，坚定问题导向，一方面努力"上天"，为国家的教育改革与发展建言谋策，提高教育决策的科学化水平；另一方面努力"入地"，解决发生在教室、校园和家庭中的教育问题，为解决教育的重点、热点、难点、焦点问题，为加快推进教育现代化、建设教育强国、办好人民满意的教育提供有力的智力支持和知识贡献。

（本文发表于《教育研究》2019 年第 11 期）

国庆读书记

朱老师：

马上又是国庆长假了。今年是"共和国70周年"，所以这个长假具有特别的意义。我自然无法知悉您这七天的安排，但可以推断的是，肯定有一个"固定节目"：读书。待国庆过完，请您跟我们说说您的"国庆读书故事"，今年的，以前的，都可以聊。谢谢！

林茶居

茶居老师：

来信收到。知我者，茶居也。的确，这又是一个有许多话可以说的话题。

以往的国庆节，我一般都要回到苏州，用长假的整段时间，静心读点书，写点文章，见些朋友。今年是新中国成立70周年，今年的国庆当然是一个特别的国庆。我应邀参加国庆阅兵式和有关联欢活动，所以留在了北京。

国庆的序幕是从9月30日拉开的。这一天是烈士纪念日，上午10点，习近平等党和国家领导人与各界群众为人民英雄纪念碑献花篮。我也拿着鲜花走在队伍之中，缅怀为共和国牺牲的先烈们。晚上，又在人民大会堂参加了国庆招待会。

10月1日早晨四点半起床，写当天的"童书过眼录"，算是正式开始了国庆读书时间。

每天早晨，读一本童书，在微博上发一则感想，这是每天早上的必修课。这一天读的是"花婆婆"方素珍与江书婷合作的《闪电鱼尼克》。这是一本让孩子脑洞大开的图画书，也是方素珍老师首部亲笔手绘的原创图画书。故事讲的是在深深的海底，有一条与众不同的小鱼儿，它身上有一道闪电的图案，大家都叫它"闪电鱼尼克"。它不想当小鱼，想变成西瓜鱼、洋葱鱼、母鸡鱼……可是它的好朋友泡泡鱼都不喜欢。它实在想不出究竟还能够变出什么样子的鱼，于是决定去旅行，它看到了蓝天上的"白云鱼"，品尝了天上落下来的雪，在陆地上看到了许多奇怪的事情，到处都是它没有听说过的事物。经过一番探险和游历，尼克决定要变成一条很有学问的"读书鱼"。于是，它和朋友们成立了海底图书馆，每天开心地和朋友们一起听故事、看好书。这也成为海底最美丽的一道风景。

我很喜欢方素珍的这本书，巧妙地通过闪电鱼寻找自我的故事，讲述了阅读对于成长的意义。其实，阅读就是一个不断发现和寻找自我的过程，就是一个不断地和伟大对话、相遇的过程，也是一个不断地成就自我的过程。

早晨五点半从家中出发去中央统战部。各民主党派的观礼嘉宾都统一在这里集合去天安门观礼台。

上午10时，庆祝中华人民共和国成立70周年大会隆重举行。习近平总书记发表重要讲话以后，是阅兵式和群众游行，各类兵种、各种武器装备接受检阅，尽显国威军威；各种主题、各个省市花车巡游长安街，共和国70年发展的历史浓缩其中。总书记在讲话中最让人难忘的句子是："没有任何力量能够撼动伟大祖国的地位，没有任何力量能够阻挡中国人民和中华民族前进的脚步。"阅兵式结束以后，我在接受中央电视台新闻联播的采访中说：总书记的讲话有豪气，有勇气，有底气，我们要花力气落实总书记的讲话精神，为国家的经济社会发展建言谋策，提建议出主意，贡献智慧和力量。

晚上参加国庆联欢晚会。张艺谋导演的参与式大型联欢会，加上绚烂的礼花焰火，把天安门装点得五彩缤纷，国庆夜晚的星空格外璀璨。

10 月 1 日的国庆日，是特别、充实、忙碌、幸福、兴奋的一天。

10 月 2 日开始，是我的"辛庄六日"，是我集中读书的六天。

2 日早晨 5 点不到，我仍然像往常一样，早早起床开始晨读，写下了当天的"童书过眼录"。这一天读的仍然是方素珍前不久寄给我的签名图画书《玩具诊所》。故事来源于台湾新北市的新泰小学的一个玩具诊所，一群年过七旬的爷爷奶奶在学校里，为孩子们开设了一个专门修理坏掉玩具的"玩具诊所"。方素珍老师说，她想通过这本书，跟孩子们分享爱物惜福的人生哲学，同时让孩子们体会到：只要善加利用，任何旧东西都能拥有新的生命。只要努力发光，每个人都有用武之地。

10 月 3 日到 7 日阅读的分别是《红发球艾米丽》《气球人巴纳比》（"绝非普通人"系列，弗雷德里克·李维文图，胡小跃译）、《我有友情要出租》（绘本桌游，方素珍文，郝洛玟绘）、《好忙的蜘蛛》（艾瑞·卡尔文图，邓美玲译）、《奶奶逮到了一只小精怪》（"我是夏蛋蛋"系列，彭懿文，周尤绘）。读完之后，我都在当天的微博和头条上与网友分享。

发完当天新浪微博和头条，完成当天的"晨课"，我就出发前往辛庄——位于北京顺义的辛庄师范，提前 20 分钟到达课堂，参加在这里举行的《黄帝内经》实修班。

早晨 7 点开始，练习站桩。每天的早课站桩一般是从静桩开始，接下来全天的功课就是诵读《黄帝内经》《心经》和《道德经》选段。然后是打坐、听行益老师讲解《黄帝内经》。中午稍事休息，下午两点半开始练习动桩，打坐，讲解《黄帝内经》，老师回答学员问题、学员分组讨论交流，一直到晚上七点半左右。实修班的学员大部分同时辟谷，课间可以喝水、吃一点大枣和苹果，但是不吃饭菜。每天晚上回到房间，静心再读两个小时的书休息。

6 天时间，读书、运动、交流，就这样周而复始。

每天读的书，首先是《黄帝内经》。采用的方法是行益老师传授的"满腹经纶读书法"。为我们讲解该书的行益老师，生长于陕西渭南乡下一个祖传中医世家，虽然只念完小学，但对中医的经典以及道家和佛家的著作非常熟悉。他认为，《黄帝内经》其实是关于人生的一部经典，所以学习内经首先不是学习医学，而是学习人生，是学会"认认真真做事，踏踏实实做人，简简单单生活"。他很自信地说，很多学者讲《黄帝内经》是玩思想，玩主义，但是他的课是"玩生命"，因为《黄帝内经》的最高境界是让人能够生活得更好。他认为，《黄帝内经》是方向，是方法，是中国古老的生命科学。在他看来，有形之病可通过无形气化进行逆反式的恢复，每个人都是自己最好的医生。"人最该修的课程是生命的课程，修身，自救救人，修心，自度度人。修行，就是用辛苦转化痛苦"。他强调人生就是舍得，舍什么得什么。人性和兽性，雅和俗，最大的区别是利他和利己。很多大智慧的警句，从他的嘴里经常不经意间说出。难怪台湾著名身心灵导师张德芬说他是"生长在厚实土壤里的瑰宝奇葩，貌不惊人的灵性医学传承者，大隐于世的民间高人"。

来辛庄时，除了每天阅读的童书和《杜威教育文集》外，还带了一本余世存送我的《己亥》。这本书在 10 月 1 日带上了它，参加国庆观礼活动时，在几个小时的等待时光里，差不多读了一半，到辛庄后，用两个晚上读完了这本书。

这是一本很特别的书。是余世存与龚自珍跨越时空的对话，是两位知识分子的心灵独白。180 年前的农历己亥年，龚自珍辞职离京，南下回家，后又北上接家眷回乡，其间行走九千里路，写成了中国文学史上罕见的大型组诗《己亥杂诗》315 首。180 年后的农历己亥年，余世存在书中化身龚自珍，用现代白话文演绎这些诗歌，也努力还原龚自珍在己亥年间的心灵世界。

全书分缘起泉涌、辞官出京、青春壮盛、猖狂江淮、浮生家园、东山苍生、再度北上、吟罢归乡八章，按照龚自珍的生平叙事和《己亥杂诗》的逻辑结构依次展开。在书中，我们不仅看到了那个"我劝天公重抖擞，不拘一格降人才""九州生气恃风雷，万马齐暗究可哀"壮怀激烈的龚自珍，也看到了那个"万人丛中一握手，使我衣袖三年香""可能十万珍珠字，买尽千秋儿女心"柔软敏感的龚自珍。

余世存把龚自珍比喻为"中国的但丁"，认为《己亥杂诗》既是他的自传，也是他的《神曲》，是"传统中国的人格美学、生活美学的示范，全面反映了传统中国个体生命的大视野、大情怀"。他认为，龚自珍的意义远远没有被发现。如果说《红楼梦》是以小说的形式呈现传统文化的集大成之作，那么龚自珍则是以人格形式呈现传统文化的最后的里程碑。龚自珍完美阐释了一个知识分子知道、闻道、布道的使命，体现了他既能够锲而不舍地追求人生理想，又能够很妥帖地安顿自己生命的人生境界。

对于今天的我们来说，龚自珍的确是一面镜子，他能够映照我们的灵魂，让我们学会回到自己的内心，自由地表达自己。

余世存在这本书的序言中说，他希望当代的读者能够注意到"一个人，无论他是文明世界的国民，还是古典世界的先知、圣贤、才子，其可能抵达的人生广度、密度、高度是什么样子，对比起来，我们的人生过于短浅，过于浪费"。读任何书，其实都是在读自己。我想，这也是读《己亥》的意义所在。

10 月 2 日晚上的课程结束以后，与成都华德福学校总校长、中国第一位华德福主班老师李泽武先生见面，讨论学校课程建设等问题。泽武送我由他翻译的华德福创始人鲁道夫·施泰纳著作《人的研究》。

《人的研究》是施泰纳的讲课实录。100 年前的 1919 年 8 月 20 日开始，施泰纳在斯图加特为第一批华德福教师进行了 14 场讲座，这本书，就是当时的讲座整理稿。当天晚上回到房间，就开始翻阅这本书。100 年前的文本，加上有许多施泰纳自己创造的词汇，读起来有些费劲。总的来说，讲述了作者构建的大小宇宙。大宇宙，是讲精神、物质与心的关系。小宇宙，是讲感受、意志、思考与新陈代谢系统、肢体系统和神经系统的关系。从身前死后的宇宙图景，到对于教师个体成长的建议，内容丰富，思想深邃，体现了一个教育变革者的宏图大略与务实精神。

施泰纳在教师集训前夜的公开讲座中说："为了让现代精神生活焕发新的活力，华德福教育应当说是一场真正意义上的文化行动。"他指出，整个社会运动的终极基础是精神性的，而教育恰恰就是"激烈又重大的精神问题中的一个"。所以，教育的变革，其实本质上是一场文化行动。所以，对于教师来说，就不能只是做一个教育者，而应该成为"最高词义上的高层次的文化人"。

施泰纳对于理想学校的结构提出了设想。他主张华德福的学校不应该是官僚的，而是"集体参与管理式"的，是一个"真正的教师共和体"。所以，支撑学校运行的"不是安逸的靠垫和校长办公室发布的规章制度"，而是工作的责任感和使命感，是工作给予"每个人的可能性和自己承担的完全的责任"。施泰纳对教师说："我们每个人应当对自己完全负责！"

施泰纳对于教师的素养提出了四个方面的要求：对世界的兴趣、热情、精神的灵活性和奉献精神。他认为，一个好教师应该对当今世界发生的每一件事有"鲜活的兴趣"，而不能够只对某些"特定的任务有热情"。而"通过对世界的兴趣，我们就一定对学校和我们自己的任务有热情"。施泰纳同时提出，精神的灵活性和对于职责的奉献是不可或缺的，"只有当我们把个人的兴趣投入到当今时代伟大的需要和任务中时，我们才能取得属于今天的成功"。

给我留下最为深刻印象的，是全书结尾的一段文字。施泰纳充满激情地写道："想象力的需求，对真理的意识，对责任的感受——这些是教育神经的三股力量。那些想做教育的人，必须写下这段格言：让想象的力量充满你，拥有面对真理的勇气，敏锐你对心灵的责任感。"

10月6日中午，动桩课程结束以后的课间休息时，与成都华德福学校的张莉老师交流未来学校以及新教育实验的课程体系与华德福的异同等问题。她转送了瑞士歌德馆人智医学部的前部长米凯拉博士送给我的一本英文新书《在数字媒体世界中健康成长》。晚上回到房间细读了这本书。它是由德国15家公益组织联合发起，并由德国一个医疗组织具体落实编写出版的儿童与青少年网络教育指南，米凯拉博士参与了这本书德语原版的资料收集、整理校对工作，并且翻译和推动了英文版的出版。这本书详细介绍了在不同的年龄阶段，如何正确地使用数字媒体，培养孩子的媒体素养能力。对于父母、老师和专家来说，这是一本很好的指导手册，可以按照书中的理论和案例，更好地帮助儿童和青少年有能力恰当运用数字媒体，在需求和防护中取得平衡，促进儿童和青少年的身心健康。我们当即初步决定把这本书翻译成中文，由湖南教育出版社的《中国家庭教育文库》正式出版。

在辛庄师范学习期间，还参加了林明进夫妇与学生的互动交流活动。林明进先生被称为台湾最牛的语文老师，他 19 岁师从一代大儒爱新觉罗·毓鋆，成为追随先生数十年的入室弟子。他在台湾地区最牛的建国中学教语文，34 年坚持每周都要让学生读一本书，他认为没有阅读就没有写作，认为教语文不仅仅是教语文，更重要的是教学生成为一个顶天立地的人。他介绍说，他教学生写作文，第一篇作文，只让学生写最熟悉的题材，写自己的心里话，只要写一句话就可以，但必须是自己的语言。

林明进先生提出了教作文的三个理论：橙子理论、酱油理论和驾校理论。橙子理论，是说请学生写一个橙子的话，这个橙子不是到超市购买而得来，而是要自己栽树，看它结出果实。酱油理论，就是要把土法制作酱油的办法用在写作上：把黑豆放进坛子里，经过多半年的发酵，才能够制造出地道的美味。驾校理论，就是说写作要像学习开车那样，分项学习，不能说一开车就上路，一开始就让学生写作文。他认为培养写作能力和鉴别写作能力是两个问题，培养写作能力是慢功夫，他曾经教一篇作文，让学生写学校里的莲花池，写了一年零三个月。他认为，在平时对学生出一个题目就马上让他写，是不符合教育规律的。他对于新教育实验重视中国传统文化的教育非常欣赏，他认为目前华人社会都面临着最伟大的机会，同时也面临着最可怕的危机，如果我们没有文化自信，没有真正意义上的中华文化的重建，就没有真正的未来。与林老师交流时，我一直在想，中国应该有更多的像他这样的学者型的中小学老师。临别时，林明进老师送我一些他的著作，包括《学"生"》（九州出版社）、《培养自然而然的写作力》（基础篇、创意篇、技巧篇三册）、《笨作文（实战篇）》等。可惜还没有时间详细拜读。

辛庄 6 日，每天很充实。离开时，行囊中增加了一大包书，体重减轻了 7 斤。心灵与身体收获满满。心中想，这就是我想要的生活！

你的朋友：朱永新

2019 年 10 月 13 日写于北京滴石斋

（本文发表于《教师月刊》2019 年第 11 期）

科技如何推动教育变革？

上个月，很多媒体报道了一则关于浙江某学校让孩子戴"头环"上课的新闻。这是一个令人啼笑皆非的案例，也是一个典型的关于科学技术和教育发展的故事。这里的"头环"是可以采集脑电波信号，然后转化成注意力的技术。但问题在于，"头环"采集的数据对教育究竟有多大的作用？学生的注意力只有靠脑电波才能做到精确分析吗？一位有经验的教师，不知道哪些孩子会、哪些孩子不会，他还是好老师吗？科学技术怎样参与教育、推进教育，而非成为教育的负面影响，是这则案例引发的关于科学技术与教育发展的本质思考。

上个月，教育三十人论坛成员杨东平老师讲了一段话，非常好，他说："我们今天在现实生活中大量的教育创新，到底是在颠覆改变应试教育，还是在提供更加精致的应试教育，用大数据全方位捆绑教师学生？"

科学技术的发展日新月异，科幻小说里的"蓝图"，很多都已成为现实。但我们真正需要思考的是现在很多科技公司正在做的事情，到底是应试教育的帮凶，还是解决应试教育的英雄？

我想说，科学技术是一把双刃剑。科学技术从来不是孤立的存在，它对于人类的生产方式和生活方式，对于人们的精神世界和人类的历史进程，都会产生重要的影响。科学技术对于人类的影响，有时是一个漫长的渐进过程，有时是迅速、迅雷不及掩耳的过程。通过技术手段，科学由知识理论形态进入器物和制度之中，使人类生活在一个人化世界、文化世界、科学世界、技术世界之中，使科学成为人类生存背景的重要组成部分。

一方面，科学技术成了当代社会的支柱，成了经济发展的支撑，成了人们生活不可或缺的东西。杜威认为，"促使世界目前正在经历的巨大而复杂变化的真正动力，是科学方法以及由此而产生的技术的发展"。

另一方面，科学技术的迅猛发展在给人们的生活带来更多便利和保障的同时，也造成了生态环境的破坏、人际关系的紧张，甚至恐怖袭击等。科学技术已经，并且仍然在破坏着人和环境之间、自然和社会结构之间、人的生理组织和个体的平衡状态。这种脱节的产生，正是因为人们对现代科学的客观性、确定性、精确性、可靠性、合理性的一种顶礼膜拜。

图尔敏有一段话，是对科学产生的负面影响的描述。他认为，科学或技术忽视了它们对于各种各样有血有肉的人的长远影响。由于缺乏个人洞察力、情感、想象力，或缺乏一种其特定活动对其他人影响的这种感受，科学家对于他的同胞，采取漠不关心的态度，而把对他们的关心仅仅当作是社会实验与技术实验的额外课题。

如果没有纸张和印刷术的发明，如果没有电视机和电影的发明，如果没有互联网和移动终端的发明，可能教育也不会是我们现在所看到的模样。法国学者莫纳科（James Monaco）归纳了人类知识传播的四个阶段：

第一阶段，依靠人与人之间直接传递的表演时期：人和人之间的沟通，主要靠语言和动作。

第二阶段，依靠语言文字间接传递的表述时期：有了语言，人们可以通过印刷品、纸笔进行交流。

第三阶段，依靠声音图像记录的记录传媒时期：这时，信息的传递有图像、有声音，更丰富、更真实。

第四阶段，依靠人人平等互动的电子和数码时期：在这个阶段，科学技术仍然是以几何级速度在增长，社会变革的速度更快、更平等。

我们现在正处在第四阶段，科学技术对人类教育的影响是双刃剑。科学技术对人类影响，一个可能性是它会成为人的成长的工具。科学技术可以成为推进教育公平、关注个性发展、让每个人成为更好的自己的助推器。另一种可能性是它也可能会成为人异化的工具，成为冷冰冰的测量人的注意力、学习力，帮助教育者更加严格地监督和管控教育对象的工具。

其实这个问题，早在二战之后，很多教育工作者也在反思。有学者说，儿童是被学识渊博的医生毒死的，妇女和婴儿是被上过高中和大学的人枪杀的。所以，教育如果不能帮助学生成为有人性的人，这样的教育和科学技术本身也没有任何意义。

科学技术到底怎样助推教育变革？从信息技术在教育领域的应用角度来说，可以分为三个阶段：第一阶段，工具与技术的改变——电化教育、PPT课件等开始应用；第二阶段，教学模式的改变——慕课、翻转课堂等出现；第三阶段，学校形态的改变——打破学校教育的结构。

最近，我写了一本《未来学校》，详细阐述了如何用科学技术来改造、变革我们的教育。我在这本书里提出：

第一，重构学校的形态，建立新型学习中心。

互联网、5G技术、移动终端高度发达的未来，学校会成为一个学习共同体。也就是说，它会由一个一个的网络学习中心和一个一个实体的学习中心，共同构成一个学习社区。

第二，重构课程的内容，建立新型的课程体系。

学习将为每个人的自由发展提供更加广阔的空间。未来学习中心的学习内容将从补短教育，走向扬长教育。所以我的书里，建构了未来新型的课程知识体系。首先是生命。每个人都需要把握好自己的生命长度、宽度和高度。然后是真善美。未来基本的科学概念、科学精神将整合成一门大科学；基本的人文知识，将整合成一本大语文；未来也将留出足够的空间，让每一个人学习自己需要的知识体系。学校不再是给每个学生设计好现成的知识体系，而是让每个人去建构属于他自己的知识体系。

第三，重构教学的方法，建立新型的项目学习。

我们已经进入到借助于智能设备而生存与发展的时代，人机结合的学习方式会发挥更大作用，"认知外包"的现象会让个人更加注重方法论的学习。以项目学习为主要方式的混合学习与合作学习将成为未来学习中心的主要学习方式。

第四，重构教育的评价，建立新型的学分银行。

在大数据、区块链等技术的支持下，真正的学分银行体系会正式建立。我们将建立一套从摇篮到坟墓的知识银行体系，每个人的学习全过程在学分银行都可以存储、转化，而且你修的学分还可以转变为学习币，以激励每个人更好地学习。学分银行会打通学历教育和非学历教育的鸿沟、公办教育和民办教育的鸿沟、国内教育和国外教育的鸿沟、知识积累和能力提升的鸿沟。

科学技术也是一把钥匙，既可以打开天堂之门，也可以打开地狱之门。因为使用科学技术的永远是活生生的人，是受过教育的人。归根到底是人创造和控制科学技术，是人赋予科学技术不同的功能和价值。好的教育才能培养好的人性和善良的人。

在这样一个充满不确定性的时代，面对未来科学技术的快速发展，我认为最好的办法是用好的教育，帮助人类，用人类智能战胜人工智能，把人工智能关在人类价值的笼子里，使它成为具有人类价值的善的教育。

我一直说，期待教育培养出的孩子，在他们身上可以看出政治是有理想的，财富是有汗水的，科学是有人性的，享乐是有道德的。只有让科学技术更加温暖、更有人性，让科学技术更好地造福人类，让科学技术更好地服务教育，这才是我们所期待的科学技术教育发展的结果，也是我们所期待的科学技术对教育能够产生的正面力量。

（本文为 2019 年 12 月 8 日在中国教育三十人论坛年会上的演讲）

教育有力量，但要有正确方向

很高兴再一次来到新浪盛典。我算了一下，大概 12 年中来了有 8 到 10 次，而且每一次来的任务就是破题，他们命题，然后让我来解释这个题目是什么意思。

这次的主题是"教育的力量"。怎么解读？我想应该有三个方面：

第一，教育的力量是让人成为人。

第二，教育的力量是让人类幸福。

第三，教育的力量是让国家富强。

需要提醒的是，教育的力量有的时候也会产生反力量、负能量。所以，它需要有正确的方向。

第一个问题，教育的力量是让人成为人。

其实，这是教育最最重要、最最本质的特征。西方的教育思想家对教育为什么能够让人成为人有许多论述，专门有学者把这些论述编成一本著作，进行了系统的整理。最具代表性的就是康德的一句话——"人只有通过教育才能成为人。除了教育从他身上所造就出来的东西，他什么也不是。"他还补充写道："应当说明的是，人只有通过人，通过同样是受过教育的人来实施教育。"这句话，是教育让人成为人的一个非常简洁非常深刻的概括。

教育让人成为人，最典型的案例就是狼孩的故事。我们知道，在所有的生命体中，在所有的动物中，人类是唯一接受教育的。人类是唯一的符号性动物，人类只有通过教育才能真正成长起来。人和其他所有的动物相比，他的本能几乎要少得多，能力也要差很多。如果人和动物在一起生活，人在一定程度上活得还不如动物。狼孩是最典型的例子，狼孩跟狼在一起，他很多方面的能力比狼逊色得多。如果没有教育，如果没有教育让他重新回到人类来，我相信他永远无法和狼进行竞争。所以，人如果离开了教育，人还不如其他的动物。而且更重要的是，人是一个符号性的动物，人只有通过教育才能掌握符号，人只有通过教育才能真正意义上成为一个精神的人。在人生发展的历程中，人的早期教育又具有特别重要的意义。我们可以看看人的早期大脑发育图，在 7 岁以前，人的整个大脑都处在一个快速成长的时期，而这个成长的时期其实是离不开教育的，尤其是离不开家庭的教育，离不开父母的影响。

总而言之，如果没有教育，人是不可能成为人的；如果没有教育，人是不可能过精神生活的；如果没有教育，甚至整个人类也就不可能走到今天。

第二个问题，教育的力量是让人类幸福。

人活在这个世界上最重要的使命是什么？最重要的任务是什么？其实就是"幸福"两个字，这是我们很多人一生追寻，但是经常又被我们忘记的事情。

我们在追寻的是什么？教育到底应该干什么？很多人都知道，全国有 160 多个新教育实验区，5200 多个实验学校，在我们新教育学校里，我请他们在最醒目的地方写一句话"过一种幸福完整的教育生活"。为什么？这是我们新教育的"不忘初心，牢记使命"。教育首先应该让人幸福，教育首先不是让人考高分，教育首先不是让人找一个好工作，教育首先应该是帮助人获得幸福的能力，帮助一个人真正地拥有内心的宁静。

我们知道，人的幸福来自于三个领域：第一，来自于人的物质生活；第二，来自于人的社会生活；第三，来自于人的精神生活。

物质生活能够给人带来幸福吗？好像可以，但是普林斯顿大学的教授安格斯曾经做过一个非常有意思的研究，研究以美国 45 万人为样本，得出的结论是"虽然物质生活可以给人带来幸福，给人带来满足感，但是只要你的收入达到平均水平的时候，收入对幸福感没有影响"。我们可以看到很多亿万富翁过得同样不幸福，很多有权有势的人过得同样不幸福。我们想一想，考清华、北大为什么？还不是为了幸福吗？如果没有幸福，考到清华、北大有什么意义？

幸福是人的最高目的，而幸福本身和人的精神生活相关。事实证明，物质生活的富裕满足不能够真正带给人幸福，社会生活也是这样。人活在这个社会之中，人要和他人建立良好的关系，要成为一个受人尊敬的人，成为一个受人欢迎的人，人毫无疑问要重视名、重视利，人要获得尊严感。但是，我们知道，人不可能为别人而活着，在社会群体之中要真正地和谐，也不是一件容易的事情。而且更重要的是，人不可能时时刻刻和别人相处，还需要内心独处。当一个人独处的时候，能不能真正宁静下来，能不能真正接纳自己，这是最重要的。教育是唯一的真正让人能够得到幸福的，因为真正的幸福来自于人的精神生活，真正的幸福来自于人对自己的认知，来自于人对社会的认知。而这些都有赖于教育。这是一个非常关键的问题。

第三个问题，教育的力量是让国家富强。

我们研究世界上所有国家的时候，都会关注到教育对于国家发展的意义和价值。前不久，任正非有一个讲演引起了很大的反响。他说，国家的强盛是在小学教师的讲台上完成的，教育是最廉价的国防。其实教育是最廉价的国防，不是任正非的原创，多年前我就听过这句话，而且经常引用这句话。的确，世界上那些最优秀的国家、最伟大的国家，在它们成长的历程中，无一不是把教育放在非常关键的位置。我们可以看看我们的邻居日本，人口只有我们的 1/10，土地只有我们的 1/26，但是它的文明与富裕在世界上有口皆碑。尤其是明治维新之后，它之所以能够迅速强大起来，就是得力于教育。在明治维新之前，日本的整体发展水平远远落后于中国。它之所以能够强大，得益于明治维新，而明治维新的一个最伟大的贡献，就是它在一百多年前就普及了小学义务教育。日本在明治维新期间，普及小学义务教育的时候是非常惨烈的，很多村长都为筹不到钱而自杀。那个时候，为了让所有的日本人都能接受到小学教育，日本人举了全国之力。而值得关注的是，二战以后，日本整个国家满目疮痍，连赔款都很难付出，但就是在那个时候，日本全国咬紧牙关普及了初中义务教育。在最困难的时候、最关键的时候，日本举国体制办教育，拿出经费投入教育。所以，日本才能迅速强大。一个国家如果不重视教育肯定是没有希望的；一个国家真正的繁荣昌盛是离不开教育的。

那么，教育怎么样才能真正有力量？很重要的一条就是要有正确的方向。好的教育能够帮助人更好地成长，而糟糕的教育其实不仅仅没有力量，它甚至会成为负能量。爱因斯坦曾经说过："用专业知识教育人是不够的，通过专业教育，他可以成为一个有用的机器，但是没办法成为一个和谐发展的人。要使学生对价值有所理解，并且产生强烈的感情，那是最基本的，他必须获得美和道德上善的、鲜明的辨别力，否则他连同他所接受的专业知识，更像一条受过很好教育的狗，而不是一个和谐发展的人。"这句话对我们的教育敲响了警钟，我们的教育方向到底在哪里？

一个美国人，他是二战的幸存者，做校长以后，凡是新任的教师，每年开学前他都会给老师一封信。在这封信里，他写下来这段话："亲爱的老师，我曾经亲眼看到不应该发生在人类身上的事情：毒气室由学有专长的工程师建造；儿童被学识渊博的医生毒死；幼儿被训练有素的护士杀害。想到人类历史上惨绝人寰的历史，我一直在思考教育到底应该是什么。在你们光荣入职的这一天，我的请求是你要帮助学生成为一个有人性的人。"

教育怎么样才能有力量？有人性的教育才有力量。教育要有人性，教育要尊重人，教育要让人成为一个真正有理性、有良知、有道德、有理想、有追求、有生命的激情、能够不断成长的人，这才是最好的教育。所以，我觉得我们今天在讨论这样一个主题的时候，应该真正理解我们为什么要做教育，我们应该怎么样来做教育。

（2019 年 12 月 3 日在新浪 2019 教育盛典上的演讲）

阅读，看见更大的世界

今天的主题是"教育，看到更大的世界"。我想，这个主题可能首先让我想到阅读。因为，人生活在三种世界里，一种是物质世界，比如现在这个会场，回到家生活在家里，回到学校生活在学校，我们总是生活在物质世界中。一种是社会生活，人和人之间的交往是特殊的世界。同时，我们还生活在精神世界之中。精神生活，只有人才有，物质和社会生活动物也有。

一个人能不能幸福，在很大程度上取决于我们三个世界的平衡。如果人只生活在物质世界，可能很有钱，可能生活得很富裕，但是不一定很幸福。事实已经证明，那些亿万富翁患抑郁症的有，跳楼的也有，因为物质生活不能满足一个人的精神需要。人要有体面的物质生活，也要有温暖的社会生活。因为人是社会的人，自觉不自觉要和其他人进行比较，要和别人建立良好的人际关系，要赢得别人的尊重，受到别人的欢迎，这是作为一个社会人存在的价值。

但是，如果仅仅生活在人和人的世界中，也很难幸福。因为人的很多痛苦和不幸福感，往往来自于人和人的相处。人怎么样才能拥有幸福，很重要的方面是精神生活。精神生活只有人才有。人是世界上唯一要过精神生活的，是这个世界上唯一能够阅读的。人只有前面两种生活，没有精神生活，人就不是人。所以，精神生活对人来说是非常重要的。但是，我们的教育生活，我们在引导孩子成长的过程中，我们对第三种生活，对精神生活的关注是不够的。

在物质生活的世界，我们要看好山好水，要过体面的物质生活。在人的社会生活里，我们要成为一个受人欢迎和受人尊敬的人。但是，在精神生活里，我们有没有想过，应该过什么样的生活？

精神生活的精彩性、丰富性绝不亚于自然风景，绝不亚于前面两种生活。而精神生活的关键在哪里？在阅读。因为精神生活在相当程度上是通过阅读生活实现的。当一个人和文字相处的时候，当一个人阅读伟大经典的时候，他的幸福感是无与伦比的。所以，我曾经讲过，一个人的精神发展史就是他的阅读史，一个民族的精神境界取决于这个民族的阅读水平。

如果关注阅读，就要关注阅读的高度。因为阅读的高度直接影响到精神的高度。我说，开卷有益的时代已经过去了。开卷有益是在什么样的情况下实现的？是在人类社会知识产品还非常少，是在人们还没有更多可以阅读的书籍情况下，开卷才有益。现在已经不一样了，中国每年有将近 50 万种的图书出版，其中鱼龙混杂。在这个情况下，就需要认真地去选择一些好书，就需要把有限的时间应用于读真正的好书。

现在的中小学生也好，成年人也好，很大的困境是不知道应该读什么。新教育实验有十大行动，第一个就是营造书香校园。阅读是教育最关键、最基础的事情，也是提升一个国家国民素质最廉价、最有效、最便捷的方式，还有什么比阅读更能提高人的精神境界呢？

今年两会期间，我专门写了一个提案，就是要关注农村中小学的图书馆建设，关注农村孩子的阅读问题。这些年来，国家加强了农村教育投入，尤其在解决农村学校的硬件建设问题上，以及学生的营养午餐问题上，都给予了高度关注。我到中国的最贫困地区的村校去看，营养午餐基本上解决了，学生能够吃到比较好的食物了，但是"精神正餐"的问题没有解决，绝大部分乡村学校没有相应的图书馆，农村教师、校长并没有意识到阅读对农村孩子成长的意义和价值。

去年我到云南一所村小，我跟校长说，如果孩子读了好书，可能就会改变他的一生。如果我们的老师都不读书，老师对书都没有感觉，那么这些老师其实还不如一本好书。所以，农村孩子的阅读是提升农村孩子精神世界一个最重要的途径。如果最偏远地区的孩子和城里的孩子能够读到一样好的书的时候，他们的精神世界就站在同一起跑线上。

　　新教育从 2010 年开始在北京成立新阅读研究所，用十年的时间为中国幼儿园、小学、初中、高中阶段的孩子，还有教师、父母都研制了一个基础阅读书单。我觉得这是一件非常重要的有价值的工作。因为，当一个孩子阅读的问题真正解决了，当他们与最美好的图书对话了，他们的精神世界就充裕了。人的精神世界是怎么成长起来的？人的精神是通过和最伟大的经典对话成长起来的。人类的智慧和思想从哪里来？靠自身直接的探索，靠物质生活和社会生活的经验，难以让人真正过得幸福。人正是因为有了大量的阅读，才可能增长智识。所以，我觉得应该让我们的孩子有机会去读到最好的书，应该让我们的孩子有更多的时间看经典的书。

　　目前我们新阅读研究所正在做中国中小学生学科阅读书目。除了基础书目，学科书目也很重要。过去认为，所有的学科学习就是读教科书，就是刷题，其实不是。我们的孩子要真正走进学科，都是离不开阅读的。比如说数学、物理、化学都有大量和学科相关的科学普及书、科学家的传记等，这些对孩子走进学科、更好成长都具有非常关键的作用。

　　美国学者赫希曾经写过一本书《造就美国人》，介绍美国人的精神世界是怎么成长的。他说，美国精神、美国价值，其实是那些曾经影响着美国人精神世界的最伟大的书造就的。其实，中国也同样需要一些伟大的书。前不久我写了《造就中国人》，就是希望能够系统讨论，怎么让中国的孩子健康成长，成为精神明亮的人。

　　有了书以后，怎么让孩子真正读好书？怎么让他们真正地成为一个读书人？我们设计了晨诵、午读和暮省的方式。我们的孩子，每天早上通过诗歌开启一天，每天中午整本书共读，共读、共写、共同生活才有共同的理想、共同的语言和共同的价值。暮省，通过反思记录自己的生活，帮助人成为真正会思考的人。还要通过教师来引领学生阅读。我们提出了教师成长的"三专"模式，即专业阅读，站在大师的肩膀上前行；专业写作，站在自己的肩膀上攀升；专业交往，站在团队的肩膀上成长，这是教师成长最重要的基础。

　　教师最需要专业性，因为教育是人类最复杂的事业，人是世界上最复杂的存在。但是，我们的师范教育很少让教师去阅读包括孔子著作在内的最伟大的教育著作。这些著作的阅读，在师范学院里没有。其实，一个教师在课堂里面对的许多问题，这些问题在其他人课堂里早就发生过了，在今后的课堂还会继续发生。一个教师如果没有学会热爱阅读，他就很难真正成长。随着学生的不断地发展变化，教师也需要不断地成长。而只有当教师、父母和孩子一起成长，那才是教育最好的状态。

所以，我们一直期待让中国更多的孩子，更多的老师，更多的公民真正拿起书来，真正和最伟大的书籍、最伟大的灵魂、最伟大的智慧对话。真正拥有阅读生活的人，才能过真正的精神生活，享受精神生活带给他的宁静和幸福。

（2019 年 12 月 10 日在搜狐教育盛典上的讲话）

议政网事

互联网是 20 世纪以来最伟大的发明之一，它在传播知识、积累知识、创造知识方面都发挥了难以想象的作用。新一届政协在运用互联网方面做了许多卓有成效的探索，无论是远程网络议政，还是移动履职平台，在委员参政议政履职尽责中都功不可没。通过网络传播政协好声音，画出最大同心圆，是资政建言和凝聚共识双向发力的最好抓手之一。

农视网：要营养午餐，更要精神正餐，教育是最精准的扶贫！

2019 年 3 月 2 日上午 9 点，农视网记者采访了全国政协副秘书长、民进中央副主席朱永新，就乡村教育问题进行了对话：

农视网记者： 朱副主席，您好，一号文件里面提到要不折不扣地完成脱贫攻坚任务。您是著名的教育家，曾经提出过"最是书香能致远"。教育在脱贫攻坚中能起到什么作用，能不能给我们谈谈您的体会？

朱永新： 治穷先治愚，扶贫先扶教，所以去年两会的时候，我有一个大会发言，就是讲充分发挥教育在脱贫攻坚中的作用。因为教育是帮助孩子成长、帮助家庭脱贫的一个最重要、最基础的途径。贫困家庭的产生无非有几个重要原因，第一因病，第二因为灾难，第三因为教育因素，这几个都是比较重要的，当然还有一些其他的原因。对于大部分家庭来说，如果孩子有比较好的教育，读完义务教育阶段以后，能够上职业学校，或者高中以后考取大学，再找到一个比较理想的工作，那么这个家庭往往就彻底地好起来。

现在我们在整个推进了义务教育以后，可以确保所有的孩子，包括贫困户的孩子，都能够上学，这个没有问题。但是义务教育阶段以后怎么办？还上什么学？现在我们很多孩子因学致贫。为什么呢？因为上了高中，上了大学，毕业后他找不到工作，他就很困难。所以教育的精准扶贫就意味着不仅仅要帮助他上学，同时也要帮助他就业，因此帮助他就学和指导他就业都很重要。在贫困地区往往缺乏比较好的职业学校，所以有些人毕业即失业，并且他的家庭在他上学的过程中可能已经承担了很多费用。所以，怎么样发挥好教育在脱贫攻坚中的作用，我觉得我们还要做得更细致、更长远、更全面。

农视网记者：两会马上就要召开了，我们了解到过去这一年您做过多次深入的调研，有什么经验能跟我们谈谈？

朱永新：这一年，我有很多的时间在全国各地做教育调研，有的时候是跟全国政协、民进中央去调研，有的时候是我自己去。去年我们去深度贫困地区调研，在广西、在云南、在湖南都有。这个过程中就发现教育和脱贫攻坚的关系非常密切。比如说我们在广西看到，三十多岁、四十多岁人不会讲普通话，跟他交流还需要翻译。这和教育有很大的关系，他不讲普通话就走不出大山，就没法出去打工。说好普通话本身也是教育扶贫非常重要的内容，尽管它只是教育中一个小小的部分。

再比如说我到农村去，看了很多中小学图书馆。这次两会我专门带了一个关于农村中小学图书馆的提案。我们在农村看到，所有学校里学生的营养午餐解决得都很好，因为国家专门给的钱，有很好的监督体系，那么一顿饭基本上都解决了，他在家里吃不上肉，但是在学校可以。但是，我说营养午餐解决了，"精神正餐"没解决。很多农村学校没有图书馆；或者有图书馆，没有好书；或者图书馆有书，没人管理，这些情况比较普遍。所以农村的孩子除了在课堂里面学习以外，没有课后的阅读习惯，没有任何其他精神的滋养，这是非常不利的。农村孩子的成长，没有"精神正餐"，没有大量的阅读，从课堂里面学的那些知识是远远不够的，而且那样的学习可能是被动的，孩子会越学越没有兴趣，越学越苦恼，越学越厌学。一个真正热爱阅读的孩子，他会主动地去学习。所以我专门提出要加强农村中小学的图书馆建设。

农视网记者：您这个提案能不能具体展开讲讲？在农村小学怎么样实施？

朱永新：首先，应该出台一个国家的宏观指导文件，要求所有的农村学校都应该建一座图书馆。其次，就像营养午餐一样，农村学校图书馆建设应该有标准。这个标准包括，第一要有比较好的书目。现在很多图书馆的书良莠不齐，因为农村图书馆的书有两个来源：第一个来源是捐赠，很多人把自己不需要的书捐了，所以我们看到大量的书是不适合孩子的，这些书是不适合放到农村中小学的。第二个来源是采购招标，现在国家的招标政策是低价中标，很多学校就把出版社卖不出去的书以很低的价格买到学校，好书一般不打折，所以农村中小学图书品质有的很差。就像吃饭一样，为什么我们营养餐要保证营养？现在的"营养书"也得保证营养。所以我提出，要做一个农村中小学图书馆的基本书目。这几年我一直在研制这个书目，现在已经正式发布了。我们认为孩子读的书，无论是农村还是城市都应该一样。

农视网记者：您推荐的书目，能简单地和我们网友们透露几套吗？

朱永新：有很多，中国的经典、西方的经典都有。还有图画书，像《猜猜我有多爱你》，阶段再高一点，像《草房子》《小王子》。每个阶段都有不同的书，不同的阶段有不同的重点，它是呈阶梯式上升的。我们专门有一个小组，用好几年的时间研制了这样一个书目。曹文轩先生讲，这是中国最好的书目，任何家庭和学校要指导孩子读书，都可以参考这个书目。

当然还有指导的问题，校长、老师要懂得怎么样去指导孩子阅读，怎么样上阅读课，怎么样帮助孩子进行亲子共读、班级共读。我曾经讲过，没有阅读的学校，永远不可能有真正的教育。阅读对乡村孩子的发展非常关键，只要有好的图书、好的阅读，那么乡村孩子就可以和城里的孩子站在同一个起跑线上。

农视网记者：朱主席，就咱们民进的提案来说，涉及"三农"的主要有哪些？

朱永新：民进中央关于"三农"的提案不少，包括我个人在内，像乡村治理中怎么发挥教育和文化的作用，怎么样通过现代技术帮助脱贫攻坚，怎么样发展乡村的文化和旅游事业，怎么样推进城乡的一体化。我们最近这些年来一直关注乡村教育问题，包括乡村学前教育的发展。

农视网记者：最后一个问题。我们农视网开了一个子栏目，叫为中国农民点赞。就您这几年的观察，您觉得中国农民身上哪一点有所变化或值得点赞？能不能给他们点个赞？

朱永新：这些年，通过乡村建设，整个乡村面貌发生了很大的变化。乡村变得更美了，更整洁了。乡村的文化资源也开始受到关注，村民们也更多地利用现代技术推销当地的特色农产品，城乡之间的交流越来越多。中国乡村是整个中国最重要的版块，没有乡村的现代化，不可能有中国的现代化。没有乡村教育的发展，也不可能有整个中国教育的发展。其实关注"三农"问题，应该是每一个人的责任，这也是中国的希望所在。

人民网：办人民满意的教育

2019 年 3 月 5 日，朱永新做客人民网，以"如何办好人民满意的教育"为题与网友在线交流。

主持人：大家好，欢迎关注人民网两会"高谈客论"访谈节目。今天做客我们访谈间的嘉宾是全国政协常委、民进中央副主席朱永新。您好，欢迎您。

朱永新：您好，各位网友大家好。

主持人：我们全国两会召开了，想问一下您今年带来哪些提案呢？

朱永新：我今年准备了 12 份提案，有关于建立国家阅读节、建设书香中国的提案，有关于加强农村中小学阅读指导的提案，有关于加强高校图书馆建设的提案。这三个都是关于阅读问题的。同时有关于教育体制改革的，比如建立中国的特许学校，比如妥善处理民办园和普惠园之间的关系，还有，完善学习类 APP 进校备案工作、促进互联网＋教育的发展，减少非教学任务、为中小学老师减负，还有整治外籍教师乱象，提高残障儿童的入学率，调整盲道建设的思路、用现代技术取代盲道的提案，以及以技术创新促进脱贫攻坚的提案。一共有 12 个提案。

主持人：您刚才提到的提案非常多，哪些是教育方面的？

朱永新：除了有关盲道的以外，其他都是和教育相关的。

主持人：今年您比较关注教育热点中的哪些问题呢？

朱永新：目前教育热点问题很多，我今年比较关注的，第一个就是与民办教育相关的问题，特别是学前教育的普惠园和民办园关系的问题。最近媒体都在关注，全国好几个城市发生了停办民办园，强制民办园转为公办园或者转为普惠园的事件。我们觉得中国还需要民办教育的健康发展，所以我们应该妥善处理好民办园和普惠园之间的关系。再一个是关于互联网＋教育的问题。教育部出台了关于学习类的 APP 进入学校要备案的政策，同时有一些地方在执行的时候干脆规定不允许进学校，这对整个互联网＋教育事业的发展可能会产生一些消极影响。另外还有教师非教学类任务太多的问题，比如我们很多中学校长一天到晚忙于开会、忙于填表、忙于应付检查、忙于很多和教学无关的事情。我觉得这些问题都会成为今年两会讨论的热点，我也给予了很多的关注。

主持人：我们也知道，去年把解决中小学生课外负担重写进了政府工作报告，据您了解，这项工作现在取得了什么样的成效呢？

朱永新：学生课业负担重的问题，从国家层面来说，行政部门非常重视，但是在短期内要取得明显成效还是有难度。因为教育评价体系、教育考试制度还没有根本性的变化。总体上来说，我觉得还没有让人非常乐观的根本性的好转出现。不仅仅学生的负担重，教师的负担也重，所以我今年专门写了关于教师减负问题的提案。我觉得一个很大的问题在于，现在我们的整个教育体系和社会体系还没有很好地整合起来为教育、为减负创造良好的条件。学生负担很重的一个重要原因是，大家都希望孩子今后能找到一个好的工作，有好的收入。你要有好工作、好收入，你就要进好大学，你要进好大学就要进好中学，要进好中学就要进好小学，要进好小学，就要进好幼儿园，孩子不能输在起跑线上。哪一环都不省心，从哪里解决呢？首先要从末端解决。也就是说，我们怎么样让人能够找到一个好工作？工作和工作之间收入分配应该没有那么大的差别。我一直主张，比如公务员考试，能不能把学历的要求降下来，能不能要求不要大学生，只要受到良好的中等教育就可以做公务员。关键是能力更重要，学力比学历更有价值。西方有一些世界五百强公司，在录取员工的时候，不允许提交学历证明。我们现在还在关注学历，不仅要学历高，而且要"985""211"。我认为，学历并不重要，关键在于你的能力，你的知识结构，你的知识体系。所以未来我觉得要淡化文凭、学历、名校这些因素在整个用人过程中的影响。同时，社会各个行业的收入差距不应该那么大。很多成熟化的社会中，一个普通的技术工人和一个大学教授，都可以住别墅，都可以有很好的体面的生活。这样就不需要一定要去从事某个职业。现在是哪个职业流行、收入高，大家就涌向哪里，过去是银行，现在像互联网行业、高科技行业非常热门。我觉得未来应该不是哪里收入高往哪里去，而是哪里适合我往哪里去，每个人找到最适合他的工作。其实教育本身就是应该帮助每个人成为他自己。如果我们最优秀的人才，不能够去从事科学研究、不能够做教师、不能够做艺术家，不能够做他自己想做的事情，我觉得这是很大的问题。现在我们和发达国家的教育很大的区别就是，我们优秀的学生，包括北大、清华毕业生在内，集中到了高收入的行业，而不是最适合他们自己的行业。

主持人：两者之间要寻找到平衡。

朱永新：教育的外部环境要改善。当然，教育外部环境要改善，就要提升全社会的教育素养。现在课业负担重很重要的原因就是焦虑，家长的普遍焦虑导致学生的课业负担重。这个其实和学校还不一定有非常直接的关系，这是剧场效应，剧场里前排一个人站起来了，后面的人也站起来了，整个剧场的人全站起来了。补课也是这样，你的孩子补课了，我的孩子也要补课，其实他的孩子没有必要补，也都来补了，就有问题了。如果说我们的家长们都能够懂得一点教育的最基本常识，懂得人成长的规律，懂得一个优秀的人应该怎么成长，应该怎么样通过阅读、通过活动帮助孩子发现自我，不断地建构属于自己的独特的知识体系，这样社会环境才会改善。这是从外部环境来说。

从教育内部来说，教育部也出台了很多禁令。我觉得仅仅靠学校的力量是不够的，在这个时候需要家校合作。总书记这几年一直在强调家庭教育的问题，强调家风建设的问题。教育部最近也出台文件，也要推进家庭和学校合作，我觉得这也是一个非常重要的方向。这些年来，我和新教育团队一直也在研究，怎么样去提升父母的素养，怎么样去更好地推进家校合作，把社会的资源和学校资源进行比较好的整合。所以，减负是个系统工程，不是说一个禁令就能够起成效的，是需要全社会共同发力才能够推进我们的中小学减负。

主持人：您刚才提到这需要全社会共同推动，而且是循序渐进的过程。

下面这个问题来自强国论坛和今日头条的网友。他们也非常关注近年来的人工智能话题，包括教育部也启动了人工智能＋教师队伍建设行动。人工智能会给教育带来什么？是否会代替教师呢？

朱永新：首先人工智能和技术对教育的影响毫无疑问是非常巨大的。它在一定程度上会取代很多过去由普通教师完成的事务。最近好未来董事长张邦鑫跟我介绍，机器人已经可以教学生学习外语，总体教学水平已经超过了一般的老师。机器人更厉害的是，它比一般的老师更善于学习，也就是说它教了这个班以后，教第二个班的时候会利用之前的数据，越教越好。在这个意义上来说，很多普通的知识传递，机器人是可以完成的。而且机器人可以针对学生不同的问题，根据他们的回答，根据他们的学习数据，给他们提供有针对性的教育。在这个意义上来说，教师的一部分的教学工作，是可以被机器人取代的。

我最近刚刚完成了一本关于未来学校的书，我在书中提出，未来机器人、人工智能会在教育中发挥越来越大的作用。也就是说我们普通的学习，一般知识体系的学习，机器人是可以解决的。但是，机器人永远取代不了教师，真正的教师、优秀的教师是机器人无法取代的。

第一，教师是有感情的，未来的教师不是简单地教知识，而是和学生一起成长，是学生学习的一个咨询者，一个指导者，一个参与者，一个陪伴者，一个帮助者。这样的工作是机器人无法取代的。未来的学习，尤其是项目式学习，教师和学生在一起共同研究问题，共同探讨问题，共同做课题、做产品，这个时候机器人很难直接参与进来。这样的教师是无法取代的。

第二，未来淘汰的，是不能够适应未来工作的教师。那些优秀的教师，本身还有独特的学习能力和自我成长的能力，他在某一个领域可能非常卓越，非常优秀，甚至是某个领域的专家，在这个时候，他和学生的相互交往会带领学生走向更深、更高、更专业的领域。机器人只会代替日常教学中的很多以知识传递为主的工作，但是，在学生的情感培养、合作学习，以及师生共同生活等方面，机器人还是无法取代的。

主持人：教师在面对互联网＋教育的形势下，应该如何来做，如何来应对呢？

朱永新：未来的教师和现在的教师是不一样的，我提出"能者为师"。比如未来的艺术教师可能不是现在我们的美术教师、音乐教师，而是艺术家。前两天我在北京大学看到了北京大学附中的艺术教师，它的艺术教师完全是驻校艺术家在做，他们带领学生做沙画，带领学生做服装设计，带领学生进行各种各样的艺术创作，教师本身就是艺术家。未来很可能一些科学家会在学校里面教科学。所以我提出未来是能者为师的时代。普通知识体系的传授，网络可以解决，机器人可以解决，人工智能可以解决，我们学生在现实生活中的学习，更多的是向大师学习，我们的哲学家，我们的文学家，他们直接和学生在一起讨论。未来的学习方式和现在的学习方式是不一样的。未来的教师也不是现在意义上的教师，未来会出现很多新的课程公司。比如优秀的数学老师，几个人做一个数学课程公司，为很多学校服务。现在是我们一个老师就终身在一个学校，未来会打破这样的格局。

主持人：如何深化教育领域"放管服"改革，推动教育治理现代化，您的理解和建议又是什么？

朱永新："放管服"改革是我们国家社会治理的一个非常重要的方向。去年我在 21 世纪教育发展论坛上曾经就"放管服"问题谈了我个人的一些意见，我觉得在教育上我们的"放管服"还是不够的。我这次两会专门带了一个提案就是建立中国特色的特许学校。什么叫特许学校？现在很多对学校的管理还是太具体，要求太高，检查太多。这样学校很难有真正意义上的自由，在学校里也很难进行先进的教育理念、教育思想、教育方法的探索。特许学校，最早从美国开始，现在欧洲很多国家都有特许学校。这些学校很重要的特点就是政府的公办学校交给民间进行经营管理，如果有民间的教师、家长、机构有教育的理想和追寻，想进行教育的探索，达到双方预定的教育成效外，课程可以自由开设。现在我们普通的学校是不可以的，所有的课程必须开足、开齐，没有任何探索的空间，但是，特许学校不一样。我去年和美国的一个特许学校校长交流，这个校长很厉害，他把美国最薄弱的学校改造了一大批。这些学校的孩子都是属于中产阶级以下贫困家庭的学生，但是他们学习非常好。很重要的一点，学校里不是像普通学校那样上课，80% 左右的时间全部是学生自我探索，自己研究问题，每学期全校有一个盛大的节日，就是每个学期他们的研究成果的发布会。这样一些孩子，本来对学习都很厌倦的孩子，结果在新的方法下点燃了他们学习的激情。"放管服"，什么叫放？要放心，要放手，要放权。我一直说，中国人、中国的教师，是非常聪明、非常勤奋的。不能把他们手脚捆起来，要把他们彻底解放。改革开放这几十年一个很重要的经验就是解放，从解放思想开始，到解放生产力，我觉得教育上的解放还是远远不够的。不断地出台的文件都是禁止这个、禁止那个，很少鼓励大家去探索、去创造。"放管服"，管什么？现在似乎所有的行为都要管，我说应该是管方向、管原则、管底线。"放管服"，做好服务，放、管是很关键的。没有放和管，很难真正做好服务。所以，像我前面提到的教育行政部门出台学习类的 APP 进学校要备案的政策，很多地方嫌烦了，干脆不允许进学校。好的学习类 APP 是有助于提高教学效率的。我前段时间和一家非常有名的学习类 APP 的创始人进行交流，他们这个学习类 APP 到中小学以后，极大提高了薄弱地区和农村学校的教学水平，对推进教育公平也有很多好处，对减轻课业负担也有很多好处。用他们的学习类 APP 可以少做三分之一以上的作业，达到同样的教学效果，为什么不用呢？不能因为个别的 APP 里面有涉黄就一刀切地禁止。我觉得桥归桥，路归路，违法的按照违法去处理，但是现在一律禁止，这是不对的。而且现在一家一家备案，每个学校备案，每个使用机构去备案，像这种大型的机构，完全可以一次性备案就行了。所以我觉得，我们在教育上的"放管服"还有很长的路要走。

主持人：我们现在是需要放，但是，这个度如何来把握？特别是孩子或者未成年人，他们对电子产品的自我控制能力可能不一定够。

朱永新："90 后"的孩子，他们已经是互联网上的"原住民"，他们本来就是在网络上成长的新的一代，我们不能用过去的思想面对现在孩子。我也不大主张让孩子过多地沉迷于上网、看电视，但是其实他们就是这么成长起来的。我们也知道这个对眼睛会有些伤害，但是，我觉得，更重要的是我们应该提高我们的科技水平（现在已经有很多屏幕对眼睛是没有影响的），而不是限制他上网的时间。我觉得这里面有很多教育理念和教育思想变革的问题。控制好，因势利导，但是绝对不能因噎废食，因噎废食在一定程度上不利于整个教育的发展，不利于互联网＋教育的发展，不利于在未来全球化竞争中取得领先的地位。

主持人：您刚才也提到，我们可能要把握这个度。

这几年全民阅读的推进也是轰轰烈烈。我们现在取得了一定成绩，还有哪些不足？

朱永新：全民阅读是我这十多年一直关注的问题，每年两会都会写关于全民阅读的提案，关于建立国家阅读节的提案。今年我依然提出来建立国家阅读节，建设书香中国。我一直觉得，一个国家的精神气质，就像一个人的气质一样，是离不开阅读的。一个人的精神发育史就是他的阅读史，一个民族的精神境界取决于这个民族的阅读水平。阅读是一种投入最小的学习，一本书，尽管书价涨了，但还是便宜的。但是它对一个人精神世界的塑造是非常重要的。人类那些最伟大的思想、最伟大的智慧就在那些最伟大的书里。倡导阅读，倡导领导干部阅读，倡导全社会去阅读，我觉得是一个投入最小，见效最快，最直接、最便捷的提升境界的方式。这么多年来，全民阅读在中国还是在有序地推进，在互联网、多媒体迅猛发展的时代浪潮之下，我们国家的纸质阅读不仅没有下降，反而上升了。这和我们这些年来一直倡导阅读，建设书香中国，还是有非常密切的关系。我也特别期待今年两会能够继续号召大家多读书，营造这样一种氛围。

当然在这个过程中，我觉得还是有一些问题。这次我专门带了两个提案，其中之一是关于农村中小学图书馆建设的提案。去年一年，我考察了广西、湖南、四川、云南等省区的深度贫困地区，我去了深度贫困地区的近百所学校，我们感到情况很不乐观。农村的孩子现在营养午餐解决得很好，国家投入了很大的一笔资金，解决那些贫困孩子、农村孩子的营养午餐。午餐有标准，每餐吃什么都有非常严格的规定，监督措施也很到位。我们所到之处，孩子们吃得都不错，都有肉吃。这是个很大的工程。但是营养午餐解决了，"精神正餐"哪里去了？孩子们吃不到"精神正餐"。孩子们就是在学校里听课，如果老师水平不高的话那就很难有高水平发展。但是，如果他主动去阅读，主动去学习，就不一样了。读书改变人生。我们很多学校不知道阅读对孩子真正的意义和影响，一本书可能就会改变一个孩子一生的命运。农村有些学校根本没有图书馆，我去过很多农村学校，基本上没有图书馆。有些学校有了图书馆，但是没有好书，书都是大家捐赠的书，很多都是大家不用的书捐给学校，对孩子没有用，甚至对他有消极影响。有些学校没有图书馆，有些有了图书馆没有好书，有些有了图书馆，也有一点好书，但是没有人管，都由铁将军把门。我去过很多学校的图书馆，锁都已经生锈了，根本不开放。有些学校管理得好的，每天下午放学以后开放半小时、一小时，而那个时候很多孩子都回家了，而且那么多的学生集中在那么短的时间内去办借书，非常难。所以，农村的孩子基本上没有书看。而没有书读的孩子是走不远的。

新教育有 5200 多所学校，很多在农村。我们在我们的学校强调书香校园建设，这些孩子发展得非常好，有一些完全不亚于城里的孩子。在湖北、安徽一些贫困地区，一些试点学校已经效果显著，农村的孩子只要大量地阅读，学习成绩完全可以超过城里的孩子。所以我们觉得，有关阅读，有好几个群体我们还没有真正重视起来，其中一个群体，就是农村中小学生。

另外是领导干部。总书记昨天还在中央党校青年干部班开班仪式上讲到学习的意义和价值。的确是这样，领导干部应该成为读书的模范，应该成为全民阅读的形象代言人。我看过总书记读书的故事，从年轻时代一直持续到今天。我觉得没有大量的阅读，很难真正拥有开阔的胸襟、开阔的视野、科学的决策。所以我觉得领导干部也是非常需要重视阅读的群体。

当然，父母亲、家庭也是需要关注的群体，我们这些年一直推动亲子共读。父母亲在读书了，孩子看看你在读书的样子，他就会学习，他就会效仿。如果父母亲和孩子一起来读书，亲子共读会直接带动孩子走进书的世界。我们很多父母亲到了家以后就是看电视，就是拿着手机上网，就是搓麻将，在这样的家庭里孩子成长肯定会有问题。

虽然这些年全民阅读取得很大的成绩，我们也特别呼吁全民阅读促进条例能够尽快出台。这些年来，全民健身都有个条例，但是全民阅读的条例到现在还没有正式推出。文本早就完成了，我们也希望能够尽快出台，能够更好地推进我们国家的全民阅读事业。

主持人：像您所说，希望通过您所提的全民阅读，让大家能够把这个事情更好地推进。

感谢今天朱委员作客我们访谈。

朱永新：谢谢。我是人民网的老朋友，也是强国论坛的老朋友。今年是强国论坛 20 周年，我这 20 年来差不多每年都做客人民网，非常高兴能够和人民网的朋友们进行交流。谢谢。

主持人：谢谢您。今天我们的访谈节目到这儿就结束了，感谢您的关注，再见！

中国教育新闻网：关于待遇、编制、评价……朱永新、刘希娅这样为教师说话（摘要）

2019 年 3 月 5 日晚，"两会 E 政录"特邀全国政协常委兼副秘书长、民进中央副主席朱永新，全国人大代表、重庆谢家湾小学校长刘希娅接受专访。

期待教师工资待遇落实落地

中国教师报：两位代表委员都聆听了李克强总理的政府工作报告，报告中特别提到持续抓好义务教育教师工资待遇落实。二位在台下听到这句话时，内心有怎样的感受？

朱永新：很高兴，因为教师待遇问题一直是社会关注的热点问题，义务教育教师工资落实落地、绩效工资怎么样更有效的问题，也是大家一直关注的问题。政府工作报告能够关注教师的问题，反映了广大教师的心声。

对教育的重视程度前所未有

中国教师报：最近中共中央、国务院印发了《中国教育现代化 2035》，里面提出了十大战略任务，其中一条就是建设高素质、专业化、创新型教师队伍。去年，中共中央、国务院颁布了《关于全面深化新时代教师队伍建设改革的意见》，这些文件都与教师有关，在二位看来，这些文件能让教师收获哪些红利？

朱永新：这些文件才刚刚颁布，绝大部分还没有完全变成具体的政策，所以我觉得政策效应的显现还需要一个过程。这次政府工作报告提到落实教师工资待遇只是第一步，接下来对教师队伍建设可能还会有一些具体的、新的措施，这是一个系统的工程，比如教师培养的问题，师范教育体系再造的问题，师范教育课程改造的问题，教师培养流程方法的问题，教师进修培训的问题，教师薪酬的问题，这些目前还没有具体、完整的方案出来。接下来，还有许多配套的具体工作方案要进一步推进。

创新思维，为破解编制难题开药方

中国教师报：《中国教育现代化 2035》提到，切实解决教师结构性、阶段性、区域性短缺问题。教师短缺问题通常与编制问题联系在一起，您对此怎么看？

朱永新：教师编制问题是个老问题，但是我觉得可以在解决编制思路上有所突破。

大家要看到，编制在原则上是不再增加的，因此在现有的框架内解决教师的编制问题难度非常之大，特别是幼儿教师，还有中小学教师。首先，我们的编制在定编时就定得偏紧；其次，编制管理还是沿用过去"大班额"时代的做法，这不太适合今后的小班化、个性化教学。所以我个人的意见当然是争取编制，但是不妨跳出编制来思考教师队伍建设。

我提出两个解决思路：

第一，用同工同酬的办法解决教师编制问题。编制的主要问题在于养老保险、医疗保险等社会保障，这个问题如果能解决，再加上落实退休以后的待遇，如果解决了基本工资、绩效工资、奖金等，聘用教师与在编教师没有任何差别，编制问题就不是很突出了。现在的问题是，在编教师跟没在编教师的收入差距很大，有时，钱的问题比人的问题、编制的问题更关键。

第二，现在已经到了一个购买公共服务的时代。也就是说，未来的教师一部分是编制内的，另一部分则可以通过政府采购的方式来解决。现在我已经看到一些公司在为学校提供课程，未来还会有更多课程公司，比如数学公司、语文公司等，没准质量不比学校的老师差。

所以，我觉得编制的问题要突破编制，用创新的思维去破解。当然我们的管理部门也要提供更宽松合理、更有利于教师成长的编制体系，这个并不矛盾。如果考虑到教师培训、"二孩"政策、教师生育这些因素，我们现在的教师缺的不是一点点，光用编制来解决难度非常大。

教师要有活力，首先得从重负之下解放出来

中国教师报：让教师留得住、教得好是我们的目标，但现在也有教师反映负担比较重，在您看来，什么样的负担是教师不应该承担的？

朱永新：今年两会我专门写了一个提案，就是要减轻教师的非教学性负担。去年我还提过一个保障教师休息权的提案。

负担的第一种是许多非教学和非教育的任务，第二种是各种各样的考试评估检查，第三种跟教育有一点点关系的，现在许多教师对学生承担着无限责任。这让教师没有时间成长、备课、研修，甚至于没有正常的家庭生活，我觉得这对教师的成长是非常不利的。

刘希娅：这个话题应该是近两年教育系统内部非常热的话题，近一两年，一些教师跳槽辞职，可能有人认为是待遇不高，但也可能是基于过重的负荷。教师要有活力，首先得把他从重负之下解放出来。

朱永新：刘校长讲到教师的精神负担问题，应该引起特别关注。这些年来关于教师、教育负面的报道比较多。其实我们有大量的可歌可泣的优秀教师的故事，这些都是中国好故事非常重要的组成部分，但是我们的报道宣传不够，所以你们媒体的任务还是很艰巨的。

与此同时，一些学校对教师的考核，成为教师的一个紧箍咒，让

教师都很焦虑，自己班上的孩子成绩掉下来一点，自己教的学科稍微差一些，他都很紧张，这个的确应该是要关注的。

怎么找到教师职业的幸福感、尊严感：从读懂教育开始

中国教师报：提起减负，我们会想到另外一个词——增效，此消彼长，我们应该在哪些层面提高效率，比如培训，比如教研，让教师队伍充满活力，增强教师从教的幸福感、荣誉感？

朱永新：这是一个很好的问题。新教育实验从发起到现在 19 年的历程中，发现了一大批优秀的教师，这些教师工作的强度并不亚于其他教师，但他们不觉得是负担，因为他们找到了自己职业的尊严，找到了自己存在的价值，发现了教育存在的魅力。当一个人沉迷于一件事情，对这件事情有着浓厚的兴趣时，那就不是压力。最关键的是让教师找到自己职业的幸福感、尊严感。

新教育提出了"职业认同＋专业发展"的教师成长体系。职业认同即教师应该了解教育是做什么的，教育有什么别样的意义、独特的价值。真正走进教育这个神奇的世界，会发现人是那么美好的存在，教育是那么幸福的事情，教师会找到教育的意义，寻找自己人生的榜样。

专业发展即专业阅读、专业写作、专业交往。通过专业阅读站在大师的肩膀上前行，通过专业写作站在自己的肩膀上攀升，通过专业交往站在团队的肩膀上飞翔。所以教师不会感觉到是负担，新教育的许多教师，把大量的时间用于阅读、写作、记录成长的故事。所以，教师不在于说工作时间多长，而在于能不能从工作中获得幸福感。

刘希娅：现在的教师培训也有一些问题。我建议，培训应该以校本培训为主，因为学校差异很大，校长最明白怎么培训自己的队伍，培训经费应该下沉在学校。我也曾经建议，我们的校本培训经费应该由过去的 3% 提高到 10%，这也是扩大学校办学自主权具体的举措，能帮助每位老师获得自己发展的有效路径。

朱永新：一些教师不被尊重有一个很大的原因就是专业性不够，

像医生，没有人敢不学医就拿着手术刀去给病人开刀。教师是一个专业性非常强的职业，世界上有哪个职业面对的对象如此复杂、充满不确定性，而且每天都在变化之中？人是最复杂的个体，作为教师如果不懂得人，不懂得儿童的心理，不懂得人成长的规律，他就不可能成为优秀的教师。但是仅仅懂得人还不够，这个人是怎么学习的，人是怎么认识这个世界的，人的大脑是怎么加工信息的，人与人之间为什么有那么大的差异，这需要脑科学、心理学、社会学等各方面的知识，没有任何一个职业需要有如此丰富全面专业的知识体系，只有作为专业性的教师掌握了这样专业性的体系，才能够真正地明白教育。

所以我们提倡专业阅读，因为最伟大的教育思想就在最主要的教育经典里。同时我们特别强调教育写作，真正的思考是从写作开始的，不善于思考的老师就像拿着一张旧船票，每天重复昨天的故事。现在人工智能教师在向我们走来，优秀教师更要不断地思考、不断地成长。教师的专业性非常重要，我们现在的一些师范教育培养体系，其实并没有根据教师成长的规律来设计教师培养流程，我一直有一个梦想，就是改造教师培养体系，真正按照教师成长规律来重新塑造教师。

如何快速促进专业成长：教师也有自己的"吉祥三宝"

中国教师报：随着社会的不断进步，教师身上也承担着许多责任与期待，由此说到教师专业成长这个问题，我想，当教师成就了自我，也就有了自己的幸福人生。二位对教师的专业成长还有哪些好的建议？

朱永新：其实教师专业成长就是两个问题：第一个是职业认同，给我一个做教师的理由。过去比较注重的是给教师知识技能，其实给教师真正的责任感、真正对教育理解的价值感，比知识技能还重要。真正帮助教师重新理解教育，重新认识教师职业的内在价值，这是第一位的。

第二是专业发展，即"三专"，专业阅读、专业写作、专业交往，我们称之为教师成长的"吉祥三宝"，这是教师成长的基本规律。一个教师如果能把职业认同和专业发展紧密结合，就有了成长的双翼，就能够飞得更高。

刘希娅：我想和教育同行们分享三点感受。

第一，坚定信仰，坚定信心。无论我们的教育、教师现在面临什么样的问题，还有多少坎坷要去面对，我觉得都要坚定信仰、坚定信心。教育是改变社会最系统、最深刻的路径。

第二，广涉猎，多角度，用更广的视野和更高的格局充实完善自己，让科学性去诠释、支撑教师的专业性。现在我们要深学教育学、脑科学、心理学的理论，要有更广阔的视野，通过多种方式的学习来支撑诠释我们的专业性，赢得社会更多的尊重。

第三，活出我们自己的人生精彩。我曾经给许多老师讲过，你的生命状态就是最好的课程，你的一颦一笑、一言一行、一招一式就是最好的课程，教师要让自己的生命状态成为孩子们的榜样，成为社会风尚的引领。让我们的教师文化成为教育文化的代表，让教育文化成为我们国家民族文化的代表。

朱永新：我在大学做老师的时候，我的学生都是师范生，我给他们写得最多的一句话是，挖掘教师职业内在的魅力。许多人做教师会有倦怠感，但我们也要看到做教师好的一面，比如说，教师的孩子成才比例最高；再比如说，教师有那么多的学生，人缘是最丰沛的，所以真的走进教师职业，挖掘其内在魅力，教师会更加热爱自己的职业。

中国教师报：当老师还是很幸福的。

代表委员给一线教师哪些建议？

中国教师报：最后，请两位代表委员用一句话来表达对一线教师的期许和建议。

朱永新：我把我们新教育的这句话送给大家——过一种幸福完整的教育生活。

刘希娅：因为是老师，孩子们的纯真带给了我们生命的纯净，孩子们的多样性让我们的生命富有挑战性，孩子们的成长给我们的生命赋予了与众不同的意义和价值。

中国网：推动全民阅读成为国家战略

2019 年 3 月 5 日，第十三届全国政协常务委员兼副秘书长、民进中央副主席朱永新应邀做客中国网，接受记者曾瑞鑫、徐虹、刘昌采访，与网友分享参会感受，畅谈"老委员"的新提案。

"民生礼单"收获 58 次掌声

中国网：您刚刚从"两会"现场来到中国网，听到总理的政府工作报告之后有哪些感想？

朱永新：应该说非常振奋！非常感动！总理的报告受到与会代表委员的热烈欢迎，经久不息的掌声一共有 58 次之多。过去一年，在经济面临下行压力的背景下，整个中国经济稳中有进，取得了非常好的成绩。2019 年，政府又给百姓送上了"民生大礼单"，对降费、降税等老百姓关注的很多民生问题都做出了回应。委员代表曾经提案呼吁的一些问题，比如前几年我呼吁过的文山会海问题，总理在报告中就明确提出要压缩会议、压缩文件，政府文件要压缩三分之一，这样的力度非常大。再比如我们建议的关于大力发展职业教育、培养现代技工的问题，总理的报告中也用了一大段强调要继续推进职业教育的改革与发展，吸引各方力量兴办职业教育。同时，对于如何办好更加公平、更有质量的教育，办人民满意的教育也做出了清晰的部署。应该说，总理的报告得民意、顺民心、重民生。

教育提案呈现三大热点

中国网：您肯定与教育领域的其他代表和委员有过交流，可不可以跟我们透露一下他们所关注的教育热点问题包括哪些呢？

朱永新：来自于教育界的代表和委员很多，但事实上，所有的家庭都有孩子，每个人都跟教育有关。所以，不仅是教育界的代表委员，全社会都在关心教育问题。从我的感觉来看，这次"两会"，大家普遍关注以下几个教育热点：

一是学前教育的问题。目前，很多家庭都面临着入园难的问题，国家要求公办园和普惠园必须要达到 80%，在短期内实现可能有难度，而且不同的城市教育资源不一样，在有些地方实现难度就更大，所以，"一刀切"可能会带来很多问题，这是很多委员都关注的问题。

二是家庭教育的问题。习近平总书记这些年来一直在关注家庭教育、家庭建设、家风问题，其实学校教育跟家庭教育本身有着非常紧密的关系，两者相辅相成、相互促进。现在，家庭作业变成了"家长压力"，课外补习甚至具有"剧场效应"，家庭教育中普遍存在的焦虑感、恐慌症已经成了社会问题。

另外一个是我提出的关于教师减负的问题。我们在调查中发现，很多教师除了教学任务以外，还得应付脱贫攻坚、招商引资等任务，跟本职工作没有任何关系，教师的责任被无限扩大，教师的休息权、学习成长空间都会受到很大的影响。

持续为"书香中国"建设鼓与呼

中国网：每年您在"两会"中的提案都受到了广泛关注，今年您又带来哪些有关教育的新的提案呢？

朱永新：我长期研究教育问题，关注教育问题，我们中国民主促进会也是教育界别的党派，70%会员来自于教育界。所以，关注教育问题，为教育改革和发展鼓与呼，为教师谋利益，是我们的一个非常重要的工作。结合去年一年的调查研究、实地走访，今年两会我们带来了十多个提案，基本上都是围绕教育问题的。比如说，关于建立国家阅读节，建设书香中国；重视农村中小学图书馆的建设和阅读指导；重视大学图书馆的建设；为教师减负；关注大学的艾滋病防治；发展中国式的特许学校。此外，关于处理好普惠园和民办园之间的关系，总理工作报告里面这次正好提到了——无论公办园还是民办园，只要价格合理、百姓满意，政府都要大力支持。

中国网：是什么力量推动着您一直不遗余力地推动全民阅读，建设书香中国？

朱永新：我特别关注今年的两会工作报告会不会写倡导全民阅读，希望能够增加书香中国或者全民阅读的表述。我一直认为，全民阅读是建设现代化强国、提升国民素质、加强民族凝聚力的一个最重要抓手。因为，一个人的精神发育史就是他的阅读史。这次，我有一个关于加强农村中小学图书馆建设的提案，呼吁在营养午餐问题解决后，也能给农村孩子提供"精神正餐"，而阅读就是孩子们的"精神正餐"。

我觉得一个民族的精神境界取决于这个民族的阅读水平。这次两会非常强调凝聚共识，我觉得共同的阅读本身就是凝聚共识的一个非常重要的前提。对于教育来说，没有阅读的学校永远不可能有真正的教育，在一定程度上阅读就等于教育。

中国网：19 年前发端的新教育实验，主旨就是让学生度过一个幸福的、完整的教育生活。其中一个重要的理念就是建设书香校园。经过这么多年的实践，实验的效果怎么样？

朱永新：新教育实验从 19 年前发端，从《我的教育理想》这本书开始，发展非常迅速，已经远远超出了我个人的预期。曾经只想在苏州一所学校做一个比较深度的实验，没想到今天全国已经有 4200 所学校、140 多个教育局在区域内全面推广新教育实验理念，还有更多学校虽然没有加盟，但是按照新教育的书香校园理念在推进。刚刚提出的时候，"书香校园"还是一个很时髦的理念，学校觉得很新鲜，但是现在大家已经习以为常，不做书香校园反倒觉得很意外，这是一个很了不起的推进。

在这 18 年的新教育历史探索过程中，我们看到，凡是那些认真践行新教育"十大行动"，尤其是书香校园建设的学校，发展都非常之快。有一些农村学校，跟着新教育做了五六年时间，彻底地改变了这个地方的教育生态，孩子们的精神面貌、气质、学习能力，甚至考试能力都不亚于城里的孩子。湖北农村的随县，经过多年的书香校园建设，学生们成绩非常优异，远远超过了很多城市的孩子。安徽霍邱是一个国家级贫困县，经过几年阅读实验以后，学校的精神面貌发生了很大的变化，"流"出去的孩子都回来了。所以，阅读对学生、学校和国家的影响，都是非常巨大的。它是一个最廉价、最直接、最有效、最便利的提升国民素质的重要方法。这次总理的报告中也提出，要加强精神文明建设，在全社会树立崇尚美好的价值观念。我觉得最好的路径其实还是全民阅读。所以，我一直认为全民阅读应该成为国家战略。

新华网：教育公平问题是社会对教育满意的风向标

2019 年 3 月 12 日，全国政协常委兼副秘书长、民进中央副主席朱永新做客新华网 2019 年全国两会特别报道节目。以下为访谈主要内容：

主持人：请您介绍下今年两会民进中央提案的有关情况。

朱永新：民进中央今年共收到提案素材稿 200 余份，主要来自 29 个省级组织、民进中央 9 个专门委员会、参政议政特邀研究员，以及参政议政合作平台、社情民意信息转化等方面。经民进中央主席办公会议审议通过，形成了提交全国政协十三届二次会议的 46 件提案。

从提案内容来看，体现教育文化出版主界别特色的提案 17 件。其中教育类 13 件，主要涉及发挥乡村学校社会治理功能、完善普通高中学生综合素质评价工作、进一步促进家庭教育发展等问题；文化类提案涉及推进农村文化服务供给侧改革和改进少数民族特色村寨建设问题；出版类提案涉及支持网络文学持续良性发展和推动中国期刊"走出去"问题。

在围绕党和国家中心工作、反映百姓关注的热点问题方面，我们也提交了很多提案，主要涉及经济类、科技医疗卫生类、生态建设类、社会法治类等。

主持人：请您介绍下 2018 年民进中央在参政议政工作方面的特点和亮点。

朱永新：2018 年，民进中央在参政议政方面取得了良好成绩：

第一，围绕中心建言献策。以书面形式报送了关于推进实施"一带一路"倡议等 5 篇建议书；向全国政协十三届一次会议提交党派提案 43 件，民进组提案 7 件；承办全国政协"加强国家通用语言文字普及，促进各民族交往交流交融"双周协商座谈会；加强反映社情民意信息工作；向中共中央统战部、全国政协报送社情民意信息 575 期，49 篇被全国政协采用。

第二，民主监督作出新贡献。深入推进脱贫攻坚民主监督；重点围绕教育扶贫与工作作风问题，通过多种形式开展广泛深入调研，向中共中央报送年度脱贫攻坚民主监督报告和有关建议；围绕党风廉政建设开展监督；就加强基层党建、完善干部激励机制等问题，及时报送相关情况和建议。

第三，深入开展调研，提升能力。以"完善乡村治理体系"为年度重点课题，赴 3 个省 9 个乡镇和 14 个村实地考察；以"民主党派基层组织参与基层社会治理"为重点课题，赴 9 省开展实地调研。

主持人：民主党派年度大调研备受社会关注，请您介绍下民进中央的大调研情况。

朱永新：民进中央确定 2019 年党外人士重点考察调研主题为"优化营商环境，激发微观主体活力"。4 月将分两路调研制造业和服务业"放管服"改革中的政策协同、执行问题。

主持人：请您介绍下民进中央在 2019 年的重点工作计划。

朱永新：民进十四届五次中常会议审议通过了《民进中央 2019 年工作要点》，明确了民进中央 2019 年重点工作，主要有以下几个方面。加强政治理论学习；开展主题教育活动，加强形势教育和价值观教育；开展基层组织建设主题年工作，以"强组织、增活力、有作为"为主要目标，着力解决基层组织建设中存在的突出问题；完成好各项重要履职活动；开展社会服务，重点以"同心·彩虹行动"为载体，培训安龙县、金沙县等西部地区骨干教师和医卫人员，着力推进产业、就业扶贫；深化港澳台侨联谊工作，推动海峡两岸和港澳地区教育文化等领域的交流交往。

主持人：作为以教育、文化、出版为主界别的参政党，您最关心教育领域哪些问题？

朱永新：我关注的教育问题主要集中在两个领域，一个是教育公平，一个是怎样提升教育质量，也就是政府工作报告中提出的发展更加公平更有质量的教育。教育公平问题是社会对教育满意的风向标。从一定意义上来说，教育公平首先解决的是有没有学上，其次是解决能不能上好学。

中国小康网：扶贫攻坚离不开技术创新

编者按：商务部数据显示，2018 年全国农村网络零售额达 1.37 万亿元，同比增长 30.4%，其中贫困县网络零售额增速 36.4%，高出全国网络零售额增速 12.5 个百分点。农村电商作为精准扶贫的重要载体，在推进乡村振兴、推动农业产业转型升级、促进农村商贸流通跨越式发展、带动农民就业和脱贫增收等方面发挥了重要作用，为深度贫困地区脱贫攻坚开辟了新路径。

近年来，全国政协委员、民进中央副主席朱永新先后到国内多个贫困地区进行调研，他感受到各地干部群众脱贫攻坚的决心和信心，也关注到教育、电商下乡在脱贫攻坚中的重要作用。在今年的全国两会上，多年专注教育领域研究的朱永新不仅发出了关于教育的声音，也带来了关于以技术创新促进脱贫攻坚的提案。

2019 年全国两会期间，朱永新接受了中国小康网记者于靖园的专访。

创新健康脱贫，实现精准帮扶

《小康》：您最近表示，应该用现代技术推进脱贫攻坚，请您谈一下互联网技术在其中起到的关键作用，以及发展农村电商对于脱贫攻坚的重要意义。

朱永新：互联网技术在脱贫攻坚中的作用还是挺大的。在医疗方面，互联网技术对实现精准帮扶、高效理赔和透明公开都起到了很大的作用。因为疾病是导致贫困的第一大原因，所以，若能帮助这些因病致贫的家庭，将具有很大的意义。中国扶贫基金会发起的"顶梁柱健康扶贫公益保险"项目，通过互联网平台与政府合作实现了精准帮扶，通过移动技术实现高效理赔。在项目合作的贫困县区，该项目对18周岁到60周岁建档立卡贫困户全部精准覆盖，为每一位贫困户自动投保。一个村干部加一个支付宝，即可为全村人理赔。当贫困户往平台上传医疗发票图片后，平台通过图像识别等技术自动识别医疗费用、药品等内容，降低人工工作量，降低项目运作成本，提升整个项目的效率，因此，整个项目90%的资金都可以用于贫困户医疗理赔。

通过区块链技术实现信息透明公开。项目运行在区块链平台上，从募款到投保，再到赔付，整个流程信息透明公开，任何人从支付宝上都可以查询到项目的详细信息。截至2018年12月，项目带动3.6亿公众、112万商家产生了27亿笔公益捐赠，累计筹款1.36亿元。项目已为425万人次建档立卡贫困户提供保险，他们来自12个省区66个贫困县，包括17个深度贫困县。无论从医疗健康的角度来说，还是对促进贫困地区农产品销售而言，成效都比较明显。

许多电商平台开设了专门的"兴农扶贫"频道，到2018年12月，农村淘宝的"兴农扶贫"频道已经实现与22个省区435个县合作，其中包括151个贫困县。互联网平台企业把帮助贫困地区销售优质农产品作为新零售的战略性业务来抓，实现了比较好的效益。

重庆市奉节县地处集中连片特困地区，有贫困村135个，建档立卡贫困户13万多人。奉节的"淘乡甜"标准示范基地，引入了测土配肥、水肥一体化、植保飞防等技术，通过对地形、气候、土壤、灌溉、果树品种等数据的沉淀和计算，提供最优的种植技术方案，在源头上提高品控管理水平。近四年来，奉节脐橙在阿里巴巴平台的销售额增长20倍。类似的探索，在云南的元阳、山西的和顺、四川的平武等贫困县都在开展。

现在很多贫困地区的干部，开展信息采集等工作时采取的方法还比较原始，重复工作比较多，通过好的信息技术，可以帮助他们解决这样的难题。互联网平台企业通过移动技术促进、优化了脱贫工作的流程，加快了信息传递速度，促进了脱贫信息的共享。

　　此外，还可以利用信息平台调动更大的社会力量参与扶贫。比如阿里巴巴和四川省平武县合作，打造生态脱贫试点县，通过平台"蚂蚁森林"向公众开放保护地认领，探索推动蜂蜜产业发展，助力增收脱贫。

　　今年我专门写了一个提案，内容是以技术创新促进脱贫攻坚，主要基于互联网企业在脱贫攻坚的试点探索，我们觉得这些经验是可以复制、可以推广的。将这些经验用于健康扶贫、农产品销售、社会大规模参与扶贫事业等方面，都将发挥很好的效用。

应重视假冒伪劣产品对扶贫战略带来的影响

　　《小康》：我国电商发展居于世界前列，电商扶贫也一直是社会热议的话题，但农村电商的普及率低，以及贫困地区对价格相对更为敏感等因素，让拼多多等一些以低价、拼团为卖点的电商平台颇受欢迎，您是否担心假冒伪劣产品对扶贫战略带来伤害？

　　朱永新：当然会有影响，所以更需要有公信力的、专业性的团队，如果从原产地直接对接用户，没有中间商，作假的可能性就相对较小。

　　《小康》：教育跟扶贫息息相关，您一直十分关注教育领域，您怎样看待教育公平问题？

　　朱永新：在两会上，很多提案都和教育公平相关。比如说我这次提出了一个关于残障儿童教育保障的问题。现在中国的残障儿童教育存在着一些问题，首先是在人数上，统计信息不准确，根据教育部统计，残障儿童的入学率已经达到 90%，全国有 59 万多，但是据我了解，我们的残障儿童数目实际上远远超出统计数目，如果真的如此，那么入学率还是比较低，所以我们要加大残障儿童在义务教育阶段的入学率，给他们提供比较好的机会，特别是推进融合教育。现在残障儿童的教育基本上是"圈养"的，把他们关在特殊学校，"圈养"的方式跟社会是没有沟通的，一方面他们不了解社会，不了解健全人的生活；另一方面，健全人也不了解他们，不了解他们的生活，这样很容易造成彼此间的不相适应。如果让残障儿童和健全儿童一起接受教育，为每一所学校配备特殊教育教师，就能更好地帮助这些孩子，但是投入肯定要有所增加，所以这次我专门在全国两会上进行了发言，提出这个问题。

另外，在审议政府预算的时候，我还发现教育经费虽然总体增加了很多，但是在特殊教育方面一分钱都没有增加，"十三五"期间，每一年都是一个固定的数字——4.1亿元，我觉得是远远不够的。所以我这次还提出了一个关于加大残障儿童教育投入力度、提高残障儿童入学率的建议。

乡村教育不应该被边缘化

《小康》：您经常去农村实地考察。您在考察中，发现乡村教育还存在哪些问题？

朱永新：这次全国两会，我重点关注了乡村图书馆建设问题。乡村教育最大的问题就是被边缘化了，乡村教师下不去、留不住、教不好，所以乡村里都是老教师留守着，充满青春活力的青年教师比较少，好教师、有活力的教师都到城里去了。所以也产生了农村的孩子愿意到城里去学习的现象，造成了农村教育空洞化。另外，我们的乡村教育远离乡村生活，在课本教授的过程中暴露出了课程离生活很远的问题。

《小康》：在您看来，在助力扶贫攻坚上，高校发挥了什么样的作用？

朱永新：现在高等院校在方方面面都参与了脱贫攻坚，高校需要主要发挥专业优势，根据自己的特长来助力脱贫。高校里的贫困孩子也值得关注。一是学费、生活费，学校需要关注，更重要的是就业问题。要帮助他们增强就业能力，为他们提供更多的就业机会、实习机会，保证他们不会毕业即失业。要找到好工作才能保证摆脱贫困。

网易：朱永新：为中国教育探路，扎根中国大地办教育

编者按：2019 年是新中国诞辰 70 周年，中国教育在这 70 年中取得了巨大成就。规模大发展、人才多元化，教育更加适应社会经济发展的需要。中国已成为世界教育第一大国，正在向教育强国迈进。

值此普天同庆之际，网易教育将采访在中国教育改革进程中，起到重大推进作用的重要人物和团体，深度分析中国教育改革进程，向新中国 70 华诞献礼！

新中国成立 70 周年，中国教育实现了从"穷国办大教育"到"大国办强教育"的战略转变。

这种转变背后，是无数教育从业者的长期努力耕耘，既包括国家教育行政部门的顶层设计、宏观部署，也离不开民间教育力量的不断尝试和突破。中国教育的蓝图正在一步步从构想变成现实，并在社会进步和技术创新的新时代背景下，迎来了改革和转型的关键期。

作为中国教育改革的探索者，朱永新一直在思考中国教育的发展方向。

20 年前，朱永新发起新教育实验，竖起了中国素质教育的一面旗帜，获得国家教育部基础教育教学成果一等奖，在新中国教育发展史上划下了重要一笔；2019 年，《未来学校：重新定义教育》出版，朱永新用极具未来感的教育场景，畅想未来，变革当下，提出了关于中国教育未来的探索性思考；作为全国政协常委、副秘书长，朱永新先后提交了近 200 条教育提案与建议，不少已被采纳为国家政策……

他是官员，也是学者，他把自己的学术研究称为"行走的教育

学"，他给自己的定位是为中国教育探路。关于中国教育未来，朱永新的思考是什么？他的教育理想实现了吗？我们又该如何重新定义教育？

本期，网易教育邀请全国政协常委、副秘书长，民进中央副主席朱永新教授，一起探讨中国教育 70 年的变革和未来。

未来学校，重新定义教育

网易记者：近些年，您多次提到"未来教育"这个概念，在刚刚过去的 6 月份，您出版了一本新书《未来学校：重新定义教育》。您写作这本书的缘起是什么？

朱永新：这本书写作的缘起，其实是探讨未来教育的一个非常重要的走向。

为什么要探讨未来教育的走向？现在，我们正处在教育转型关键期，新的教育技术在发展，从慕课到翻转课堂，新的科学技术在发展，像人工智能、大数据、区块链，都给教育提供了一种新的可能性。继互联网改变了商业、改变了金融、改变了人们的很多生活方式之后，下一个风口或者关键点，可能就在教育上。所以，教育发展需要做一个非常好的预案。

还有一个很重要的原因，这些年来，我和我的同事们一直在推进新教育实验，研究新教育未来会走向何方。比如，孩子们到底应该学什么？应该怎么学？我们发现，传统的学校、课堂已经不能完全适应现在孩子们的学习需要了。

我们常说，方向比努力更重要，我们必须看清未来的方向，才能进行有针对性的变革。

这本书其实从 2015 年就开始写了，虽然只有几万字，但用了三四年才写完，我写一本书所花费的时间从来没有这么长过。当时我写《中华教育思想研究》，80 万字的书也只写了三年。

所以，它的确很重要。它不仅是在畅想未来，更重要的是变革当下，它是一个教育改革的方案，是关于中国未来教育发展的一种探索性思考。

网易记者：您在书中描述了一幅极具未来感的教育蓝图，比如：传统意义上的学校消失，变成教育服务机构和数据中心；课程是政府教育部门招标、全社会竞争中标的；老师来自全社会，扮演人生导师的角色等。那么，您对"未来学校"做出这种判断的基础是什么？

朱永新：我书里所有的判断，在现实生活中都已经有案例了。这些案例有的在美国，有的在日本，有的在欧洲，有的就在我们中国。

现在，提供教育资源的已经不仅是传统学校的教师了，很多社会教育机构都在为孩子、为学校提供各种各样的教育资源。学校如果只依靠编制内的教师，是无法满足孩子们的教育需要的。所以，一些学校聘请专业的艺术家到学校从事艺术教育，聘请资深的数学专家到学校教授数学。其实，政府购买公共课程、购买优质课程已经成为一种新的可能性。未来，人工智能教师甚至会出现在课堂里，把知识传授任务完全承担起来，人类教师的角色会发生很大的变化。

再说课堂问题，现在的课堂千篇一律，孩子们几岁入学、每堂课学什么、每堂课的时间多长，都有规定。其实，几十个孩子在同一个课堂里同步学习同样的内容，这是大工业时代的思维，是批量生产人才的思维。这种模式满足了大工业时代对人才培养效率的要求，有它的合理性，因为在当时，知识本身就是一种稀缺资源，必须由少数拥有知识的人利用课堂、学校的形式来传递这些稀缺的知识资源。

但未来不是这样的。

现在，知识已经铺天盖地，孩子们随时随地都能获得各种各样的信息和知识，没必要再到课堂里专门学习。所以，未来的课堂是孩子们进行自主探索的地方，项目式学习是孩子们进行合作探究的一个非常重要的模式。而且，项目组里并不是同年龄的人，而是对同一个课题有兴趣的人，他们组织起来，超越了现在的年级和年龄。

我认为，"混龄学习"会成为未来教育的一个发展方向。其实，我读大学时就是混龄学习，我是恢复高考时第一届进入大学的，同学之间的年龄差可以达到 20 岁。大家一起学习，互相帮助，彼此互补，比现在的同龄大学生好得多。未来，混龄学习可能会成为一道新的学习风景。其实，现在很多父母带着孩子学钢琴、学科技，自己也同步学习，这已经是混龄学习的雏形了。

定制化学习也是未来教育的一个发展方向。未来，学生完全根据个性化的需要向学校提出要求，让学校配备教师资源和各种社会资源，帮助自己学习。

所以，我这本书里提到的很多有点天方夜谭的内容，其实在现实生活中都是有依据的，都是有可能实现的。

网易记者：您认为，"未来学校"要想变成现实，必须具备哪些条件？

朱永新：我觉得，现在是万事俱备，只欠东风。这个东风不是技术的东风，因为技术准备已经完全到位了。我书里提到的所有场景，包括学分银行制度、教育评价制度等，最关键的是需要思想的改变，需要国家的决策。

我们特别期待国家的最高决策者能够意识到，在这样一个教育大变革的时代，如果我们及早用国家的力量推进顶层设计，进行宏观部署，中国就可以在整个世界的教育发展中弯道超车，成为最先进的教育现代化国家。

比如，我们完全可以建立一个国家级的教育资源平台，把中国以及全世界最好的教育资源都放到这个平台上，包括现在学校里的所有课程，从零岁到一百岁，从摇篮到坟墓，不同类型的人都可以从平台上找到自己需要的学习内容。这是我们国家完全可以做到的事情，组织专家，对各个市、各个学校、各个社会教育机构研发的所有最好的课程进行评估，由政府购买后，放到平台上，免费向全国人民开放。

还有，我们可以建立不同的学习中心。鼓励所有人，不仅包括传统学校，还包括社会教育机构、公益组织、企业、研究院所，都为教育提供资源。形成一个个学习中心，让不同的人根据自己的兴趣和需要选择最适合自己的内容。国家只需要制定一个国家教育标准，至于你在哪里学习，怎样去达到这个标准，可以有很大的自主性，有更多的选择空间和自由。而不是像现在这样，只能按照固定的流程去学习，只能被划进指定的学校。

这是一个大工程，需要国家进行顶层设计，宏观部署这样一个教育变革运动，主动迎战。其实，民间已经在悄悄进行这种变革了，但这种变革是自发的，不是自觉的，处于一种无序的状态，而且，仅靠民间进行自下而上的变革需要一个特别漫长的进程。

新教育实验，中国素质教育的一面旗帜

网易记者： 多年前，您也出版过一本影响深远的书《我的教育理想》，探索新教育实验，取得了令人瞩目的成绩。2018 年，"新教育实验"获得国家教育部评选的基础教育教学成果一等奖。在新中国 70 周年中国教育发展史上，新教育实验具有十分重要的地位。

作为发起者，您认为新教育实验在中国教育改革和发展进程中扮演着什么样的角色？

朱永新： 我给自己的定位是，新教育实验是为中国教育改革探路。作为民间的教育改革，新教育实验可以想得更多、想得更远，可以做一些突破现有体制、突破现有课程的探索性变革。

20 年前，我在写《我的教育理想》的时候，跟现在写《未来学校：重新定义教育》有着同样的心情。当时，我在苏州做分管教育的副市长，我想改变我们的教育，因为大家对教育的批评抱怨很多。那么，到底什么是好的教育？我们要办什么样的教育？理想的教育是什么模样？当时，基于这样一种思考，写了这样一本书。

这本书出版以后，很多人说，你写得很好，但是做不到。就像现在这样，很多人说，你在《未来学校》里描绘的蓝图很好，但是做不到。

我告诉他们，可以做到。

从找实验学校开始，我们进行了漫长的探索。1999 年，我去了常州市武进区湖塘桥中心小学，这是新教育实验的第一所学校，一所乡村学校，它跟着我们做了 20 年的新教育实验，这 20 年的变化是难以想象的。我们培养了 54 名中小学校长，其中有 5 名教育集团总校长、5 名特级教师、2 名特级校长、2 名高级校长。一所乡村学校培养了这么多优秀教师和校长，在全中国，我不能说肯定找不到第二

所，但恐怕是很难找到的。武进区的教育局长说，新教育实验其实已经改变了武进的教育生态，支撑了武进基础教育的半壁江山，这还只是一所学校带来的变化。

现在，新教育实验已经从一所学校发展到了 5216 所学校，超过 500 万教师和学生在跟我们一起进行这样的探索。

我们提出了新教育的十大行动，包括：营造书香校园、师生共写随笔、聆听窗外声音、培养卓越口才、构筑理想课堂、建设数码社区、推进每月一事、缔造完美教室、研发卓越课程、家校合作共育等。我们研发了"晨诵、午读、暮省"的儿童课程，以及教师成长的吉祥三宝，包括：专业阅读，站在大师的肩膀上前行；专业写作，站在自己的肩膀上攀升；专业交往，站在团队的肩膀上飞翔。这些都在很大程度上影响和改变了教育生态，提升了教育品质。

很多学校通过几年的发展，教育质量有了很大进步，尤其是边远地区的农村。

网易记者： 从一所乡村小学中走出了 54 名中小学校长，您认为，新教育实验在教师培养上能取得这些成就的原因是什么？

朱永新： 因为新教育实验唤醒了教师的教育良知，唤醒了教师的成长激情，同时让教师知道，怎样能够更好地发展、更快地成长，怎样找到教师职业的尊严。教育最关键的要素就是教师，教师被点燃了，孩子们就会被点燃，孩子们被点燃了，教育的品质就会提升。所以我经常说："谁站在讲台前，谁就决定教育的品质。"

多年来，新教育实验在培养教师方面是非常有成效的。我举一个例子，《中国教育报》每年会评选"年度推动读书十大人物"。从 2005 年到 2018 年，每年十大人物里都有新教育的老师，最多的一年大概有 4 个。中国有 1600 万老师，每年选 10 个人，总能选到新教育的老师，这说明新教育团队的老师是中国教师群体里最优秀的。

昨天我在山东诸城参加新教育的一个种子教师峰会，和一批来自农村的优秀教师交流。其中，一个来自河南山区的种子教师讲述了自己的成长故事，让我十分感动。这位老师班上有 80 多个孩子，她一开始是教化学的，后来因为学校里没有语文老师，就让她改教语文。她按照新教育的理念，让孩子们大量地阅读、写作，开展丰富多彩的活动，结果，孩子们的成绩不仅没下降，反而大幅度上升。在整个学校里非常突出，语文是第一名，数学是第二名。她是从两年前开始参加新教育实验的，经常坐硬座列车赴各地参加新教育的各种活动。她说，自己教了 20 年书，最近这两年的收获超过了前面 18 年所有收获的总和。

所以，新教育实验对教师的影响确实很明显。

去年，美国休斯敦教育局研究人员做了一个很有意思的研究，他们将新教育实验学校和非新教育实验学校的教师进行对比，主要考察四个变量：一是学历，你是博士、硕士、本科、专科还是中师；二是年龄，你是 50 多岁快退休的，还是 20 多岁刚工作的，或者三四十岁工作了一段时间的；三是区域，你在中心城市如北京、上海，还是二线城市，或者乡村；第四个变量就是新教育，你有没有参加新教育。结果发现，教师是什么学历不重要，什么年龄不重要，在哪里也不重要，最重要的是有没有参加新教育。在美国教育学会年会上，这个结果引起了大家的关注，被给予好评，这让我很欣慰，因为它说明新教育实验对改变教师、改变区域的教育生态、提升教育质量发挥了很大的作用。

所以我们经常开玩笑说："新教育不追求分数，但是我们不害怕考试，我们同样可以取得好成绩。"

网易记者：未来，对于新教育实验的发展，您的目标和愿景是什么？

朱永新：新教育未来的愿景主要有两个：

第一，成为中国素质教育的一面旗帜，为中国探索出一条素质教育的道路，不刷题，不应试，同样可以提高学生素质。现在看来，这条道路渐渐清晰了。

第二，成为扎根中国大地的教育学派。习近平总书记在全国教育大会上指出，要坚持扎根中国大地办教育。其实，新教育实验就在扎根中国大地办教育，这 20 年的努力没有白费。

最近，美国麦克劳 - 希尔公司出版了一本书，叫 *China New Educational Experiment in Action*，意思是行动中的中国新教育实验，介绍了新教育实验 20 年来的发展成果。20 年来，这家公司一直跟踪我们，已经出版了 17 本我的英文著作。现在，我的一些著作被翻译成大概 24 种语言，主要是关于新教育实验的，这说明新教育实验引起了国际教育界的关注。

新中国 70 年，从"穷国办大教育"到"大国办强教育"

网易记者： 新中国成立 70 年，中国教育不断改革发展，实现了从"穷国办大教育"到"大国办强教育"的战略转变，您从教也已经 40 多年，可以说，亲身参与、亲眼见证了中国教育的成长和进步。在这个过程中，有哪些让您印象深刻的里程碑或者关键点？

朱永新： 中国教育发展的这 70 年，是非常辉煌的 70 年，虽然走过一些弯路，但是，经过 70 年的发展，我们实现了穷国办大教育，正在大国办强教育，不断向现代化教育强国迈进。

尤其是改革开放 40 年以来，我觉得，有几个重要的里程碑。

第一，恢复高考。改革开放 40 年能够取得如此大的成就，和恢复高考有非常重要的关系。恢复高考意味着我们开始尊重知识、尊重人才、尊重教育规律，这是整个中国改革开放的起点，为中国发展提供了更好的人力资源和智力资源，一批优秀的青年人才进入各行各业。

第二，高考扩招。中国本来是一个接受高等教育人数相对较少的国家，1999 年高考扩招，当时主要是想拉动经济发展，但它事实上推进了中国高等教育的大众化和普及化。中国的高等教育普及率从不到 25% 发展到了现在的接近 50%，中国成为世界上接受高等教育人数规模最大的国家之一。这和恢复高考一样，满足了各行各业对人才的需求，起到了非常关键的作用。

第三，义务教育全免费。我个人也参与其中推进了一些工作，我是比较早建议义务教育免费的政协委员，从 2003 年就开始呼吁。到 2006 年，国家提出要在农村实现"两免一补"，即免学杂费、免教科书费，补助寄宿制学生的生活费用。同时，2006 年修订了《义务教育法》，正式规定义务教育全免费，这在很大程度上解决了过去

"人民教育人民办"存在的一些缺陷，国家更多地承担了义务教育的责任。

第四，学前教育的三年行动计划。在 2013 年之前，学前教育的普及率是非常低的，不到 10%，大概只有 5%。经过两个三年，从 2013 年开始的第一个三年，到 2016 进入了第二个三年，现在，学前教育的普及率已经超过了 80%。这在很多国家可能要用近百年或者几十年的时间，而我们只用了不到十年，就完成了学前教育的基本普及化，这是一个非常了不起的成绩。当然，在这个过程中，因为发展太快，很多工作准备得不够充分，也存在一些缺陷，比如教师素质、教育质量等。

第五，强力推动职业教育发展。在 2019 年两会上，李克强总理给出了职业教育的"大礼包"，拿出 1000 亿元用于职工技能提升和转岗转业培训，同时职业教育大规模扩招 100 万人。当然，此前我们国家已经实施了中等职业教育的免费，以及提供补助。这在很大程度上为职业教育的发展提供了更好的背景。

以上就是新中国 70 周年中国教育发展的几个关键点，从学前教育、义务教育、高等教育再到职业教育，几乎全面铺开。

建言献策，扎根中国大地办教育

网易记者：近年来，在教育方面，您都提出了哪些建议和议案？您认为哪些可以作为中国教育未来改革和发展的突破口？

朱永新：在 2003 年担任全国政协常委之前，我曾经在江苏省做过政协委员。

1993 年担任江苏省政协委员的时候，我提了一个建议，建议江苏省把当时的科技兴省战略改成教育兴省或者科教兴省。1995 年，江苏省接受了我的建议，这让我体会到，作为一个政协委员，建言献策可以推进国家的民主政治进程，也可以推进国家的教育改革。

所以，2003 年做了全国政协常委，包括 2008 年转到全国人大做常委，2013 年又回到全国政协做常委，在这十多年的参政议政过程中，我差不多每年都会提 10 个以上的建议或者议案，其中 80% 是围绕教育展开的。

这些建议都是我长期研究的结果，我把教育研究和建言献策进行了整合。我觉得，提出的建议要有根据，要有水准，要有前瞻性，要有可操作性。所以，每一条建议背后都是有研究支撑的。比如，农村免费义务教育、全国免费义务教育，这些都成了国家政策。再比如，我从 2003 年就呼吁建立国家阅读节，虽然现在还没成为国家政策，但其实已经在影响政策了。全民阅读已经成为一个非常重要的国家战略，写进了政府工作报告。还有一些关于立法的建议，像学前教育立法、学校法立法、公共图书馆立法等，以及建立国家教育资源平台，这也是我多年前提出的政策性建议。

好的建议需要进行认真研究，要在恰当的时候才会得到真正的重视。这些年来，我把自己提出的建议、参加两会的历程都写成了书，原生态地记录下来。这种做法在政协委员、人大代表中也并不多见，一方面能够记录自己参政议政的过程，另一方面，也是促进自己不断思考的一种非常重要的动力。

网易记者：对于中国教育未来的发展，您有什么寄语？

朱永新：中国教育发展是中国发展的一个最重要的基石，也是中华民族伟大复兴的一个最基础的工程。没有教育的振兴，不可能有国家的振兴，所以，教育强则国家强，教育兴则国家兴。

我觉得，未来仍然要加大对教育的投入力度，加大对教育关键点的关注，比如教师成长、现代教育技术的应用，特别是对未来教育的一个整体性战略思考。

习近平总书记在全国教育大会上讲了教育改革发展的"九个坚持"，每个坚持都要认真地落实，特别是研究怎样真正扎根中国大地办教育，怎样真正借鉴世界教育改革和发展的经验，并在此基础上走出中国特色的社会主义教育道路。比如，未来中国的孩子到底应该学什么？怎样让孩子既拥有世界眼光，又拥有中国精神？怎样让孩子能够应对未来社会的各种变革？怎样让孩子既有社会责任感，又有批判性思维？怎样让孩子既有非常扎实的知识背景，又有更强的自我探索和自我成长能力？我觉得，这些问题都是未来教育需要去思考和探索的。

其实，在《未来学校：重新定义教育》这本书里，我已经有了初步的方案，我也非常期待教育行政部门能够看到这本书，关注这本书，至少可以提供一个选择、一种可能。

（2019 年 8 月 28 日，网易教育对朱永新进行专访，本文为人物专访实录）

人民网：如何弘扬新时代尊师风尚

编者按：教育兴则国家兴，教育强则国家强。今天，我国迎来了第35个教师节。今年教师节的主题为：庆祝新中国七十华诞，弘扬新时代尊师风尚。日前，第十三届全国政协常委兼副秘书长、民进中央副主席朱永新就新时代教师队伍建设等话题，接受了人民网强国论坛专访。

主持人：今年教师节的主题是：庆祝新中国七十华诞，弘扬新时代尊师风尚。第35个教师节将"弘扬新时代尊师风尚"作为主题，有何特殊的意义？

朱永新：把弘扬新时代尊师风尚作为主题有它的特殊意义。从教师节确立到现在已经35个年头，我们一直在不断弘扬和倡导全社会尊师重教的风尚。今年的特别意义在于：第一，2018年2月，中共中央、国务院印发了《关于全面深化新时代教师队伍建设改革的意见》，对新时代教师队伍建设作出顶层设计。这是新中国成立以来党中央出台的第一个专门面向教师队伍建设的里程碑式政策文件。去年教师节，我国刚召开了全国教育大会，习近平总书记在教师节大会上专门提出了"九个坚持"，其中有一条是要加强教师队伍的建设。所以，我觉得从时间节点来讲，提出尊师风尚具有特别的意义。

第二，从教师队伍建设本身来说，当社会越是尊师重教，形成尊师的风尚，就越是会有更多的人愿意来做教师。所以，倡导尊师风尚有利于鼓励更多优秀的大学生、社会优秀分子进入教师队伍。

第三，对教师来讲，尊师风尚对教师也会提出更多的挑战、更多的期盼和更多的要求，尊师重教本身也会促使教师更加努力工作，以回报社会对教师工作的期待。

主持人： 9 月 3 日教育部召开新闻发布会称，教师工资已由上世纪 80 年代前在国民经济各行业排名倒数第三位，提升至目前在全国 19 大行业排名第 7 位。教育部表示，要凝聚地方党政合力，争取地方党委和政府在投入上更多向教师优先倾斜。对此您怎么看？

朱永新： 提高教师队伍的社会地位和经济待遇是弘扬新时代尊师风尚的题中应有之义。从教师收入排名倒数第三增长到第七位，这是一个很大的了不起的进步。当然，这里面可能还会有区域发展的不平衡，在有些地方可能教师队伍待遇会高一些，有些地方教师待遇则会低一些，城市和乡村、东部和西部可能还有很大的差距。据我所知，有些地方的差距还是非常之大的。尤其是在不同教育阶段，比如学前教师、小学教师、中学教师、大学教师之间也有很大差异。前两年，我们调研的时候了解到，在一些农村地区，学前教师一两千元一个月的人数还不少。幼教和小学教师的待遇整体上还偏低。如果我们分不同教育阶段去统计的话，可能有些阶段教师待遇还达不到第七名。所以，我觉得还是要更多地向农村、向西部地区、向边远地区、向薄弱学校、向学前教育阶段和小学教育阶段去进一步倾斜。也正因为如此，地方党委和政府在教师的投入上还要进一步加大力度。现在，《教师法》规定教师的工资收入待遇不低于公务员，很多地方在工资上做到了，但是在总收入上还没有达到。现在有些地区固定工资部分占总收入的比例越来越小。所以我认为，还是应该强调教师的总收入不低于公务员，这样保证教师待遇能够不断上升。在收入排名中，如果能排到前三位，那是最理想的。

主持人： 据媒体报道，近日，日本宣布从 10 月份起，在日本生活的所有日本人、外国人纳税人，从幼儿园到初中毕业学费全免，由此，您怎么看待我国的义务教育阶段的免费以及教育投入问题？

朱永新： 优先发展教育也表现在我们对教育经费的不断增加上。虽然我们还没有像日本等发达国家这样实现学前教育的免费，或者像少数国家实现了高中阶段的免费，毕竟我们国家还不富裕，还是一个发展中国家，尽管如此，李克强总理在今年的政府工作报告里提出，

2019 年财力虽然很紧张，国家财政性教育经费占国内生产总值比例继续保持在 4% 以上，中央财政教育支出安排超过 1 万亿元。这些年来，国家财政性教育经费每年不断增加，从 2012 年开始连续 8 年保持占 DGP 的 4% 以上。

中国政府这些年来在学前教育这块作出了巨大的努力。我们知道，在 20 世纪 80 年代甚至 90 年代初期的时候，中国的学前教育的普及率只有 20% 多，非常之低。也就是说大部分的农村孩子是进不了幼儿园的，在城市也有很多家庭的孩子没有就读幼儿园的机会。但是这些年来，政府通过连续两个三年的学前教育计划，使我们的学前教育的普及率已经接近 80%。这在世界上是很少有的，用六年的时间，基本上做到了每个乡村有一个公办的中心幼儿园。

中国目前义务教育阶段学费都免了，学杂费、书本费全国范围内都免了，中职教育也是免费的，高中和学前阶段还没有免。但是，中国有些区域，比如新疆、西藏从学前到高中是全免的，免除所有的学费、杂费、课本费。也有少数地区从学前到高中整个基础教育阶段全免费。但是，从全国的角度来说，因为需要增加教育投入的地方很多，政府对普惠幼儿园的补贴、建设世界一流大学与一流学科等等，都需要经费。特别是近年来政府通过购买民办幼儿园的服务，让它收费达到和公办园基本接近，虽然不算免费，基本上也可以称为半免费，财政开支是很大的。我们主张，对于学前教育阶段，可以像义务教育一样，先从边远地区、农村和民族地区开始，随后针对城市的低收入家庭进行免费，然后逐步推进。

主持人：您认为当前社会在"尊师重教"方面还存在哪些短板？

朱永新：这个方面的短板，我觉得主要表现在以下几个方面：

第一，我们对于那些扎根一线、默默奉献的优秀教师的关注、宣传报道还比较少，关注度还不是很够。在社会各个行业的英模里面，教师的数量总体偏少。

第二，我们对教师的权益关注得也还是不够，在有些地区教师的休息权得不到保障，经常会被拉去做各种脱贫攻坚材料、节假日非正常补课等，正常休息时间得不到保障，做各种各样的非教学领域的一些工作。

第三，总体上来说，我们社会最优秀的群体，尤其是最优秀的高中毕业生，还没有真正进入教师队伍，教师的荣誉体系也没有完整地建立起来。比如，美国每年评选年度教师，年度教师评选出来以后，这一年他就在全美国各地宣讲，讲述自己成长的故事、自己的教育教学经验，这对教师就很有激励作用。我们现在每年虽然都有评选，但评选的时候往往集中报道一下，然后怎样更好发挥他们的作用，发挥他们的影响力、辐射力，这些方面就关注得不是很够。

主持人：我们应如何弘扬新时代尊师新风尚？您认为应从哪些方面入手？

朱永新：第一，我国自古以来就有尊师重教的传统，古人经常讲"一日为师，终身为父"。当然，我们不主张完全把古代的师道尊严照搬到当今社会，但是尊重教师、尊重人才本身是尊重教育非常重要的体现。全社会应该进一步弘扬这样一种文化。

第二，要及时发现、宣传优秀教师的典型。比如前一段时间宣传复旦大学钟扬的事迹。但宣传钟扬的事迹时，更多是把他作为科学家宣传，强调的是他的科学精神。其实，钟扬作为一名教师，同样是可歌可泣的。他对学生的培养尽心尽力，对教学工作认真负责，我觉得是非常值得我们关注的。我们在宣传很多社会典型的时候，就特别要强调他教师的角色、教师的身份。

第三，在提高教师的政治和社会地位上要进一步加强。现在总体上来说，在全国人大代表、全国政协委员、社会各种荣誉里面，教师群体受到了关注，但是数量还不够，与教师在社会的整体数量不是太匹配，因为教师是一个很庞大的群体，全国有 1600 万教师，如果加上退休教师的话，肯定还要更多。对于这样一个庞大群体的社会政治地位，我觉得还要进一步加强。

第四，提高教师的经济待遇。前面我讲了，这些年总体上虽然我们有很大进步，到了第 7 名，但是在不同教育阶段和不同区域，教师收入还是不平衡的，我们尤其要关注教师整体的收入水平，关注薄弱地区、边远地区和农村的教师待遇提高，以及关注幼儿教师和小学教师的待遇提高，当然也包括中学教师在内。

主持人：今年是第 35 个教师节，35 年来，教师队伍建设取得了哪些成就?

朱永新: 35年来,教师队伍建设取得的成就是巨大的。首先,教师的数量有了非常大的提升,教师的质量有了非常大的提高。改革开放之初,像大学里,基本上是本科教本科,硕士生、博士生的比例非常少,现在整个高等教育里面,博士、硕士应该是占主体,而且很多高校,如果没有博士学位,很难在高校里谋职了。在中小学,过去本科就更少,是以中师生为主体的教育,现在教师的学历不仅以本科为主体,而且硕士生、博士生也不罕见了,像北京的一些学校里面,一个学校拥有几十个博士的情况也不完全是个案。虽然教师的学历有了非常大的提升,但是和国际的平均水平相比,尤其是和发达国家相比,我们还有一定的差距。

其次,我国教师队伍从职前培养到职后培训的教育体系开始初步形成,特别是这些年我们实施的农村特岗教师计划、免费师范生的培养等,都发挥了很大的作用。

主持人: 建设一流教师队伍,您认为应该从哪些方面着手?

朱永新: 我觉得有几个重要的环节: 第一,要吸引最优秀的学生来报考师范,这是一个非常重要的发展方向。芬兰教育之所以全球领先,就是由于最好的学生去学教育,当老师了。相比较而言,我们现在最好的学生还不是把师范专业作为自己的首选。我们知道,在新中国成立初期,甚至于在20世纪50年代、60年代很长一段时间内,很多最优秀的学生,尤其贫寒子弟,职业选择首选是教师,因为师范教育是免费的,包分配的。现在这些条件渐渐失去优势了,很多最好的学生往往不报考师范。

第二,考取了师范院校以后,最好的学生也没有选择师范类专业,这也是很大的问题。要让最优秀的大学生选择教师职业。

第三,从培养体系来说,我们特别希望能够在国家重点"985""211"学校建立教师培养体系。我们的蔡达峰主席,当年在复旦大学担任副校长的时候,曾经设计了一套在复旦大学设立教育学院,专门培养复旦的学生用主辅修的方式来完成教育学的课程,毕业的时候可以选择去做教师。可惜最后没有实施。这样一套思路,如果在中国的大部分"985"学校、"211"学校推进,教师的来源就更加多元化。

再就是师范院校的课程。我们现在教师教育的课程还是老三门课为主，教育学、心理学、教材教法，教师的专业性到底在哪里？这是一个很大的问题，我经常讲，没有学过医的人是不敢拿着手术刀开刀的，没有学过法律的人是很少能够在法庭上去进行辩护的，没有学过土木工程的人是很少敢画设计图纸的。但是，没有学过教育学的人，却可以去做教师。我们教师的专业性是不够的。专业性和我们的课程设置有很大关系。我们教育学课程的含金量是不够的，教师的实践性体现是不够的。同时，现在受经费等各种条件限制，师范院校的学生真正沉到学校去顶岗实习、去接受指导的也比较少。所以，建议在教师培育体系和课程设置方面加以改革。

第四，我们的教师培训体系也有不足。现在我们的教师总体上编制比较紧，培训也没有完全的制度化。在国外，一般工作五年至少有一年脱产的学习机会，这样可以保证教师通过在职研修提高素养。总体上，我们这些工作做得还是远远不够的。我们还是应该创造更多的教师成长的机会，鼓励更多的优秀人才能够从事教育工作。

主持人：今年是中华人民共和国成立 70 周年。作为一名教育专家，您如何评价新中国成立以来我国教育事业所取得的成就？

朱永新：70 年中国教育的成就是巨大的。

第一，整体国民素质有了很大的提升，通过教育培养出来的劳动者和各级各类的人才为我们国家的经济社会发展作出了非常重要的贡献。

1949 年，我们国家 80% 以上的人是文盲，现在我们高等教育的入学率已经达到 48%，将近 50%，进入了大众化的阶段，大学教育基本普及了。过去要想上大学是非常非常难的，40 多年前，1977 年的时候，要几百人才能录取一个，现在已经非常容易了。通过教育，国民素质有了很大的提升，为经济社会发展培养了大批人才，这是一个根本性的成就。

第二，各级各类教育实现跨越式发展，取得巨大成就。从学前教育到义务教育，到高中教育，到大学教育，从职业教育到特殊教育，整个教育的发展应该说是规模大，发展的速度快，我们只用了 70 年的时间走完了很多国家可能要用一两百年时间走完的发展历程。改革开放 40 多年来，中国教育的改革更是全面而深刻的，中国教育的发展也是跨越式和超常规的。改革开放之初的 1978 年，我国小学升入初中的比例只有 60.5%，中等职业教育学生数占高中阶段的比例不足 6%，高等教育毛入学率只有 1.55%。40 年以后的 2018 年，我国的学前教育毛入园率达到了 80% 左右，小学净入学率 99.9%，初中毛入学率 100.9%，高中阶段毛入学率超过了 90%，均超中高收入国家平均水平。1977 年，全国 570 万考生中只有 27 万人幸运地进入大学，录取率 5%；2018 年，我国高等教育毛入学率达到了 48%，实现了高等教育的普及化。特别是在近年教育发展的过程中，学前教育和高中阶段教育的短板得到了有效的弥补。

另外，通过对西部和人口大省高教发展的倾斜支持，以及"211 工程"和"985 工程"，提升了高等教育的整体水平。高校在积极参与国家经济社会发展、创新体系建设等方面，都做出了突出贡献。其他如特殊教育、民办教育等也有了明显的进展。

第三，我国教育发展 70 年培养了许多创新型人才，为整个国家的国防、科技、经济、社会发展作出了独特的贡献。中国在很多科技领域的创新性成就，和我们这些年来整个教育的发展、所做的人才储备有着非常密切的关系。同时，我们培养的技术工人也在整个制造业发展过程当中发挥了非常重要的作用。新中国成立之初，基本上我们是以食品加工、手工业为主体，我们不会造汽车，不会造飞机，不会造火车，不会造任何现代化的设施。但是现在我们可以上九天揽月，下五洋捉鳖，我们在高铁、互联网、人工智能等领域一些新的进展，都和我们的人才储备有着密切的关系。

第四，全面实施了免费义务教育。义务教育具有强制性、免费性、普惠性的特点。但是，长期以来我国的义务教育一直没有实现免费。2006 年 9 月 1 日，经过修订颁布的《义务教育法》明确规定，"实施义务教育，不收学费、杂费"，国家从法律的层面确立义务教育经费保障机制，保证义务教育制度实施；2007 年春免除全国农村义务教育学杂费；2008 年秋全国城市义务教育阶段实行免除学杂费。义务教育阶段彻底实行免费，对中国教育来说具有划时代意义。与农业领域免除具有千年历史的农业税一样，义务教育全免费可以说是改革开放 40 多年乃至百年来中国教育成就的重要标志。

第五，教师队伍建设上了新台阶。1985 年，全国人大常委会通过决议，确定每年 9 月 10 日为教师节。1993 年，《教师法》颁布，其中明确规定"教师的平均工资水平应当不低于或者高于国家公务员的平均工资水平，并逐步提高"。1994 年至 2000 年，国家实施了改善教师居住条件的"广厦工程"，共投资 1144 亿元，建设教师住宅 1.5 亿平方米。教师家庭人均住房面积较改革开放初期翻了两番多。

2010 年，教育部、财政部联合启动中小学教师国家级培训计划（简称"国培计划"），计划包括"中小学教师示范性培训项目"和"中西部农村骨干教师培训项目"两项内容。到 2014 年底完成了对 640 多万中西部农村教师的新一轮培训。在"国培计划"的示范带动下，软件建设上相对滞后的中西部地区，农村教师长期得不到高质量培训的情况得以扭转。

十八大以来，教师队伍建设有了许多新的举措。如统一城乡中小学教职工编制标准，开展中小学教师资格考试和定期注册制度改革，推进交流轮岗，深化"县管校聘"改革，引导优秀校长、教师向乡村、薄弱学校流动等等。经过多年努力，我国基础教育和高等教育的教师素质有了较大提高，学历层次得到提升。

第六，教育的对外开放和国际交流取得了重要进展。70 年前我国教育总体上来说开放程度是非常小的，只有少数人有出国深造的机会，但是现在每年在海外就读的学生就超过了 50 万人，同时我们留学的规模在不断扩大，到中国留学的人数也有数百倍的增长。孔子学院在全世界分布也越来越广，世界范围内，学习中文、学习中国文化，甚至学习中国社会治理的也越来越多，整个教育国际交流也有了很大进步。

与此同时，"走进来"的开放程度也在进一步提升。新中国成立之初，我国只有来自东欧五国的 33 位来华语言生。目前，我国已成为亚洲最大的留学目的国。2016 年，来华留学人员 44.3 万人，来自全球 205 个国家和地区，而且到中国高校和科研机构工作的国外专家学者也越来越多。

在新时代，我国迎来了"回国潮"。据统计，2016 年留学回国人员达到 43.3 万人。完成学业后选择回国的学生比例也在不断增加，2016 年这一比例已经达到了 82.23%。

第七，教育法治建设取得新突破。新中国成立 70 年来，尤其是改革开放 40 年来，我国初步建立起一套包括从《教育法》《义务教育法》《职业教育法》到《高等教育法》《民办教育促进条例》等在内的中国特色社会主义教育法律体系，从根本上扭转了教育发展"无法可依"的局面。中共十八届四中全会提出了全面推进依法治国的方略，依法治教是依法治国的重要内容，更是依法治国的教育保障。

半月谈：探索幸福的教育生活，中国教育改革在路上

梁晓玲：各位观众朋友们，大家晚上好！欢迎大家来到我们《半月谈》教育公益大讲堂"美妙成长"，我是今天晚上的直播主持人梁晓玲，也是大家的老朋友了，再次见到大家非常开心。为了帮助家长们确立更加符合教育趋势的全新的教育观，今天晚上我们的直播访谈请到了一位重量级嘉宾，全国政协常委、副秘书长，民进中央副主席，也是新教育实验发起人朱永新来到了我们直播间。今天晚上他将针对中国教育改革向何处去，从宏观到微观，与大家展开交流，我们以热烈的掌声欢迎朱主席！

朱永新：各位朋友，大家晚上好！

梁晓玲：朱主席，我们的直播预告在半月谈公号以及新华网客户端发布之后，引发很强烈的关注。很多我们的直播用户在下面留言，畅谈对教育的困惑，也有很多希望。近期中共中央、国务院发布《关于深化教育教学改革，全面提升义务教育质量的意见》，这个文件发布对教育可能会产生深远的影响，我们义务教育提升的关键在哪里，希望您给我们家长解读一下。

朱永新：以中共中央和国务院名义下发关于提高义务教育质量的文件，是一个非常重要的举措。众所周知，义务教育是国家教育的基石，提高义务教育质量是提升国民素质的前提，因为义务教育阶段是人成长最重要的时期，在这个时期，人的价值观、世界观、人生观逐步形成。某种意义上，义务教育就是人生的垫底教育。垫什么样的底，就会建什么样的楼。国家出台这样一些文件保证义务教育的品

质，我觉得具有非常重要的意义。

从要点上来说，抓住了三个比较大的问题，第一个问题是义务教育的目标是立德树人，"五育"并举。新世纪，培养适应全球化、适应信息化、具有全球视野的公民尤为重要。

同时这个文件对于如何提升课堂教学质量，有相应的指导意见。当然，保证义务教育的质量，教师队伍是关键。所以，教师培养、教师的待遇，尤其是落实农村教师的待遇等等，有着非常重要的意义。

梁晓玲：其实在近期不是只有这样一个文件出台，其实还有另外一个文件，《国务院办公厅关于新时代推进普通高中育人方式改革的指导意见》也引起了全社会的关注。这个文件有关高考改革的总体思路，以及高中阶段教育教学方式的改变，它究竟会对时下教育产生哪些影响，请您给家长们解读一下。

朱永新：高中这个文件跟义务教育的文件其核心内容是配套的，一脉相承的，高中教育是一个承上启下非常重要的阶段，也是大家最关注、最焦虑的一个阶段，因为它的终结性考查就是人生最关键的选拔性考试——高考，是义务教育和高等教育的过渡和衔接，我觉得具有非常重要的意义。

这个文件大家比较多地关注与高考相关的内容，因为这里讲了高考相关的三个基本环节，一个是规范高中生的学习水平考试，第二个就是关于深化考试命题的改革，第三个是稳步推进高校招生的改革，这都是重要的环节。

从规范高中的学习水平考试来说，它提出高中所有学科都采用合格性考试，不是说像过去那样排名次，只不过有的学科有一些在全省统一考试，有的全市统一考试，但是要求以合格作为基本条件，来弱化高中阶段的排名应试这样的环节。

从高考的命题来说，文件特别强调要把学业水平的终结性考试和高等学校选拔性命题较好地结合起来，强调提升学生分析问题和解决问题的能力，所以对过去那种过度重视分数的做法做了很多调整。

另外，科学地把握试题的难度，不要太易，也不要太难，要有一定的区分度，不同的考试有不同的功能。其实最关键的是高校自己的招生制度改革，高校怎么样进一步健全分类考试、综合评价、多元录取。

关于高校的招生能力建设，过去提的不多。我们的高校怎么样选人？仅仅靠分数选人可行吗？我曾经跟北京四中的刘长铭校长做过一次很有意思的交流，他说很奇怪，他们学校综合素养最优秀的孩子不是考试排在最前面的孩子，他们很难考取中国一流的大学，因为考试排名相对在后面，但是让国外的著名大学选拔面试，他们往往被主考官一眼就选中了。他们选人才和我们选人才有相异之处，我们侧重分数，他们偏向能力。虽然分数面前人人平等，但高分低能这种现象是存在的，今后选拔的方向是加强对人才的全面了解，综合性的评价，多元评价。另外不同的学校有不同的录取标准，不同的学校要从自己的学科建设，自己学校的专业特色，自己学校的品牌特点选拔人才，要赋予品牌学校更多的招生自主权。

关于高考改革的方向，我最近出版了一本《未来学校》，放眼未来，人们可能用学分银行的方法选拔人才，学分银行注重学习者学习的全过程，记录从摇篮到坟墓整个学习的过程，原生态记录下来。

美国去年大学的招生官会议已经做出一个决定，允许考试不提交高考成绩证明。也就是说，学生不提供参加美国所谓的高考成绩证明，大学不得拒绝，学生只要提供学习的经历，能够提交其他能力、其他经历的一些证据，学校就不得把学生拒之门外，当然这也给学校提出了一些新的挑战。

当然，这个过程中还要考虑其他的因素，从教育公平的角度来说，还要考虑边远地区、农村、教育资源均衡、区域分布，弱势人群的照顾等等，这些也是需要在高考招生录取过程中，综合考虑，做到相对平衡的。

最关键的，我觉得还是要鼓励选拔考试的优化。高考只是一个手段，一个工具，它应该可以更好地推进基础教育改革，让基础教育不要把考试、分数当作唯一的目标，而是把人的成长，把人的综合素养的提升作为终极目标。从这个意义上讲，我们的高考改革还有很长的路要走。

梁晓玲：刚刚您提到学分银行在您的新著《未来学校》中有专门的论述，学分银行跟我们当下唯分数论有哪些区别？

朱永新：其实学分银行在美国的部分大学已经实验，就是说每个人有像银行账号一样的学分银行账号，学习所有的经历、证明都放在这个账号里面。比如说你学钢琴，你学习的经历，弹奏钢琴的过程都可以原生态记录，当然你获得各种奖励、证书，或者奖励的这个演奏水准，上面都可以有比较清晰的反映。如此，根据学校的需要，提供所需的学习证明，就像我们提供银行存款证明一样，上面存的越多，说明学习能力越强。

现在我们高考反映的主要是学科的成绩，是比较抽象、一次性的学习业绩。其实，同样分数的考生其能力是不一样的，即使数学同样考 85 分，其数学能力也有可能不一样，有的人在容易的题目里面丢分，有的人在难的题目里面丢分。而同样分数的数学能力的区别，在学分银行里面就可以体现，在某一个领域的学习过程，都有原生态的记录。所以它更加注重于过程，而不是只注重于一个结果。

梁晓玲：用大数据全面管理学生学业成长过程，这是未来教育的发展趋势。我知道现在有些省份，包括"高分大省"，其高中教育还是唯分数论。这种教育现象多长时间会有大的改变？从学校到老师，包括我们家长、学生可以真正地按照国家的教育目标，回归真正的教育生活？

朱永新：这个取决于我们的决心，如果教育行政部门下决心变革的话，现在就可以变革。今天，我们的教育手段、我们学校的教学条件已经具备个性化学习的可能性。有些知识学生如果已经掌握了就没有必要进课堂，像北京有的中学已经在实施，比如体音美课程，其教学内容是透明的，相应内容假如业已掌握，学生就不用去教室了，可以在图书馆学习，可进入其他教室学习其他学科，或者去研学旅行，等等。传统的班级授课制，是一种工业时代的思维，是批量化生产人才。

梁晓玲：传统班级制教学，效率比较高。

朱永新：但是个性化严重不足，是以牺牲很多人为代价的学习方式。未来则需要更多特色人才和复合型人才。

梁晓玲：班级制教学是一个历史性的产物。对于未来学校，您在书中也提到了很多全新的发展形态。您认为当下我们的学校要做什么样的改变，让孩子能力的塑造更符合未来发展的要求，这个方面您能给学校和老师一些建议吗？

朱永新： 其实《未来学校》这本书最后一章的题目就是：未来从此刻开始。也就是说未来不是我们要去的地方，而是我们正在创造的地方，所以在一定程度上，应对未来最好的办法就是改变现在，改变现实。应对未来，我想每所学校都是有所作为的，从教学方式上来说，在校园里、教室里，都可以进行面向未来的教育变革，这种变革更多体现个性化，充分考虑尊重学生的个性，尊重学生的潜能，让每一个学生在原有的基础上能够得到进步，得到提升，得到发展，这是非常重要的。我们现在的教育还是统一的考试，统一的大纲，统一的评价，学生成了工业化的产品，失去了棱角。

我一直在呼吁，我们的教育问题，其症结在于"补短"，而不是"扬长"，补短教育就是我们已经设定了一个很高的标准，要求所有人要达到这个标准。此时，所有人都觉得自己不够优秀，都需要去补课，一窝蜂努力冲刺这个标准，可是最后冲到塔尖的，只有一点点的人，其他人都是失败者，都是陪读者。好的教育应该是扬长，扬长没有统一的标准，是很多标准，是让每一个人能够成为最好的自己。喜欢艺术的可以多花一点精力和时间在艺术上。现在因为艺术不重要，艺术也不是"3＋1＋2"里面考的科目，所以很多学校不开，想学艺术的人也没有时间和精力学艺术。

其实，时下在国外很流行的"项目式学习"——逐步打破文理的分科，需要用综合的知识解决面向现实中的问题的学习方式，类似的教育和学习方式在中国很多学校已经快速推进。我们新教育实验区域的很多学校，那些有理想的校长，有远见的教师，自觉不自觉地在课堂里进行了或多或少的变革。

梁晓玲： 我知道您从 2000 年已经开始推动一个项目叫作新教育实验，您能给我们介绍一下什么是新教育实验，以及它的核心思想及具体实践吗？

朱永新： 这是一个我非常乐意讲的话题，因为这 20 年来我一直在推进这个教育实验。这个实验的最重要的宗旨就是让教师和学生过一种幸福完整的教育生活。因为幸福是整个人生的目标，不仅仅是教育的目标，那么教育怎么样为人的幸福奠基？首先要让教育过程本身成为幸福的过程。过去，我们人为地把个人的一生分成教育的阶段和工作的阶段，教育是为工作做准备，所以教育阶段要辛苦一点，板凳要坐十年冷，"吃得苦中苦，方为人上人"，然后就幸福了。其实"爬过山上山，才知天外天"，未来学习和工作之间没有边界，未来是一个终身学习的阶段，所以学习本身不是简单的为工作做准备，学习本身是人生的一个过程，而且我知道学习本身是充满着快乐的。孔夫子讲的"学而时习之，不亦说乎？有朋自远方来，不亦乐乎？"学习本来是一个非常快乐的事情，你看那些幼儿，在学说话的时候，学走路的时候，学习他感兴趣的事物的时候，没有一个孩子不是充满着欢喜，没有一个孩子不是充满着惊奇，尽管他也会摔跤、碰到挫折，但是他满怀欢喜。像我小孙子正在学游泳，学钢琴，学很多，我就跟他妈妈说，你不要逼着他学。她说他自己要学，喜欢得不得了。他喜欢宇航的知识、火箭的知识，自己探索，学得很多很多，他一点不觉得是压力和负担。

但是一进学校就变了，很多母亲警告孩子，你现在快乐，你进了小学你就没戏了。这种现象是不正常的，人为把学习过程变成很恐怖的过程。其实我们知道学习是人最快乐的事情，学习一个事物、挑战一个项目充满智慧和乐趣，所以我觉得要把这种幸福的过程给孩子，给老师，因为老师"传道授业"也是这样的。

前几年我写过一本《致教师》，我说世界上还有什么职业比教师更幸福？教师和人打交道，他面临的对象充满不确定性、充满着成长性，他每天都拥抱一个新的太阳，做教师应该是很开心的事情。然而，我们很多教师教了几年后，头都大了，很多老师跟我说看到这些孩子就头疼。我就说：你如果不能够从教育生涯中获得幸福感，你就不可能当好老师，做一个好老师，要学会从教育生活中获得幸福感、满足感和成就感。因此，幸福是一个非常关键的问题，要让课堂，让校园成为学生和老师最喜欢去的地方。

什么是好的学校，什么是好的课堂？下了课学生依依不舍，放了学也不想回家，学生觉得学校好玩，比家里有意思，这就是好学校、好课堂。它让师生依依不舍，让师生热爱和留恋。

教育没有幸福，肯定不是好的教育，所以过一种幸福完整的教育生活是一个值得追求的理想境界。而且只有童年的幸福，只有在基础教育阶段一个孩子能够非常阳光，充满正能量，充满着对世界的一种渴望，充满着对美好事物的向往，他一生才会有健康的心理。

如果我们告诉孩子现在你就是要苦，现在就是要枯燥，现在就是要忍受，那么他不会有未来。现在和未来是一条长河，中间没有坝，不是把这个坝打开就是未来。而且心理学的研究已经证明，一个人没有幸福的童年，不可能有幸福的人生，成年人出现的各种各样问题，往往都可以从他童年的生活中找到原因。所以我们一直强调：教育变革的方向就是让学校，让学习，让整个教育的过程成为人生最幸福的部分，成为最甜蜜的回忆。

当然，与幸福相对应的还有一个词就是完整，什么叫完整？有很多理解。我们可以把它理解成身心灵的完整，可以理解成家庭、学校、政府、社区的完整及和谐，我们这里的完整更多是从一个人自身的自洽性出发，让每个人成为最好的自己。也就是说教育的完整性在于帮助一个人释放他的潜能，张扬他的个性，让他成为最好的自己。

我觉得成为自己应该是教育的目标。现在我们有一个很大的问题，就是我们设定一个标准，然后让所有的学生都达到这个标准，这样学校就成为了一个"工厂"，学生不符合这个标准就是"次品"，不符合标准就不能进北大、清华。这个标准错了，每个人的标准是他自己，是他最好的自己。所以新教育提出来让学校成为汇聚美好事物的中心，让学校成为一个汇聚伟大事物的地方，让学生在学校里面能够和那些美好的事物相遇。这样他就能够从中发现美好，发现自我，找到自己喜欢的事情，找到自己擅长的事情，学生不断地交流，不断地锻炼，不断地成长。好教育的特点就是要善于发现学生，善于关注学生，善于给学生提供各种各样的舞台、各种各样的机会。每个人都是世间唯一的，每个人都有他最擅长的，现在不要去补短，要扬长，这样教育就有希望。燃起每个人的自信心，让每个人的热情迸发出来，百花齐放，百舸争流，才是教育应有的样子。

梁晓玲：您能不能具体谈一下，您认为做得比较好的学校，好的老师和好的课堂，有没有比较接近"幸福而完整的教育生活"的？

朱永新：有很多，新教育刚刚在江苏的姜堰开完第 19 届年会。新教育实验走过了 19 个年头，已有 160 多个县（市）教育局跟我们合作，在区域内推广新教育实验，应该说这个规模是非常大的。其中有相当多的学校，相当多的教师，是在新教育实验的过程当中成长起来的，虽然我不能说完全达到理想的状态，但是正在接近目标。新教育实验设计的行动和课程都有一定的针对性和前瞻性，我们有十大行动：营造书香校园、师生共写随笔、聆听窗外声音、培养卓越口才、构建理想课堂、建设数码社区、推进每月一事、研发卓越课程、缔造完美教室、家校合作共育。这十个行动都是针对当下中国教育欠缺的东西来设计的。

比如说营造书香校园，我跟很多新教育实验学校校长和老师们讲，我们即使其他事情不做，把阅读的事情做好就很了不起了，为什么？因为人的精神发育史就是他的阅读史，人阅读的过程就是他能够不断和伟大智慧对话的过程。人的精神成长和人躯体的成长一样，都需要食物，所以费尔巴赫说人是食物的产物，吃什么你就会成为什么。读伟大的东西，才能拥有最伟大的思想，教科书、教辅书，这些东西都是经过他人咀嚼过的、碎片化的，相对来说缺少丰富性。真正要得到精神上的滋养，那就需要大量的阅读，而且越是有海量阅读的学生，他的知识面越宽，他的视野越广，其后劲也越大。

从目前的情况来看，新教育实验学校，大部分在区域内教育质量都是最前列的，为什么？因为学生大量的阅读，比如在湖北有一个县，这个县的孩子大概是非实验学校学生阅读量的 5 倍，他们在当地的考核、应试的过程中，成绩都非常优秀。所以，新教育人中流传一句话："我们不追求分数，但是我们不惧怕考试，我们不把分数作为我们追求的目标，但是好的分数是对我们额外的奖赏。"

究其因，就是我们特别注重教师的阅读，全国最优秀的教师群体，应该说新教育的教师占了很大比重。2005 年—2018 年《中国教育报》每年评选十大推动中国阅读的人物，每年都有 1—3 个来自于新教育团队的教师。想想中国有 1600 万老师，这 10 个人中，每年都有 1—3 个新教育的老师，说明我们老师是非常优秀的。我们专门为新教育教师开设网络师范学院，制定了种子计划，帮助他们更好地成长。教师的成长就是专业阅读、专业写作和专业交往。专业阅读是站在大师的肩膀上前行，专业写作是站在自己的肩膀上攀升，专业交往是站在团队的肩膀上飞翔。阅读是基础，所以新教育的首要任务就是营造书香校园。

围绕阅读的问题，我们也做了很多工作，比如我们拟定了中小学生的基础阅读书目，专门成立了阅读研究所，为中国的孩子们选书。莫小视选书，选书是门艺术，很多父母亲，很多老师不知道给孩子看什么书，因为开卷有益的时代早就过去了。现在中国每年大概出版新书 40 万种左右，给孩子看什么书？所以我们专门组织专家，花了好多年的时间研发了一套从幼儿、小学、初中、高中，一直到大学，包括教师、父母读的 100 本书，每个人群 100 种。这个书目得到很好评价，北京大学曹文轩老师多次夸奖我们，认为这套书目做得很有价值，不同年龄阶段有属于他们的 100 本书。

直播前有朋友说，他根据我们推荐的书目给孩子选书。这套书目，我不能说是最全面的，但是可以说是最可靠的。幼儿、小学、初中如果有这些书垫底的话，就有了奠基性的保证。另外我们研究中小学的学科阅读书目，要学好一门学科，比如说物理、化学、数学，其实过去我们是很不强调学科阅读的，学数学更多的是靠刷题，题海战术。其实学科阅读是走进学科的非常重要的基本的路径，所以我们正在拟定每个学科 100 种书。比如说学物理，不是简单地了解物理的原理和定律，更重要的是了解物理发展的来龙去脉，了解物理学家成长的故事，了解物理在现代生活中的运用，了解物理和其他学科的关系。这样对学生学物理非常有价值。

同时，新教育实验学校还有"晨诵、午读、暮省"，我们叫作新教育的儿童生活方式。我们专门编写了一套《新教育晨诵》，已经由安徽少儿出版社正式出版，这是目前中国最优秀的晨诵教材，每天给孩子们选一首诗歌，不同年龄段的孩子选不同的诗歌，用不同的主题选编，每一首诗我们专门编写了"思与行"，帮助孩子更好地理解这首诗歌。每个教育阶段每一天我们都帮孩子选一首诗歌，这样的阅读我觉得是非常重要的，每天早晨和黎明共舞。

每天中午进行午读。午读我们更多推荐整本书共读。我们新教育推荐的书，希望整个班级的同学一起共读、共写。共同生活，才能真正拥有共同的理想，共同的语言，共同的密码，共同的价值，整个班级共读一本书，是我们新教育学校的一道风景。每个学期我们会根据共读书的情况，由全班同学遴选一本书，把它改编成剧本，作一个生命叙事演出，每个班级的生命叙事颁奖之后，学校有生命叙事剧汇演。这些对于学生的成长具有非常重要的作用。

再看新教育实验第二个行动——师生共写随笔。过去的中小学教育对学生的写作、教师的写作关注不够，最多是把它作为写作文。其实写作是所有学科都应该去推进的一个非常有效的教育方式，因为真正的思考一定是从写作开始。清华大学去年推出一门课程，要求全体学生必修的一门课，叫"写作与沟通"。真正的思考从写作开始，只有通过写作才可以帮助人理清思维，反思自己的行为。

从教师的角度来说，2002年，我曾经开过一个"朱永新成功保险有限公司"。我鼓励教师用新的写作记录课堂，记录跟孩子交流的过程，记录思考。我说每天你写一千字，你坚持十年，不成功我赔偿，以一赔百，当然这是鼓励教师写作的一个噱头。

但是很多老师不把它看作玩笑，很多老师真正开始教育写作，慢慢地他们变得越来越优秀，因为他们通过写作重新认识了教育，理解了孩子，能够重新反思自己的每天的教育行为。

再如，新教育第十个行动，家校合作共育，这是一个值得关注的问题。前两天《银河补习班》你看了吗？导演专门邀请我去看，然后做了一个点评。影片中父亲角色，就是生活的折射，过去我们很多父母亲都把教育的权利交给了学校，好像跟自己没有关系。广为人知的是，最好的老师一定是父母，父母是孩子的第一任老师，也是最重要的老师，甚至是一辈子的老师。家庭能够真正重视教育的时候，教育才有希望，当家庭和学校能够同频共振、紧密合作的时候，才是教育最好的状态。

西方20个世纪60年代，有一个很著名的科尔曼报告，科尔曼报告惊人的发现就是，孩子的成长最重要的不是学校，是家庭和同伴对他的影响，也就是他和谁在一起，是非常重要的。因此我们一直希望父母不要把教育的责任完全推给学校，要意识到自己才是最关键的，陪伴孩子成长，和孩子一起去亲子共读，陪孩子走进大自然，陪孩子交流、谈心，这些对孩子的影响远远超过学校。

《银河补习班》就是如此，父亲对教育的理解，父亲对孩子的期待，跟母亲对孩子的期待形成鲜明的对照。我们现在对这个问题的关注还是不够的，学校制度产生以后，我们开始就把教育的义务和责任抛给学校。其实家长需要真正地懂教育，时下社会的焦虑、问题，都和家长对教育认识有偏差有关系。

那天我评论《银河补习班》的时候，我跟导演探讨了一个问题。《银河补习班》在一定程度上也是励志的成功主义的作品，如果说马文最后没有考第一名，没有成为宇航员，他就是一个普通的人会怎么样？其实普通的人有什么不好？很多考上清华、北大的人，拥有地位与财富的人，最后他一点都不幸福。一句话，成才成人比成功更重要，现在我们太讲究成功了，这是一个误区，这是一个教育价值观的问题。我们要鼓励孩子能够接受失败。

这个片子倡导的是永不言败，虽然我们永远不认输，但是有的时候你要学会服输。因为人生不可能所有的事情都是赢的，至少你要接受失败，要学会和这个世界讲和，要学会接受各种各样的挫折和可能性。大胆尝试，接受失败，不屈不挠才是关键。

这就是教育，在一定程度上，在教育学的历史上、思想史上，这些都是教育的常识。做教育理论研究的，以及媒体，很大的责任就是把这些常识变成社会的共识，有社会的共识大家就不会那么焦虑紧张。人们讲不要输在起跑线上，什么是起跑线？人生每时每刻都是起跑线，不要太专注于某一刻，某一个静态的点，人为给自己加压，自己让自己紧张兮兮的。相反，我觉得让孩子有良好的心态、有一个远大的理想比什么都重要。

梁晓玲：您刚才提到家校合作，最近我在朋友圈看到这样一句话："学生特能作，家长事还多，老师管不起，还要背黑锅。"很多老师在教育过程当中，可能存在引发家长质疑或者家校冲突的管理行为，您作为专家如何看待教师在管理当中惩戒权的运用？

朱永新：这需要从两个方面去探究。一个方面是缺少比较好的教育法治环境。我们没有学校法，对学校的权力、责任、义务，教师的权力、责任、义务没有清晰的界定。毫无疑问体罚是不允许的，教师有惩戒权，但是没有体罚权。有很多家长跟老师说，孩子交给你了，愿打愿骂由你，没有意见。也许有的家长，你碰到孩子的一根毫毛就要找你麻烦，这当然需要通过立法规定，规定教师哪些可以做，哪些不可以做。从教师的角度来说，大家也正在关心有哪些惩戒权，这个也是可以明晰的，批评的权利肯定是有的。另一方面，从家长的角度审视，担心教师有了惩戒权就滥用。比如说批评，批评有批评的艺术，哪些批评可以当着全班同学面，哪些批评只当着孩子本人效果最好，怎么样科学、艺术地去使用好惩戒权，是非常关键的，其标准就是以孩子的健康成长为前提。

梁晓玲：更有利于孩子成长？

朱永新：是的。而且应该根据学生的个性，有的学生性格开朗，你批评他，甚至拍他两下子他也不在乎，感觉老师很信任我，很喜欢我。有些学生老师话重一点，他恨不得跳楼。要了解学生的个性、心理承受力，作为教师来说"要看菜吃饭，量体裁衣"，就是孔夫子讲的因材施教，像孔夫子那样不同的学生问他同一个问题，给出不同的答案。所以我觉得行使惩戒权，需要根据具体的学生，不同的个性、不同的特点进行。

梁晓玲：刚才您谈到新教育实验特别重视阅读，听说您有一个成长六字诀，能给我们介绍一下吗？相信现在的家长非常关心如何培养孩子阅读习惯。

朱永新：新教育实验早期的时候，我做了一个《创新教育才能创造未来》的演讲，这个视频在网上流传很广，里面有成功六字诀"信望爱学思恒"，演讲内容收录在人民教育出版社出版的《朱永新教育演讲录》一书里。

这六个字，不仅对学生，对整个人生都是有意义的，"信望爱"这三个字，跟基督教讲的信望爱是一样的字，但是内涵是不一样的。"信"更多的是指信念、信任、自信，这个很重要，尤其是自信。

一个很重要的观点就是培养孩子的自信心。在座的父母亲一定要注意，不能摧毁孩子的自信心，要帮助孩子建立自信。相信自己，他就不会悲观，他就不会放弃，所以我觉得自信心对一个人来说是非常重要的。我们看到在生活中，很多优秀的人，就是对自己没有信心，放弃了，就失败了。有一些人能力很一般，甚至特别普通的人，他就是有很强的自信心，所以他最后出乎意料地走得较远。

"望"实际就是理想，或者更通俗地说就是有人生的目标。目标很重要，人生最怕不知道自己要做什么，要成为什么样的人。新教育有生命叙事理论，它的出发点，就是寻找生命的原形，像谁那样活着，以谁作为人生的榜样。有了这样的一个自我的镜像，有了这样的原形你就会以他为榜样、靠近他。目标是很重要的，伟大的人，在他们成长的经历中几乎都有自己的人生榜样，人生的目标。有目标、有榜样了，才能有追求。

第三个字是"爱"。爱说的就是人最基本的情感，这里的爱是热爱所学习的东西，要喜欢它，当然不仅仅是爱学习的东西，还要爱人，爱这个世界，爱大自然，学会拥有一颗爱心，我觉得"爱"对成人来说，也是非常重要的。

"学思恒"是方法。学当然是阅读，阅读的问题我前面讲了。有没有学习的习惯，有没有学习的动力，能够不断学习新知，保持对学习的好奇心，对世界充满探索的欲望。其实，不断学习是一个人从平凡走向卓越的不二法门。

我注意到很多学校里面的优等生，走向社会以后很平庸，为什么？因为他学习就只是一个目标：考试。所以他考试老得高分，但是他本身对学习并没有兴趣。还有一些人他对考试没有兴趣，但是他爱好特别多，所以他走向社会以后，他可以不断成长，因为他对这个世界都有好奇心。所以，不断学习是一个人成长最重要的基石，不仅仅是个人，也是一个国家、民族能够有创新能力非常重要的基石。

"思"是思考，前面我也讲了，光学不够，还必须去思考，去探索事物内在的规律，去研究，当然了，写作也是一种非常重要的思考。

但是最后要落实到一个"恒"字，恒就是坚持。有人说，前面五个字都可以做到，就是这个字，如果你没有做到就麻烦了。做一件事情，坚持是不容易的。来之前，有位总编辑问我，怎么能写那么多东西？我说很重要的一条就是坚持。我每天早上 5 点钟起来开始工作，坚持几十年，我的微博都是我自己打理自己发，我觉得它就是一种坚持。我每天会读书看报，每天通过我的微博给大家推荐书，我的微博有一个童书过眼录栏目，每天会读一本儿童文学书籍，会给父母们推荐一个伟大教育家的一段我认为比较重要的言论。在新父母的晨诵栏目中，每天早上我跟父母亲在网上进行交流，每天我会思考一些教育问题。我差不多要写至少一两千字，这是一种长期的坚持。

我在做人大代表和政协委员期间每年都要出一本书，记录我担任人大代表政协委员的历程。新华出版社就出版过《我在人大这五年》近 100 万字，我五年的工作日记。所以我说，只要坚持，一件很平凡的事情可能变得不平凡。我曾经讲过一个极端的例子，有一对老夫妇，记了一辈子的账，每天早晨买菜，他把买菜，买肉多少，买菜多少，买豆腐多少，花了多少钱，这个账单写了一辈子，被一家博物馆高价收购。这件看似没有多大意义的事，但是有多少人可以坚持？这对老夫妇坚持了。从记账本上可以看到中国人的营养史，几十年来中国人吃了什么，中国的物价怎么变迁的历史。做任何事，最为关键的就是坚持，这六字诀对于儿童来说，对于学生来说，乃至对于我们每个成年人来说都有积极的意义。

梁晓玲：关于自信的问题，包括信任的问题，特别想跟您延展探讨一下。就家长现在非常聚焦的这些问题，您能否给家长更多的指导性的意见

朱永新：自信心的建立主要体现在两个方面，第一个是让孩子有成功的体验。很多父母亲给孩子提太高的要求，一开始做的事难度都很大，孩子做不下去就放弃了，做这件不成功，做那件不成功，孩子感觉做什么都不行，容易产生自卑心理。作为父母亲要学会观察，孩子喜欢什么，然后从他喜欢的事开始着手，一般来说他喜欢的事，他能做好，你要求他做完全不喜欢的事，他会有挫败感。家长把想让他做的，与他喜欢的之间建立联系，他为了做喜欢的事，可能会触发他做另外一件事。

比如我小孙子喜欢学宇航的知识，因为他对数学不感兴趣，我告诉他数学很重要，你想成为好的宇航员，数学不好不可能做宇航员。慢慢的，他对数学就感兴趣了。所以我觉得通过迁移性学习可以帮助

他有成功的感觉，帮助他建立成功的信心。

第二个就是评价，就是说很多父母亲往往用其他孩子的标准来要求他，你看人家都会了，你怎么不会，人家学一个小时，你学了两小时还没有学会。其实每个孩子是不一样的，这个时候，要他自己跟自己比，现在跟过去比，而不是说跟人家比。孩子需要更多的表扬，"好孩子是夸出来的"有其合理性，当然这种夸不是不顾事实的夸，而是适度、巧妙地夸。

《银河补习班》中的马皓文在班上考最后一名，其父亲也找出他的两点夸他。所以有了一点点进步，可以大大地夸他，要多发现孩子的这样或那样的优点，多鼓励，多表扬，让孩子有一种成就感，帮助他树立信心。

梁晓玲：顺着这个话题，其实中国家长在孩子很小的时候，很多都秉持快乐教育，可进入到小学，就慢慢不淡定了，到了初中、高中相当焦虑。您怎么看待快乐教育和素质教育之间是什么关系，二者到底能不能平衡，还是必须二者取其一？

朱永新：我觉得应该是可以平衡的。第一，我前面讲的快乐学习和素质教育之间、应试教育之间并没有不可逾越的鸿沟，我一直在说，好的素质教育是不惧怕考试的，素质教育也应该是伴随快乐成功的体验的。所以，最关键的就是，家长用什么样的心态去对待孩子，用什么样的标准去要求孩子，其实孩子们的幸福感、快乐不快乐很大程度上和家庭的养育方式，和父母对孩子的期待有很大的关系。对孩子不要设立不切实际的目标，孩子间的差异，一定要承认，因为每个学生的基因不一样，每个学生的基础不一样，每个学生的潜能不一样。

有的学生在应试方面，也许会弱一些，但是他可能是一个天才的艺术家，家长如果一定要让他去适应考试的要求，那肯定就不切实际。他可能是一个天生的能工巧匠，他喜欢动手，家长如果非要他走"一考定终身"这条路，肯定不合适。作为父母亲，没有必要用他人的标准要求孩子，孩子最关键的就是两条，第一就是用前面讲的六个字来鉴定，让他知道人活在世界上最重要的事情是能够接受自己，能够让自己不断地成长，这是非常重要的，具有强烈的进取心，能够不认输，追求更好的自己。

同时，经受各种挫折的时候，可以接纳，知道这是成长过程必须逾越的坎儿，人生是一个过程，不断地努力就可以成长为一个更好的自己。教育需要等待，作为家长，应该"风物长宜放眼量"，需要更多的耐心；尤为重要的是"身教重于言教"，家长一定要让孩子看到你的成长，成为孩子的榜样。有很多父母亲让孩子去学习，自己却打麻将、看电视，孩子就玩游戏、看手机，要求孩子做到的事情，首先自己要做到。家长和孩子一起成长，才是教育最好的状态。

梁晓玲：《未来学校》提到未来教育有很多新的形态，包括学习中心，涉及公办教育和民办教育更大的融合。这个方面请您谈谈，您如何看待当下及未来这两种教育力量协作与融合的关系。

朱永新：学校的变革是一个必然的趋势，随着科技的发展、社会的进步，教育资源的分配和利用会更加公平，更加合理，更加均衡，更加多元，更多的人接受更好的教育将成为现实。

在《未来学校》这本书里我研判、构想，未来学校不存在校内校外的概念。比如一个孩子学数学，在公办学校学不好，放了学去补习班，到"学而思"补，英语学不好去"新东方"补，政府为什么不直接采购新东方英语课程到学校开设，这样整个教育质量不就提升了？未来会出现国家不断采购优质教育资源来满足学校教育需要的现象。我在这本书里还设想，未来会出现很多课程公司，优秀的老师创办课程公司，为政府提供课程，政府购买服务，优中选优，从而推动优化整个教育的变革。

同时，结合国外先进教育经验，我预测未来会进入一个能者为师的时代。在 2000 多年前，中国的私塾开始出现的时候，就是能者为师的时代，社会上的精英、有学问的人成为老师。但是有了大规模的现代学校制度以后，学生在专门培养教师的师范学院毕业后，即可终生从教。未来可能在一定程度上螺旋式上升，会回到能者为师的个别化的教学时代，未来的艺术教育可能是艺术家来进行。

其实我已经看到这样的趋势，比如上海有一个包玉刚民办学校，它的体育课程都是奥运冠军、亚洲冠军开设的。北大附中，今年上半年我去观摩艺术课，都是请艺术家在学校里建艺术工作室，带着学生像做工作坊一样进行艺术的熏习。未来一定是资源配置更合理，更优秀的人才进入教师队伍，融合公办学校与校外培训机构资源。政府通过购买公共服务，让优质资源进入学校，政府甚至会把选择的权利交给学生。对于弱势人群、困难人群会有更多的补助，实现人人享有优质教育的局面，所以我提出未来的教育一定会发生深刻的变化。

政府购买以后全部无偿放到网络上，很多知识可以通过网络学习，没有必要在课堂上学习，当然整个教育指导力量会进一步加强，帮助学生更好地选择设计。

现在，学生全部整齐划一在一个教室里学习，这个教室里面可能有三分之一的孩子完全懂，另外三分之一的学生听不懂。未来就是完全懂的人不要听了，去学喜欢的东西，完全听不懂的人不要学了，学他学得懂的东西。未来学习不是以纯听课为主，而是探究式的学习，项目式的学习，可能整个教育方式也会发生非常深刻的变化。

梁晓玲：您刚刚提到的美好蓝图，距离我们现在的生活还有多远？

朱永新：很多人问我这个问题，说朱老师你说这个是一个理想，是一个乌托邦。其实十年前我们很难想象不带现金到超市就能买东西，而今，在家不出门一部手机买什么应有尽有。而这一切就在短短的五至十年间都发生了。其实我们在教育上的投入，包括师资培训、基础设施、技术装备上等的投入绝不低于其他领域，但是还没有引起革命性的变化。一个很重要的原因是我们学校结构改革没有跟上，我们按照传统的思维管理。我们学校就是这么大的规模，容量就这么多，政府根据每年出生的人口建学校，配置资源、教师。

比如说学习内容，我在《未来学校》提到了，我们现在学的这些东西仿佛都是天经地义的，从来没有人怀疑过，必修的教学内容是语文、数学、历史、地理、物理、化学、生物，为什么要这样？所以我就提出来一个新的课程，基础课程我提出叫生命课，我说未来任何人都要学好生命课。首先安顿好自己的生命，教育要有生命的存在。把生命的长度解决好，要有健康的体魄，健康是第一位的，没有健康，其他都是白搭。我们要教孩子怎么吃饭，教孩子怎么睡觉，教孩子怎么控制体重，教孩子怎么健康地成长，怎么吃药，怎么喝水……这些东西在目前的教学里面都欠缺。教孩子碰到灾难怎么办，碰到各种各样的伤害怎么办，这些东西就是解决生命的长度。

同时还要解决生命的宽度。因为孩子是社会的人，和别人打交道，要成为社会欢迎的人，所以我们告诉他和人打交道基本的原理，社会交往应该注意什么，怎么换位思考，怎么尊重别人，把如何面对这些问题教给他。

"生命健康"我觉得是整个教育的基础，因此，我们专门编写了一套从小学到高中的生命教育教材，已经全面完成，在几百所学校开了这门课。我觉得未来它应该是国家的基础课程，有什么课程比"生命健康"更重要呢？

在"生命健康"教育的基础上，围绕"崇真、向善、尚美"还有四门课，科学、艺术、人文、德育，这四门课程解决真善美的问题，解决人所需要的基本素养，比如说科学，我们的科学不是学理科的人要学的，是所有人都要学的科学，培养他的科学思维、科学方法、科学精神，是大科学的概念。

人文呢？我们把历史、人文、地理、哲学、文学整合成一门大人文，这个不只是文科生学，理科生也要学，所有的人都要学。

再看艺术课，艺术课不是现在的美术、音乐两门课相加，而是把电影、戏剧、创意、设计等，这种现代综合大艺术整合在一起。大艺术课程不是培养艺术家，而是培养艺术创造、艺术精神、艺术思维。

当然，这些课程总量不得超过学生学习时间的50%，要留50%的空间给学生自己去创造，自己去选择。因为完整教育目的是帮助每个孩子成为最好的自己，孩子们如果没有时间、空间，就降低了成长的可能性。我们一定要把时间、空间还给孩子们，因为人生就是不断选择、自我成长的历程。我们一定要把选择的权利交给学生，尤其是在课程选择上，比如我刚刚提到的学分银行。我觉得中国是最有可能实现未来学校的地方，因为中国有最强大的政府力量。

在我们国家，假如一旦看准了方向，通过试验区验证，很快即可铺开。诸如淘宝、支付宝、高铁都是在中国做很快实现了，可是这些在世界上其他国家是很难推进的。我想教育变革亦如此，我们应该来一场关于教育变革的大讨论，通过讨论大家廓清什么是好教育，我们的教育走向何方，我们怎么创造属于我们中国的好教育。讨论什么是好教育，就是要让世人明白，我们应该怎么看待孩子成长，人生到底有没有起跑线，起跑线到底在什么地方，一个问题一个问题大家理清楚了，全社会形成共识了，就不会过分焦虑、紧张了。

诚然，我们需要更宽容地看待我们的教育变革，鼓励发现民间的教育智慧，共同推进我们国家教育的变革。

梁晓玲： 好，虽然很想跟朱主席聊更多关于中国教育的问题，由于时间限定，我们的直播即将结束。今天晚上是教育思想的一场饕餮盛筵，朱主席从微观到宏观给我们家长描绘了未来教育的蓝图，我们真切感受到中国教育改革正在行进当中，一种完整的教育距我们并不会太远。探索幸福的教育生活，如何让孩子幸福成长，相信全社会能够形成共识。

（本文为 7 月 22 日晚新华社《半月谈》直播访谈实录）

搜狐网：技术如何释放终身学习者的潜能？

编者按： 朱永新是十三届全国政协常务委员兼副秘书长、民进中央副主席、新教育实验发起人、中国教育三十人论坛成员。约翰·库奇为苹果公司教育副总裁，是乔布斯亲自登门邀请的第54号员工，同时也是苹果公司驻奥巴马总统"国家教育技术计划"和"连接教育计划"代表。

2019年7月23日，朱永新与约翰·库奇在搜狐媒体大厦就"学习的升级：技术如何释放终身学习者的潜能"话题展开了一段深刻而妙趣横生的对话。

一、用技术解锁学习

朱永新： 您和乔布斯是同事，我们中国人对乔布斯非常感兴趣，我听说他在教育领域也提出"乔布斯之问"——为什么我们在教育技术上投入如此多，却远远没有发生像工业领域、商业领域那样的变化？我想了解一下，乔布斯是否真的提出过这个问题？您对于乔布斯最深刻的印象是什么？您如何看待用技术解锁教育？

约翰·库奇： 实际上，在网络上经常存在一些关于乔布斯的伪新闻，我认识乔布斯这么多年，我没有听说过他说过这句话。在我的印象中，乔布斯聪明绝顶、才华横溢，很有激情，同时，他也很擅长讲故事。

我第一次见到他的时候，他就跟我分享了对于苹果未来发展的愿景，当时他引用了来自《科学美国人》杂志上的一份研究，这个报告比较了地球上的各种动物完成一个固定距离的移动，谁需要的能量最少。最后的排行榜上，秃鹫排名第一，人类的排名很靠后。但是，这篇文章最后的结论来了一个大逆转，那就是，如果人类用上自己发明的最慢的一种交通工具，也就是自行车，来跟地球上所有的动物较量一次，那么人类就会排名第一，大获全胜。苹果公司的愿景就是通过技术为人类赋能，就是说，如果自行车是人类的体力放大器的话，那么苹果的个人电脑就是人类的脑力放大器。

我曾经和乔布斯在斯坦福大学跟学生们进行对话，其中一位学生问乔布斯，苹果公司想要招什么样的人？我分析苹果公司需要的应该是本科学工程，继而修 MBA 的人才。然而乔布斯的回答却出乎我们的意料，他说：想象一下圣代冰激凌，最重要的并不是那两勺冰激凌球，也并不是在冰激凌球里放的那几颗草莓，或者说是那些奶油，而是其最上面的那一点坚果。他的这样一番话令在场的每一位学生都希望能够在苹果工作。

我在《学习的升级》中也提到过一个例子，我们向圣玛丽中学捐赠 APPle II 计算机，最后电脑被束之高阁。这件事情对我来说是一个宝贵的教训，让我认识到，技术能成为学习强大的助推力是没错，但这种力量并非在每个人眼里都是显而易见的。我曾在《苹果为何未能在学校中推广》（*How APPle Lost Its Way to School*）一文中写道："如果没有谨慎认真地推广落实的话，我们的教育机构会将乔布斯'脑力自行车'的想法变成无比枯燥的'健身踏步机'，最终毫无成效。"

计算机被放在保洁室落灰是一个很好的故事，因为它极其生动地告诉了我们，将技术带入学校、教室甚至课程安排里面，然后期待它自己发挥作用，是根本行不通的。最终以何种方式铺展落实技术，与事先选择正确的技术一样重要。据我观察，教师在课堂上使用技术主要有三种目的：一是提高效率，二是提升效力，三是完全改变学习体验。如今，在教学中使用技术，大多都是为了前两个目的，但我认为这是远远不够的。仅将技术作为提高传统教学效率的"工具"是大大低估了技术的作用。

人们经常说："技术只是一种工具！"虽然可以将技术（尤其是

教育技术）视为一种工具，但这绝不意味着，我们只能将其视为工具，也不应该如此。想要真正重塑教育，我们就不能再为技术设限。我在《学习的升级》的引言中就已经说到，数字原住民根本没有将技术视为一种工具，而是认为技术本来就是生活环境中自然存在的一部分。许多教师和家长还没有理解和接受这一点。举例来说，目前课堂上使用技术的一些最常见的方式有：使用数据库等后端软件、制作电子成绩表单、建立无线连接、浏览互联网和打印练习册。这些例子都完美地说明了，技术能提升效率——没有技术，这些事情同样能完成得不错，无非就是慢一些而已。虽然提升效率益处也不少，但仅用技术来提升效率，较之技术真正能发挥的作用而言，可谓九牛一毛。要想改变教育确实不能光靠技术的力量，在诸多的演讲中被问及最多的就是有关技术和技术改变力量的问题，但是最感兴趣的还是技术与教育本身的问题，是吧？

朱永新：是的，技术与教育的问题一直是我们探讨的重点。我一直认为，仅仅靠技术是无法真正改变教育的。技术与教育理念、教育内容、教育方法之间有一种共生的关系。在中国与美国很相似的一点是，大部分学校——可以说 80% 到 90% 的学校——是为了买技术而买技术，只是为了炫耀自己拥有了先进的技术，而从未运用技术。

您曾经跟老乔说："老乔你知道吧，如果所有学校买 iPad 都是为了节省成本——因为学校认为这样做可以节省纸版教材的开销——而不是从根本上改变他们教学的方式，我们的想法注定失败。"您批评说，很多 iPad 都只是被简单地当作替代品，就像电子白板。电子白板真的改变教育了吗？没有。很多学校买了电子白板，然后骄傲地说，"看看我们的技术，我们走在时代的前端"。他们只是在把技术当作替代品。"正因如此，技术反而得到骂名。身在苹果这样的公司，这一定是个非常有趣但又令人沮丧的立场，你的产品没有被有效使用，你却无法改变现状。"

您能不能解释一下，究竟怎样才能发挥技术的作用？

约翰·库奇：美国学者科勒（Koehler）和米什拉（Mishra）于 2005 年在舒尔曼（Shulman）提出的学科教学知识 PCK 的基础上提出 TPACK（Technological Pedagogical Content Knowledge），即整合技

术的学科教学知识。

如果仅仅靠技术力量是没办法真正改变教育的，技术需要和教育理念共同推进教育变革。我观察到，很多学校在炫耀技术而不是运用技术，原来是在书本上学习，现在是在屏幕上学习而已。这没有从根本上改变教学方式，技术本身并没有发挥真正的作用。所以，技术解锁教育，我认为最关键的其实在于改变生态系统。早些时候 iPad 取得了非常大的成功，但它的成功并不是因为设备本身，而是苹果所创建的商店。苹果手机也是一样，它的关键点也并非在手机本身，而是革新了大家使用手机的生态系统，创建了苹果商店。对于教育，我们也需要像过去设备改变生态系统一样，通过技术和设备本身的使用，去改变学习的整个生态环境。

"数字原住民"一词由企业家兼作家马克·普林斯基（Marc Prensky）首创，他在 2001 年发表的一篇文章中提到该词，用来指代 1979 年以后出生的人。数字原住民描述的是在数字世界中成长起来的第一代人，他们从小就开始接触个人计算机、电子游戏、平板电脑以及手机。例如，如今的高中生都是在谷歌公司成立后出生的，他们连没有互联网的世界是什么样子的都不知道。他们可能从来没有使用过图书馆的卡片目录（甚至是借书卡），而是使用即时网络资源来寻找答案，如搜索引擎、维基百科或 You Tube。2007 年推出第一代 iPhone 时，现在的毕业生当年还是小学生；如今，七年级中 80% 的学生都拥有自己的手机，他们可以接触到大量内容与应用程序。这一变化的重要性不仅在于各种设备的功能，更在于这些设备构建的虚拟平台和生态系统。有些人称如今成长起来的数字原住民是"应用程序的一代人"。我经常听到成年人将现代技术称为"工具"，但数字原住民只将其视为环境的一部分，与我们这一代人看待"电"没有什么不同。我小的时候也不会将"电"视为一种工具，而是认为电就是生活环境的一部分。正因为如此，普林斯基说："数字原住民会以和我们完全不同的方式去思考和处理信息。"这就是现在学生所面临的生态系统。

数字原住民总是处于活跃状态，要么在现实世界中活动，要么在虚拟世界中活动。他们很少坚持使用某项特定的技术或从事某项工作，要不了多久，就要换新的。数字原住民一路从 MySpace、Facebook、Twitter 到 Instagram 再到 Snapchat，他们感到腻了就会转向新流行起来的事物，这只是时间问题。还记得电子邮件吗？虽然很多成年人仍然依赖于此，但数字原住民却极少使用。正如上次晚餐时，我的小侄女语气温柔地提醒我说："只有老人才用电子邮件呢！"这是真的。如果我发电子邮件给我的某个孙辈，我必须发短信或者在 Snapchat 上发消息告诉他们，让他们查收一下。如果我们希望能与数字原住民打成一片，从而教给他们知识技能，我们就必须愿意与他们一起"喜新厌旧"。

朱永新：其实在中国的教育领域，2017 年 10 月也发生了令人不可思议的事件。一场高级教师对垒教学机器人的人机教学大战在高考大省河南上演：一方是 3 名具有 17 年教龄、获得过各种教学奖励的高级教师，另一方是智能机器人，他们对 78 名初中生进行为期 4 天的数学课程辅导。

活动首先对 78 名初中生进行摸底测试，根据成绩平均划分为两组，分别接受教学机器人和真人高级教师的授课。4 天时间内他们对初中数学做有针对性和集中性的教学辅导，结束后再进行一轮测试，核算两组学生的分数提高情况。

为了保证这次人机大战的公平公正，组织者采取了以下五项措施：第一，所有的前测卷和后测卷都由第三方教育局教研室资深老师独立出题；第二，4 天的试验过程都进行了实时直播和录像，供所有人监督和回放复核；第三，试验过程中有媒体、艾瑞咨询公司和其他教育机构做观察员进行实地监控；第四，测试卷和教学机器人上的试题经过媒体抽样调查保证无重复或类似试题；第五，使用教学机器人的学生访谈都有录音记录备查。

4 天的教学过程结束以后，人机大战的结果是机器人人工智能教学全面碾压真人教学，在最核心的平均提分上以 36.13 分（机器人教学）完胜 26.18 分（真人教学），在最大提分和最小提分两项上，机器人组也分别高出真人组 5 分和 4 分。未来的智能机器人会帮助教师更好地从教，未来的教育也会进入"人机共教"的新时代。这也是技术赋能教育的新突破。

您在《学习的升级》中将未来学习划分为三个要素，分别为访问、建构和编程。您为何会对编程那么重视？您认为编程是未来学习的语言，但是我有不同的看法。我个人认为这不是一个层次的，编程是学习的一个方法，是建构式学习的一个过程，编程更应该是一个工具，或者说是数字化时代的语言。

约翰·库奇：我重新定义了教育ABC。A代表访问，表示未来所有的学生能够共同访问这些教育资源，每个人都能接上快速可靠的互联网，有机会接触非凡的教师、进入优秀的学校以及使用变革性的技术。B代表建构，表示让学生亲自动手去做，亲自去创造、去发现、去构建事物。通过学习使用工具解决问题，而非仅仅学习工具本身。比如学生利用新的3D打印技术或者创客空间实验室等现代技术。C代表code，也就是编程的意思，其中包含口令（类似于写较为基础的代码）和较深层次的后台程序员所做的编码，这个词能够表达我对于学习的理解，体现出学习的过程。比尔·盖茨说过：学习编写程序能拓展你的思维，能帮助你更好地进行思考，并训练出一种思维方式。我认为这种思维方式在任何领域都有用。选择这个词的原因，是我想让学生成为非常具有创造力的人，无论未来从事何种工作，他要理解每件事情形成的样子，这个过程类似于编程一步步建构的过程。

二、用网络升级学习

朱永新：可汗评价您说，您一直是在线学习方面的先锋，是最早真正了解课堂技术力量的人之一。请您介绍一下，您认为在线学习对于哪个阶段的学生最合适？对于哪种类型的学生最合适？对于什么学科的学习最合适？

约翰·库奇：萨尔曼·可汗是可汗学院的创始人。我在《学习的升级》中提到了可汗创建可汗学院的过程，从给他表妹解释数学概念到发展为一所翻转课堂的在线学校。可汗学院（Khan Academy）是一所在线学校，旨在为人们免费提供易于理解的学习视频，其内容涵盖了各种主题。萨尔曼·可汗（Sal Khan）在 2006 年创建了这个非营利性组织，刚开始他只是将自己向表妹解释一些数学概念的过程录制成视频，上传到了 You Tube。可汗的讲解深入浅出，将复杂的概念化繁为简，很快就有其他人开始搜索、分享这些视频，且人数还不少。没过多久，先是数百人，很快就有数千人开始从这些 3—5 分钟的视频中学习数学。随着制作的视频不断增多，最终，可汗决定将一切正规化。于是，可汗学院诞生了，很快就不再靠单个 You Tube 频道承载。人们对这些短片的大量需求，单凭可汗自己去录制已经无法满足，于是，可汗开始扩张学院，并招聘那些同样善于将复杂概念化繁为简的人。通过扩张，学院的授课范围延伸到了数学以外的其他课题，有数十万人访问该网站进行学习。在顶峰时期，可汗学院拥有近 1000 万名活跃的学生用户，这使其成为了全球最大的教育内容学习平台。

与此同时，萨尔曼·可汗已经从当初默默无闻的程序员成了如今家喻户晓的传奇人物。在 2012 年，《时代周刊》将他评为“全球百位最具影响力人物”之一。但名声对于可汗来说不值一提，他仍像当初那样谦虚、满怀激情，还保持着当年为他表妹录制数学视频的初心。可汗学院的成功有目共睹，但可汗知道，仅靠在线学习是不够的。2016 年，可汗开设了他的第一所可汗实验学校，这是一所隶属于可汗学院的实体学校，旨在将在线学校与现场教学的优势结合在一起。可汗实验学校成立没多久，我就和可汗见了面，并得到机会进学校参观了一番，见了一些该校的孩子、教师和家长。他们融合线上和线下学习体验的能力让我印象十分深刻。如今，可汗已经为可汗学院和实验学校投入了大量资源，包括人力资源，比如导师和辅导员，以及形式材料资源，比如实时对话、访谈、游戏、挑战等。

我觉得可汗学院在在线教育方面做得非常不错，尤其是在高中学习领域。在线学习在学科方面没有特别严格的限制，但科学学科会让学生受益颇深，因为在这些领域在线资源会为学生提供真正的专家见解。另外，在线学习对于农村地区的学生而言，是特别好的一个机会，比如在美国郊区的学校可能并不会给学生提供 AP 课程，这时候学生就可以在网上学习了。

朱永新：我非常赞同这一观点。以慕课为代表的互联网教育的兴起，已经为解决传统学校模式的各种缺陷提供了可能性，因为它既可以完成现代学校教育制度要求的大规模教育的效率问题，也可以满足不同学习者对于教育选择的基本要求。自由选择课程，自由组织学习团队，自由选择任课教师，随时了解学习进度与知识掌握情况，自由安排学习时间，一种新的学习空间、新的学习组织形式，已经呼之欲出。

约翰·库奇：目前在教育之外的其他方面，技术已经带来了翻天覆地的变革。维基百科和 Reddit 正由于众包（多人共同在线编辑文档或解决问题）和共创（多人共同设计和创建特定项目）而迅速壮大。如今，通过苹果的 iWork 和谷歌的 Docs 这类免费软件进行的协作编辑，以及通过 Facebook 和 Twitter 等社交媒体进行的共享，正在人群中迅速普及。

这种协同合作的现象不仅仅局限于线上，一种全新的经济形式——共享经济已然出现，诸如汽车共享公司优步、房屋共享公司爱彼迎等，此类创新型公司正是这种经济的领导者。共享经济已经席卷全球，而它正是通过移动技术得以实现的。虽然有的时候，整个世界似乎越来越分裂，但移动技术以及由此产生的共享经济，正在让我们重新凝聚起来。

朱永新：您在书中提出了挑战式学习（CBL）的概念。在您看来，传统的教育是知识的单向传输，挑战式学习强调的是让学生自主发现知识。在书中您说道：挑战式学习是项目制学习（PBL）的升级版。我对此有不同的看法，项目制学习是相对于问题式学习而言的，问题式学习就是我们过去在中国课堂遇到的学习方式，老师先把一些问题拿出来，然后跟学生一起解决问题。在这个过程当中帮助学生获得知识和技能。项目制学习是一种学习方式，而挑战式学习是一种学习的性质，所以项目制学习完全可以是挑战性学习。那为什么说挑战式学习是项目制学习的升级版？

约翰·库奇：挑战式学习是一种以探究为基础的学习框架，它使学习者面临一系列个人和团队的挑战，从而使学习过程更具相关性和趣味性。我们先前探讨过参照系，现在请花几分钟思考一下当下很流行的一种学习模式，即项目制学习（Project-Based Program），在这种模式下，教师将课程设计成了由学生驱动的项目。项目制学习的灵感来自约翰·杜威等人的实践学习理念，如今已形成一个粗略的框架，并在过去的 10 年中相当流行。项目制学习的交互性较之传统的教学方式而言有了很大的提升，但它也有其他问题。

相对于项目制学习模式，挑战式学习并非另起炉灶，而是取其精华，并在此基础上更加重视在整个过程中创造各种挑战、广泛使用技术。虽然这两个框架都是通过实践项目来使学习更加生动，但还是有一些关键的不同点。第一个关键的不同是，在项目制学习中，教师经常指定学生去完成某项目，而在挑战式学习的各种挑战中，教师通常会鼓励学生们一起设计自己的项目。对学生来说，这往往会使整个学习的挑战程度更高，从而提升他们的主人翁意识、认同度和积极性。

第二个关键的不同在于使用技术的方式。在项目制学习中，技术并非不可或缺，甚至有时候根本不需要使用技术，即便用上了，通常也只是简单地在互联网上收集信息而已。相比之下，在挑战式学习中，技术贯穿了整个过程的各个阶段。不仅收集信息时要用到技术，在沟通、协作和提升参与程度时都会以各种方式使用到技术。例如，某个项目制学习项目可能要求学生去找一段 You Tube 视频，作为幻灯片演示的一部分进行分享。而挑战式学习则可能会要求学生自己去录制一个 You Tube 视频，作为现场模拟的一部分进行分享。某个项目制学习项目可能会要求学生阅读某篇博客并做好笔记，而挑战式学习可能会让学生共同创建他们自己的视频博客，同时还得使用数字注释工具在博客中插入笔记。挑战式学习的目标是让学生不再是信息和内容的摄入者，而逐渐成为制造者和创作者。

第三个关键的不同在于：项目制学习经常受限于在课堂或学校环境中能够完成的想法和项目，而挑战式学习则要求学习者积极加入更广泛的社区，针对直接影响他们生活的实际问题，去设计方案并实施。比如说当学生突然发现一只青蛙有三条腿，那么他就会产生浓厚的兴趣，然后自己进行探索。但是在项目制学习中，老师绝对不会选择让学生自己去探索这个问题，因为老师也不知道答案是什么。所以，我们现在把教育权力更多地下放给了学生，权力的下放也是目前教育系统中所不具备的。想让学习变得对数字原住民来说更具吸引力、更有意义，挑战式学习并非唯一的解决方案，但它的效果的确很好，达到了设计的初衷。

三、用改革重塑学习

朱永新：对于数字原住民来说，是否有必要进行传统的课堂教学？如果没有必要的话，课堂应该进行怎样的变革？数字原住民究竟需要什么样与众不同的学习方式？

约翰·库奇：对于数字原住民的培育，我有自己的一套培养方法。我的 8 个在 10 岁以下的孙子、孙女，他们每周只有两天在学校学习。我认为，新时代孩子拥有的社交能力和创造力都和我们不同。我儿子曾表示他在实际探索中学到的知识和能力远比在学校更多。

美国公立学校系统成立于 1912 年。公立学校的教育理念并不是鼓励学生的创造力，而是培养他们适于工作的能力，"能够把他们父母那辈的工作做到极致"。一位在 NASA 工作的宇航员研究表明，在幼儿阶段儿童拥有创造力的高达 98%，成年阶段仅剩 2%，其中最重要的影响因素是教育系统，那么我们要反思教育系统到底出了什么问题。

未来，学习应该更具灵活性，学校的形式可以发生变化，比如基于小区建立微型学校。教育的变革我认为一定是自下而上的，家长拥有更多选择，倒逼教育变革。正如圣雄甘地所说："如果你希望世界有所改变，不要去想，去付诸行动。"

朱永新：我认为教育的变革还是要自上而下的。工业革命时期需要生产者具备读、写、算的能力，那个时代的知识资源非常少，政府需要聚集他们进行集中授课。而现在，资讯随时随地可以查找。未来将是自主选择学习地点和学习内容的时代。每个人需要学习赋能的因素和方向不一样，因此学校机构、学校形态和教学内容都要进行革命性重构。政府要做的第一件事情，就是要建立内容难度适宜、体现国家意志的国家教育标准。在中国，政府能够更好地推进教育改革，自上而下的力量会更强大。

　　学习方式的变革，会对学习内容提出更高的要求。教育越是自由，越是定制化，越是个性化，就越是需要建设高效优质的学习中心，越是需要国家力量的整合。教育是精选先进文化进行传授。教育首先要传授我们这个国家、我们这个民族所崇尚的价值观。国家有责任承担起这个选择，必须建立国家教育标准。国家教育标准要科学，但也应该更个性化，有最低限度的要求。现在，我们的课程标准太高，教育内容太深、太难，我们要求学生的知识结构太庞大、太艰深了，造成了大部分的学生是在陪着少部分的学生学习。在未来，要打破这种模式，国家只需要给一个最基本的要求就可以了，关键是保证正确的价值观和基本的读写能力。

　　约翰·库奇：我非常同意您说的大部分内容，我有一个域名叫Autonomous Learning.com，翻译过来叫自主学习。

　　我觉得自上而下的教育变革在美国是行不通的，中国政府的影响力和行动力都是十分巨大的，但是美国文化和中国存在本质上的差异，美国政府每四年就会换届，换了之后可能不会进步。确实，美国新生一代的数字原住民生活的世界包括所拥有的社交能力、创造和合作等都和我们的时代大不相同。我在《学习的升级》中也列举了一个例子：乔布斯当时来我家里劝服我去苹果工作，那时我的儿子四岁，他给了我儿子一台苹果电脑让他玩，和我的儿子说如果你喜欢这台电脑的话就要说服你爸爸来苹果公司上班。后来我儿子在大学期间主修计算机科学，辅修设计学。有一次我问我的儿子，在学校学到的东西多，还是自己使用科技探索课外的项目课程学到的东西更多，他告诉我是后者。

　　美国公立学校的教育理念一直延续到了今天，kindergarten 是1846 年一位德国人赋予"幼儿园"的英文名，拆分这个词可以直译为在花园里面养小孩。另外，当时创建幼儿园的人也在幼儿园的教学体系中设计了不同材料制成的九套积木，让孩子们拿着积木去花园里不断奔跑来观察大自然，然后用积木搭建成自己观察到的大自然，根据自然界中孩子所观察到的具体形象，再使用抽象的积木搭建方式描绘大自然。这九套积木在如今的麻省理工建筑学院的研究生教学中仍有所使用。在幼儿园成立 130 多年之后，乔布斯在技术身上看到了和积木同样的潜力，并且通过技术让大家以全然不同的方式表达自己，比如看电影、听音乐等等，这样的方式也更加民主化了。

朱永新：学校变革也好，教育改革也好，有一个长期的目标，持续地努力很重要。但是我们的领导和校长往往频繁地变动更换，到了 55 岁就要退居二线，60 岁就要退休，这样许多人就没有深耕的梦想，没有持久的考虑。这个问题好像美国也同样存在，我在讲演中也谈到，任何改变的关键都在于领导层。

对您来说"最令人沮丧的可能是学校领导层的更换速度"。校长或负责人会停留两到三年，然后搬到其他地方。所以永远不会有变革的时间。您曾看到过不可思议的变化，可一旦那个校长离开，或者那个负责人离开，变革最终便不会实现。这太令人难以置信了。您能不能给我们一个这样的故事，同时谈谈您对如何改变这个现状的思考？

约翰·库奇：除了校长离职之外，学校管理人员变动在美国教育董事会、地区当地教育董事会也会发生。校长或相关管理者的任职时间有限，无法持续性地推进教育改革。目前，美国私立学校、特许学校、家庭教育都产生了很大变革，也反映出他们对于教育状况的不满。

我去年走访了全球 100 多所学校，很遗憾只看到了部分学校在微小层面的变化，没有见到真正发生系统性变革的学校。

目前我所参与的三个项目开展的都是以挑战为基础的课程。其中，Lab school 是针对 3—4 年级基础较为薄弱，跟不上学校日常课程进度的学生，我们有信心让学生在一年内赶上进度。我们和牛津大学合作，加上以挑战为基础的内容，在当地社区选拔适合的教师，资金来自于美国政府对教育的拨款，以导师制培训教师，完善整个教育生态系统。一个月后，我们会发布相关白皮书，更多地说明教育应该如何变革。

朱永新：斯坦福网络高中的线上课程模式也非常突出，未来公立学校的教学制度也会发生很大变化。美国的特许学校很大程度把教育方式、教育内容还给学生。未来，校长任命和教师的聘请方式也会发生很大变化，在未来学校将会成立一个个学习中心，更像北上广的创业孵化器。关心学习中心长什么样子，必然绕不过一个问题：未来学习中心，还有"校长室"这样的领导机构吗？这种思维方式，是从我们过去的经验出发的。

传统的学校往往管理层级很多，管理人员很多，工作效率不高。未来的学习中心将没有以"校长室"为核心的集权式领导机构。由于教师与学生双向选择，教师成为学生成长的助手和陪伴者，教师和学生都有着强烈的自我发展与成长需求，彼此之间是以互相选择进行"投票"的，每一方的选择都遵从了自我意志，教与学都不再需要烦琐的检查和考核评价。同时，学生的自组织能力也是教师所要提供的重要学习与指导内容之一。所以，未来的学习中心，在教学的核心业务上是扁平化管理，甚至会基本成为自组织管理，会出现"多中心"的方式。

《学习的升级》里面提倡个性化学习，主张教育要变被动为主动。其实这个观点中国古代圣贤孔子在几千年前就提倡过，可是一直没能实现。您认为原因是什么？在今天互联网改变社会的背景下，会不会比过去更有可能实现？

约翰·库奇：和计算机一样，教育也需要一个能够满足当代人需求的系统。就现今的状况而言，需要满足的是数字原住民的需求。此外还需要能力卓越、眼光敏锐的领导者来确保系统的整个设计、推行和落实都能与时俱进。到目前为止，情况并非如此。大部分的教育体系已经过时，并且与社会脱节。教育体系的使用者（学生和教师）完全依赖于该体系，但这种体系一直以来单是满足使用者的需求就已经很吃力。修复体系（打"补丁"）或用新体系取而代之（从头开始）都不可取。教育体系真正需要的是重新布线，升级教育操作系统，以便更好地将学生、教师、家长和社会连接起来。如此一来，学校就能成为培养创造力和创新思维的沃土。只有通过对教育体系进行重新布线，即从被动的教育模式转向积极的学习模式，我们才能在变化出现时及时去适应，而不用担心所使用的更新使整个系统短路瘫痪。

重塑教育意味着直面当今教育领域的最大挑战：如何利用对学习的研究和当前技术，去创造个性化学习体验，以更好地满足当今学生的需求。这就要求我们以另一种方式去思考我们应如何激励、培养、发展、衡量和评估孩子以及老师。这意味着去理解和释放孩子的无限潜力，让他们去学习，去创造成功。

朱永新：21 世纪以来，个性化教育与个性化学习已经成为世界范围内一种强劲的教育思潮。2006 年，经济合作与发展组织发表了《面向明日之学校教育：使教育个性化》的报告，将个性化教育作为应对变革时代的重要教育议程，认为"一刀切"的学校知识和组织安排既不适合个人需要，也和知识社会的发展格格不入。

一个欧洲的例子，足以说明这个特点。在芬兰，有一所学校。学校里，有位叫佩卡·佩乌拉（Pekka Peura）的高中数学与物理老师，自称"教育黑客"，是芬兰推动个性化学习最有名的先锋教师。我们还是先看看这位芬兰老师的具体做法是什么：首先，学生充分利用各种学习资源，或独立，或自愿组成小组，学习新的内容。随后，他们通过老师精心设计的练习不断巩固、检验自己掌握新内容的程度，并根据老师提供的准则（rubric）为自己打分。这些练习有核心、中级、高级水平之分，为进入下一级，学生需要顺利通过"关卡"，"关卡"包括自我测试和自评。在此基础上，学生自行决定什么时候开始学习下一个主题的内容。通过这种方式，快速学习者通过自主学习可以很快掌握新内容，而较慢的学习者可能只会通过第一道"关卡"，但他们在学习过程中会得到教师的一对一指导和来自同组的进度较快的同伴的帮助。

通过这种方式，学生能够做到按照自己的速度和节奏学习。最终，学生会根据自己在各"关卡"的表现和学习进展情况，为自己在这门课的表现打分，该分数经过老师的认可后，会作为学生学习这门课的终评。正如您刚才所说，美国的政府变化太快，很多政策都无法保持延续性，但是中国不会存在这样的情况。在我们国家，很多事情只要我们认准方向，绘制一张蓝图，那就是一代接着一代干，中国政府也会很快推进。

您在书中提出要帮助学生设计个性化的学习体验。其实两千多年前孔子也提出过因材施教，但在现代学校制度面前，这个梦想很难实现。您认为原因是什么？个性化学习的最重要条件是什么？

约翰·库奇：我总是对教育体系的要求苛刻了些，因为我爱它，至少我爱它所拥有的潜力。事实上，我认为教育体系对一部分孩子来说，确实是世界上最好的体系，但我希望它能适合所有孩子。而当年我需要适应的教育游戏如今依然存在，这也是导致许多不平等的根源所在。一切都能变得更好，我们所爱的东西也不例外。然而有趣的是，教育体系中阻碍我们改进的障碍，并非偶然存在，而是我们自己设计、亲手置入的。

我书中有个案例是这样的，在芝加哥一个学校，一个班学生存在六种不同等级阅读理解水平。如果教师备课顾及班上每个学生，他们平均每星期要耗费 40 个小时以上的时间。但如果可以利用好科技，用大数据去分析学生的学习情况，根据学生个人需求制定学习计划，同时根据学生数量和课室大小去设计课堂，不仅可以帮助学生取得更好的成绩，也可以帮助教师节省很多时间和资源。这是技术赋能教育的一个表现。另外一个例子是，美国有个教育公司，对苹果商店的所有教育 APP 做了深入研究分析后，分别给某所学校的学生进行个性推荐，并让他们每天坚持学习 1 小时，跟踪半年后发现学生的成绩平均提高了 39%。

还有一点想补充的是，我发现中国有一个很强的文化优势，当然这个优势在亚洲其他国家也存在，那就是家长对课外的补习班或课外活动的接受程度普遍较高。这其实是家长意识到了个性化教育的优势。因此，如果将校外个性化教育带入传统学校，中国这种教育变革会比美国发生得更快。

朱永新：您说的这个观点我不太认同。您觉得这是一个优势，然而我个人认为在未来学校中，校内外的资源应该是互通的。现在的学生白天在学校学习，晚上进各种补习班学习；平时在学校学习，节假日进补习机构学习；白天在学校学习英语，晚上到新东方学习英语；平时在学校学习数学、科学，周末到学而思补习数学、科学。根据北京的不完全统计，现在 90% 以上的学生都要进行课外培训，放学以后以及节假日都要去补习机构补习，应试教育造成了普遍的学习焦虑。

但是，未来可能就不一样了，未来的各种培训机构，也可以转型为新的学习中心或者课程公司，类似今天的好未来、新东方等教育机构，将会成为新型的学习中心，成为政府购买公共服务的学习中心。正规的学校与社会教育机构打通了，甚至没有必要再把教育机构分成培训机构、学校、网络机构，所有的机构都可以变成学习中心。凡是政府认定合格的学习中心，政府都可以为学生的学习买单。学生没有必要疲于奔命，一放学就要到补习机构去，而是可以根据学数学在哪里学最合适，学艺术在哪里学最方便，体育训练在哪里做最有效，来明确自己的教育需求。

目前，北京部分区域已经开始尝试邀请好未来、新东方，以及各种艺术、科学教育机构，为在校学生开设相关学科课程和下午三点半以后的活动课程。对此，我们需要持续地观察，看看这条路是否行得通，成效是不是显著。但是，在理论上应该是完全可行的。把选择权交给学生，在全社会统一配置教育资源，应该成为未来学习中心的基本模式。

约翰·库奇：确实，政府可以通过购买公共服务的方式使得教育资源合二为一，所以我不认同现在所谓的校内和校外的教育体系划分。我所指的优势是中国的文化优势，目前中国大多数人都选择校外教育，那么我们应该将它融入到正规的、主流的学校中来。和中国的支付宝、淘宝和高铁等一样，教育的校内外融合一旦发展起来，它在世界上的发展是最快的。

四、用动机激发学习

朱永新：您在《学习的升级》中提到，要相信每个人都能成就非凡。这与我 20 年前提出的新教育实验的理念"无限相信教师和学生的潜能"如出一辙。但是，这样的一个教育理念或者可以说是教育常识，为什么不能够成为教师和父母的共识？为什么许多父母和教师总是认为自己的孩子不行呢？

约翰·库奇：这个问题很好回答，出现这种情况，一定是教育出了问题。根据我以往的经历，孩子都会有自己擅长的领域。教育者可能会根据自己的主观臆断来判断学生的能力，从而限制了孩子的想象力。教育者没有给孩子创造条件，让他们得以展示自己的潜力。学生的成功和失败往往不在于他们有没有潜力，而在于教育者如何看待和激发他们，对孩子的期望会直接影响他们潜力的实现。我相信每个学生都有自己非常擅长的领域，如果没有，那么一定是教育体制的原因，没有能够发现孩子本身的天赋和潜能。

我的子孙很多，有人学的是建筑，有的是艺术，有的是医学。我绝对不会让学医的人去改学艺术或者让学艺术的孩子改学医。我一再教育我的孩子们，一定要充分尊重自己的选择，追寻自己的激情，找到属于自己的那条路，不要盲目复制自己父辈的选择。

现在，学校会排很多课程，但给到每个孩子去研究自己感兴趣的领域的时间很少。我有一个孙子在读建筑学，有一天他给我打电话道歉，说自己有两门课不打算上了，理由是他学习的建筑学中有一门课程需要自己动手把自己的设计做成实体的。他把所有精力都花在了这上面，为此选择放弃了另外两门课程。我跟他说，你的选择绝对是对的。

目前学习和教学体系中的主要缺陷是：教育者会根据自己的主观臆断来判断学生的能力，从而限制了他们的潜力，教育者没有给孩子们创造条件，让他们得以展示自己的潜力。我们需要明白，谈及一个学生是否成功，都只是自己脑中的想法。只有有意识地拒绝这些想法，并且承认，无论他们成功与否，都不能以我们的期望为人生目标，这才是实现真正改变的第一步。我所提出的由内而外地重塑教育，其核心就是认识到我们的偏见。正如世上没有两片完全相同的雪花，每个人都是独特的，都是单个的个体，这种独特性至关重要。只有将人理解为单个的个体，拒绝使用平均标尺作为衡量人们的主要标准，我们才能真正学会如何让教育改变孩子们的生活。

70年代，我刚到一个学校的时候做过一个实验，在学生的课程计划中增加了一个新的课程计划，这一新课程计划是外请的第三方的老师和教学人员，并且为他们提供不同的教学内容和课程体系。在电影制作这一门课程中，我发现有一位五年级的学生对电影制作特别痴迷并且也非常擅长，他的爸爸为了方便他更多地创作，为他购置了一套非常先进的iPhone的语音系统。到了这个男孩八年级的时候，我们回到那个学校找到这个小孩，发现他非常出色并且也有很明确的未来规划。而现在，这个小男孩已经成为非常著名的电影制作员。

通过这个故事可以看出，没有任何一个学生是不可教的。同样，在我的书《学习的升级》中，也有一个关键词叫内在动机。在我们现在的学校教育中，过多地把重点放在了外在动机上，忽略了在学习中激发学生学习的这个点的开发。我认为，老师的角色应该是去找到学生身上最独特的点，找到学生本身的天赋、兴趣和热情，然后以此作为激发学生努力学习的内在切入点。作为教师，我们应该为学生提供机会去创新与创造，而不是注重他去背多少知识。如果有这样一个学校，能够认真认可学生本身无限的潜力，以学生为中心的话，这个学校一定会成功的。

多年来我一直认为，如果一个人有足够的动力，就很难有什么能阻止他获得成功。教育也是如此。如果一个学生极其渴望学习某样东西，那么，失职的家长、老师和学校合起来也阻止不了他去学习。这就是为什么孩子们可以记住整首歌的词，却总也记不住 5 分钟前刚学过的数学公式；这就是为什么在电子游戏中的角色遇到复杂问题时，他们能运用批判性思维、技巧来解决问题，但在做数学应用题时却无法运用相同的技巧来判断下一步该做什么；这就是为什么许多梦想成为职业运动员的男孩，每天有空打几个小时的篮球，却没时间做代数作业。所有这一切，都能用"动力最关键"来解释。如果孩子们学习某样东西很吃力，在大部分情况中，并非他们没法开窍，而是我们未能说服他们这样东西值得学习。

在讨论动力的重要性时，我喜欢跟人分享我女儿蒂芙尼的故事。蒂芙尼的哥哥克里斯学习成绩优异，但她在学习上就很吃力，我们担心她可能有某种学习障碍。无论是在学校还是在家里，有些知识内容，无论以什么方式教她，蒂芙尼都需要花很长时间才能理解。但是，在和艺术手工相关的课业上她的表现都很出色。当蒂芙尼升入中学时，我们聘请了一个老师莉莲·利伯曼（Lillian leaberman）来辅导她。利伯曼很快意识到蒂芙尼具有很强的艺术天赋，而且是个视觉能动型学习者。她帮助蒂芙尼手工制作了一个中世纪城镇样式的房屋模型，以及许多伊丽莎白时代的娃娃。每当蒂芙尼做手工创作时，脸上总洋溢着幸福的笑容，但我从来没有将她追求艺术的热情与她在学术领域的表现联系在一起。

蒂芙尼后来上了大学，学习心理学专业。那时，她已经学会了集中自己的注意力，学习成绩也很不错。但在大学二年级的时候，一位姐妹会的朋友无意中看到蒂芙尼做的一些艺术品，立马被惊艳到了。"太棒了！你在艺术设计方面这么有天赋，干嘛浪费时间学什么心理学？"这番话让蒂芙尼幡然醒悟，没过多久，她就放弃了她的专业，转而追随她对艺术的热爱。蒂芙尼转学到奥蒂斯设计学院（Otis-Parsons Design College）开始学习时尚相关专业。在那之后，她学习从未觉得吃力过，因为她正在做自己喜欢做的事情，而且就像任何动力充沛的学生一样，成功随之而来。

我记得，蒂芙尼转学到奥蒂斯设计学院不久后对我说："我花了14年的时间，学的都是我不擅长的，如同奋力推球上山，直到我意识到自己的天赋和热情所在，如今，我终于可以轻松追球下山了！"她说的时候，脸上洋溢着小时候制作娃娃时一样的幸福笑容。她随后获得了一项特殊荣誉即赢得了"金顶针奖"（Thimble Award），此奖是该校诸多令人垂涎的奖项之一。

作为父亲，我从蒂芙尼的这些经历中学到的是，父母和老师常常认为如果孩子未能学业有成，就一定是他们有什么问题。而事实上，蒂芙尼在学校唯一的学习障碍是缺乏动机。一旦她意识到自己的热情和天赋所在并利用两者之间的"最佳效应点"将其最大化，她就能够开始发挥自己的真正潜能。

蒂芙尼的经历使我更加坚信，教育孩子应主要在于帮助他们发现自己的天赋、兴趣和热情所在。多年来，我发现几乎每个孩子都有"最佳效应点"。有时候，找到这个"最佳效应点"很容易（但也并非总是如此），因为我们往往会倾向于对自己擅长的事情满怀热情。反过来，这可能也正是我们擅长那些事情的原因。然而，有很多孩子和成年人并不知道他们热衷于什么，或者可能擅长于他们并不热衷的事情，抑或可能热衷于他们并不擅长的事情。我认为，教育工作者和家长的首要目标应该是帮助孩子们找到他们的"最佳效应点"，通过挖掘他们擅长的领域以及热切想要学习的东西，然后将其与孩子们需要学习的东西联系在一起。当然，我知道，说起来容易做起来难。

教育界有个令人难以接受的真相，那就是关于如何激励某人（更别提要激励一整间教室的学生），是靠教师在教学实践中自行摸索出来的，没有人教他们该如何激励自己的学生。关于什么是最好的标准和什么是最佳教学方法的讨论满天飞，但除非学生们真正参与并且有足够的动机想要学习教师教授的内容，否则那些讨论都没什么作用。相反，即使面对落后的教学方式以及极其有限的教学资源，动机被高度调动的学生也能学习任何想学的东西，并极有可能学成。

我认为动机是有效学习的先决条件。大多数教育工作者都同意这种观点，但在教师培训项目中却很少教授如何调动学生的动机，甚至很少谈及动机一词。大多数教育学系都没有正式关注这个问题，那些关注了这个问题的学校，也只是将其纳入教育心理学选修课，充其量也就是一节课的内容而已。所以，问题是：为什么会这样？如果动机的重要性众所周知的话，为什么我们没有经常谈到呢？

我们很少谈及学生动机的原因之一，是因为它无法定量检测，这也是科学和教育学系忽视它的主要原因。我们无法通过一个孩子的测试分数或平均学分绩点得知他的学习动机有多强。我们当然可以问孩子们，但这就违背了学者和教育从业者所依赖的定量分析。诸如投票和调查等，都属于定性研究的范畴，这些往往被当作轶事证据而非严格的经验证据，因而无法受到重视。即使在定性研究中，如果我们向学生做问卷调查或参与投票，他们很有可能会给出他们认为成年人想要听到的答案，而不是说出自己的真实感受。尽管如此，即便没有多少关于学生动机如何影响他们表现的定量数据，但关于动机的理论却很多。针对什么能有效激发动机，每种理论都有其各自的调查研究。

朱永新：的确如此，每个学生都是独一无二的，一定要找到激发学生内在动机的方法，现在的学校更多关注外在动机。人们虽然出生时的起点不同，但这是可以改变的。对教育者来说，最关键的是，首先要更好地理解潜力和自身偏见，这样才能进入重塑教育的下一个阶段——激励孩子们真正意识到自己拥有的潜力。你在《学习的升级》中也提到，激发内在动机的四个关键要素，自主选择、正确看待失败、刻意练习、坚毅的性格。能不能详细地解释一下，这四个要素究竟如何才能够有效地操作？

约翰·库奇：好的。第一个关键要素是自主选择。让孩子自主选择学习新事物的方式，可以大大提升孩子的感兴趣程度。孩子越感兴趣，他们保持兴趣的动力也就越强。如果他们动力很足，功劳并不一定在于教师教授的课程，而更可能在于教师的授课方式。让学习变得有趣、吸引人并且有意义，几乎是让所有学习体验变得更好的关键。与学生的选择同样重要的，是学生面临的压力。以前，在青少年体育比赛的场地边，总有一些"怒子不争"的父母，如今，这一大特色已经跨越到了教育界。世界各地的家长都开始往孩子身上施加越来越多的压力，要求他们取得成功。压力会导致应激，应激又会导致各种各样的消极反应。作为家长，我当然理解父母都怀有"为了孩子好"的愿望，我也并不是说父母不应该去推动孩子们变得更好。我的建议是，如果我们选择鼓励孩子，对于他们受鼓励去做的事情，至少他们应该有发言权。确保孩子们在目标上已经有了情感上和精神上的投入，是帮助他们实现目标的关键。有一个非常经典的教育故事，是在印度发生的"树洞实验"。那是苹果公司做的一个实验，是把平板电脑放在乡村的一个树洞里，然后一群孩子自己摆弄了半天就能够通过计算机学习了。在整个过程中没有任何人的指导，但是孩子们就把这一套都学会了，这就是四个关键要素中的自主选择。

第二个关键要素是正确看待失败。正确看待失败这个关键要素实际上是耐挫力、意志力的体现，主要在于面对困难，不能退却。人们常说要"现实一点"，而我一直都是"一切皆有可能"的忠实信徒。很少有人会听到我说"不可能"这个词，因为在我的人生经历中，我看到过太多原以为根本不可能的事情最后都变成了现实。当乔布斯第一次描述他对于未来的宏伟蓝图时，人们也认为那些几乎都是不可能的。我在苹果公司的工作，正是一段学习如何将不可能变成可能的经历，这段经历也让我逐渐开始抵触"现实一点"这个想法。当与那些心怀巨大梦想的孩子们交谈时更是如此。许多梦想可能不一定会实现，但这并不意味着它们一定不会实现。

第三个关键要素是刻意练习。这一条特别有意思，因为大多数人并不喜欢做自己认为做得失败的事情。我们倾向于专心做自己擅长的事情，不愿意碰不擅长的事情。这意味着，除非父母、老师或教练告诉孩子"失败是值得鼓励的，也是意料之中的"，否则他们可能会认为失败是一件很糟糕的事。对失败的负面解读，最终会使大多数人在任何事情上都无法达到顶级水平。我们被教导的观点是，失败了一次就等于彻底失败。我们将失败视作结局，而没有将其视作必经之路，没有将其视作学习过程中不可或缺的一部分。不失败，则无以为鉴；"前车之鉴，后事之师"。在我上大学的时候，我一直是一个 C 等生。但是直到我上了第一节计算机科学课以后，我发现我非常喜欢这门课，然后就瞬间变成了这门课的 A 等生。苹果公司一直以创新著称，但即使在刚起步的时候，乔布斯对我们的期望就很特别，几乎与你听过的苹果公司的所有事情都背道而驰：他希望员工们能够忽视过去，挑战现在的极限，创造未来。短期的失败不要紧，只要是向着长远的成功目标前进，就都会受到鼓励。事实上，如果我们没有经历任何短期的失败，那就意味着当下的创新还做得不够。乔布斯希望我们能不断挑战极限，而只有通过不断试验（尝试）和犯错（失败）才能冲破极限。这种要求员工不断尝试以获得成功的方式，最终使我们在同行业中出类拔萃。

第四个关键要素是坚毅的性格。请家长、老师和领导者记住，虽然失败是进步的垫脚石，但接受和处理这些失败所需的毅力同样重要。正如温斯顿·丘吉尔所说："不懈努力，而非力量或智慧，才是发掘潜力的关键。"无论我们称之为坚持、毅力、愈挫愈勇还是坚毅，我认为，确保每个学生都拥有这种态度，并能找到方法加以稳固，是重塑教育的关键点之一。

朱永新：几年前我曾经接受过世界教育创新峰会（WISE）的一次调查。其中有一个问题，就是问现在孩子们学习的东西到底有多少是有用的。世界各地的教育家回答的结果是一个很恐怖的数字：17%。我觉得，大概可以保留 50%，留下 50% 的时间让学生自己去建构属于他自己的知识体系。这样来说，至少一半是学生自己喜欢、自己想学的内容，这样就能比较好地激发学生的自主性和积极性了。

为什么我们的学生必须学习如此难的知识？

一个重要的原因是参与课程大纲制定和教材编写的科学家过于

强调自己学科体系的完整性、系统性，强调反映学科发展的历史与最新的科学研究成果，结果自然是不断做加法。另外一个重要的原因就是，现在中国的学校是以升学为主要目标的，现在的考试评价更是以鉴别与选拔为主要目标的。所有的指向都是学术性与区分度，考试太简单就不容易区分学生掌握知识的水平，所以，学习内容越来越多、越来越难，考试内容越来越深、越来越怪。

其实，科学方法、科学精神、科学思维远远比科学知识本身重要。每个学生都有不同的兴趣爱好、不同的学习经历、不同的学科优势，用统一的要求，让所有的学生学得很难，反而会压抑学生学习的主动性和积极性。正确的办法，应该是大幅降低课程的难度。对所有的学生来说，只要掌握最基础、最简单、最能够满足人们基本生活需要的知识，具有承担一个公民的基本义务的能力，就完全可以了。其他的内容则可以通过选修课程的方式，满足不同学生的个性需要。

比如说您的孙子学建筑，那么他就有 50% 的时间围绕他的建筑去构建他的知识体系，建筑需要美术、数学和力学等知识，那么他就可以去针对性地学习。也就是说根据个人的实际生涯和个人理想去构建属于他自己的东西。我认为，我们每一位现有的知识体系基本上都是自己建构的，主要不是在学校课堂上学的。所以，为什么不让学生去建构他们的知识体系呢？

目前，很多学生学习变成了课上记笔记、考试背笔记、考后全忘记的情况，与其学习了之后又把绝大部分内容还给老师，不如通过自学，使其成为自己的东西。学生应该学什么？究竟什么知识最有价值？这曾经是教育家关注的头等重要的问题。1859 年，英国学者斯宾塞提出了一个著名命题："什么知识最有价值？"他对当时学校中古典学科课程占据主导地位，重虚饰、轻实用的知识价值观非常不满。他依据五种人类的基本活动，确立了按价值大小排列的各类知识。

今天，人们越来越重视后面的问题，即如何学、如何教、如何提高效率。学习科学成为当代教育的"显学"就是明证。学习科学是在认知科学的基础上发展起来的，是由生物科学、脑科学、心理科学、教育科学等交叉形成的前沿学科，自 20 世纪 80 年代问世以来，备受教育界关注，也在一定程度上引领着世界教育教学模式的变革方向，越来越多的国家筹建专门的学习科学研究组织和机构。

我们国家也一直紧跟这个潮流，在北京大学、北京师范大学、华东师范大学、东南大学等高校建立了学习科学的研究机构。为了提高教育界对未来教育发展趋势的预测和把控能力，2018 年 11 月，我参与发起的中国教育三十人论坛在深圳前海举办了以"学习的革命：学习科学引领教育未来"为主题的世界教育前沿峰会。论坛邀请了海内外和两岸学习科学方面的著名专家学者，分享学习科学的前沿研究成果，介绍学习科学的发展和应用，以及如何把学习科学的最新成果应用于教育和教学实践。

在古今中外的教育历史上，课程首先是围绕着培养目标来设计的。这个思考，在今天仍然值得我们借鉴。比如说，中国古代就把"成人"作为教育的主要目标。所谓"成人"，有名词和动词两种含义。名词意义上的"成人"，在中国古代主要指德才兼备的成熟的人，类似于英文的"perfect man"。动词意义上的"成人"，则是指成就人的过程。在中国古代，"成人"就是用"六艺"等美好的教育内容来培养优秀的人才。

我们回到历史，看看我们当年的"六艺"课程，就是很好的课程。礼，就是礼仪；乐，就是音乐；射，就是射箭；御，就是驾车；书，就是书画；术，就是算术。你看看，这样的课程，对"成人"这个目标来说，和当时的社会生活是不是密切相关？这就是为活脱脱的生活而设计的课程，一个古代社会的精英教育的课程。"六艺"没有要求学生抽象地去掌握生命以外的东西。

那么，未来的课程究竟应该是怎样的形态？究竟应该把人类的哪些知识教给学生？不同的课程流派和专家有不同的主张，但是也有一个共同的困境，就是人类知识的无限性与学生学习时间的有限性之间的矛盾。国家主义主张，要把一个国家的价值观、文化传统等内容在课程中呈现；科学主义主张，要把科学的原理、规律、方法等知识在课程中呈现；实用主义主张，要把人类生活需要的知识和技能教给学生。最后，我们可以看到，学生究竟应该学什么，结果往往是各种力量的平衡，各种知识与技能的叠加，课程内容越来越多，体量越来越大。

这是一件让人沮丧的事。我认为，不断做加法的课程，根本无法适应未来社会的发展需要。我举个研究报告的结论，来表明我的观点。人类的科学知识总量，在 19 世纪是每 50 年增加 1 倍，到了 20 世纪初期是每 30 年增加 1 倍，20 世纪 50 年代则是每 10 年增加 1 倍，20 世纪 70 年代是每 5 年增加 1 倍，20 世纪 80 年代是每 3 年增加 1 倍，20 世纪 90 年代以后则增加得更快。

我们要学习那么多的知识，是一件多么困难的事。正如庄子曾经说过的那样："吾生也有涯，而知也无涯。以有涯随无涯，殆已！"以有限的生命去学习无限的知识，是很危险的。所以，我们的课程一定要改革。更重要的是，过去我们是把学习与工作完全分开的。所有的学习都在为今后的工作做准备，学习的课程内容，就是以后职业生涯必须用到的内容。但是，现在职场的变化日新月异，把学习与工作分开，把学校作为职业准备的做法已经行不通了。西方的调查表明，一个人一生的职业变化高达 10 次左右，而跨行业的变换，则达到 4 次左右。所以，传统的做法已经无法适应未来职场的生态。

约翰·库奇：那么，你认为现在的学校究竟应该教给孩子什么呢？或者说，究竟未来的学生应该学什么呢？

朱永新：对于我们究竟要学什么？我们的课程应该是什么样的？我发起的新教育实验，一直在思考和探索这个问题。新教育实验，是一项民间的教育教学改革探索。它是以教师的成长为起点，以营造书香校园、师生共写随笔等十大行动为路径，以帮助新教育共同体过一种幸福完整的教育生活为目的的教育实验。自 2000 年以来，新教育实验已经在中国 32 个省市自治区、164 个实验区、5200 多所学校中进行不同程度的实践，极大地改变了学生的生存状态、教师的生命状态和学校的发展模式，改变了许多区域的教育生态。

新教育实验以"为中国教育探路"为使命，在教师成长、课程研发、学校建设等方面进行了深度探索。近年来，新教育研究院的新生命教育研究所、新科学教育研究所、新艺术教育研究院等研究机构，正在以新教育实验卓越课程体系的理论为纲要，全面研发、完善一个个面向未来的卓越课程体系

我们认为，在以生命的幸福完整为终极目的和当下尺度，以哲

学、心理学、教育学、社会学及相关学科理论为潜在的理论工具，以活生生的人为中心的三维空间里，可以建构起未来课程的体系构架。我们可以把未来学习中心的基础课程体系，做成如下的设计：以生命教育课程为基础，以智识教育课程、道德教育课程、艺术教育课程为主干，并以"特色课程"为必要补充。这些课程的落脚点不同。生命教育课程，落脚点在"拓展生命的长宽高"。教育首先是为生命而存在的，命都没有了，还要教育干吗？所以，涵养生命是教育的天职。对生命的发现、挖掘、探索和追寻，是教育的永恒主题。生命教育课程以"过一种幸福完整的教育生活"为核心理念，围绕人的自然生命、社会生命和精神生命展开，旨在引导学生珍爱生命，积极生活，幸福人生，拓展生命的长度、宽度和高度，从而让每个人成为最好的自己。智识教育课程，落脚点在于"真"。智识教育课程包括大科学与大人文课程，类似于通常所说的文理课程，主要包括语文、数学、外语、科学（或物理、化学、生物）、历史与社会（或历史与地理）等，这是传统课程的主干部分。之所以不用文理课程或智力课程的概念，一方面是我们用融合了哲学、文学、历史和地理的大人文和融合了数学、物理、化学、生物的大科学的理念重新构建了智识课程；另一方面是因为"智识"能够更准确地表达我们对于课程本质的思考。因为课程的根本目的不是传授知识，而是形成用以统领知识的智慧和运用知识的能力，所以主要采取项目制学习与主题性学习的方法进行学习。道德教育课程，落脚点在于"善"。道德教育课程的目标是培养遵守社会公共道德，认同、理解、遵守与维护我国宪法，关心及参与公共事务，具有独立思考与敢于承担责任的能力，对民族的传统和文化有归属感的现代公民。主要包括公民道德、公民价值观、公民知识和公民参与技能四个方面的内容。我们把公民课程作为实践性课程，更多以培养社会责任感、领导能力和经济生活管理能力（财商）为公民教育的抓手。艺术教育课程，落脚点在于"美"。艺术教育课程的目标是让学生在学习艺术的知识、欣赏优秀的作品、习得艺术的技能的基础上，掌握艺术的思维，拥有艺术的品位，具有艺术的精神，传承人类的文化，陶冶丰富的情感，培养完善的人格。艺术教育课程不是为了培养职业艺术家，不是艺术尖子和精英的选拔与培育，而是源于儿童天性的自由发挥，注重艺术欣赏力和艺术情怀的培育：是源于艺术（每个儿童的自然天性）、通过艺术（无处不在的中介作用）、为了艺术（艺术化的人生目的与境界）的教育。艺术课程不是简单的美术和音乐课程，而是融合了美术、音乐、书法、雕塑、创意、电影、戏剧等艺术样式，用大艺术概念整合的课程。以上课程，不应该超过学生学习内容总量的 50%。这样学生就有时间从容地学习自己的"特色课程"。特色课程解决的是"个性"问题。在重新设计智识教育、公民教育和艺术教育课程后，为特色教育课程留下了广阔的空间。

从人的成长来分析，每个人的知识体系和智慧结构基本上是依靠他自己来建构的。如果所有人都学同样的课程，就难以形成每个人独特的知识体系与智慧结构。而没有充足的时间和空间，学生是无法实现这样的建构的。因此，必须把学习内容的选择权，把学习的时间和空间还给学生，才能真正实现这样的可能。研究怎样在有限的生命空间去学对个体生命最有用的东西，这才是最重要的。

约翰·库奇：我觉得您说得非常好。在我看来，我对于课程的愿景包括家庭、社区、世界以及理想或者目的，我们将这几点与联合国所制定的 2020 年可持续发展目标 SPP 结合在一起，这与您所说的非常类似，我觉得这可以叫英雄所见略同。

之前我和我的老板讨论过这样一个问题：如果你的面前是 2 万公斤重的棉花糖，你会怎么把它推开？因为它是软的，所以推一下它会弹回来。那么最后的答案是什么？就是一口一口把这 2 万公斤重的棉花糖吃掉。我们都在做的一件事就是找到一步一步解决问题的办法，为了孩子更美好的明天！

媒体关注

　　有人说，媒体是一把双刃剑。所以，有一些人大代表政协委员躲避媒体，不愿意见记者；也有代表委员主动与媒体记者见面，把自己的声音放大，把自己的意见远播。其实，与其消极回避，不如积极沟通。利用媒体的力量，让更多人了解代表委员参政议政的故事、为国为民的情怀，也可以更好地监督有关部门办理提案、处理问题。

未来网：朱永新：仰望九天揽月五洋捉鳖 教育更需加强"放管服"改革

（未来网 北京 1 月 12 日电记者 李盈盈）"我们的科技进步已经能上九天揽月，下五洋捉鳖，教育怎样向这个方向努力，达到这个成就呢？"12 日上午，在 21 世纪教育研究院主办的全国地方教育制度创新论坛上，全国政协常务委员兼副秘书长、民进中央副主席、新教育实验发起人朱永新说："我们的教育改革面临再一次思想解放。""放管服"改革是我国全面深化改革的重要内容，教育领域也需要进一步"放管服"改革。

2018 年召开的全国教育大会指出："重点深化办学体制改革，消除社会力量兴办教育隐性壁垒，坚定不移推进'放管服'改革，在招生计划和投资项目管理上，简化流程、优化服务；坚持精准投入，加快补齐教育发展短板，进一步优化中央预算内投资结构，持续提高教育投资规模和比重。"

朱永新表示，当前，我们的教育面临再次思想解放，以解决"一放就乱，一管就死"的问题，深化教育领域"放管服"改革，有助于释放教育事业发展生机活力。

他说："'放'就是放心、放手和放权；'管'就是管方向、管底线、管边界。"

对此，朱永新解释道，其中，"管方向"是指在教育创新过程中，管好教材，管好课程，管好培养目标，牢牢把握方向；"管底线"是指管好教育的底线，把开设什么样的课程、课时多少、怎么上这些课程交给学校和老师。

记者梳理发现，学界认可的基础教育的底线包括法律底线、制度底线和品质底线。教育首先要恪守教书育人的底线，决不碰违法违纪的红线。

按照教育部《基础教育课程改革纲要（试行）》和《义务教育课程设置实验方案》，学校开设的课程有国家课程、地方课程、校本课程和活动课程，其中综合实践活动也是国家规定的必修课，包括信息技术教育、研究性学习、社区服务与社会实践以及劳动与技术教育，还包括班团队活动、校传统活动等等。

怎么安排这些课程，不少地方的学校都做出了探索。

朱永新认为，"管边界"则需要相关教育管理部门厘清教育的边界，比如地方脱贫攻坚填表等与教育无关的事坚决不让学校和老师去做。

"教育改革既要放、管，还要服务，'服'就是暖人心，聚人才，促成长。"朱永新继续说道，"我们的教育还存在很多困难与问题，但是，办法总比困难多，教育需要理想，需要激情，需要智慧，需要诗意，教育也需要责任和担当，有了这些，就有人就会有所作为，只要坚持创新，就能创造精彩的教育。"

民生周刊：民进中央副主席朱永新：给教育改革更多空间（摘要）

（人民日报社民生周刊 记者 罗燕，2019 年 1 月 22 日）作为新教育实验的发起人，多年来，全国政协常务委员兼副秘书长、民进中央副主席朱永新一直关注教育体制机制改革，为教育制度的创新鼓与呼。

1 月 12 日，在全国地方教育制度创新论坛暨第六届地方教育制度创新奖颁奖典礼上，朱永新表示，"只要给我们空间，我相信我们在教育上一定能走在世界前沿"。

怎么为教育的发展做服务？朱永新表示，第一是暖人心，第二是聚人才，第三是促成长。

具体来说，要让办教育的人感到温暖，感到政府和百姓需要自己，让办教育的人有信心，让办教育的人有继续办教育的愿望，不想离场。

"现在很多办民办教育的人想离场，这不是好事情。中国民办教育资本不是太多，而是太少了。当更多民间资本、民间智慧、精英人才进入教育，中国教育才有希望。"

华夏时报：全国政协委员朱永新：提案建议为中小学教师"减负"，整治外籍教师乱象（摘要）

（华夏时报网 2019 年 2 月 28 日 记者 于玉金）两会前夕，全国政协委员、民进中央副主席朱永新关注的教育领域提案已经成形，2月 28 日，《华夏时报》记者自民进中央处获得了朱永新的 11 项提案。

在过去几年，为中学生减负一直是教育领域的重点工作。早在 2018 年两会前夕，教育部等四部门联合印发《关于切实减轻中小学生课外负担开展校外培训机构专项治理行动的通知》（下称《通知》），整治无证无照机构，纠正超纲教学，严禁组织中小学生学科竞赛，为学生减负，力度之大要求之严被称为"史上最严减负令"。此外，在 2018 年 12 月 29 日，教育部等九部门印发《中小学生减负措施》，从严格依照课标教学、严控书面作业总量、严禁超标培训、加强家庭交流互动等 30 个方面为中小学生减负，因此也被称为"减负三十条"。

而在此次提案中，朱永新将目光从为中小学生减负转向了为中小学教师"减负"。

除了减少非教学任务为中小学教师"减负"这一条议案，朱永新关于教师领域的另一条提案"尽快整治外籍教师乱象频发"也备受关注。

朱永新向教育部、国家外专局建议，强化国内外籍教师管理；建立外籍教育专家公共就业平台，实施外籍教师资质评审登记和分级就业指导原则；发展外教资质认证机构及补齐外籍教师宗教管理方面的短板等。

中国报道：朱永新委员建议：逐步用现代科技导盲装备 取代盲道（摘要）

（中国报道 3 月 1 日讯 记者 张洪祯 实习记者 梁湘嵋）中国残联 2012 年调查数据显示，我国盲人数量接近 1300 万人。目前，我国盲人数量接近 1700 万，我国已建成全球长度最长、分布最广的盲道。然而，我们在现实生活中，却很难见到盲人使用盲道，与此同时，我们经常能看到盲道被车辆占用、盲道被绿化带隔断等情况。可见盲人的出行权益仍然没有得到保障。

中国盲人协会公布的 2019 年工作要点中反映盲人个性化需求、引领盲人服务、维护盲人权益、推动盲人就业、精准服务盲人等要点都基于保障盲人安全出行的基础之上，如果盲人连使用盲道出行的权利都无法保障，就难以促进盲人群众融入社会。

北京冬奥组委会日前公布《北京 2022 年冬奥会和冬残奥会无障碍指南》。根据《指南》，将对赛事场馆设施、服务场所全面实行"无障碍"建设和改造。这就包括在硬件上，从交通设施、住宿环境到场馆座席，都会让残疾人感到舒适方便；在软件上，体现为"服务无障碍"和"信息无障碍"，主办城市在旅游、文化娱乐和休闲等方面的服务，出版、网站、电信、标识等领域的信息系统，都要满足残疾人需求。一句话，要构建全方位的无障碍环境，而盲道管理和建设就是为残疾人提供无障碍环境中的重要一环。

基于我国盲道使用率低、占用率高、存在感不强的现状，全国政协委员、民进中央副主席朱永新提出了关于调整助盲思路、逐步用现代科技导盲装备取代盲道的提案。

人民政协报：朱永新建言民办幼儿园发展：普惠与优质并重（摘要）

（人民政协网 北京 3 月 2 日电 记者 吕巍）2016 年新修订的《民办教育促进法》规定，义务教育阶段不得设立营利性民办学校。

这一"禁令"使得民间资本开始寻求新的投资方向，学前教育成为资本突围的首选之地。

然而，去年出台的《中共中央国务院关于学前教育深化改革规范发展的若干意见》再一次把部分民间资本拒之门外：民办园一律不准单独或作为一部分资产打包上市；上市公司不得通过股票市场融资投资营利性幼儿园，不得通过发行股份或支付现金等方式购买营利性幼儿园资产。

"一道又一道的'禁令'让民间资本进入教育领域困难重重，民办教育举办者的积极性大受打击。""民间力量、资源在学前教育资源中起着很重要的作用，民间力量的进入不仅仅是一个简单的补充，而已经是一个不可抗拒的趋势。我们应该给民办园选择自己发展路径的权利，实现普惠与优质并重的发展目标。"朱永新表示。

中国网：整治"黑外教"乱象，全国政协常委朱永新建议规范外籍"临时工"有偿教辅（摘要）

（中国网 北京 3 月 2 日讯 记者 和海佳 实习记者 杨雅乔）"'洋教师'供不应求，一些培训机构不惜以假乱真，以'低价聘请，高价收费'方式雇用在华留学生、外籍人士等'洋脸孔'兼职人员进行教学，滋生'黑外教产业链'。"全国政协常委、民进中央副主席朱永新将在 2019 年全国两会期间带来"关于尽快整治外籍教师乱象频发"的提案。

中国教育报：家长焦虑怎么破？朱永新委员：家庭教育也要分工合作！（摘要）

（中国教育报 2019 年 3 月 3 日讯 记者 董鲁 皖龙）"当前，家庭教育仍然存在着一些问题，如家校冲突时有发生，家校共育缺乏协调，家长缺乏家庭教育知识，普遍存在焦虑情绪等，需要多方合力支持家庭教育。"朱永新说。在学校教育方面，要着力构建家庭教育和学校教育良性互补关系。朱永新的提案建议在学校章程中完善家校共育的条款设计，指导学校通过家长委员会、家长代表等形式，了解国家关于家长不同于学校和老师的监护责任和权力、权利，帮助家长区分自己和学校的学生安全责任分工，为预防、缓解、消除家校矛盾做好铺垫。"针对家长的养育焦虑，提案则建议教育和有关部门可以帮助家庭缓解教育焦虑情绪。"朱永新说，如帮助家长了解孩子品行教育、亲子关系的科学知识，了解家庭教育的特点、规律、方法，知晓包括家庭教育政策等在内的与其子女升学、教育分流密切相关的教育政策内容，以减轻家长教育孩子的压力，特别是精神压力和时间成本。

中国青年报：全国政协委员朱永新：学习类APP进校园应避免"一刀切"式监管（摘要）

（中国青年网 北京3月3日电 中国青年报·中青在线 记者 李华锡 王龙龙）日前，全国政协委员、民进中央副主席朱永新在接受记者采访时表示，今年两会他带来了《关于完善学习类APP进校备案工作促进互联网＋教育健康发展的提案》。

朱永新在提案中提到，2018年8月30日，教育部等八部门联合印发《综合防控儿童青少年近视实施方案》，其中要求"严禁学生将个人手机、平板电脑等电子产品带入课堂"。2018年12月28日，教育部办公厅印发《关于严禁有害APP进入中小学校园的通知》，要求"凡未经备案审查的学习类APP一律禁止在校园内使用"。近期，教育部出台规定，明确规定教师不得通过手机微信和QQ等方式布置作业。在教育部的规定出台后，各地教育行政主管部门层层加码，纷纷出台更加严格的管控办法。

朱永新表示，规范化的管理是好的，但"一刀切"的管理方式会对人工智能等新技术在我国教育行业的应用造成影响，也容易导致在线教育合法性受到质疑，引发民营资本的退出，影响教育资源公平利用及均衡发展。

中国青年报：朱永新：老师不是保姆 应减轻教学外负担（摘要）

　　3月3日下午，全国政协委员、中国教育政策研究院副院长朱永新向记者介绍，他今年带来了十多份与教育相关的提案，包括全民阅读、农村中小学图书馆建设、普惠园和民办园如何更好促进关系、减轻教师负担、大学艾滋病防治等。记者注意到，这已经不是朱永新第一次在公开场合提出要减轻教师负担、提高教师的地位待遇了。

　　此前，朱永新就在中国教育学会会议上多次提出，教师的地位"特别重要"，应该吸引优秀人才从教，提高教师薪酬，完善中小学教师待遇保障机制等。"老师不是保姆，应该把老师从教学以外的负担中解放出来。"在谈到一些地区公办学校开设晚托班，由老师作为志愿者帮助管理孩子到晚上五六点的问题时，朱永新这样说。

中国教育报：为教师减负！朱永新：建议设定中小学各校一年考核和活动数量上限，超过数量学校有权拒绝（摘要）

　　3月3日，全国政协十三届二次会议在北京召开。全国政协常委、民进中央副主席朱永新说，各式各样的非教学任务给教师带来了额外的工作负担和极大的心理压力，造成了教师加班严重、教研时间被挤占、职业倦怠加剧等一系列问题。

　　朱永新分析，教师的非教学任务主要来自以下几个方面：一是教师的教育责任被混同于监护者的无限责任；二是各个部门工作任务的狠抓落实被异化为"进课堂"要求；三是各类评估和检查任务严重影响了师生的教育教学活动。

　　为了减轻教师不必要的行政负担和非教学任务，朱永新建议：尽快启动《学校法》立法工作，以法律形式明确学校、教师的责任权利义务等内容，明确学校和教师的责任边界；要尊重教育规律，清理非教学专项工作进校园项目，严禁侵占正常教学时间、学校德育活动时间、体育锻炼时间开展各类行政系统的"任务"，设定各学校一年考核和活动的最高数量限制，超过数量学校有权拒绝。

　　此外，要减少形式主义的行政检查和督导评估，对学校开展的督导评估必须坚持随机抽取检查对象，不得提前通知学校准备迎接行政检查和督导评估。

中国食品报：全国政协常委、副秘书长，民进中央副主席朱永新：以技术创新克脱贫攻坚难题（摘要）

（中国食品报网 2019 年 3 月 4 日 两会特派记者 罗晨）我国正进入脱贫攻坚冲刺阶段。近两年，我国每年脱贫人口都超过千万，脱贫工作成效显著。不过，脱贫工作仍然面临挑战。在全国政协常委、副秘书长，民进中央副主席朱永新看来，目前我国脱贫工作主要存在三个问题。

一是重病、慢病贫困户仍然面临医疗费用压力；二是贫困地区农产品产销对接力度有待加强，农产品竞争力亟待提升；三是脱贫干部工作效率、协同效果亟待提升。对此，朱永新认为，实践探索显示，技术创新有助于脱贫攻坚工作，可以有效解决上述脱贫攻坚难题。他建议：支持和推广基于新技术的健康公益保险项目；通过电子商务平台促进贫困地区农产品产销对接，并通过新技术提升农产品供应链管理水平；通过技术创新提高脱贫工作效率；通过互联网平台带动更多企业、消费者等社会力量参与脱贫项目。

未来网：朱永新谈人工智能教育：不适应未来工作的教师将被淘汰

（未来网·中国少年报 北京 3 月 5 日电 记者 杨波）近年来，人工智能话题备受关注，人工智能推动教师队伍建设，也成为两会期间一个热议话题。

人工智能会给教育带来什么？谈到这样的问题，朱永新认为，从一定意义上来说，教师的一部分教学工作，是可以被机器人取代的。

他表示，首先，人工智能和技术对教育的影响毫无疑问是非常巨大的。它在一定程度上会取代过去很多普通教师可以完成的事务。但是，朱永新也直言，机器人永远取代不了教师，真正的教师、优秀的教师是机器人无法取代的。

他指出，第一，教师是有感情的，未来的教师不是简单地教知识，而是和学生一起成长，是学生学习的咨询者、指导者、参与者、陪伴者、帮助者。这样的工作是机器人无法取代的。

未来的学习，尤其是项目式学习，需要教师和学生在一起共同研究问题，共同探讨问题，共同做课题、做产品，机器人很难直接参与进来。所以说，这样的教师是机器人无法取代的。

朱永新也表示"未来淘汰的是不能够适应未来工作的教师"。不过，朱永新说，在学生的情感培养、学生合作学习，以及师生共同生活等方面，机器人还是无法取代教师的。

他解释，那些优秀的教师，本身还有独特的学习能力和自我成长的能力。在某一个领域，老师可能非常卓越和优秀，甚至是某个领域的专家，而他本身和学生的相互交往会带领学生走向更深、更高、更专业的领域。

　　相比之下，机器人只会取代日常教学中的很多以传递知识为主体的领域。

中国社会报：全国政协副秘书长、民进中央副主席朱永新建议：提高入学率 维护残障儿童的基本权益（摘要）

（中国社会报 2019 年 3 月 5 日 记者 路建英）从去年两会关注要多维度解决儿童营养问题，到今年两会建议提高残障儿童入学率，全国政协副秘书长、民进中央副主席朱永新为了困境儿童健康、快乐成长，都能够享受到优质、平等的教育资源，倾注了更多的关爱。

"残障儿童入学就学仍面临重重困难。"朱永新指出，数据表明，当前全国包含特殊学校就读和普通学校随班就读在内的残障儿童在校生仅为 57.88 万人。为有效提高残障儿童入学率，朱永新建议，要多方联合收集残障儿童信息和数据。教育、卫健、残联、民政等多部门联动协作，梳理残障儿童入学登记机制，为残障儿童父母主动登记提供渠道，落实入学状况核实和督导机制，确保管理部门掌握全面的残障儿童信息和数据。同时，积极宣传融合教育理念，细化残障儿童幼小衔接、入学评估、个别化教育计划等重要步骤的落实与监管，逐步完善相关法规，并将政策信息向社会公开。

同时，朱永新还建议，各地要组织专家制定适合残障学生发展的评价标准和融合教育教师的教学质量评价体系。成立融合教育师资流动岗，明确其对普通学校开展巡回教学指导、督查、评估、反馈、咨询的责任。根据普通学校招收的残障学生情况灵活机动地配置融合教育师资，并保障融合教育师资的待遇及其开展融合教育所需的其他经费支持。

南方都市报：对话朱永新：学习类 APP 不应诱导缴费答题闯关，拍照搜题不妥（摘要）

（南方都市报 2019 年 3 月 7 日 记者 张雅婷 李玲 唐孜孜）学习类 APP 问题再度引发热议。近日，全国政协委员、民进中央副主席朱永新提交提案，呼吁对学习类 APP 进校园要避免"一刀切"式的监管，建议建立全行业黑名单，给予学习类 APP 自我纠正的过渡期。

提案中，朱永新建议，完善学习类 APP 进校备案工作，包括取消对学习类 APP 实施学校和教育局的"双审查"；借鉴直播平台的管理经验，通过实施平台所在地备案制度，对学习类 APP 实现实时监管，备案标准、监管要求和奖惩治理实行全国"一盘棋"，建立起出现一次问题，给予警告，两次问题停业整顿，三次问题全行业黑名单的制度；为学习类 APP 进校通过备案审查设立必要的过渡期等内容。

对于规范学习类 APP 管理，南都记者 3 月 7 日上午专访朱永新，谈及对学习类 APP 进校备案、教育游戏化、监管应如何发挥作用等问题。

南都：你如何看待对学习类 APP 进校备案的相关规定？

朱永新：提案中，我建议取消对学习类 APP 实施学校和教育局的"双审查"，这个规定不符合教育发展方向。学习类 APP 需要分类进行管理，像技术比较好的、在社会上已经有非常好信誉的企业，可以由教育部组织专家进行一次性认定备案，通过后即可进入学校。此外，更多采取过程管理的方法，在运营过程中只要有违法的，对照互联网管理的办法，该停的停，该关的关，该抓的抓，没有必要用很多限制性的规定一家一家地去备案，否则整个人力、物力、财力都会受到很大影响。过度的准入管理，不利于整个"互联网＋教育"的发展。

南都：很多学习类 APP 的答题游戏设置成收费闯关模式，你怎么看教育游戏化？

朱永新：发挥游戏在教育中的作用，是一件好事，让学习变得更有趣、更生动、更快乐，这是没有问题的。关键是，不能把游戏作为诱导学生进入再收费环节的手段，我们要引导学习类 APP 尽可能往公益性的方向去发展。此外，收费要清清楚楚、明明白白，尤其是不能面向那些缺乏自制力的儿童，要求不断地缴费来进行学习，所有的学习类游戏缴费都应该由成人来负责，不应该由儿童来付费。

南都：你如何看待主打"拍照搜题"功能的学习类 APP？

朱永新：拍照搜题，对学习本身是不利的，学生必须通过自己探究性学习去得到结论。这种直接找现成答案的学习类 APP，没有提供一个好的学习方式。

南都：你认为政府在促进在线教育行业发展上，还可以做些什么？

朱永新：整个"互联网＋教育"本身就是推进教育公平的利器，好的教育资源，通过互联网、学习 APP 传达，对于推进教育公平是不可缺少的。政府未来完全可以发挥更大的主导性作用，在发现优秀的"互联网＋教育"企业的基础上，购买他们的公共服务，把好的教育资源推送下去，推动教育信息化。

南都：你如何看待教育新业态在新一年的发展趋势？

朱永新：对于所有新的东西，只要符合社会发展的方向，符合技术发展的趋势，我们都应该去拥抱它，都应该去支持它。因为说不定它就是一个新的淘宝，说不定就是一个新的支付宝，尤其是在教育领域，我们需要这样一种包容和鼓励。

团结报：全国政协常委、民进中央副主席朱永新：用书香中国重焕文化青春（摘要）

（团结报 3 月 7 日 马寅秋、李可报道）从 2003 年至今的十多年间，朱永新对阅读的关注始终没有停止。今年，朱永新又带来了相关提案，为在全社会营造全民阅读的良好氛围积极建言献策。

朱永新十几年持续建言阅读，从他的提案中能够感受到时代的发展变迁。他告诉记者，从最初"如何点燃阅读热情"着手，普及阅读的重要意义，到现在关注不同群体对于阅读的差异化需求、寻找提升阅读品质的方式，自己的关注点也随着人们阅读需求的变化而不断变化，目的就是，希望以阅读缔造精神家园，希望全民阅读能成为越来越多人的共识。

"较之以往，现在的状况虽有很大改善，但距离我心目中的'书香中国'还有差距。"今年，朱永新建议，以设立国家阅读节为抓手，把孔子诞辰日设立为国家阅读节，打造一个蕴含着原汁原味中国优秀传统文化的阅读节日，并且以各类机构为依托，向社会各界宣讲阅读的价值、意义和方法，推动阅读的广泛开展。

正是凭借着这份执着，朱永新才有了如今的探索与积累。随着阅读基本知识的普及，接下来如何更好地推动阅读，成为朱永新近来一直思考的问题。"让阅读成为全民自觉的行动，让建设书香中国成为一个激活五千年文明、重新焕发文化青春的伟大行动，是我们需要主动迎接的新挑战。"朱永新说。

中国青年报：朱永新委员：应尽快净化外籍教师队伍，清理"黑外教"（摘要）

（中国青年网 北京 3 月 7 日电 中国青年报·中青在线 记者 王龙龙 李华锡 实习记者 罗春昊）近年来，随着国民经济发展和社会对外语教育的日益重视，"洋教师"供不应求。培训机构不惜以假乱真，"低价聘请，高价收费"，雇用大量"洋脸孔"，欺骗消费者等乱象层出不穷。还出现了外籍教师行业分类设置标准较低和外教资质认证机构数量严重不足的状况。

全国政协委员、民进中央副主席朱永新认为，应该尽快整治外籍教师乱象，强化国内外籍教师管理，建立外籍教育专家公共就业平台，实施外籍教师资质评审登记和分级就业指导原则，发展外教资质认证机构，补齐各方面短板。

中华读书报：参政议政十六年：一位知识分子见证的中国民主政治进程

　　（中华读书报 2019 年 3 月 6 日 陈香）清晨 5 点，整个北京还处于黑色的寂静之中，朱永新已经起床了。两个半小时左右的阅读、写作和思考，8 点钟上班。几十年如一日，每天六个小时左右的睡眠，书桌和台灯见证，朱永新以他的勤勉、惊人的毅力，当然还有学术天赋，支撑着他一步一步成长到今天的知名教育学者，更成为中国知识分子参政议政的代表——民进中央副主席，全国政协常委、副秘书长。

　　作为一位声名卓著的教育学者，他不仅仅以理论立身，更"知行合一"，发起并推动了一场在中国影响深远的新教育实验，重申教育理想，重建理想教育；作为中国特色社会主义民主政治的亲历者、实践者，参政议政十六年间，他提出了两百余份有分量、有见地的建议和提案，尤其关心教育公平和弱势人群的教育问题，更对文化和出版，以及医疗卫生、社会管理等方面提出了一系列有价值的建议。他的大部分建议和提案都有了政策的落实，以一位知识分子的良知和责任，推动社会公平与进步。

　　去年，朱永新的 10 卷本《见证十年——一个民主党派成员见证的中国民主政治进程》由山西教育出版社出版，评论认为，这是"一部记录中国协商民主、记录人民代表大会制度和政治协商制度的著作""一套反映社会主义协商民主实践的生动'民载'史料"，更有人把它视为一本人大代表、政协委员的履职"教科书"，九三学社中央常务副主席邵鸿即如是评价。尽管一书可见当代中国的政治生态，看到中国政治文明的发展进程，但我更想说，归根结底，这套书是一位人大代表和政协委员的履职报告，是一个人兑现承诺的口述历史，是一双脚在历史长路上留下的浅淡印痕。

出生于 20 世纪 50 年代末，作为"文革"后恢复高考的第一届大学生，时代大潮涌动，他们的个人奋斗往往与这个国家和民族的复兴征程血脉相连，这让朱永新的身上比其他时代的精英更多了一种沉甸甸的家国情怀和历史责任感。"为天地立心，为生民立命，为往圣继绝学，为万世开太平"，横渠四句，是自古以来中国知识分子对自我的最高期许，散发着属于理想主义者的灼灼光华。

"虽不能至，心向往之。"朱永新说。

参政议政十六年

20 世纪 80 年代末，学者朱永新开始了自己参政议政之旅，十多年时间，他在江苏省做省政协委员，在苏州市当人大代表，在地方政协人大的平台上参政议政。当时的朱永新是全国青联委员，是以青联界别进入省政协的。所以，这一个阶段，他主要是从青年学者的立场和角度建言。因为是省政协委员，所以关注得更多的还是区域的问题。比如，朱永新提出把当时江苏省"科技兴省"的战略改成"科教兴省"，这个提议被江苏省委采纳了。

2003 年开始，朱永新成为全国政协委员，而且是常委，相对来说，视野更开阔，开始站在国家的层面上建言献策。农村免费义务教育政策、国家阅读节等提案，就是在这个阶段提出来的。

2007 年底，朱永新到北京工作。2008 年开始，他到全国人大做常委，五年后，即 2013 年开始，他回到全国政协做常委、副秘书长。这个阶段，由于比较深入地介入和参与国家具体政治事务，朱永新开始自觉地作为民主党派参政议政，以参政党的身份思考问题。

从 2003 年成为全国政协委员开始，朱永新就格外关注阅读。因为他是教育学者，知道阅读的价值和意义，所以在推进全民阅读的问题上下了很大的功夫。每一年，他都会为了推进阅读写建议、提议案。虽然朱永新从上世纪 90 年代就开始研制书目，从 2000 年开始做书香校园，但真正把他推到全国舞台上的，还是从 2003 年始。

"我关注阅读，全社会关注我，因为在这个平台上发出了声音。当时不仅我一个人，而是全国很多作家学者一起参与，赵丽宏、张抗抗、王安忆、梁晓声等，都先后为我的提案附议签名，支持这项事业。"朱永新回忆。

从 2003 年开始到现在，关于推进全民阅读的故事已经讲了 16 年了，而更多的故事，正在一一展开。

在全国平台上参政议政 16 年，朱永新一共提出了 200 余份建议和提案。为了记录自己在参政议政道路上留下的步履，朱永新写下《我在政协这五年》，记录了自己的 2003 年到 2008 年；后来到人大，他以《我在人大这五年》总结；去年，10 卷本《见证十年——一个民主党派成员见证的中国民主政治进程》出版，朱永新更是把自己近十年身在人大、政协每一天的活动，全部原生态地记录下来。朱永新告诉我，在今年春节，他研究整理完成了 2018 年的履职记录，近 35 万字。要做到这一点，还真是不容易。出去调研的时候，需要每天写调研手记；每次开会，需要把发言整理出来；特别是两会期间，会议已经很忙了，但朱永新每天还要写很多东西，"的确把自己弄得比较辛苦"。

提案的形成

其一，朱永新每年的主要提案大多为平时积累和调研所得。他特别关注的一些问题，比如阅读，每年都会提，但每年会从不同角度去关注和建议。比如，有的时候关注图书馆建设，有时关注全民阅读指导工作，总而言之，凡是重点关注的领域，他都会从不同角度、主动收集资料去予以推动。

其二，结合民进中央的年度调研情况提出提案。民进中央每年都有很多的调查研究，围绕这些课题，除了为国家提建议书、收集社情民意信息以外，在调研过程中朱永新体会特别深、特别关注的一些问题，每年都会选一些作为自己的提案。比如说去年两会，朱永新提出"职业教育扶贫"的提案，即如何发挥中等职业教育在脱贫攻坚中作用的提案，就是朱永新去年在调研职业教育的过程中形成的。

第三个提案来源，就是朱永新关注到的问题，同时有不同的学者或专业机构也希望他通过两会展开政策呼吁。比如去年两会的两个提案，其一是关于特殊教育孩子的随班就读问题。"前年，我们在调研的过程中，已经对这个问题提出过建议，做了建议书，但是全社会还没形成共识。"在朱永新看来，如果还是把特殊教育作为"圈养"的模式，即把残障儿童用特殊学校的方式让他们集中在一起，优点是管理风险比较小，但是不符合特殊教育发展的方向。因为这些人终究是要生活在社会之中的，他要了解这个社会，要了解健全人的生活，而学习就是一个社会化的过程。当然，健全人也面临一个如何认识残障人士的问题。现在全社会对残障人士关注不够，是因为大家在成长过程中，没有感同身受去了解残疾人的生活工作是多么不方便。当然，把特殊儿童放在普通学校里面，也有师资、管理、教师资源等一系列的问题。正好北京有一批残障孩子的父母亲，他们成立了一个相当于联盟一样的组织，希望朱永新为这些孩子的利益呼吁，当然这也是朱永新本来就在思考的问题，所以形成了提案。

另一个提案是关于 3 到 6 岁的儿童的营养问题。孩子在成长关键期，如果营养不合理或不到位，会导致他们大脑发育或者身体发育出现问题。0 到 3 岁，卫生部门现在有行动计划；6 岁以上，中小学有营养餐；但 3 到 6 岁正好是政策的空白点。从前年到陕师大调研开始，朱永新就在关注这个问题，正好去年有公益基金会专门找朱永新谈及这个问题，所以朱永新把它提了出来。

包括前几年，21 世纪研究院的杨东平在做小规模学校的研究——全国在做撤点并校，农村把很多村小都撤了，撤点以后，学生就学非常不方便，特别是少数民族地区，上学有好几十公里远，许多孩子干脆不上了。要上学的话，父母必须陪着孩子在学校附近住下来。因为专业机构提供的数据比较可靠，所以朱永新会参考形成自己的提案，但一般绝不会照单全收，要经过自己的调研和思考。

提案的另一个来源，就是朱永新给自己的博士生和硕士生的命

题作文，让他们就某些问题进行研究，研究成果可以进一步提炼成政
协的提案。如前些年关于农村代课教师待遇问题的提案，近年关于农
民工就业问题的提案等，都是根据他的博士生的研究课题而写成。

关注弱势群体

　　作为教育学者，朱永新深知，教育公平是社会公平的基石，他
的提案大多以教育问题为主，尤其关注教育公平和弱势人群的教育问
题。早在 2003、2004 年的时候，朱永新就写过提案，关注非京籍孩
子读书的问题。

　　"我们一直在呼吁，享受同城待遇，这是全世界通行的规则。父
母在这边工作生活，孩子当然应该在这边读书，这是公民应该享有的
权利。如果资源不够，国家第一要加大资源投放；第二，要给大家有
平等竞争的机会，当地居民也是纳税人，纳税人应该享受同样待遇。"

　　如何解决教育资源不够的问题，朱永新有过长期深度的思考。
国际上的惯例，首先就是看学区，居住者离哪个学校最近，可以很精
确地设定。由此，入学首先考虑的是实际居住地，以学校为中心来划
分学区。从国际上来看，小规模的学校特别多，也即"家门口学校"。
比如俄罗斯，每个学区基本都设有从幼儿园到高中所有学校，就是为
附近民众服务的，大家都在自己家门口读书，没什么可非议的。所以
最关键的还是资源配置，政府在配置公共资源的时候如何合理配置，
是需要着重考虑的。

　　这么多年来，他一直在为教育公平而奔走呼吁，如为农村的免
费义务教育呼喊。16 年来，他提交的提案有 30% 左右都是和教育公
平相关。同时，朱永新还对文化和出版以及医疗卫生、社会管理等方
面提出了一系列有价值的建议，尤其关注弱势人群。

　　"因为关注弱势人群是社会文明的基本标志。社会越是文明，对
弱势人群越是关注，这是社会公平的基本要求。"在朱永新看来，一
个社会无非就是两件事，一个是公平，一个就是效率。无论是政府、
企业，还是一个机构，往往会自觉关注效率；过多关注效率，就容易

忽略公平，对于参政议政者来说，则需更多关注公平，关注政府容易忽略的事。而且，相对来说，弱势人群没有代言人，没有主动帮助他们发声的群体。因为社会里各种各样的组织，各种各样的机构，甚至于各种各样的团体，都会有比较强大的人帮助他们发声，他们自己也会发出强大的声音。朱永新常常挂在嘴边的话是，"让智者的声音远播，把弱者的声音放大，让社会能够听到他们的呼喊"。

出版业减免税收，推进全民阅读，建立社会主义核心价值体系，朱永新都提出过建议，并得到了重视和落实。

当然，朱永新不讳言，一些重大教育问题目前还没有办法完全解决，比如在非户籍地固定工作居住人员子女参加高考问题，外来务工人员子女就学问题，教师待遇问题，以及农村的教育质量问题等等。

"这些问题都是应该解决的，没有解决的一个很重要的原因，第一当然是我们有关部门还没有引起高度重视，第二是没有找到比较好的解决路径。作为提案，不是简单地指出问题去批评，更重要的是，能够和政府一起去寻找解决问题的方案。"

关于非京籍学生读书和高考的问题，朱永新之所以后来没有持续提，是因为没有比较足够的数据和调查研究来支撑。"光呼吁是不够的，应该用大数据把符合北京需要的人才清晰画像。符合条件的，虽然户籍不能马上办下来，但可以享受和户籍一样的待遇。政府应该做比较精细的大数据分析。"再比如，朱永新去年提出来的，从战略部署角度来说，首先应该在北京发展小规模学校，以就近办学为主，要鼓励更多的民间力量办学。"怎么样有更好的政策，包括教育政策实施，是需要去研究的。"

为生民立命

十六年来，朱永新最为骄傲的，是他提出的大部分提案，都逐步落实了。

例如免费义务教育。"不是我一个人的功劳，是很多政协委员一起呼吁的。"朱永新说，然而，朱永新属于最早发出倡议的人之一。

实体书店税负减免，被采纳了；提出的建立国家翻译院的建议，得到时任国家领导人批示后落实了；撤点并校的政策调整，教育部发文件出台了撤村小的听证制度，也就是说，要把这个学校撤了，需要当地居民同意。

停止名校办民校，这也是朱永新比较早提出的提案。名校办民校，曾经是扩大优质教育资源的一条经验。但朱永新认为不公平。比如让人大附中办民办学校，让北大附中办民办学校，其他民办学校就没法发展起来了。再比如代课教师的问题，朱永新和其他一些政协委员提出以后，国家教育部专门请他们到教育部开座谈会，虽然问题还没有得到根本性的解决，但是全国很多地方已经开始妥善解决代课教师的待遇问题了，比如给代课老师上养老保险、医疗保险，同工同酬等。另外，朱永新所提出的，推进全民阅读、把全民阅读作为国家战略；建立社会主义核心价值体系，健全社会组织的政策环境；支持微型民办学校，等等，都逐步成为现实。

《全民阅读促进条例》即将出台；中小学图书馆建设的问题，教育部专门发文落实了；比如发展普惠型民办幼儿园，现在也已经成为国家政策，在往全国推广。"因为中国的幼儿园是以民办为主体的，很多幼儿园费用太高，我提出推广成都的普惠型幼儿园的办法，政府补贴，把费用降下来，可一定程度缓解教育资源紧张的问题。"朱永新提出的义务教育学校标准化建设的建议，教育部也专门出台文件了。

还有制定学前教育法的建议，也基本被采纳了；支持地方高校发展，也基本有了回音。"因为中国还有 13 个省没有部属大学，我提出在每个省应该有一所。这个建议虽然没有完全做到，但省部共建基本全部做到了，教育部开始对每个省的高校投入支持了。"朱永新说。

中国特色社会主义民主政治

十六年参政议政的切身体会，让朱永新对中国特色社会主义民主政治形成了自己的理解。

　　"总书记在去年两会期间参加全国政协联组会议，提出了新型政党制度理论。中国特色的民主政治，就是这样一种和谐的新型政党关系，它不是西方的两党制或者多党制，也不是一党专政，它是中国共产党作为执政党、民主党派作为参政党，凝聚了无党派人士，共同创造的一种政治制度体系。"朱永新认为，这种体系避免了西方政党你死我活、"你上台我下台"的内耗，相对来说决策效率比较高，而且目标是共同的，"而西方政党各自的目标都不一样，代表的利益群体也不一样"。

　　总书记每年有四五次会召集各民主党派领导人进行政党协商，因为朱永新分管民进的参政议政工作，参加过多次。朱永新的感受是，中国特色社会主义民主政治的体系已经制度化了，重大问题的决策，比如经济工作会议、政府工作报告等，都会邀请民主党派领导人提建议，贡献智慧。另外，民主党派的领导人也经常直接向党中央国务院反映问题、提出建议。

　　同时，执政党有意识地让民主党派参与监督国家事务，比如法制部门、环保部门等一些权力部门都有行风监督员，这些监督员中很多是民主党派人士。特别是党中央把国家的重大战略执行情况交给各民主党派进行监督，比如脱贫攻坚民主监督，民主党派都有对口的省，民进中央对口就是湖南。"我们专门深入湖南省去了解工作情况，比如脱贫攻坚还有什么问题，还有什么不足，发挥民主监督的作用。"

代表知识分子参政议政

　　显然，不管是立法层面，还是监督层面，民主党派都发挥了非常重要的作用，中国民主促进会，因为它凝聚了大批高级知识分子，在国家层面的参政议政中，起到了重要的作用。如何更好地发挥知识分子参政议政的作用？朱永新提出了三条。

　　第一，就是结合自己的专业，"这非常重要"。在朱永新看来，每年两会都有所谓的雷人提案，有很多不着边际、甚至让人啼笑皆非的提案，这与不专业有很大关系。所以这些年来，朱永新给自己的要求是，尽可能结合自己的专业写提案，如此，会想得更深，看问题也会看得更准。所以，朱永新的提案 80% 到 90%，都是和教育、阅读相关的。

朱永新建议，"在专业问题上往前走一步，有的时候就是非常好的建议"。民主党派成员中的政协委员、人大代表，或者党派领导人，基本都是知识分子出身，都有自己的专业领域，往往也是由于在专业上比较优秀，才成为骨干，所以，"把参政议政和专业结合起来，本身是一种相辅相成，对自己的专业成就也有很大的好处"。朱永新常常说，他比较幸运的是，一直在做教育，从来没有离开过教育，而民进也是个"教育党"，这样就能保证他有比较从容的精力和时间，来做教育方面的工作。

第二，要和中国的国情结合起来。"有的知识分子有这样的毛病，喜欢拿国际经验来说事，拿西方案例来作为标准。但为什么西方很多东西到中国来就失灵了，因为中国的国情的确不一样。"有领导人曾经说过，再大的事情，在中国除上 13 亿，可能都不是什么大事；再小的事，乘上 13 亿，可能都是很大的事。而且中国区域差异如此之大，所以同一个教育政策，同一个规定，其实很难解决中国所有区域的教育问题；而教育管理上的很多问题，往往就出在一刀切，一窝蜂，一边倒，出了问题赶紧刹车。"其实很多政策还是很不错的政策，但是在实施过程中就会有问题，因为没有考虑中国的国情。"由此，朱永新意味深长地说："在中国，要认识中国。"

第三，要深入民间。朱永新常说，政协委员、人大代表不仅仅代表自己，代表的还是人民，但人民不是抽象的人民，"人民"是很具体的。怎么样能够听到真实的声音，也很重要。所以，朱永新很早就开始通过网络来参政。他 2003 年第一次做全国政协委员时，就通过网络去征集民意。现在，朱永新在腾讯微博的粉丝是 490 万，在新浪微博有 406 万，加起来有八九百万的粉丝，虽然真正活跃的没那么多，但每天跟他交流的人还是非常多的，他们直接给朱永新留言，反映情况，朱永新发现的很多具体的问题，都是来源于网络系统。朱永新也把很多想法建议放到网上去听意见，虽然没有说公开征求意见，但它也是晴雨表。大家非常关注的问题，大家反应特别强烈的问题，是能感受得到的。

内心的力量

几十年如一日，六个小时的睡眠，作为一名教师的孩子，朱永新一步一步成长成为今天的知名教育学者，进行了一场在中国影响深远的新教育实验，更作为人大常委、政协常委，提出了很多建议、提案，一种动力，始终在支撑着他。

朱永新曾经讲过，《管理大师德鲁克》这本书中有这样一个故事，德鲁克父子看望熊彼特，熊彼特说了如下的话后八天就去世了，可谓最后的人生箴言。熊彼特说，"仅仅凭借自己的书和理论而流芳百世是不够的，除非能改变人们的生活"。也就是说，一个学者、一个理论家，他重要的标志是能够改变人们的生活。显然，这和学术的传统导向是不一致的。那时候，朱永新在大学教书、发表论文、出版著作、拿项目、获奖，他曾经认为，学术地位建立在这样的基础之上就够了。看到这个故事后，朱永新受到的震动非常大，以至于直接改变了他的人生轨迹。"我是 1999 年看到这本书的，2000 年就开始写《我的教育理想》，开始启动新教育实验，2002 年建立了第一所实验学校。所以，其实我也是受了阅读的影响。"朱永新回忆。

做了新教育实验以后，看到了教师的改变，看到新教育对于一个学校、一个区域的影响。"的确觉得，我做的事情、我的付出，很值。"朱永新举了个例子，北京有一所普通学校，老师也是普通得不能再普通。但就是这位老师，跟着新教育做了整整六年的阅读实验，六年下来，班上 40 个孩子，所有的孩子每学期都参与写剧本，都参加过演出，都当过班级的小讲师，几乎所有的孩子都写过小说和诗歌，获过 56 次北京市以上的奖励。

"这只是新教育实验中 4200 多所学校里面的一个班级，如果有一百个这样的班级，那是什么概念？你说，我这一生多有意义。"朱永新笑了。

中国新闻出版广电报：全国政协委员朱永新：确保最好图书进入农村学校（摘要）

（中国新闻出版广电报 3 月 8 日 王坤宁 郝天韵）全国政协委员、民进中央副主席朱永新针对当前高校、中小学生图书馆建设的现状，向两会提交了"关于加强高校、中小学生图书馆建设的提案"和"加强中小学生图书馆建设与阅读教学的提案"，建议关注高校、中小学生图书馆建设。

朱永新建议，及时推出农村中小学"精神正餐"工程，大力推进农村中小学的书香校园建设。一是推出农村中小学图书馆标准化建设工程。建议邀请专家参考已有成熟书目，如专业的公益机构新阅读研究所研制的中国中小学学生基础阅读书目，进一步研制适合中国中小学生的阅读书目，作为中小学图书馆的基本书目，规范农村中小学图书馆的图书配备，确保最好的图书能够进入农村学校。二是组织专项行动，检查剔除劣质图书。三是加强农村中小学图书馆的专业化建设，加强对于农村中小学师生的阅读指导，深入推进中小学的学科阅读。四是鼓励社会公益组织和民间团体支持农村中小学的阅读工程建设，在捐赠优秀图书、培训阅读推广人、开展各种阅读活动等方面给予帮助。

封面新闻：参政议政 16 年 全国政协委员朱永新：不是为了见证，而是为了建设！

（封面新闻 2019 年 3 月 10 日 记者 杜江茜 北京摄影报道）凌晨 4 点 45 分，朱永新一个人轻手轻脚起了床，家人还在安睡，整座城市尚在黑夜。洗漱之后，他坐到书房，继续准备提案和发言材料，以及接受媒体采访的资料。在等待天明的静谧中，他独享专注。

这是 2019 年 3 月 3 日，大概 11 个小时后，全国政协十三届二次会议即将开幕，又是一年的全国"两会"时间开启。

作为民进中央副主席，全国政协常委、副秘书长，这一天，需要朱永新完成的，除了参加政协会议的开幕式，还要接受媒体采访，完成专栏文章，以及参加每年两会期间的"保留节目"——民进湖北省委主委、全国人大代表周洪宇主持召开的北京长江教育论坛。

参政议政 16 年，朱永新早已习惯这种马不停蹄的生活。从 2003 年开始，他当过一届全国人大常委、两届全国政协常委，并当选新一届政协的常委和副秘书长。

这些年，他提交了 200 多份建议和提案，涉及教育公平、文化和出版、医疗卫生、社会管理等多个领域，大部分建议和提案都有了政策落实。

夜晚，处理完所有事情后，朱永新在自己的两会手记中写道："进入'两会时间'，似乎全身的细胞都早早被动员了起来，3 点左右就醒来一次。"

但当忆及过去 16 年，他说，其实他一直都在"两会时间"中，"不是为了见证，而是为了建设"。

一部"民间两会史"：打破神秘感的"个人窗口"

上午8点20分，朱永新出门，去人民教育出版社参加北京长江教育论坛，在论坛的主题发言中，他提到深化教育领域"放管服"改革。

在他看来，"放"的关键是真正做到放心、放权、放手，"管"的关键是真正做到管方向、管底线和管边界。他建议通过"特许学校"的方式进一步放权，通过"柔性管理"来弱化"刚性规定"，让一线教师和校长等基层教育管理人员有更大的自主创新空间。

这是对他过去提案的深化。

事实上，教育领域中的阅读、教师、农村教育是朱永新长期关注的三个重点，在2008年到2017年十年间，他提交的154个建议与提案中，90%以上与教育相关。——数据来源于朱永新的著作《见证十年》。在长达10卷本篇幅中，他记录下自己在2008—2017年的履职生涯，包括建议提案、常委会发言、各地调研手记，还有与媒体、网友的沟通交流。

有人评价，这是一部"民间两会史"；也有人觉得，这是一部教代表委员如何履职的教科书。

"其实，全国'两会'并不神秘，更是和每个人都息息相关。"在朱永新心中，这样的记录，是自己的"履职日记"，更是希望能成为打破两会神秘感的"个人窗口"。

曾经，朱永新在哈佛大学考察时，在学校图书馆发现了这部书。当他问管理员采购这部书的原因时，对方回答，"我们关注个案，能通过一个人的窗口，窥见中国政治协商制度的运作过程"。

似乎，原生态的记录，这已成为朱永新的个人习惯，从参加政协、人大的活动，到每次调研，再到会议发言等等，他都会整理记录。

更早之前，他写下《我在政协这五年》，记录2003年到2008年在政协的履职经历；在成为全国人大代表后，又完成著作《我在人大这五年》。

"下个月，我的新书就将出版，内容是关于'两会'的手记、提案、报告。"朱永新透露，新书名为《共识凝聚力量》，"我手写我心，书名也是这些年我最大的感受"。

用脚走出来的提案：走100多所学校 赴"春天的约会"

10点，朱永新离开人教社赶往丰大国际大酒店驻地。

13点25分出发去人民大会堂。

15点政协第十三届全国委员会第二次会议在雄壮的国歌声中隆重开幕。

朱永新用中国人的"政治春节"来形容全国两会。这天下午，在天安门广场，媒体聚集，来自国内外的媒体，都在关心，今年的政协委员们关注什么，带来了什么提案。

在2018年，全国政协委员们一共提交5571件提案，立案4567件，提案由165家承办单位办理，99.2%得到办复，在服务决策、推动工作方面发挥了重要作用。

尽管北京三月，春寒料峭，但朱永新仍习惯将这场备受关注的会议称之为"春天的约会"。

"所以，赴一场春天的约会，还需要一整年的播种、劳作和收获。"为了完成提案，每年，朱永新要走访超过100所学校，参加政协、民进组织的调研；他在网络开设专题，吸引粉丝超千万，这也是他获悉民情的重要渠道。

"大部分提案都是我自己调研的结果。"去年，朱永新辗转于广西、湖南、云南等省份的深度贫困地区调研，在一所村小，他发现图书室大门紧锁，尽管里面图书的质量尚可，但是从学生到村民都没有借书阅读。而在另一所小学，因为新建教学楼，图书都收到了食堂仓库，有的新采购或赠送的书，包装都没有打开。

"所去的学校，要么没有书读，要么书不适合学生读，要么不让学生借书读，没有专门的管理人员、开放时间短等问题比较普遍。"最后，朱永新以此完成了农村中小学图书馆建设与阅读指导的提案。

也有针对新出现问题的调研，例如，朱永新建议完善学习类

APP 进校备案工作，促进互联网＋教育健康发展。为了完成提案，他专门去了著名互联网教育公司进行深度调研，并与部分互联网教育的负责人交流。在他看来，不能因为少数不法分子的行为而否定整个行业的努力，更不能因为互联网普遍存在的公害而阻断新技术进军教育行业的步伐。"人工智能等新兴技术在教育行业的利用是大势所趋，各项新技术对教育、教学质量的提升效果才刚刚显现，绝不能搞'一刀切'式的简单粗暴监管。"

还有"屡败屡战"的提案。今年，朱永新再次建议建立国家阅读节，这是他自从 2003 年就开始提出，却一直未被采纳的。"我一直认为，原来国务院法制办答复的所有不同意建立阅读节的理由都不能够成立。"在他看来，把孔子诞辰日 9 月 28 日作为国家阅读节，理由充分，应该坚持。

扣好履职第一颗扣子：要像做研究一样当代表委员

下午 5 点，结束开幕式后，朱永新回到驻地。

此后一直到晚上 11 点，他完成了两会专栏文章，接受两家媒体采访，并更新两会日志，这一天的日志，他取名为"扣好履职的第一颗扣子"，出处是在全国政协召开的研讨会上，全国政协主席汪洋提出，要从思想上政治上扣好履职的第一粒扣子。

"应该说，从各项'作业'来看，这个目标基本上是已经达到了。"朱永新总结道。在过去一年，以个人名义或联名的形式提交提案 13 件，内容涉及教育、阅读、文化等方面，其中关于"建立国家阅读节，把全民阅读提升为国家战略""关于用制度去'文山'填'会海'"等多篇提案备受关注。

"要像做研究一样当代表委员。"参政议政 16 年，朱永新见证着点滴变化。例如，过去两会，提案或者建议会比较看重数量，但是现在更重质量。他坦言，今年他准备的提案本来比较多，但政协提案委要求减少数量保证质量，经过反复筛选后，他最终保留了 12 个，其他 10 个提案，还会继续深入调研，等到条件成熟时再提出，或者通过社情民意的方式反映。

另一方面，从会风上看，他直言，曾经的两会期间，不但代表委员的房间里会有礼物，到了晚上相互之间聚会、见朋友比较多，还会各种互赠"土特产"，"但这些现象这几年基本消失了，大家晚上都不出去，看书，完善建议，专心参政议政"。

多年前，朱永新在一篇文章中写道："从人大代表的选举来看，城乡约每 67 万人分配 1 名代表名额，很不容易……也许，小组会多你一个少你一个问题不大，但是，你的不称职就意味着 67 万人的缺席，你的失语就意味着 67 万人沉默。"

因此，不管是人大代表，还是政协委员，都不是为了见证，而是为了建设。于是，他关注教育公平，关注弱势群体，呼吁免费义务教育，推进全民阅读，用扎实的调研和理论依据，使大部分提案建议，都能逐步落实。

"仅仅凭借自己的书和理论而流芳百世是不够的，除非你能改变人们的生活"，尽管 2019 年的全国两会即将结束，但朱永新的两会时间，一直都在。

团结报：全国政协委员朱永新：警惕我国在线教育陷入"熔断"风险（摘要）

　　（团结报团结网北京讯 2019 年 3 月 10 日 记者 周福志）今年全国两会上，全国政协常委、民进中央副主席朱永新向政协大会提交的《关于完善学习类 APP 进校备案工作 促进互联网＋教育健康发展的提案》引发多方关注。他颇为担忧地指出，部分地方"一刀切"式停止使用学习类 APP，正使近年出现的在线教育快速发展、互联网＋教育催生教育结构性变革的趋势快速降温，我国在线教育行业集体面临"熔断"风险。

中国新闻出版广电报：全民阅读态势：新时代只会更强劲（摘要）

（2018年3月20日，李婧璇报道）两会期间，虽然关于全民阅读的提案议案和建议的题目各有不同，但聚焦点却是一致的：全民阅读在实现中华民族伟大复兴的征程中，作用不可替代。

16年前，全国政协委员朱永新倡议设立国家阅读节，作为连任委员，他今年再次提议设立国家阅读节。同样的建议，内涵与条件却发生了根本性变化。仅从2012年到2016年，我国成年国民综合阅读率由76.3%增长到79.9%，0岁—17岁未成年人的人均图书阅读率、人均图书阅读量、人均每天图书阅读时长都有明显增长。据不完全统计，全国已有400多个城市设立了读书节、读书月，苏州、深圳等地的读书节已经发展成为城市的重要文化活动，全民阅读的话题甚至进入了一些省市的高考语文试题。全民阅读已经形成一种氛围，无处不在。

今年，朱永新委员在提案中说："让国家阅读节成为阅读推广工作的龙头，夯实国家文化软实力的根基、传播当代中国价值观念、展示中华文化独特魅力、提高国际话语权。"这段话深刻总结了阅读推广和国家实力的丰富内涵，也是全民阅读必将更加受到党和国家重视的内在逻辑。

全民阅读需要全民参与，持久深入地推动阅读也需要全民参与。只要每个人都努力成为学习型社会的建设者、参与者，全民阅读终将成为建设文化强国的不竭动力，为实现中华民族伟大复兴贡献力量。

全民阅读，早已深入社会生活的方方面面，成为都市和乡村群众改变命运、奉献社会的人生理念。

团结报：让有信仰的人讲信仰——民主党派成员热议习近平总书记重要讲话精神（摘要）

　　（2019年3月21日 记者 周福志 见习记者 谭耀华）春风渐暖，这是满怀希望、播种未来的季节。

　　3月18日上午，习近平总书记来到人民大会堂，与来自各地的思政课教师亲切共叙，谈的是立德树人、培养一代又一代社会主义建设者和接班人的千秋大事。

　　"要理直气壮开好思政课""让有信仰的人讲信仰""青少年阶段是人生的'拔节孕穗期'，最需要精心引导和栽培"……习近平总书记在学校思想政治理论课教师座谈会上的重要讲话，迅速引发社会各界热烈反响，也在广大民主党派成员中引发热议。

　　亲其师，才能信其道。民进中央副主席、新教育实验发起人朱永新说，思政课有时不太受学生欢迎，从老师方面分析，的确有些思政老师的素质有待提高。让有信仰的人讲信仰，就是要让那些真正有人生体验、真正有坚定信仰、真正对学生有大爱、真正对祖国有感情的人来讲思想政治课。

中国新闻出版广电报：部分全国政协委员聚焦持续推动全民阅读（摘要）

（2019年3月12日 记者 王坤宁 郝天韵）"阅读是提升一个国家的国民素质，建设精神文明的最有效、最直接的路径。"全国政协委员、民进中央副主席朱永新在今年两会上带了3个关于阅读的提案，目的是想再次呼吁全社会来重视阅读。

"让阅读成为全民自觉的行动，让建设书香中国成为一个激活五千年文明、重新焕发文化青春的伟大行动，是我们需要主动迎接的新的挑战。"在今年提交的《关于建立国家阅读节 建设书香中国的提案》中，朱永新建议，以设立国家阅读节为抓手，把孔子诞辰日设立为国家阅读节，打造一个蕴含着原汁原味中国优秀传统文化的阅读节日；以细化研究为基础，让阅读增效，推进阅读深入开展；以各类机构为依托，向社会各界宣讲阅读的价值、意义和方法，推动阅读的广泛开展；以相关交流为拓展，不断发掘、创造、推广新的阅读方法。

朱永新说，如果一个国家的公民都成为真正热爱阅读的人，国家就会变得更加有序、更加文明，"我们的精神生活也会更加丰富，社会的矛盾也会更少"。在朱永新看来，阅读应该是一种生活方式。"阅读推广是一项神圣的使命，也是一件需要凝智聚力的具体工作，需要随着时代变迁、生活变化，不断调整工作方法。"朱永新说，现在很多人知道阅读很重要，却不知道读什么书，也不知道怎样达到真正有效的阅读。"所以我们还期待社会对阅读的研究、阅读的指导、阅读的推广。"在接受《中国新闻出版广电报》记者采访时，朱永新表示，全民阅读是推动国家软实力建设的重要措施，要通过国家行为和法律行为鼓励、倡导全民阅读。

中国妇女报：代表委员关注未成年人生命教育加强顶层设计联动家校社会（摘要）

（中国妇女报·中国妇女网 2019 年 3 月 12 日 记者 富东燕）两会上，全国妇联提交的一份《关于加强未成年人生命教育》的提案指出，一些未成年人对如何保护生命，对于敬畏自己和他人的生命没有清晰的认识，才导致漠视生命、残害生命的悲剧发生。记者注意到，有关生命教育的问题同样引起了一些代表委员的关注，他们呼吁，全社会都应重视生命教育，共同推动生命教育实施体系的建设。

全国政协委员、中国教育政策研究院副院长朱永新建议，教育部应组建全国生命教育领导小组和专家委员会，制定《生命教育课程标准》或《生命教育指导纲要》，帮助学生从个人生活、学校生活、社会生活等各方面，对生命问题进行较全面的理解和掌握。

朱永新委员表示，师范院校要把生命教育列为师范生必修课；各地各校要把中小学生命教育的有关内容纳入教师通识培训；要面向中小学班主任队伍开展生命教育的知识普及工作。此外，还应加强全社会的生命教育知识普及，积极引导社会力量在中小学校、校外教育场所建立公益性生命教育专题活动馆。

光明日报：在阅读中成就青春之中国（摘要）

编者按：《光明日报》2019 年 5 月 4 日第六版，刊登了记者俞海萍对朱永新的专访。

记者：城市的进步、科技的发展，为青年的阅读提供了更多的可能性。您认为，在形式、内容、渠道等各方面，当下的阅读呈现了哪些新气象、新趋势？

朱永新：科技的进步，多媒体的出现，为阅读的多样化、便捷化提供了条件。阅读的渠道多了，形式和内容丰富了，从传统的纸质阅读，走向移动终端阅读、听书等各种形式的阅读。但是也出现了阅读的碎片化、浮躁化等新的问题。

记者：推动全民阅读对国家或城市的高质量发展有哪些积极的作用？

朱永新：阅读不仅是一个人精神成长的基础，也是一个民族精神发展的前提。阅读对于国家的现代化和城市的高质量发展具有重要的意义。现代化的关键是人的现代化，城市最美丽的风景也是人。人的气质，人的素质，人的精神发育，都离不开阅读。全民阅读对于提高人的素质具有关键的作用，是最直接最有效最便捷最廉价的提高国民素养与国家竞争力的途径。

记者：全民阅读 6 次写进《政府工作报告》，您认为政府应如何营造崇尚阅读的社会氛围？是否能发挥在阅读中的引领作用？

朱永新：倡导全民阅读，建设书香中国，需要政府的大力推动。全民阅读 6 次写进《政府工作报告》，本身就是政府推动的重要标志。

应尽快通过发布《全民阅读促进条例》，以立法的形式保障全民阅读工作的推进，应建立健全公共图书馆服务体系，尤其加快中小学图书馆建设与儿童阅读工作。各级领导干部应成为阅读模范，多一点书卷气，少一点烟酒味，以书香家庭、书香校园、书香机关带动书香中国建设。

记者：人们不断适应阅读方式的演变，也在思考着人类与书籍的关系。您有哪些读书的体悟和好的阅读建议跟青年朋友们分享？

朱永新：改变，从阅读开始。这是我一本书的书名，也是我读书最重要的体悟。人类最伟大的思想和智慧，就在那些最伟大的著作之中。只有通过与它们的对话，才能真正为我们自己所拥有。我们虽然遇到的是新形势新问题新困难新要求，但是"人同此心，心同此理"，许多问题在本质上都是老问题，在先贤的著作中早已经有过思考和探索。读他们的书，我们可以少走许多弯路。至于阅读的方法，我认为首先是要给自己制订一个系统的阅读计划，每天挤出一定的阅读时间，让阅读逐步成为自己的生活方式。同时，结合自己的工作进展，选择相应的书籍，帮助自己提高工作的效率。也可以关注各种报刊的书评版和专栏，寻找一些热门热点书籍，了解大家共同关注的问题。

财经：朱永新：构想未来学校，重新定义教育

.

编者按：2019 年 5 月，《财经》杂志首席记者马国川先生对朱永新进行了专访。

整整 100 年前，1919 年 4 月 30 日，约翰·杜威（John Dewey）从纽约抵达上海，开始为期两年的访华之旅。这位著名的哲学家、教育家影响了 20 世纪的世界教育，对中国教育也有深远影响。

杜威对于当时教育现状的批评至今仍然有极强的现实意义。

"杜威窥见了未来教育的模样，并且对当时的教育提出了积极的建议，但是他的许多教育梦想至今仍未实现。"教育家朱永新在接受《财经》记者专访时说，"不过，站在社会发展尤其是科学技术发展的今天来展望，杜威的教育梦想已经不再是遥不可及了。"

朱永新是民进中央副主席，担任全国政协常委、副秘书长，也是一位活跃的教育家。他发起的"新教育实验"已经进行了 19 年，全国有 4148 所学校、470 多万学生参与其中，成为全国最具影响力的民间教育改革行动。

"新教育实验实践既针对教育现状，也需要看清未来的方向。"朱永新说，"经过多年的实践和思考，我认为未来的学校将被学习中心取而代之，未来教学模式也会发生根本性变化。"

在即将出版的新著《未来学校》一书中，朱永新详细描述了未来学校的模样。在他看来，未来的学习中心将构建起全新的教育体制，克服目前教育的诸多弊端。

朱永新说："方向比努力更重要。我希望大家一起探讨未来教育

的发展趋势，迎接未来，拥抱未来，为未来的到来做好准备。"

"乔布斯之问"

《**财经**》：今年是著名教育家杜威访华 100 周年，中国思想界、教育界对于这一历史事件有许多论述。作为一个教育家，您认为杜威的教育思想对今天的中国有什么现实意义？

朱永新：杜威是 20 世纪最伟大的教育家，他提出的"教育即生活、学校即社会""从做中学""儿童中心主义""社会的改良全赖学校"等教育理论至今仍然没有过时，对于目前的"应试教育"等教育痼疾是有力的批判工具。

我个人认为，1915 年杜威完成的《明日之学校》更有前瞻性。在这本书里，他描述了正在进行改革实验的一些学校，对于当时的学校教育制度进行了反思并提出积极建议。

《**财经**》：现代学校制度是随着工业革命建立起来的，为各国的经济发展提供了大量人才。

朱永新：确实如此。17 世纪中叶以后，随着农业社会向工业社会的转变，要求劳动者接受更多的、系统的、实用的学校教育，于是满足大生产需要的现代学校制度应运而生。到 19 世纪初，一套与工业社会相匹配的现代学校制度已经初步形成，其特点是具有统一的教材、教学大纲、上课时间、教学内容、课程设置。

所以，现代学校制度是工业革命的产物，也是人类伟大的创造。它用机器生产的方式大规模地培养年轻一代，极大程度地提高了教育的效率，为普及教育做出了惊人的贡献。

《**财经**》：现代学校教育制度很像流水线作业，每年毕业季就"生产"出一大批学生，满足社会需求。

朱永新：但是，这种工业化的人才培养模式、学校生活模式有很大问题。最根本的毛病，就是它强调效率优先，用工厂化的生产方式"生产"人才，用整齐划一的教育安排教育生活、统一的时间入学、统一的时间上课，用统一的教学大纲、统一的教材、统一的教学进度、统一的考试评价，来培养虽然年龄相同但个性迥异、能力水平不一的人。

由于用同一个标准要求所有的学生，所以学生们学习很累很苦，每个人的个性难以张扬，潜能得不到发挥。这不仅是中国所独有的，也是美国、欧洲、整个世界教育面临的最大问题。而且到今天为止，我还没有看到哪个国家从根本上解决了这个缺陷。

《财经》：现在人们对于泯灭个性的教育普遍不满，要求改革教育理念、教学内容、教学模式等，但是很少有人认识到，这是现代学校教育制度的内在缺陷。

朱永新：20 世纪 60 年代世界教育发生了一个革命性的转折，这就是美国出现的"非学校运动"（去学校化运动，Deschooling Society）。因为当时苏联人造卫星上天，美国人开始反思科技为什么落后于苏联？答案是教育落后，因此美国社会对于教育不满的情绪空前高涨。与此同时，西方一部分国家的学生运动风潮，进一步打破了人们对学校的美好期待，于是"非学校运动"随之兴起。

当代世界闻名的社会批评家伊凡·伊里奇（Ivan nlich）是非学校运动的代表人物，他明确提出，现代学校阻碍了真正的教育，呼吁废除学校对于教育的垄断，将学校连同课程学习及其观念一起废除，使受教育者享有选择教育的权利，应该"为每个人创造一种将生活的时间转变成学习、分享和养育的机会"。

当然，"非学校运动"并没有颠覆现代学校，但是从上世纪 60 年代末开始的非学校化运动一直没有停止，各种学校改造的努力也在世界范围内风起云涌。

《财经》：一个值得思考的问题是，尽管有各种各样的批评意见和各种各样的变革实践，为什么现代学校制度依然如故？

朱永新：一个重要的原因，就是当时的社会发展和科学技术还无法支撑那样宏伟的变革蓝图。进入 21 世纪以来，随着现代科学技术的不断发展，学校变革的激情再一次被激发。特别是互联网的发展，为现代教育制度的变革提供了充分条件，传统学校教育模式的问题有望通过互联网解决。

《财经》：互联网能够解决问题吗？乔布斯曾经提出过这样一个

问题，为什么计算机改变了几乎所有领域，却唯独对学校教育的影响小得令人吃惊。您怎么回答"乔布斯之问"呢？

朱永新：因为现行的教育制度顽固地抵制着变革，教育没有发生结构性改变。即使新技术已经进入学校，教育仍然停留在装配流水线的思维模式中，与工业社会的需求和发展过程保持一致。

"学习中心"将取代今天的学校

《财经》：如何理解您所说的"教育的结构性改变"？

朱永新：结构性改变就是打造全新的教育结构，重构教育制度，核心就是改变现行的学校教育制度，以学习中心取代今天的学校。

未来的学习中心可以是网络型的学习中心，也可以是实体型的学习中心，比如类似于传统中小学的学习机构、社区、科技馆、博物馆、图书馆、大学等，只要能够提供丰富的学习资源和良好的学习环境，都可以成为未来的学习中心。学习中心是跨区域甚至是跨国界的、彼此连接的环岛。它们是开放的体系，只要是学生需要的课程，就允许他去不同的学习中心学习。各个学习中心的课程可以互相承认、互换学分。

《财经》：从学习空间来看，未来的学习中心打破了传统的学校概念。

朱永新：是的，学习中心将不受时间、空间、机构的限制，时时处处提供各自的教育资源，学生们随时都可以在这里进行全天候的学习。未来学习中心也将重新界定学生的学习共同体，班级、年级、教室等概念将会进一步重构。由于教师与学生双向选择，教师不需要烦琐的检查和考核评价，学生也有着很强的自组织能力，所以未来的学习中心没有以"校长室"为中心的领导机构，更像"北上广"的创业中心，是服务机构而非管理机构。

学习中心没有统一的教材，而是允许学生和教师选择最适合自己的不同程度、不同个性、不同挑战级别的教材。未来的学习是一个线性的、流动性的过程，没有学制，学习周期也会弹性化，学生可以根据自己的需要来安排学习时间。完全没必要像现在这样准时准点来上课，按照年龄办入学手续。不同年龄阶段的人在学习中心相遇，在不同的课堂相遇，这将打破现在千篇一律、千人一腔的课堂教学模式，让学习过程更有趣，不同的人互相学习、取长补短的功能得到更好的发挥。

《财经》：这样的学习中心令人神往：校园变成了学习中心，而且不是学生的唯一去处，老师变成了导师和陪伴者，课程更多的是个性化的自选课程，等等。可是，学习中心为什么长成这个样子？

朱永新：首先，学校不再是教育的唯一场所。过去学校几乎"包办"了教育的一切，提供了全部教育资源，学习活动主要发生在学校。未来社会这个格局将被彻底颠覆，学校不可能包揽教育的全部内容，教育资源的提供者将更加多元开放，学习活动发生的场所也不再局限在学校。

其次，学习要回归生活。在以往的教育学家看来，学校只是为学生的未来发展做准备的地方，教育过程只是为未来做"准备"。但是，杜威曾经严肃批评教育远离社会生活的弊端，他认为学校不仅是为未来的生活做准备，更重要的是它"必须呈现现在的生活"。教育本身就是生活、行动的方式，在未来学习要回归生活。

再次，以知识为中心，将改变成以学生为中心。现在的教育重点在知识，整个学习活动是围绕知识展开的，是以教师的教学活动为中心的。未来整个教育重心要转成以学生为中心，学习活动是围绕学生展开的。以学生的学习为中心，就必须去标准化，必须个性化，必须定制化。

《财经》：那么，在您的构想里，谁都可以到学习中心来学习？

朱永新：是的，想学的就来学，真正实现 2000 年前孔子的梦想"有教无类"。由于未来学习中心打破了传统的学习周期，打破了正规教育与社会教育的壁垒，极大程度地释放了教育资源的空间，而且各种教育资源面向所有人开放。谁想学，谁就是学生，这是"有教无类"的最高境界。

学习中心将实行混龄学习模式。少年儿童可以和老年人一起学习，少年儿童可以在父母的陪伴下学习。不同社区、不同城市的学生都可以来学，未来的学习中心是跨区域甚至是跨国界的。当然，在教育资源有限的情况下，未来学习中心仍然需要有一套保障适龄学生拥有优先学习机会的体制与机制。

《财经》：人工智能越来越发达，在未来的学习中心还需要教师吗？学生学什么，怎么学？

朱永新：未来的智能机器人会帮助教师更好地从教，教育将进入"人机共教"的新时代，但教师职业不会消失，也不会被智能机器人取代。但是，未来的教师将成为自由职业者，教师队伍将更加开放多元，能者为师，谁能教谁教，教师将是自主学习的指导者、陪伴者。

人们学习的内容也将发生重要的变化，从为了一纸文凭而学，转变到为了自己的兴趣和提升自己的能力而学，从根本上改变应试主义的教育体制和文凭至上的学历社会。学习内容根据个人定制，每个人的课程表是完全不一样的，自己决定学习内容和进度。所以，学生是具有自我管理能力的学习者，具备学习的内在动力和"当学习的主人"的意识。未来的学习中心采取"以学定教"的个性化学习，将改变大班学习、统一难度、统一进度等诸多毛病。总之，在未来社会，"学力"比学历更重要。学历只证明着过去，"学力"才意味着未来。如果不能成为一个善于学习的人，就会被时代淘汰。

"教育大变革的前夜"

《财经》：从教育内容到教育方法，再到教师队伍，您都进行了预测和重构。学习永远离不开评价，学习中心怎么评价学得好不好？

朱永新：在我国，由于多种原因，形成了以考试为中心的教育体系。"考什么，学什么""分数才是硬道理"成了许多学校、教育工作的常态，也造成诸多社会问题和家庭悲剧。

未来的学习中心有可能解决这些教育痼疾。我们可以建立学分银行制度，通过为各种学习成果赋予不同学分的方式建立流通工具，给每个学生建立学分账户，以此评价学习结果的好坏。这套制度以学分为计量单位，实现各级各类学习成果的存储、认证、积累、转换。目的是利用信息化手段，扩大优质教育资源共享的有效机制，搭建终身学习"立交桥"，促进教育公平。

《财经》："学分银行"的思路是受现在银行制度的启发吗？

朱永新：是的。学分银行模拟银行的组织结构体系，从"中央银行"到"地方银行"，从"地方银行"到"储蓄所"，最终到"个人账户"。实施学分银行制度可以有效调节政府、社会、学习者、用人单位和教育机构等相关者的关系，跨越各个教育阶段之间、学历教育和非学历教育之间、公办教育和民办教育之间、国内教育和国外教育之间、知识学习和能力培养之间存在的鸿沟。

《财经》：学习中心的构想激动人心，假如它是可行的，意味着未来的学习会越来越自由，越来越个性，越来越多元。那么在全新的教育体制时代，需要政府干什么？

朱永新：政府仍然是不可缺少的，它的主要作用，首先就是建立内容难度适宜、体现国家意志的国家教育标准，划定底线，降低学习难度，从补短教育走向扬长教育。

其次，当裁判员，当采购员。政府认定合格的学习中心，采购培训机构的公共服务。建立网络教育资源平台，采购全世界最优秀的课程资源。未来学习中心的资源配置，一定是在全球范围内进行的，一定是在分工基础上的跨国合作。

再次，提供基本的公务服务，包括对学分银行进行全面的监管，保障评价的科学性、公正性和有效性，实行"管、办、评"分离。教育行政部门将公立学习中心的举办权交出去，交给各级政府；同时把评价学习中心的权力交出去，交给第三方机构。这样，真正实行管、办、评分离，教育行政部门可以集中精力从事教育管理与服务。

《财经》：未来学习中心是一个"应当如此"的理想，还是一个"必定如此"的预判？

朱永新：对于未来学习中心的构想，是我的教育理想，但更多的是对未来教育的预测与展望，是对于教育"肯定如此"的合理预期。我对未来教育趋势的预判未必准确，但我的预判，是从现实出发的，是从实践出发的。

因为类似未来学习中心的模式，从 20 世纪开始已经在世界各国悄然出现。大量案例已经让我们真真切切看到许多未来学习中心的要素，它们已经与我们理想中的未来学习中心非常接近。传统学校正在进入"无可奈何花落去"的衰亡期，而未来学习中心已经是一个呼之欲出、并不遥远的存在。以今天科学技术和社会发展的水平，我们也完全能够构建一个全新的教育体系与教育结构。

《财经》：虽然人类社会已经进入到信息化、个性化的时代，但是学校依然固守传统，迄今没有发生教育的结构性变革，因为打破结构性障碍和改变人们的思维方式很难。

朱永新：教育变革确实将是一个漫长而痛苦的历程，但我仍然是一个乐观主义者，因为全社会对教育变革的趋势已经有越来越多的共识，大量来自一线的探索已经积累了丰富的经验。因此，百多年前杜威畅想的许多教育理想已经不再是梦想。我们已经来到了教育大变革的前夜，已经站在了未来学习中心的门前。推开这扇门，就是一个新的教育世界。

中国政协：朱永新：当好孩子的第一任老师

望子成龙、盼女成凤是为人父母的普遍心态。但教育好孩子，仅仅是学校和老师的事情么？

显然不是。习近平总书记指出，"家庭是人生的第一个课堂，父母是孩子的第一任老师"。无论是传统意义上的家规和家训，还是苦口婆心的叮咛嘱咐，乃至潜移默化的言传身教，都会对孩子健康成长形成重要影响。但扪心自问，作为孩子第一任老师，我们真的合格么？如何开展好家庭教育？近日，本刊采访了全国政协常委、副秘书长，民进中央副主席朱永新。

"推动摇篮的手就是推动世界的手"

《中国政协》：家庭教育为什么如此重要？

朱永新：中国有句老话叫"三岁看大，七岁看老"。学校当然很重要，但家庭教育的重要性绝不亚于学校教育。第一，家庭是人生最重要的场所。人一生生活在四个世界：母亲的子宫、家庭、教室、职场。这四个世界中，最重要的、永远也离不开的就是家庭。孩子在子宫的时候，子宫外就是他的家庭；在教室、在职场的时候，每天还要回到家庭。家庭是所有人生场所的中心，毫无疑问也是人一生最温馨的港湾。第二，童年是人生最神奇的阶段。托尔斯泰就认为，"儿童自出生到 5 岁这段时期，在他的智慧、情感、意识和性格等方面，从周围世界中所摄取的，要比他从 5 岁到一生终了所摄取的多许多倍"。

第三，父母是孩子最长久的老师。父母对孩子的影响力是难以想象的，每一个举动、每一句言语，对孩子都会产生微妙的影响。在所有的优秀孩子身上，几乎都有他们父母的烙印。在所有的问题儿童身上，也都可以找到他们家庭的原因。有心理学家专门研究过，家庭的语言、词汇和孩子今后的职业选择有非常密切的关系。在中产阶级家庭，父母往往会议论时政，讨论国家社会；在相对贫困的家庭，他们可能讨论更多的是当下的生活、经济的问题。所以孩子关注点就不一样，人生今后的职业选择、人生道路也不一样。

我一直认为，推动摇篮的手就是推动世界的手。在这几年的春节团拜会上，习近平总书记都谈到了家国情怀、家风家教。随着《关于加强家庭教育工作的指导意见》等政策文件的颁布，家庭教育工作的重要意义、工作格局、主要内容、保障措施等更加明确。但是，家庭教育仍需要进一步关注和支持。北京师范大学和《中国教育报》联合发布的《全国家庭教育状况调查报告（2018）》显示，九成以上的班主任认为家校沟通存在问题，排名前三位的问题分别是"家长认为教育孩子主要是学校和老师的责任""家长参与沟通的积极性不高""与家长教育理念不一致"。民进中央在调研中也发现不少问题，比如"三点半难题""信任危机""家庭教育缺位""微信群管理不当"等。比如学校和家长在家校共育过程中的责任边界不明确、学校和家长对教育理念共识度不高等。比如学校开放度不够，家长参与学校工作不够深入，对学校缺乏必要的了解等。

阻断家长焦虑的"剧场效应"

《中国政协》：现在很多人虽然意识到了要让孩子有快乐的童年，但课外还有课、放假不放松的现象依然很普遍。大家觉得别人家的孩子都报班，自己的孩子不报班怎么行。

朱永新：这种中国式的家长焦虑，其实就是"剧场效应"的体现。所谓剧场效应，就是看戏时前排起立，后排就会被迫起立。为什么大家都要站起来呢？可能还是理念问题。大部分家长不了解教育常识，对教育的目标感到迷茫，不知道如何进行家庭教育，在孩子的教育问题上要么听之任之，要么人云亦云。去年，智课教育联合新浪教育发布了《中国家长教育焦虑指数调查报告》，结论显示：68% 的家长对孩子的教育感到"比较焦虑""非常焦虑"。社会环境因素引发的中国家长教育焦虑程度最高，集中在学习成绩、校园安全、手机上瘾、课外培训班等问题上。

《中国政协》：对此您有什么建议？

朱永新：对家长，我觉得三件事情很重要。一是陪伴。孩子来到家庭和你成为一个共同体，这就是人生的缘分，怎么能不珍惜和孩子在一起的时光？其他的东西都可以重来，和孩子在一起的时光是没有办法重来的。事实上我们很多人老了以后，才会发现跟孩子在一起的时间是非常短暂的。越是在孩子低龄时期，父母的作用越重要。如果在这个阶段给予孩子充分的陪伴，孩子一生会把父母当成朋友，和父母交流。相反，如果这个时期没有陪伴或者陪伴很少，今后想再走近孩子是非常困难的。二是阅读。阅读是让孩子有丰富精神生活的重要源泉。阅读能力的培养、阅读兴趣的培养、阅读习惯的培养是从家庭开始的。我很喜欢的一本书叫《朗读手册》，扉页上有这么一首诗："你或许拥有无限的财富，一箱箱的珠宝与一柜柜的黄金，但你永远不会比我富有，因为我有一位读书给我听的妈妈。"一个没有阅读的家庭永远不会有真正的教育。三是习惯。民进中央的老前辈叶圣陶先生说，教育就是培养习惯。想想也对，衡量教育是不是成功就是看孩子有没有形成良好的习惯，看他怎么对人，怎么处事。体育好不好不是单纯看他跳多高，跑步多快，打球多好，最重要的是看他有没有养成良好的健身习惯。如果体育成绩优秀，平时大吃大喝不锻炼，身体也很糟糕，这不叫体育教育成功。

教育和有关部门要帮助家庭缓解教育焦虑情绪。针对家长的养育焦虑，帮助他们了解子女品行教育、亲子关系的科学知识，了解家庭教育的特点、规律、方法，知晓包括家庭教育政策等在内的与其子女升学、教育分流密切相关的教育政策内容。规范要求家长配合、支持学校教育的具体内容，不宜布置过多超出学生身心特点、超出学生能力发展阶段、不符合教育规律、主要依靠家长完成的手工操作、

PPT 展示，或机械式背诵记忆的应试教学内容，减轻家长教育孩子的压力，特别是精神压力和时间成本。

"共同营造良好的家庭教育环境"

《中国政协》：家庭教育仅仅是家长的事情么？

朱永新：当然不是，不能走向另外一个极端。首先，要推动构建家庭教育和学校教育良性互补关系。在学校章程建设中完善家校共育的条款设计，指导学校通过家长委员会、家长代表、全体家长会等形式，了解国家关于家长不同于学校和老师的监护责任和权利，帮助家长区分自己和学校的学生安全责任分工，为预防、缓解、消除家校矛盾做好铺垫。指导家长"言传身教"，营造良好家庭氛围，塑造学生良好的社会性，纠正其片面化的升学竞争观念。进一步完善家校联系机制，明确家长学校和家长委员会的管理体制、创新运行模式，设立家庭教育专项基金。不断完善妇联、村（社区）及学校对家庭教育的指导、支持，帮助家长树立正确的保育、教育观念，掌握科学的教育知识与方法，不断改善家庭教育功能正常履行所需要的物质条件、政策空间。通过政策解读、专题培训、主题研讨、现场指导、案例展示等灵活多样的方式方法，帮助家长明确家庭教育的监护权和教育权。通过加强教师和家长的日常交往联系，增进家校信任。

其次，共同营造良好的家庭教育环境。鼓励妇联、关工委、宣传部门、村（社区）等社会资源参与家庭教育政策的宣传落实工作。通过宣传引导形成合理的社会评价，帮助家长切实转变只有"上重点大学才是教育成功"的观念，尊重子女的客观差异，科学定位孩子的教育成功标准。鼓励学校借助视频音频交流手段，通过"代理家长""爱心爸妈""亲子共读""书香家庭"等公益形式，帮助单亲家庭、重组家庭、留守家庭营造相对完整的家庭教育环境。

不知道你有没有读过纪伯伦那首诗《孩子》？诗中这样写道："你们的孩子，都不是你们的孩子，乃是生命为自己所渴望的儿女。他们是借你们而来，却不是从你们而来，他们虽然和你们同在，却不属于你们。"所以孩子是借我们而来的，我们只有和他一起成长，才能真正让他们成为自己。

（本文发表于《中国政协》2019 年第 11 期）

中华儿女：朱永新：新教育的知行合一

朱永新是一个自带"光源"的人，这份"光源"不是来自于他的头衔，更不是来自于他的标签。

是的，他是官员，也是教育家。他是全国政协常委、民进中央副主席、中国教育学会第八届理事会学术委员会顾问。他还是"新教育实验"发起人、教育家、博士生导师等等。但是当他出现在人群中，给人的第一感觉是：他就是完整的自我啊，一个丰盛的幸福的人，智慧，温润，宽厚，自在。即便没有如上头衔、标签，他也有光，能照亮他人。

翻开朱永新的简历，自 1978 年上大学起，他的人生就与教育结下不解之缘。此后，不论为官为学，教育始终都是他人生中的重要组成部分，乃至人生基石。他日复一日在教育这块田野深耕不辍，以"精卫衔微木，将以填沧海"的精神不断改变当下教育生态系统，这条路并不容易，但他从未放弃。而他性情中的坦荡、平和、温暖又构建了他强大的人格魅力。官场经年洗礼，书生本色未变，新教育的拓荒之路也曾遭遇碰壁，但却并未磨损他的锐气。他本人成为一个天然磁场，吸引了越来越多的追随者，和他一起努力。他们一起擎起新教育这杆大旗，以星星之火形成燎原之势，在中华大地上掀起了一场教育改革的春风，温润而持久。

他和他的同事们还在继续努力。

新教育实验是一场马拉松

2019 年 7 月 14 日，新教育实验第十九届研讨会在江苏姜堰地区举行，朱永新结束了中央党校为期两个月的学习，仍然是利用周末，马不停蹄地奔赴研讨会现场。今年研讨会的主题是人文教育，梁晓声、万毅平、孙云晓等大咖也前来助阵，参加会议并做了精彩发言。更多的参会者是来自新教育实验学校的老师们。在这次研讨会上，又一批学校加盟了新教育。截至目前，已经有 11 个地级市、52 个县市区、5216 所学校加盟新教育。此时，距离朱永新出版专著《我的教育理想》并提出新教育实验理念 19 年，距离新教育首家实验基地在江苏昆山玉峰实验学校挂牌 17 年。

不到 20 年时间，新教育实验从一所学校加入，到 5000 多所学校同行，数量呈几何级上涨，新教育理念惠及的孩子更是爆发式裂变增长。朱永新以他的人格魅力、情怀和理念感召着一批又一批教育理想主义者，与他一起稳扎稳打，在一城一池间建立着理想教育的乌托邦——过一种幸福完整的教育生活。如今，新教育实验慰藉着越来越多的心灵。

新教育实验提倡让教育回归它的本来面目。新教育认为，教育的根本目的，应该培养出既有着民族情怀，又有着全球视野，既有着本真的生命体验，又拥有全面的科学知识，具有创造能力的未来公民。为了实现此一目的，新教育实验启动了课程体系的构建。

朱永新赋予"新教育实验"的核心理念："过一种幸福完整的教育生活。"新教育实验力图实现"四个改变"：改变学生的生存状态，改变教师的行走方式，改变学校的发展模式，改变教育科研的范式。实现这"四个改变"的途径是新教育实验倡导的具体行动，由最初的"六大行动"迭代到现在的"十大行动"。是的，新教育实验的血液一直是鲜活的，它始终保持着前瞻的眼光，以及与时代发展趋势的共振，唯有此，才有源源不绝的生命力。

而朱永新，就是新教育实验的灵魂。如果新教育实验是一艘在大海中航行的船，那么朱永新就是船长。他需要提前规划航程，也需要时刻助力前行。

2002 年，时任苏州市副市长的朱永新建立了首个新教育实验学校——朱永新不甘心仅仅做一个教育理念的倡导者，他更想做一个行动者。彼时，他心目中的理想教育理念提出来之后，有很多人说，好是好，但是太难落地了。"难吗？是很难，但是并不是不能实现，我做一个试试。"朱永新说。凭借一腔热血，首个新教育实验学校由此诞生。之后，一生二，二生三，三生万物，生生不息，新教育实验的星星之火徐徐蔓延。

"当时在成立第一个新教育实验学校时，并没有想到能发展得这么快。"朱永新说，新教育实验之所以发展迅猛，在朱永新看来，"是人才，新教育实验理念吸引了很多优秀的老师加入，他们是实实在在的践行者"。教育是一个灵魂唤醒另一个灵魂，一个老师就这样悄悄地影响着一个班级的教育，慢慢地一个地方的教育场域发生着变化。改变就这样一点一点地发生着。一个人的力量是微小的，但是只要这个力量专注而持久，它也能够推动事物向前。相似的灵魂彼此吸引，一簇一簇的理想火花汇聚在一起，渐次形成了山呼海啸般的影响力。罗伯特·佛罗斯特在《未选择的路》中说，"一片树林里分出两条路，而我选择了人迹更少的一条"。人迹更少的路行走不易，幸运的是，有同路人，他们彼此照亮，彼此帮扶。

选择很多时候是缓慢形成的，发生了很多事情，但是，仿佛什么也没有发生过，但是，在一起经历了之后，一切又变得和以前不一样了。朱永新是新教育实验老师们的"知音"，微博，邮件，乃至短信，老师们可以和他直接交流。"你看，这是一个校长发给我的，他在为新教育实验在孩子们中间所带来的改变而感动。"朱永新打开手机短信，一个字一个字认真地读着，他在为老师们的感动而喜悦着。"还有一条，一个年轻的乡村女老师，现在马上要去国外支教，在推进新教育实验的过程中，老师们也成为受益者，他们也在其中成长着，这是多好的事。"朱永新由衷地说道。

将目光投向未来

新教育实验也曾经遇到过困难，毕竟，新生事物摸索着成长本就不易，但是还好，有学校折戟沙场，也有更多的学校雨后春笋般生长起来了。回首新教育实验发展历程，"一二线发展缓慢，地级市发展迅速，而农村地区是最盼望新教育实验的地方"。朱永新说："优秀是卓越的敌人，一线城市有雄厚的师资力量，反而不容易接受新生事物。"但他也强调，"未来，也不会放弃在一线城市发展新教育实验的机会"。推行这么多年新教育实验，他已经有足够的信心。"新教育实验已经走过了最艰难的时期，现在是发展势头正猛的时候。"现在的新教育，正如一个 19 岁的学子，昂昂然在清晨的阳光中缓步慢跑，新教育实验这场马拉松，路还很长，但是，步伐很稳。

"我期待新教育实验做成百年老店。"而他自己，也坦承，他正在培养新教育实验的新的领军人。"我希望，以后的新教育实验慢慢能走入后朱永新时代。到那时，我可能会去一所乡村的新实验学校当一名普通老师，新教育实验想要继续往前走，就要慢慢淡化朱永新标签。"但是，目前，他还是那个扛旗的人。

不久前，有一个科技公司邀请朱永新等一行教育专家去他们公司参观，公司高管兴致勃勃地向他们展示了公司最新研发的一款产品：可监控教室内孩子专注力的设备。朱永新看了之后，表达了他的疑惑，教室功能在慢慢弱化，在未来可能都没有教室了，这个产品有市场吗？

在朱永新看来，现在的学校未来将会被学习中心所取代。他把这一理念写成了一本书《未来学校：重新定义教育》。"我们今天觉得天经地义的学校生活，因为互联网，因为信息技术的发展，会在润物无声的改变中，发生翻天覆地的变化。在不远的未来，今天的学校会被未来的学习中心取代。"朱永新说，"这几年新教育实验一直在研究未来的课程体系，我们主张要教给学生一生有用的东西"。

这也不是朱永新第一次将目光投向未来。实际上，他一直在向前看，包括"新教育实验"，即便是在首个实验基地挂牌之时他也并未想到以后发展能够如此迅猛，但他却看到了教育的病症所在，并试图开出改良方案。他带领着新教育实验一步一步地行走，新教育实验研究院下属机构渐次成立：新教育研究中心、新阅读研究所、新家庭教育研究院、新艺术教育研究院、新科学教育研究所、新评价与考试研究所、新生命教育研究所、新教育网络师范学院、新教育教师成长学院、新职业教育研究所、新教育发展中心、新教育研学中心等，每个机构分担新教育实验的不同课题，而"种子计划""萤火虫"等公益项目也在全国遍地开花，形成了良好的社会效应。

朱永新如同运筹帷幄的将军，在新教育实验的沙场上排兵布阵，为未来新教育实验的良性发展搭建好框架。这所有的一切，都是依赖民间力量的支持，没向国家要一分钱。而他本人，已经为新教育实验的发展捐出了100多万元的稿费。"还好，现在新教育实验自己已经有了造血功能。"说到这里，朱永新笑了，眉眼之间快乐得像个孩子。

朱永新曾经这样写道：中国教育有弊端，但怒目金刚式的斥责和鞭挞，虽痛快但无济于事。对于中国教育而言，最需要的是行动与建设。只有行动与建设，才是真正深刻而富有颠覆性的批判与重构。

是的，他就是那个行动者，可能也有过难捱的至暗时刻，可能也沮丧过伤心过，但是第二天随着太阳升起的，依旧是那颗生机盎然的不曾气馁的未曾被磨损的心——又晶莹又清澈。

用脚步丈量提案的政协常委

朱永新2008年当选为全国人大代表，2013年当选为全国政协委员，并在当年就任全国政协常委至今。自从当选代表、委员以来，朱永新就一直是全国两会的"明星人物"，一是他在教育界别的影响力，另外一点还有他每年引人瞩目的建议或提案。

朱永新的提案关注重点还是在教育方面，他尤其关注青少年阅读氛围的营造。"一个人的阅读史就是他的心灵史。"这句朱氏名言已经脍炙人口。2019年两会，他分别就农村中小学生阅读与图书馆建设和高校图书馆建设写了提案，为此他跑了很多学校，实地调研。多年来，他的很多提案，都是他一步一步用脚丈量出来的。他不愿埋首书斋只看数字报表，他更愿意自己去感受，去看见。

"我可能是最幸运的官员吧，不论是在苏州当副市长还是北上民进中央任职，我主抓的领域都有教育，这让我对中国的教育观察和思考更为全面。"他自称自己是行动的理想主义者，经年的实地调研让他明白有哪些事情是可以直接落地，有哪些事情必须迂回才能抵达目的地。因此，他避免了纯粹的理论学者空谈的误区。他有理论功底，更有行动的魄力，他坚信，唯有行动才能抵达理想之境。抱怨，纸上谈兵，从来不是。他用行动为后来者拓荒出一条无人走过的路，又用人格魅力聚集了很多有理想主义情怀的行动者。他身后的人又给予他支持，于是，整个新教育实验队伍就这样加速前行。

除了关注教育和阅读，他的目光也投向扶贫等其他领域。"其实，很多领域中都能找到教育因子起的作用。"朱永新善于从教育家的眼光看待社会问题，比如扶贫，授人以鱼不如授人以渔，授人以渔就是一个教育过程，如果贫困的孩子想要改变命运，最好的方式还是通过教育。他习惯于抽丝剥茧般看问题，愿意追根溯源。

他特别愿意强调公平，包括教育公平，他的人生哲学中有着朴素的"众生平等"观念。尽管身居高位，但却永远保持着平视每一个人，不卑不亢，坦坦荡荡。在考入大学之前，他曾有一段工作经历，也算尝尽人间百态。后来，他从打零工到在供销社当了棉检员，总是对穿着破旧的农民心怀体恤，在自己的能力范围之内给他们高一点的价格。后来，不论是在苏州为官，还是北上任职，这份悲悯之心依然，从未因职位增高而改变。

朱永新的宽厚与大气也多有人提及。在苏州任职时，有作家曾经当众对他出言不逊，之后有事请他帮忙，他不计前嫌尽力办了，事后这位作家对他评价说，有学问，度量大，给人办事真帮忙。多年后，作家唐晓玲在她的书里写了这一段故事，拿给朱永新看，朱永新早忘了这些事。

这些看似细枝末节的小事，也正是朱永新之所以成为朱永新的原因，正如一枚叶片的脉络也是光合作用的显现过程。每个人的当下都是由无数个过去组成。很多人在往前走的时候把自己走丢了，但是朱永新并没有，他大踏步往前走，每一步都走得如此坚实有力，烙下的印记也愈来愈深。

朱永新认为，最好的教育是帮助每个人成为最好的自己，把每个人的个性、特长、潜在优势充分发挥出来。每个人做好自己，发挥自己所长，教育应该是扬长教育，而不是让每个人都按照一个模式去塑造。是的，西红柿就应该是西红柿，而不应该长成蟠桃，当然更不能期望让小草成为参天大树，每一套生态系统都有自己的规则。他相信，未来的基因技术、心理学和脑科学会为人的自我定向提供更多可能性。那时候，人们就不会一窝蜂地全部去考证，用一个成功标准去衡量人生。多样性选择也能够减轻当下泛滥的教育焦虑症。

丰厚人生写成巨著

朱永新很推崇苏联著名教育家苏霍姆林斯基的理念，他对苏霍姆林斯基研究很深。苏霍姆林斯基自 17 岁始，就一直在教育一线当老师，他的教育理念都源自于实践。朱永新曾经在苏霍姆林斯基的国际研讨会上分享过苏霍姆林斯基的生平，并特意提到了他的作息时间：每天早晨 5 点至 8 点从事写作，白天去课堂上课、听课、当班主任，晚上整理笔记，思考一天工作中遇到的问题。

朱永新本人也是早起两个小时的受益者。童年时期，他就在父亲的教导下，晨起锻炼身体诵读诗书。"每天多出两个小时，集腋成裘，多出的时间就有了很大的价值。"这也是他多年来身兼很多要职却笔耕不辍、著作等身的主要原因，当别人还在酣睡时，他已经奋笔疾书很久了，时间对每个人都是公平的，但是时间特别优待会珍惜的人。

不管走到哪里，朱永新的身边永远都有书。即便是在中央党校的短期培训，他的书架上也满满当当地摆放着书，有教育经典文库，有名家巨著，也有灵动可爱的儿童绘本。不论多忙，他每天都有至少一个小时的阅读时间。他每天撰写大量文章，在博客上和读者分享。有输出就要有输入，他一面保持着高质量的输出，一面源源不断地吸收新的养分。

近年来，他的阅读书目上有一个重读经典计划，他把早年读过的著名教育家的书又翻出来读。随着年龄和阅历的增长，理解不同，他说。他读完了中国教育家陶行知的教育文论，最近几年又在重读杜威的书，一次读书之旅也是一次与伟大心灵的交谈之旅，他一次次徜徉在这些教育大家的书香中，汲取着养分。与此同时，他也分别与来自美国、英国等国家的当代教育家对谈，谈东西方教育理念的不同，谈全球化视野下的教育共通之处。他的视野也因此纵横捭阖，向内向深走，也往广向远走。

他曾经说，苏霍姆林斯基是一部巨著。如今，在他的追随者眼中，朱永新也成为了一部巨著，并且还会继续丰厚下去。

（本文为《中华儿女》2019 年第 21 期记者王海珍的专访文章）

半月谈：朱永新谈未来教育：文凭不再重要

互联网的出现正不断颠覆着传统的生产生活方式，教育是否也会被颠覆？未来教育是什么样的？许多人都在寻找答案。研究中国教育多年的民进中央副主席、新教育实验发起人朱永新近年来也致力于此。

朱永新在今年出版的《未来学校：重新定义教育》一书中，从历史的角度、世界的角度，对当下教育进行了反思，并从发展的角度对未来学校进行了全面重构，为我们展现了一幅未来教育的全新画面。近日，《半月谈》记者就这一话题对朱永新进行了专访。

到教育之外去寻找答案

《半月谈》记者：深化教育体制机制改革，努力让每个孩子都能享有公平而有质量的教育，是教育发展的时代主题。然而，现实与理想总有差距。当前，从城市到农村，教育焦虑情绪弥漫。一些旨在保障公平和有质量的教育改革政策出台后，甚至产生反作用，被各界寄予厚望的学校制度、学习方式也被越来越多人诟病。您是如何看待当下整个教育生态的？

朱永新：教育的问题需要到教育之外去寻找答案。我们现在处于一个应试主义的教育体制和文凭至上的学历社会。我们对学生只有一个标准：能否考取名牌大学；对学校只有一个评价：考取名牌大学和本科的比例。

在这样的目标驱动下，学校和家长都在层层加码，不断增加学习的难度，学习内容越来越多，也越来越难；考试内容越来越深，也越来越怪；学生的学业负担越来越重，压力也越来越大。

以上种种问题，教育自身也是无能为力的。如果这些问题能改变，整个教育就会不一样了。

《半月谈》记者： 您认为教育最重要的是什么？什么才是好的教育？

朱永新： 我国有通过教育改变命运，把读书作为敲门砖的传统。但是，一些人把分数作为教育的唯一目标，这样就容易产生过分的功利性，忽略了教育人性的一面，加剧了教育焦虑。

教育有很多基本常识，而当下，公众教育素养相对缺乏。什么是好的教育？人的一生是为了什么？是为了考取一个好的分数，上一所好的学校？还是为了让人的发展更完善、更幸福，更好地成为他自己？

我认为，幸福比成功更重要。我们的家长需要更多地去了解教育的基本常识，承认孩子的差距。我们的教育不是去补短，而是要扬长。

教育最重要的任务，是塑造美好的人性，培养美好的人格，使学生拥有美好的人生。判断教育成功与否，应该从这样的原点出发；推进教育的改革，也应该从这样的原点开始。

学校会被学习中心取代

《半月谈》记者： 您曾说过，中国教育有弊端，但怒目金刚式的斥责、鞭挞，虽痛快却无济于事。对于中国教育而言，最需要的是行动与建设，只有行动与建设，才是真正深刻而富有颠覆性的批判与重构。对未来教育、未来学校您有什么看法和行动？

朱永新： 现在的学校制度是伴随着工业革命而产生的，这种体系强调的是效率，是以牺牲个性为代价，把孩子集中于教学大纲下，比如同样课程，有些孩子学起来很容易，有些孩子根本就听不懂。

2000 多年前，孔子有两大教育理想：第一大理想是"有教无类"，这是关于教育公平的问题；第二大理想是"因材施教"，这是关于个性化教育的问题。为了这两大教育理想，人类几千年来一直在努力、在推进，但是一直没有真正实现。如今，互联网时代的科学技术为实现这两大教育理想提供了新的可能性。

技术对教育的变革有三个层次。第一个层次是技术作为手段，这个影响在上世纪 60 年代就已经有了。第二个层次就是改变整个教学模式，比如说慕课。第三个层次是改变教育结构。只有打破传统学校固有的结构，才可能有真正的变革发生。

我认为，未来，学校会被学习中心取代，教育从形式到内容都会发生深刻的变化。

《半月谈》记者：学校被学习中心取代，是否意味着传统的学校不再存在？学校的一个主要功能是培养孩子与人交往的能力，在学习中心，如何培养学生这种能力？

朱永新：现在的每所学校在一定意义上讲都像信息孤岛，未来的学习中心则是由一个个网络学习中心和一个个实体学习中心构成的学习社区。世界是一个开放的体系，学校也是一个开放的体系。未来的学生可能在一个学习社区的不同学习中心学习，在这个中心学习数学，在那个中心学习艺术，可以是跨区域的。

我曾经考察过位于硅谷的斯坦福网络高中。这个学校 600 名学生，学生注册后在网络上学习，一个星期两天在网上上课。我问他们的教务长，学生学习完全在网上，怎么培养学生的社会性？教务长介绍，学校主要负责课程的研发与教学，学生的社会性主要通过学生社团的自组织来完成。学生根据兴趣爱好加入不同的社团，每年社团定期举办线下活动。

学生成为学习的主人

《半月谈》记者：未来学生在学习中心如何学？跟今天的学校有何不同？

朱永新：在未来，学生是学习的主人，学什么，学生说了算，而不是学校说了算。学生不需要完全按照千篇一律的标准化学习内容来学习，每个学生可以自己制订学习计划，确定学习节奏，明确学习内容。

有的国家已有这样的实践。20 世纪 60 年代在美国开办的瑟谷学校，倡导个性化学习。学校没有安排系统化课程，由学生自己提出学习计划，自己招募学习伙伴，学校派老师教学。

未来学习中心的学习内容将进一步定制化。一方面达到国家规定的基本学习标准，另一方面根据学生的天赋潜能和个人兴趣设计个性化课程，从补短教育走向扬长教育，对优秀学生和天才学生提供学习支持和奖励，对困难学生和后进学生也会提供帮助和支持。

《半月谈》记者： 学习的内容应该也不一样了吧？

朱永新： 我们主张要教给学生一生有用的东西。这几年新教育实验一直在研究未来的课程体系，研发了从幼儿园到高中的生命教育课程，把人的生命分成三个维度：自然生命、社会生命和精神生命，分别关注生命的长度、生命的宽度以及生命的高度。

教育首先是为了生命而存在，安顿好身体是教育最重要的前提。为了拓展人的生命长度，我们要把关于个人安全与健康的知识和技能教给学生；你要成为受人欢迎、受人尊敬的人，为了拓展人的生命宽度，我们要把人的社会交往技能教给学生；人生命的最高贵之处，是要过精神生活，为了拓展生命的高度，我们要把培养学生的世界观、价值观、人生观等作为重要内容。

《半月谈》记者： 学习中心如何评价学生的成绩？

朱永新： 现在的考试评价以选拔人才为主要目的。未来的学习评价，将会由现在的重视结果走向重视过程，大数据将会跟踪记录每个学生的学习过程，分析每个学生的学习特点，及时提出改进学习的建议。

未来学习者的学习过程将被记录在学分银行。未来的学分银行能够存储、查询学生的所有学习记录，一个人读了什么书、学了什么知识、掌握了什么技能，等等，都可以储存在学分银行，并得到有效认证。

期待建立国家教育资源库

《半月谈》记者： 现在的技术水平，其实已经可以在一定程度上实现教育课程资源的共享，例如几乎所有学校都接通了网络。对于未来的学习中心而言，这也是一个基础工程。您觉得下一步应该做什么？

朱永新：现在我们所有的教育资源都是分散的，分散在不同的学校、不同的互联网公司，大家都在研发课程，水平参差不齐。我提出一个概念，国家要建立一个资源平台，类似于淘宝网，把所有年龄段的所有资源都放在这个平台上。这些资源是经过课程专家委员会评估的，国家可以邀请全世界最好的老师在这个平台讲课。

这也就意味着，所有的人要想学习任何知识，在这个平台上都可以找得到；最边远地区最贫困家庭的孩子，在这个平台上都可以免费得到教育资源。它对推进整个教育公平、建设信息化的教育高速公路都会有帮助。它是一个巨大的国家教育资源库，一个最基础的工程，有了这个平台，所有的人都可以随时学习。

《半月谈》记者：未来谁将为教育付费？

朱永新：未来学习中心可以采取政府学习券与个人付费相结合的方式。现在的学生重复性学习较多，许多学生在学校里学英语，放学也会再去补习英语。未来不会出现这样的局面，学生可以选择不同的学习中心和课程。政府为基本学习内容买单，个人为个性化选择学习内容付费。政府毫无疑问会继续提供教育的基本公共服务，而且应该努力为学校、为每个公民提供最好的教育服务。

《半月谈》记者：您这种设想目前有没有在实践？蓝图变成现实希望有多大？

朱永新：这是一个设想，具体实施我们正在筹划。我觉得中国是最有可能建设一个最强大的未来学校的国家，我们最有条件通过政府推动，通过官方和民间的合力，实现教育变革，技术上也完全可以实现。我希望筹建国家层面的教育资源库能成为全社会共识，成为国家工程。

（本文刊于《半月谈》2019年第20期，发布于10月29日新华社客户端，记者 原碧霞）

中国新闻周刊：朱永新：重新定义教育 把时间还给学生

（中国新闻周刊 2019 年 10 月 30 日）许多新教育学校最醒目的位置都有一句话：过一种幸福完整的教育生活。

在不远的未来，传统意义上的学校会消失，变成学习中心，没有统一教材，没有固定年级和班级，上学没有固定的教室，也没有上学、放学时间限制，只要学分修够，就可以毕业获得国家颁发的文凭。学校变成了教育服务机构和数据中心，课程是政府教育部门招标、全社会竞争中标的，教师变成了学生学习方法的指导者和学习过程的陪伴者、职业规划师或者人生导师。

以上这些教育变革，是朱永新的新书《未来学校：重新定义教育》中描述的场景。他说："这本书写的是未来教育，是我一辈子搞教育的研究心得，是我为中国教育写的一个改革方案。"

朱永新，民进中央副主席、全国政协副秘书长、中国教育学会第八届学术委员会顾问。

1999 年，还是苏州市副市长的朱永新发起了"新教育实验"。近 20 年过去，新教育在 5000 余所基层学校落地，150 多个地方教育局与他合作。他的理念和实践正深刻地影响着中国教育改革和发展的方向。

"新教育希望让每个受教育者获得成功的智力、整合的智慧、高尚的德性和丰富的情感。"他说。

未来教育就是终身教育

中国新闻周刊：你为什么会写《未来学校：重新定义教育》这本书？

朱永新：因为我在做新教育的 20 年里，越往深里走就越发现，如果按现有的教育体制和现有框架去做，很难真正去推进教育的进程，不可能实现我的理想和目标。

这个时候，你目标不变，但要根据实际情况调整方向。就像我们做商业，你如果还在考虑怎么把商店建好，方向就错了，因为现在有互联网了，有淘宝了，整个商业形态已经变化了。再走老路就错误了。

现在中国的很多问题，比如择校、考试、奥数、补课、学区房，都和教育体制有关。这些问题不变，考试科目再怎么改都没用。在现有教育体制下，改革很难。

前段时间有家教育公司的总裁跟我说，他们研发了一套提高课堂教学效率的工具，试图用这样一套设备改善学生的学习。我说方向反了！未来并不需要像现在这么集中式学习了。以后可能连传统的课堂都没有了。未来的学习一定是新型的学习方式，激发学生自主学习的潜能，怎么能变成一种完全由摄像头来监督控制的学习呢？

中国新闻周刊：书里提到"学分银行"，怎么想到这个创意的？

朱永新：其实现在美国已经有这样的公司了，就是新的考试公司。所以我就专门对学分银行制度进行了研究。

我提出建立一个终身教育的学分银行，把一个人从摇篮到坟墓的原生态的学习记录都放在上面。比如孩子学钢琴了，练琴的过程可以放在上面，这很真实，人为的控制、修改都很难。学分银行与我们的银行体系很像，有储蓄所，是我们原始的学习场所，对我们的学习结果进行记录；有地方银行，对区域的学习者学习的情况进行记录；也有中央银行，对全国的学习者登记在册。

在学分银行的基础上，建设一个国家级的教育资源平台，把全世界最好的教育资源全部整合在网上。人生不同的阶段，要想学什么，这个平台上全有，学生自主学习就行了。

过去我们整个的教育是为找工作做准备的，职业定向性很强，选择错了再去修改成本很高。实际上现在发达国家，一个人一生换工作的平均频度是 16 次，所以任何一次性教育都很难满足一个人一生的需求。

根据现实生活的状况，我们必须进行这样的变革：每个人随时学习，机构随时记录。这样就为每个人提供了更广阔的可能性。

未来教育就是终身教育，不是一次性完成的。

中国新闻周刊：在你的未来教育方案里，取消了班级，取消了教室，老师的角色也发生很大的变化，这可能吗？

朱永新："一刀切"是不符合教育规律的。每个孩子的身体、心智情况不同，因此，每个孩子应该有不同的上学时间，有不同的学习节律。现在已到了信息时代，更加符合人们需求的教育改革迟早会发生。

每一个孩子都有他最优秀的地方。现在我们教育体制最大的问题是"补短"。好的教育是什么？是扬长，不是补短。好的教育就是把擅长的东西放大，帮助每个人成为最好的自己，这是教育的真谛。补短是让所有的人成为一样的人，扬长是让所有的人成为不同的人。

以生命教育为基础的真善美课程

中国新闻周刊："新教育"使用什么样的教材？

朱永新：最近几年，新教育实验把课程研发视为重中之重，下了很大力气。

一方面，如何对现有的教育体系进行改良，我们研发了一些课程。如《新教育晨诵》系列教材，我们就从幼儿园到高中编写了一套共 26 册，目标是打通知识与生命之间的通道，让师生在阅读诗歌时，不再仅仅是对字词句的赏析，而是以特殊的"思与行"环节激发师生结合自身体验进行思考。

另一方面，新教育实验积极面向未来，提出了更具前瞻性的课程体系，即以生命教育作为基础的真善美卓越课程。

现在我们在学校里学的知识，有很多是生活里没用的，一辈子派不上用场的；而很多非常有用的知识，却没有学过。以生命教育为例，还有什么比人的生命更加重要呢？教育首先是为生命而存在的。

生命课首先解决生命的长度，帮助学生知道怎么吃饭，怎么运动，碰到危险怎么处理；然后解决生命的宽度，帮助学生学习怎么交朋友，怎么成为人际关系良好的人；再解决生命的高度：我们是人，必须要有精神生命，要有价值观，要有追求。

所以我们研发了新生命教育的课程。这个教材已经编出来了，从小学一年级一直到高三，每学期一本。现在有部分地区、部分学校把它作为校本课程在使用。但我认为，生命教育在未来有必要成为国家课程。

中国新闻周刊：新教育的课程和已有课程相比有什么不同？

朱永新：在生命教育的基础之上，新教育的课程分为真、善和美三个方面。

大人文包括语文、历史、地理这些科目，因为其实它们是通的。《史记》是什么，是文学、历史还是地理？其实都有。这样的人文课程是面向所有人的。

我们还根据科学大概念，把物理、化学、生物、数学整合成一门新型课程，叫大科学。现在的科学教材，物理、化学、生物都是一百年以前科学体系的产物，而新的科学体系是：宇宙科学、生命科学、物质科学。我们按照这三个科学体系，抽出 14 个大概念来重新编教材。这是所有人都要学的课程，没有文理分科。

然后，如果你要想成为宇航学家，那我再帮你设计一个宇航方向的选修课程，你要想成为化学家，我帮你设计一个化学方向的选修课程，这是根据你个人兴趣和爱好需要定制的课程。规定的必修基础课程，不应该超过 50% 的时间；剩下 50% 的时间，应该让学生去探索学习，做自己喜欢的事情。

大德育这门课主要是整合现在的道德与法治等方面的课程，目标是培养现代公民。大艺术的课不是现在的美术和音乐，我们把戏剧、电影、创意、设计加入进来，整合成一门课程。

中国新闻周刊：你提出要在目前的公办教育里引入课程竞争模

式，为什么？

朱永新：我提的这个模式，是鉴于未来会是"能者为师"的时代。

我去年去北大附中考察，看到学校里建了几个艺术工作坊，是各个领域比较优秀的艺术家开的。学生喜欢什么就可以去选什么课程，所以学出来的东西都是一流的，学生也成了小专家。

这等于我们又回到了孔子时代、师傅带徒弟的新时代。当然，这不是简单的回归，而是否定之否定，是螺旋式上升的。

未来教育体系里，可能会有很多老师不在学校工作了，他们自己组建课程公司，为不同的学习中心提供课程。小学、初中、高中等各个阶段都可以引入课程竞争，国家来采购，谁的课程好，就引进谁的课程进学校。

把时间还给学生

中国新闻周刊：你做了 20 年的"新教育实验"，以你这样的身份都做得这么难，难在哪里呢？

朱永新：准确地说，新教育实验是一项民间教育探索，和我本职工作的身份无关，我也特别注意在推动新教育实验中区分两者。

教育是事关千家万户的大事，在推动改变中，遇到阻力是正常的。难处主要集中在两个大的方面。

一是学校规定课程太满，规定动作太多，实验与改革的空间受到很大限制。拿生命教育课来说，我们研发了好多年，课程体系都完成了，教材什么的都印好了，但现在在公办学校里，课程基本上把学生时间全部占满了，要想新开课程，几乎不可能。所以，如果我们的基础教育不做减法，就没办法做加法，很多好东西就很难实施。

第二个原因是我们的校长、局长变动太多太快。

任何教育都是慢功夫，尤其是进行教育探索就更加需要细心和耐心。每个校长和局长都有自己的一套主张。过三五年，就换校长或者局长，就会换一个思路，换一套主张，这样一来，任何教育探索都是难以为继的。

中国新闻周刊："新教育实验"有 5000 多所学校，150 多家地方教育局加盟，你靠什么说服他们呢？

朱永新：完全是自愿加入的。"新教育实验"不仅是民间机构，而且是一个民间公益机构，一直都是依靠自己的品质吸引，靠口碑传播。

很有意思的现象是，参加我们新教育体系的学校，考试成绩基本上都是当地最好的。因为新教育实验学校是根据教育规律办学的，有大量、海量的阅读。我们的教育把阅读时间还给学生，学生的成长反而是最快的。

国际上有家很著名的教育组织叫世界教育创新峰会（WISE），他们对全世界很多教育家做过调查，也给我发过一次问卷。有一个问题是："你们认为，现在学校里学的这些课程，要保留多少？"结果，大家认为只有 17% 应该保留。也就是说，另外 83%，即你在学校里学的大部分知识是没用的。

仔细想一想也是，我们掌握的大部分知识都是我们在工作和生活中自己构建的，而不是在学校学的。

与其这样，咱们不如就变革教育，干脆给予足够的时间，让学生尽早进行知识体系的自我建构。

北京青年报：朱永新：教育最重要的使命是让人成为最好的自己（摘要）

（2019年11月15日）《未来学校：重新定义教育》一书上市不到一个星期，第一版印刷的一万本被一抢而光。开新书发布会的时候，出版社找不到样书，满北京城去小书店里搜罗了几本。

提到这本书的写作缘起，朱永新说："100年前，杜威就写过一本书《明日之学校》。但是100年后的今天，学校依然是杜威时代的那个样子。我们按时、按点上课，学同样的课程，学习方式还是班级授课制。如果这些都没有改变，就不可能到达我们理想的教育境界。"

"因此我在思考，未来学校形态会发生什么样的变化、未来学生要学什么、未来教师从哪里来等等一系列问题，通过全面梳理当下的教育体系，我觉得，这些元素都要改革。就像重构我们的商业体系和金融体系一样，未来的学校教育体系必须要进行结构性改革。"

"比如，以后学生不是只在一所学校学习，而是在不同的学习中心学习。学校变了、班级变了，学生自己组成学习小组，进行互助式学习、伙伴式学习和探索。学习的课程和内容变了，未来的教师也变了，是'能者为师'。"

"所以，未来是课程为王，而不是文凭为王。教育不再由学校垄断，而变成了开放的全社会参与的教育，学习不再是应付考试，而是变成一辈子的事情，是从摇篮到坟墓的终身教育。这是我对未来教育的一个设想。"

经济观察报：教育的另一种可能：没有班级，没有学校，没有文凭（摘要）

　　（2019年8月26日）1999年，还是苏州市副市长的朱永新，发起了"新教育实验"，创办的新教育在线网站，曾经被誉为中小学教师的精神家园；他倡导的新教育实验，正在悄然改变着中国的教育。如今，研究了一辈子中国教育的朱永新，在61岁的时候，出版了一部《未来学校：重新定义教育》，从教育内容到教育方法，从教师队伍到评价体系，全部进行了预测和重构。"我们知道，现在的学校制度只有几百年历史，是随着英国工业革命开始的。现代班级授课制发展到现在有很大的问题，学校课堂上学很多没有用的知识，几乎所有的人都为了进最好的大学、将来找赚钱多的工作而学习。在这个标准下，只有少数人是成功者，大部分人可能都是失败者。"

　　他对未来教育的设想是：就像重构商业体系和金融体系一样，学校教育体系必须要进行结构性改革：课程为王，而不是文凭为王；教育不再由学校垄断，而变成了开放的全社会参与的教育；学习不再是应付考试，而是从摇篮到坟墓的终身学习过程。

　　他说，我在《未来学校》中把未来教育的模式给描绘出来，就是想让大家知道，教育是可以改革的，不是一成不变、天经地义就是这样的。谁说基础教育、应试教育一定要学现在的这些课程？

人民政协报：一份沉甸甸的履职报告

拿到朱永新同志的新作《共识凝聚力量——一个政协委员的履职报告》一书后，不忍释手，很快读完。读到书中许许多多熟悉的人，许许多多与永新共同经历的事，当然，更多的是未曾参与、未曾听闻的事，我陷入了沉思，很多想法在脑海里萦绕，想要表达倾诉，但又迟迟理不出头绪，真有一种心有千万言、纸上落笔难之感。隔了一段时间后，灵光乍现，想要表达倾诉的感悟一下子涌向笔端。

一、"时光从不辜负任何真诚的努力"

"时光从不辜负任何真诚的努力"，这是永新写在书的前言中的一句话，也是全国人大常委会副委员长、民进中央主席蔡达峰同志为该书作序时引用的一句话。言为心声、行为心表。这句话打动我的不是文字本身，而是文字背后永新一直以来"以耳知事，以目明事，以心决事，以手行事"的执着追求和不懈努力。永新一身兼有多种社会角色，从专业和学术角度看，是"痴心最爱是教育"的教育家；从民进中央副主席、全国政协常委的角度看，是登高望远的政治家；从社会活动和社会影响看，是涉猎广泛的社会活动家。多种社会身份并行不悖，相辅相成，相得益彰，原因何在？"时光从不辜负任何真诚的努力"是最好的诠释。对《共识凝聚力量——一个政协委员的履职报告》这本48万多字的书做一粗略统计，在2018年不到一年的时间，永新写下了"两会"手记16篇、政协提案13份、参政之声

33篇、调研随笔35篇、调研报告8篇、议政网事4篇、媒体采访和关注36篇（媒体采访、审稿也是需要时间的），共145篇。一年365天，平均两天半一篇。真是不算不知道，一算吓一跳，这是何等之勤奋啊！"坚持每天5点左右阅读写作"，无论寒暑，从不间断，这是何等的不易啊！"勤为万德之根，万艺之本。"更为难得的是，这些手记、提案、参政之声、调研随笔、调研报告及议政网事，都不属于"口水话""心灵鸡汤"之类，而是我手写我心，是在深入社会、深入生活，经过反复思考后诉诸成文的，是在洞察幽微、剖陈利害，是在践行着他"自己的科研和书籍文字如果不能影响生活，就一文不值"的承诺。也正因为如此，永新的许多成果得到重视和采择。永新用"文字的脚印记录参政议政之路"，他一年履行政治协商、民主监督、参政议政职能的丰硕成果镌刻在这本书的字里行间。这本书，既是向执政党、向全国政协、向民进中央交出的一份合格的履职答卷，也生动展示了一位改革开放以后成长起来的中年知识分子的家国情怀、使命担当。

二、"在两会的舞台上，需要我们起到上传下达的作用"

人心是最大的政治，共识是奋进的动力。习近平总书记在中央政协工作会议暨庆祝中国人民政治协商会议成立70周年大会上的重要讲话中，要求人民政协把加强思想政治引领、广泛凝聚共识作为中心环节，担负起把党中央决策部署和对人民政协工作要求落实下去、把海内外中华儿女智慧和力量凝聚起来的政治责任。在全国政协十三届一次会议闭幕会上，汪洋主席对政协委员提出了完成好年度"委员作业"，以实际行动提交一份好的履职报告的要求。永新对自己2018年的"委员作业"画龙点睛，题名为"共识凝聚力量"，并在书的前言中写道："我们虽然代表着各种人群的利益诉求，但是共和国的整体利益是我们的最大利益，画出最大同心圆是我们共同的心声。在'两会'的舞台上，需要我们起到上传下达的作用，需要我们通过协商达成共识，需要通过共识来凝聚力量。委员的使命之一，正是以形成共

识为己任。"永新还写到，汪洋主席完成好"委员作业"这句话，对
委员来说，不仅是外在的号召，更应是自我的要求。通过这本书可以
看出，永新是用心、用力、用情来完成"委员作业"的，是用他"察
实情、讲实话、谋实策"做"三实"委员的要求来完成"委员作业"
的。理从事出，情深意浓，永新的答卷自然是优秀的。

新时代，进一步明确凝聚共识是人民政协的新职能、新任务。
这既是人民政协理论、政策、实践的新发展，也是时代的呼唤。履行
好人民政协凝聚共识的职能，一方面要畅通渠道，创新形式，完善机
制，提高质量，引导各界委员有序表达意见诉求，积极建言资政；另
一方面，要各界委员协助党和政府多做宣传政策、解疑释惑、理顺情
绪、化解矛盾、凝聚共识、汇聚力量的工作。在人民政协履职过程
中，各党派团体各族各界的政协委员接受党的正确主张，是凝聚共识
的一种体现；政协委员的意见建议得到党政部门的采纳，也是凝聚共
识的一种体现。政协委员通过协商议政，在一些问题上缩小认识差异
和分歧，增强了认识的一致性，是凝聚共识的一种体现；政协委员帮
助所联系的阶层和界别群众正确理解党的方针政策，消除误解和疑
虑，也是凝聚共识的一种体现。政协委员不代表所联系界别群众发
声，是一种缺位；政协委员不协助党和政府做好界别群众工作，是一
种失职。"上下同欲者胜"，上情下达，下情上传，才能有效地形成同
频共振。永新用自己模范的行动践行着上述思想和观点。透过阅读永
新一年的履职成果，我亦加深了对凝聚共识的认识和体会。

三、"见证十年"

读永新的《共识凝聚力量——一个政协委员的履职报告》一
书，不能不提到永新的另一部作品：十卷本的编年体个人参政议政
实录——《见证十年——一个民主党派成员见证中国民主政治进程》。
这是一部被称为"民间两会史""代表委员的履职教科书""通过一个
人的窗口，可以看到一个世界"的几百万字的鸿篇巨制。

全国人大、政协 5000 多名代表、委员中，从 2007 年到 2017

年，从亲历者的视角，如此深入细致地观察、思考、体认并记录"两会"会议及履职过程的人和书，我没看到第二人、第二本。永新十卷本的编年体个人参政议政实录，我只读了其中几本，没有通读，其中2014年这一本，应永新之邀不揣冒昧写了一篇序言。我在其中写了这么一段话："永新在书的副标题中自谦为一民主党派成员，并将自己放在一个见证者的位置，实则不然。作为全国政协常委、民进中央的领导人之一……在社会主义民主政治建设中，在协商民主推进中，永新是见证者，更是参与者、实践者……永新作为统一战线中的一员，作为参政党中的一员，作为共产党的挚友、诤友，其忧比任重，其责比位高。"朋友之间，有时难免爱屋及乌，但更需要推诚相待，讲真心话，我以为这样的评价对永新来说，是准确的、客观的。

人民政协已经走过了70年的光辉历程。70年来，在中国共产党的领导下，一届又一届政协委员接续奋斗，积极投身建立新中国、建设新中国、探索改革路、实现中国梦的伟大实践。回顾历史，我们充满了敬意，有太多的人物值得我们去怀念，有太多的往事值得我们去追寻。新时代，新使命，新担当，人民政协事业守正出新的新画卷，需要参与者，也需要书写者。在永新的履职实践中，我们能真切感受到什么是不忘合作初心、继续携手前进。先辈李大钊同志曾经讲过这么一段话：凡事都要脚踏实地去作，不驰于空想，不骛于虚声，而唯以求真的态度作踏实的工夫。以此态度求学，则真理可明；以此态度做事，则功业可就。永新说"明天的责任在今天你我的肩上"。只争朝夕、责无旁贷、日拱一卒、功不唐捐，永新在继续努力着！

蔡达峰同志在为永新《共识凝聚力量———一个政协委员的履职报告》一书所写的序言中表示："我很容易理解他为事为文的不易，很感佩他出色的能力和成果，我是要向他学习的。"示范是最好的引领，行动是最好的语言，我深有同感。

（本文发表于2019年10月21期《人民政协报》，作者常荣军系全国政协委员、全国政协教科卫体委员会副主任）

文化月刊：朱永新：知识分子里的行动主义者（摘要）

"在不远的未来，传统意义上的学校会消失，变成学习中心，没有统一教材，没有了固定年级和班级制，也没有上学、放学时间限制，学生没有寒暑假；上学没有固定的教室，学校的课程是社会供给，老师来自全社会；只要修够课程品类要求、学分修够，就可以毕业获得国家颁发的文凭；学校不再垄断课程学习和考试，变成了教育服务机构和数据中心；课程是政府教育部门招标、全社会竞争中标的；教师变成了学生学习方法的指导者和学习过程的陪伴者，职业规划师或者人生导师。"

以上这些教育变革，是朱永新的新书《未来学校：重新定义教育》中描述的场景。他说："这本书写的是未来教育，是我一辈子搞教育的研究心得，是我为中国教育写的一个改革方案。"

作家梁晓声读完这本书后，给出了高度评价："《未来学校》不仅仅是关于教育将来会怎样的预见之书、畅想之书。书中就如何将因材施教做得更好、更有效而阐述的种种方法，必将会对当下从小学到大学的教与学两个向度，产生旨在改变思维模式的深远影响！"

朱永新，民进中央副主席、全国政协副秘书长、中国教育学会学术委员会顾问。

1999 年，还是苏州市副市长的朱永新发起了新教育实验。近 20 年过去，新教育在 5000 余所基层学校落地，150 多个地方教育局与他合作。他的理念和实践深刻地影响着中国教育改革和发展的方向。

研究了一辈子教育，对目前的义务教育和基层教育，朱永新忧心忡忡："目前的义务教育对学生的要求太高，学生学习的心理负担重、记忆负担重、作业负担重，极少数学生成功，大部分学生都是失败者，没有成就感。应该把学习标准降下来，让人们学那些对他真正有用的课程，养成良好行为习惯，应该更注重生存需要，注重个人发展的基本要求。教育最重要的使命是让人成为人，让人成为最好的自己，把每个人的个性、潜能充分挖掘出来。我们的教育，应该以人为中心，不应以应试为中心！"

《未来学校：重新定义教育》一书之热销，在意料之外，也在情理之中。该书上市不到一个星期，第一版印刷的一万本被一抢而光。开新书发布会的时候，出版社出不到样书了，满北京城去找，最后在小书店搜罗了几本。

幸福完整的教育生活

笔者：从"新教育"到"未来学校"，这中间经历了怎样的转变？

朱永新：未来学校的概念不是我提出来的，全世界的教育研究都在关注。只是，可能像我这样全面系统地对未来学校进行理论构建、提出来全套方案的人还不多。其他学者更多是从技术的角度来谈未来学校的变革。

其实，未来学校就是未来教育的一个探索路径。比如说未来孩子到底要学什么，整个课程体系的重造。所以，每一门课程，新教育都成立了一个研究所。生命教育，成立了一个新生命教育所；人文教育，成立了一个新人文教育研究所；科学教育，成立了一个新科学教育研究所。每个研究所，我都请中国最顶尖的专家，来帮我一起来研究这个课程怎么变革。

我为什么花这么大的力气？因为课程是教育的核心关键。课程的卓越性决定了生命的卓越性，课程的丰富性决定了生命的丰富性。

笔者：新教育的口号很好，"过一种幸福完整的教育生活"，让每一个孩子成为他自己，很"乌托邦"了。

朱永新：这是我们新教育最重要的理念。这句"过一种幸福完整的教育生活"不仅被许多学校挂在最醒目的位置，更重要的是深入扎根在师生的心里。

这是一种提醒，不管对老师还是学生。衡量你教育好不好，首先看老师孩子在你的校园里幸福不幸福，在你课堂里幸福不幸福。如果他们都没有幸福感，都学得很无聊、很厌恶，就肯定不是个好学校，也不是好老师。

好老师就是下了课学生还拼命想听，还没过瘾；好学校就是放了学，学生还不想回家。学习本来是世界上一件最快乐的事，世界上有什么事情比学习更美好？没有！"学而时习之，不亦乐乎。"这肯定是最快乐的一件事情，但是同时也是世界上最有挑战性的事情。

幸福完整就是最好的教育，然而我们现在是把教育变成战场：就这一个英雄，其他的人都是"狗熊"。好的教育，你要让每个人都顾为英雄，百花齐放都是美，万紫千红总是春，对不对？我的美跟你的美不一样，每个人都不一样，我不跟你比单调的美。教育最好的一件事情，就是让每个人能成为真正的自己。

出书最多的教育家

笔者：苏州大学那边，我看你还挂着博导和教授呢，还带学生吗？

朱永新：每年招一个学生，是我自己带，因为我要为新教育培养人才，否则没有研究人员。

笔者：你是怎么走上教育研究这条路的？

朱永新：我读大学的时候报考的是中文系。因为我在中学的时候也算是个文学青年，喜欢写诗、写小说。后来阴差阳错，高考政治考得特别好，我们是"文革"后第一届大学生，那时候乱点鸳鸯谱，就给你点到政治，就是去学政治了，而且读的是政治教育专业。那进修读大学多难，所以没办法，读了教育专业，就开始关注教育问题，就走上教育的路了。

笔者：在教育研究的学术之路上，你受到哪些人的影响？

朱永新：肯定是受教育家的影响很多了。我们新教育提出来一个教师成长理论，就是生命叙事理论加专业发展理论。

生命叙事理论，就比如说每个人的生命其实就是一个故事，一个从摇篮到坟墓的故事。有些人能够把自己的故事变成一部传奇，有些人的就是一个平庸的故事，甚至于可能成为一个事故。一个很重要的原因，就是他要为自己的生命去寻找原型，去寻找生命的榜样。

所以在这个过程中，我在学习的过程中，看到那些伟大教育家的故事。从孔子开始，到苏霍姆林斯基、陶行知，他们的成长历程，肯定会对我的精神有影响。

笔者：有个说法：在活着的教育家里，你出版的书是最多的。

朱永新：我的作品集是在 20 世纪 90 年代末、新世纪初期出版的。当时，中国教育界还没有一个人出文集。《朱永新教育文集》是当时人民教育出版社破例出版的。因为中国的老教育家，没有一个人出过文集，不像文学界，文学界出过文集的很多。教育界没有，当时他们也是争论了好久，最后破例给我出了。

2012 年的时候，我又出了一套 16 卷的文集。这个文集出版第二年，就被麦格－劳希尔——世界上最大的教育出版公司，全部译成了英文。这在教育史上也没有过。这两套文集出版以后，我陆陆续续又出版了一些书。最近，商务印书馆要出我一套新的 16 卷文集，跟以前的 16 卷内容不重复的。

笔者：你在 29 岁的时候，就出版了《中国教育思想史》，为什么会写这本书？

朱永新：这套思想史，是教育领域翻成国外文字最多的。我最初是研究思想史的，最早是做心理学史，后来因为工作了，我就必须结合工作来研究。我 35 岁时当了苏州大学的教务长，然后开始研究教育问题。这时就感觉做心理学、做思想史，不如研究现实问题。然后到了苏州市政府，我就开始管教育了，基本上是结合工作岗位的变化来做的。

笔者：研究研究教育思想史，为你搞"新教育实验"，打下了理论基础？

朱永新：是的，研究教育思想史，为我后来做教育改革提供了一个比较好的理论武器。我经常说教育是人类最伟大的思想，持续了几千年。

西方有永恒主义教育和要素主义教育，其实它是一成不变的。我这几年一直在读杜威、蒙台梭利的书，光读书笔记就写了将近 100 万字，我每天在个人新媒体，每天给老师、父母写一段。大家看的时候就会知道，现在中国面临的很多问题，跟一百年以前面临的问题是一样的。我们很多改革的方案、思想，一百年以前就有人提出来了。"人同此心，心同此理。"就算社会和时代怎么变，但教育的很多根本问题，它不会变。所以，教育思想的意义是非常大的。

到 20 世纪 90 年代初，我到日本去做访问学者，又开始研究日本的教育，所以关于日本教育我也出了套书，20 卷，是我主编的，研究日本教育史和教育现实问题。

1989 年的时候，我写了一本书叫《困境与超越》，就是研究当代中国教育现实问题，从思想到国外的思想，再到现实问题。

所以，我开始做新教育的时候，其实在这样几个准备的基础上，是做了很多思想和理论性的准备。在做新教育的这些年，我也在不断思考，总结研究新教育在发展中遇到的问题、经验得失。

我在中国人民大学出版社出版了一本：《新教育实验：为中国教育探路》，这么多年我做的工作，就是为未来的中国教育去探一条道路。

另外，去年人民文学出版社出了一本《极目新教育》，是一本关于新教育的报告文学，作者采访了两百来位"新教育"的老师，采访了四年，写了一本书。

营养午餐有了，灵魂午餐也有

笔者：今年的政协会议上，你看你提了几个提案，有两个跟阅读、跟图书馆有关，分别是中小学和大学。你的提案是针对什么现象提的？

朱永新：两个提案，一个关于农村图书馆。我前两天还给国务院领导同志写了封信说，农村学校图书馆等于就是学生的精神食粮。我每年差不多要看 100 所学校，去看了以后，农村学校图书馆惨不忍睹。有一些学校根本就没有图书馆，有的是铁将军把门，锁都是锈的，也就是说它根本不开门的。每天下午放学以后有一个小时、半个小时的开放时间，但孩子们放学一般就回家了。就是说，图书阅读在农村学校，基本上没有发挥教育、陶冶情操的功能和作用。

去年我到了云南的一个乡村学校，我就跟校长说，我让他记住：一本好书的作用，比你一个老师的作用要大得多。你把书给孩子们看，可能比老师对孩子的影响要大。一定要让孩子去图书馆读书。很多孩子只要遇到一本适合自己的好书，可能一生就会从此改变。从来不读书的人，就像吃食物之前不知道这个东西的味道，一旦吃上了就会有瘾了，他就会自己不断去找书读了。所以我说，一定要把书让孩子得读得到、看得见、拿得着。

现在农村中小学营养午餐解决得很好，国家抓得很紧，专项拨款，所以孩子们中午吃得很好。我到中国最贫困的学校去看营养午餐，从上到下，做得非常好。我今年提出来：孩子不仅要有营养午餐，更要有精神正餐。你没有精神正餐、不读书不行。所以我就写了这个提案。

笔者：你甚至细化到了图书馆建设体系。

朱永新：我在这个提案中提出：除了规定每个学校有图书馆，还要确保每个图书馆配好书。国家要拿出配置图书书目的名单，按照名单配好书，直接配到学校，这就是一个孩子基本的精神午餐，就像牛奶鸡蛋一样，对孩子的成长很重要。

第二，所有的学校图书馆，要有专门场所，甚至是规定图书数量和专门面积，要配专职的图书管理员，规定上下班时间。学生下课的时间就是你上班的时间，周末也应该开放。这些硬件和软件要有标准，要跟考核学生就业、升学率一样进行考核，图书馆才能发挥作用。

很多学校没有图书管理员，或者是老师兼职的。有的老师自己就不喜欢读书，或者对图书馆里的图书不深入了解，怎么可能给孩子们推荐好书读？现在有很多学校图书馆的书，大部分是社会送的，鱼龙混杂，什么书都有，大部分是对孩子成长没用的书，甚至有很多垃圾书。

在图外，到任何一个国家去，很多学校的图书馆长、图书管理员，都是最有学问的人才能去做。他会给每个学科推荐好书，就是配合学校的专业学科特点，构建学科阅读体系，现在我们这些都没有，所以我就提出了一整套改进中小学图书馆的建议。

中国人一生的阅读书单

笔者：中国知识分子里，说的多，做的少；实践主义者和行动主义者，太少见了。

朱永新：是。我每年要走一百所左右的学校，所以很多人都觉得匪夷所思；然后我写作，每天早上 5 点钟起来，到 8 点之间，基本是读书和写作，所以每天至少写一两千字，是很正常的。几十年一直坚持下来，作品自然就多。

总有人不了解，说我是不是不务正业，不好好工作，光写作。我说你们睡觉的时候，我在写作。

笔者：你还专门成立了新阅读研究所，发布了阅读指导书单。

朱永新：成立新阅读研究所，是我这么多年做的最有意义的事情。我专门为幼儿、小学、初中、高中、大学、教师、父母、公务员、企业家做了九套阅读书单，每套书目一百种。

北京大学的曹文轩教授见我一次，就表扬一次。他说：永新，你做了一件功德无量的事情。他是作家和学者，每次出去做讲座，讲座完了以后，大家都要他推荐书读。他说个人的视野是有限的，每一个学者，只学懂某个学科，不可能什么都懂，怎么推荐啊？他仔细看了我们推荐的书单，说虽然可能有遗珠之憾，但是绝没有鱼目混珠。我们的书单帮了他一个大忙，他在全国各地，推荐这个书单。

笔者：曹文轩在腾云读书会上又向小朋友推荐这套书。他说朱永新的推荐书单，以人格和我的职业生涯担保，书单里绝大部分都是好书，可能会漏一两本好书，但是绝对没有坏书。

朱永新：对，因为这些书单，我们几十个人选，都是学者专家，选了好几年，才选择出来的。我们是很认真地去做的，全国没有一个团队，像我们这样凝聚了这么多专家学者来认真做事情。

我准备在这9个书单里，这900本里面，再精选100本，作为中国人的家庭藏书，就是你一个人一生最低的图书阅读量。美国人也写过一本书 *Making Americans*，我把它翻译过来叫《造就美国人》。我准备就把这个100本的书的介绍和品读出一本书，书名就叫《造就中国人》。如果你是中国人，这100本书你要看。

我现在正在做的中小学学科学习阅读书目——你要想学物理，你要想学哲学，那么你需要看什么书——中小学所有的学科，每个学科领域，教师100种，学生100种。我们正在做这个事情，今年年底，就可以发第一批书目。

我准备了多年，今年年底要启动的叫《中国人研究书目》。这个研究书目针对你要研究的问题，比如我要研究环境、我要研究宇航。每个研究领域，我准备再推荐一百种书。

这样，这三套书，就构成了一个中国阅读地图。

笔者：你们不出版书，也不卖书，做这些事情，完全是爱心和公益，功德无量的好事。

朱永新：很多人都对我说，我做的这些事情，其实应该都是教育、新闻出版、文化部门应该做的事情。

现在，我们的教育部门变成消防队，就是哪里出问题了，他赶紧出来解决。问题方方面面，如果每个人都行动起来，总会解决得更快、更多、更好。

笔者：前年我还跟你儿子媳妇吃过一顿饭，刚好跟苏州大学的王尧老师一起。

朱永新：朱墨在复旦跟陈思和教授、栾梅健教授读博士，读的是文学，但是最后博士论文他不肯写了，他说好无聊，没意思，坚决不肯再读了。他说人生健康第一，运动减肥，控制饮食，体重减掉一百斤，从260斤变成150斤。

他本来要去工作，苏州大学要他去，《苏州》杂志也都欢迎他去，可后来又不想去工作了。我问他说：你怎么养自己？他回答：我就写写东西呗。然后在家里写作、翻译，做自由工作者。去年翻译了七本书，现在正在写一本书叫《失重》，关于整个心灵的失重和身体的失重，写他自己减肥的故事，和他自己为什么放弃复旦大学博士学位的故事。

笔者：看过你写的一篇文章，叫《父亲的礼物》。

朱永新：我父亲是小学老师，后来做小学校长，因为每天他到学校去，要把我带着。我上小学之前，每天早晨 5 点钟，父亲把我从床上睡梦中拎起来，写毛笔字。

有人做过研究，凡是起早的人成功概率，远远超过不早起的人，因为时间都比人家多出来两个小时。早晨的时间是完全可控的，而且是人最清醒的时候，所以专注度最高。其他时间是不可控的，比如今天晚上你酒喝多了，回去你干不成事，就是晚上时间的不可控，而早晨的时间是可控的。

现在想起来，早起是我父亲给我人生最大的一个礼物，因为每天比别人多两三个小时，这是我最大财富。

（本文发表于《文化月刊》2019 年第 11 期）

左江日报：教师成长之路究竟该如何走？

值此第 35 个教师节之际，本报记者专访了全国政协常委、副秘书长，民进中央副主席，著名教育家朱永新，请他就教师的职业尊严和幸福感，以及好教师的成长之道，发表真知灼见。

记者：朱老师好！我还是习惯称您为老师，毕竟认识您有十多年了，但为您做访谈还是第一次，谢谢您给我这个机会。我们《左江日报》是广西崇左市委的机关报，而崇左市地处祖国南疆边陲，是一座年轻且充满魅力与活力的边境城市。马上就到教师节了，在此首先请您给边关崇左的 2 万多名教师打个招呼吧。

朱永新：崇左市的老师们好！在此请允许我通过《左江日报》向你们送上节日的祝福，愿你们守望教育理想，根植边疆教育，用心关爱学生，过一种幸福完整的教育生活。相信你们能创造传奇，成就完整的教育人生。

追梦：过一种幸福完整的教育生活

记者：记得 2015 年您著的新书《致教师》出版时，曾引起巨大轰动，成为众多教师的抢手读物，一年间便发行 20 万册，至今已加印二十多次。这本书的内容直接关注到每一个生命、每一个课程和每一间教室，更关注到教室里的引导者——教师的状态。您在书中围绕教师提出的教师关心的重要问题和教师成长的关键问题，如"成为教师的理由""怎样具备好教师的慧眼""如何书写教师的生命传奇""怎样过一种幸福完整的教育生活"等四大方面，逐一为教师解惑。在您看来，教师，既是一份职业，也是一个志业；既是一份职责，更是一种使命。让教师能过上幸福完整的教育生活，给教师带来职业的尊严与幸福感，点燃教师的激情，成为教育的追梦人，是您书写这本书的初衷吧？

朱永新：《致教师》这本书的反响的确出乎我的意料，这本书广受欢迎的原因，正是它关注了一线教师当下最困惑的问题。更准确地说，这本书呈现出了我和一线教师对当下一线教育问题的共同探讨，以及由此引起的一系列共鸣。

书的开篇我首先就提出"给我一个做教师的理由"，为什么要做一名教师？这是最简单的问题，也是最根本的问题。我认为，一味将教师归结为平凡或是神圣，都是片面的。归结为平凡，会认为教师只是一份赖以谋生的职业，会放松对自我的追求，最终在懈怠中迷失；归结为神圣，会过于强调教师的奉献与牺牲，容易导致神化和苛求，动摇了扎根于现实的坚实基根。由此便引出一个如何让教师既有尊严又有幸福感的话题来。

"过一种幸福完整的教育生活"，是我最早的理想教育之梦，是我最早播下的理想教育的一粒种子。而这一梦想后来便成为我所发起的新教育实验的核心理念。我在《致教师》这本书中再次向广大教师郑重许下"让我们过一种幸福完整的教育生活"的承诺，并表示会和广大教育同人一道，继续逐梦，带着使命，带着爱，向着理想的彼岸，尽一个教育人的全部心力。

我始终认为，教育生活应该是幸福的。教育既然是努力地去促进每一个人过一种幸福完整的生活，它本身就应该是幸福的。而最应该拥有和享受这种幸福的当然就是教师。

那么，什么是幸福完整的教育生活呢？可以从四个方面去认识。

第一，教育就是生活。教育不仅要面向未来，也要面对当下。教育在作为促进美好生活的一种手段的同时，它本身就应该是目的，应该让所有与教育发生关系的人都过一种幸福完整的生活。

第二，教育是一种特殊的生活。教育必须确保受教育的个体生命获得充分的成长，必须实现社会对于一个未来公民的希望。所以，在这个意义上，教育不是简单的生活，而是一种特殊的教育生活。这种教育生活，又不能等同于学校教育生活，如在家庭里父母和子女的沟通，在职业生涯中每个人的学习，都可以视为教育的生活。

第三，教育生活应该是幸福的。孔子在两千多年前就说：学而时习之，不亦说乎！教育不仅应该给人幸福，而且它本身就是充满了乐趣的。只有在愉悦快乐的情景中，教育才能取得良好的效果。

第四，教育生活应该是幸福而完整的。之所以在幸福后面加上完整两个字，那是因为如果仅仅强调幸福，很容易让大家过分重视情感的体验，甚至会误认为感官的享受。人应该是完整的，包括他（她）自己个性的完整性。让人成为他（她）自己，一个完整的自己，这才是教育的最高境界。

记者：据我所知，您从 2000 年发起新教育实验以来，就一直倡导教师要过一种幸福完整的教育生活，现如今您的这一倡导早已不是一句口号，而是一群群教育人奔走在现实的土地上，用脚印刻写的事实。在您看来，怎样才能过上幸福完整的教育生活呢？

朱永新：我常常跟一线的教师们讲，作为一名教师，一定要有理想，要有梦想，要做追梦人。20 年前我写的《我的教育理想》一书出版，也是极受关注，先后也加印二十多次，成为中国教育理论著作的畅销书，许多人评价这本书的作用就是唤醒了教师的教育理想，点燃了教师的教育热情。一个教师有了理想，有了追梦的冲动，那他就会具有强烈的使命感和责任感，就会自觉追求过一种幸福完整的教育生活。我曾多次跟校长和教师说："当你无法改变社会，无法改变别人的时候，你唯一可以改变的是自己。而只要你真正地去改变自己，其实你就是在改变别人，就是在改变社会。"不要以为教师在三尺讲台上没什么作为，他可影响着几十个生命呢！一个教师，如果能够真正地影响几个学生的生命，真正地走进他们的心灵，真正地成为学生生命中的"贵人"，他的生命就是非常有价值了。教育的幸福，教师的幸福，皆由此而得。

其实，要过上幸福完整的教育生活，加入新教育实验便是最好的途径。因为新教育实验是一个以教师成长为逻辑起点，以"营造书香校园"等十大行动为途径，以帮助新教育共同体成员过一种幸福完整的教育生活为目的的教育实验。新教育给予教师的，是一个开阔无垠的精神视野，是一个可以纵横驰骋的自由空间。这是教师成长的一种高端引领。我在多个场合都强调，新教育实验最大的成就，是点燃了许多普普通通老师的理想与激情，让他们知道教育原来可以如此美丽，教师原来可以如此生活。一位普普通通、平平凡凡的老师加入了新教育后，他（她）就会变得信心满满、激情满满；智慧多多，幸福多多；乐此不疲，乐而忘返……这样的例子真的很多，新教育的教师们人人都在书写自己作为教师的生命传奇。

据最新统计，全国新教育实验现有地市级实验区 13 个、县级实验区 142 个、实验学校 4148 所，共有 470 多万师生参与新教育实验，他们以行动悄然改变着中国教育，参与者越来越多，影响越来越大，成为推动中国教育改革进程的一支重要的民间力量。2014 年新教育实验入围卡塔尔基金会评选的 "世界教育创新奖" 十五个项目之一，2015 年被《中国教育报》评为全国教育改革创新特别奖，2017 年获得江苏省教学成果奖特等奖，2018 年获得国家级教学成果奖一等奖。在这里我也特别期待崇左市的学校和教师能踊跃加入新教育实验。

好教师成长的 "吉祥三宝"

记者：正如您前面所述，新教育的师本价值观尤为鲜明突出。这种对教师职业价值深刻到位的认识，使教师的职业尊严感和神圣使命感油然而生。我们都知道，教师是教育发展之本，教育的发展必然呼唤更多的好教师涌现，那么，好教师的成长是否有快速通道呢？

朱永新：好教师的成长当然有其规律。回到新教育实验的逻辑起点，我们较早就认为：站在教室讲台上的那个人，决定着教育的基本品质。所有与教育教学相关的课堂、课程等活动，都有一个共同的指向——教师。因为，没有教师的发展，学生成长就成为无本之木；没有教师的研发，课程就成为无源之水；没有教师的实践，理想课堂就成为水中之月。所以，教师是教育过程中最重要、最关键、最基础的力量。而教师的职业认同与专业发展又是教师成长的两翼。这里说的

"专业发展"就是教师进入教师队伍后进行的所属学科知识与素养等的再学习再提高。这对教师是至关重要的。专业发展是职业认同的基础，职业认同是专业发展的动力，互为前提。没有教师的发展，永远不会有学生的成长；没有教师的幸福，永远不会有学生的快乐。教育成败得失的关键在于教师的专业素养。也就是说，只有高度的专业发展，对职业的认同、信仰，对教育的热爱，以及生命的激情，才最终有了教育品质的保证。

关于教师的职业认同问题。德国哲学家马丁·海德格尔说过，以什么为职业，在根本的意义上，就是以什么为生命意义之所寄托。新教育的职业认同，是指生命个体对于职业价值的发现和承认，进而产生的心理归属感，也是帮助教师去践行教育思想的理念支撑，是教师走向卓越的重要路径。

新教育实验的职业认同是以生命叙事理论为基础的。不管一个人是否自觉意识到，人的一生都可以视为一个书写中的故事。新教育还认为，每个教师的生命都是一个故事，他既是故事的主人翁，又是故事的作者。

强化教师的职业认同只是第一步，接下来就是如何让教师有较好的专业发展，成长为好教师。新教育实验力推通过"三专"模式来实现：专业阅读——站在大师的肩膀上前行；专业写作——站在自己的肩膀上攀升；专业发展共同体——站在集体的肩膀上飞翔。这也是我对教师专业发展的三个观点，我们称之为新教育教师成长的"吉祥三宝"。

记者：我之前也接触过新教育实验学校的一些教师，他们谈起您所主张的教师成长"吉祥三宝"总是那么津津乐道，下面就请您详解一下这"吉祥三宝"为何物吧。

朱永新：首先是专业阅读，那是教师专业发展的基石。我多次讲过，一个人的精神发育史就是他的阅读史，一个民族的精神境界取决于这个民族的阅读水平，一个没有阅读的学校永远不可能有真正的教育。然而，阅读的关键人物是教师。因为没有教师对于阅读的热爱，就很难点燃学生的阅读热情。书香校园的建设，如果没有教师的参与，是永远无法实现的。阅读经典，与过去的教育家对话，是教师成长的基本条件，也是教师教育思想形成与发展的基础。所谓站在大师的肩膀上前行，道理正在于此。

新教育实验从一开始就非常关注教师的阅读问题，曾经为教师推荐了 100 本基本书目。但是，随着实验的深入，我们发现，简单地推荐教师读物是不够的。如果没有真正的专业阅读，教师的专业发展仍然非常困难。为此，我们编制了教师专业发展地图。这个地图由三部分组成：本体性知识（即学科专业知识，约占 50%）、教育学心理学以及职业知识（约占 30%）、人文及科学背景知识（约占 20%）。这三部分不是彼此孤立，而是相互支撑，有共同的知识背景和价值观。整个知识结构，可以最大限度促进教师教育生活的幸福完整。

其次是专业写作，让教师学会在反思中成长。新教育实验的十大行动之一，就是师生共写随笔，即通过教育日记、教育故事、教育案例分析等形式，记录、反思教师的日常教育和学习生活，促进教师的专业发展和学生的自主成长。我们把教师教育写作分为五类，分别是教育感悟、教育叙事、教学案例、教育案例、师生共写随笔。一般化的教育感悟不能称之为专业写作，只有后面四种才是新教育提倡的专业写作。

应该说，到现在为止，为发表文章而写，为评定职称而写，为应付检查而写，仍然是教育写作中的常见现象。针对这种现象，新教育明确提出：新教育专业写作，不以外在的名利为终极目标，不为写作而写作，而是为了使写作恢复本来面目，服务于日常教育教学实践，成为自我反思的基本手段，促进学生以及自身的幸福完整。

我认为，一个人的专业写作史，就是他的教育史。我们的教育生活是由无数的碎片组成，这些碎片往往会成为破碎的未经省察的经验，使教育教学在比较低的层面上不断重复。而通过专业写作，就能够有效地对经验进行反思，从碎片中提取有意义的东西并加以理解，形成我们的经验融入教育生活，使之成为我们专业反应的一部分，使我们的教育实践更加富有洞察力。新教育的专业写作具有明显特点，比如强调理解与反思，反对表现主义；强调与实践相关联；强调客观呈现，反对追求修辞；主张师生共写随笔；注重案例研究，等等。

再次是专业发展共同体，让教师成长有一个良好的生态环境。与专业阅读、专业写作一样，专业发展共同体，是新教育实验教师专业发展的最重要途径之一。其实教师专业发展共同体的问题一直是古今中外教育学者关注的重要问题。孔子早就讲过"独学而无友，则孤陋而寡闻"以及"三人行必有我师"的道理。教师的成长"生态"也得到现代教育学者的关注：美国斯坦福大学的格鲁斯曼（Grossman）教授等以案例研究为基础，对教师专业共同体的内涵、特质及组建过程进行了较为详细的描述与说明，明确指出了"教师专业共同体"和"一群教师"之间的本质区别；迈克劳林（McLaughlin）则对教师专业共同体对于学校发展的作用进行了研究，指出专业发展共同体可以支持和帮助教师改进和完善自身的教学实践，帮助他们解决由于学校的改革和变化而出现的危机感和不确定感，以使教师去应对变化的环境和新的挑战，从而为学校走向成功提供了适宜的组织与精神资源。

多年来新教育实验就一直积极探索建立各种基于同一教研组、教学组的，或者是本校的、校际的，以及利用网络的各种专业发展共同体。近几年发展起来的比较有影响的新教育专业发展共同体就有：新教育研究中心"相约星期二"沙龙、天津著名特级教师张万祥的班主任学习小组、温州苍南新教育俱乐部、河南焦作"毛虫与蝴蝶"儿童阅读共同体、贵州凤冈新教育共同体、"镇西共读"阅读团队等，利用教育在线网站建立的散布于各个地区、学校的大大小小的毛虫群落（儿童阅读研究小组）与"海拔五千——新教育教师读书会"QQ群、构筑理想课堂QQ群，更是形成了目前全国规模最大的教师专业发展共同体。

总之，如果教师能够在职业认同与专业发展方面同时下功夫、做文章，一方面保持生命的激情，积极面对生命的各种遭遇与挑战，一方面能够加强专业阅读与专业写作，积极参与到优秀的教师共同体中去，就一定能够书写生命传奇，就一定能够成为好教师，乃至名师。

早做准备，拥抱未来

记者：据我所知，您今年又有一本畅销书出版，书名叫《未来学校》，听说发行头一个月就加印两次。这本书您在正式发行前就送了我一本，所以我也应该算是第一批读者。您的书就像为我们打开了一扇门，为我们展现了一个充满未来感、新鲜感的全新教育世界，令我们遐想无限，而又期待无限。您对未来教育、未来学校的这些预测预判都是从哪而来呢？

朱永新："未来教育"和"未来学校"这两年已成为热词，围绕这两个热词而开展的研讨活动也成为了热门。这说明这个话题已到了关键时期，值得深入思考。《未来学校》一书汇集了我这些年来对未来教育、未来学校从教育内容到教育方法，从教师队伍建设到评价体系等多方面发展趋势的研究与预测。这本书一问世便引起公众的关注，说明人们都很关心未来的学习与教育。我在书中主要讨论的是互联网对未来学校形态的改变，及其引发的教学模式的改变，并大胆预判："今天的学校会被未来的学习中心取代"。我写这本书还有一个目的，就是想告诉大家，教育变革，虽然不像社会变革那样有强烈的人为干预色彩，但是我们可以主动迎接、主动介入通往未来的教育趋势，这个趋势就可能会向着我们期待的方向发展。应该说，我们已经来到了教育大变革的前夜，已经站在了未来学习中心的门前，推开这扇门，就是一个新的世界。

记者：您所预测的未来学校即学习中心会是什么模样呢？

朱永新：我相信，我们今天觉得天经地义的学校生活，因为互联网，因为信息技术的发展，会在润物无声的改变中，发生翻天覆地的变化；我相信，未来的某个时候，未来的人们，会觉得天方夜谭的"学习中心"，是那么的顺理成章。未来，物理形态上的学校，钢筋水泥砖瓦花木，依然如故，保安可能还会有，围墙也可能依然存在，但是，传统的学校，不再是唯一的学习场所，说到学习，大家马上想到的不是"学校"，而是"学习中心"。

未来的学习中心，没有固定的教室，每个房间都需要预约；未来的学习中心，没有以"校长室"为中心的领导机构，表面上看，就像今天北上广的创业中心；未来的学习中心，可以在社区，也可以在大学校园，类似于好未来、新东方这样的培训机构，也可以成为学习中心；未来的学习中心，没有统一的教材，全天候开放，没有礼拜天、寒暑假，没有上学放学的固定时间，也没有学制，可以 8 岁上学，也可以 12 岁上学，15 岁的孙子可以跟 75 岁的爷爷在同一个课堂上同样的课；未来的学习中心，教师是自主学习的指导者、陪伴者，教师将彻底变成自由职业者，"能者为师"将使得今天的教师资格证，变成历史的笑话。

记者： 在未来学校中，教师的地位和作用会有什么样的变化？为迎接未来教育的挑战，今天的教师该做好哪些准备？

朱永新： 首先我要强调的是，未来无论技术怎么发展，教师的地位是很难被机器取代的。一所学校的优劣，很大程度上不是取决于它是否有先进的技术，而是依然取决于它有没有一流的教师。

脸谱网的创始人扎克伯格认为，未来的教师可能会成为自由职业者。我认同这个观点。因为，未来的教育，未来的学习中心，对教师提出了更高的要求，滥竽充数的"南郭先生"将会被淘汰出局。优秀教师将会以各种形式的"共同体"方式一起成长，一起创造，一起承担课程，政府也将通过签约的方式聘请教师或者购买课程。为此，教师的职业教育与专业培训就显得更为重要。而由于未来教育将更加注重人文教育，教育的个性化要求亦将更加凸显，让每个人成为自己，把每个人的潜能充分挖掘出来，让每个人的个性充分张扬，让每个人能够真正享受日常的教育生活，真正喜欢日常的学习过程，这便是幸福完整的教育生活的终极目标。

要知道，中国教育是缺少人文关怀的，很多教师缺少人文精神，这种状况不改变，我们就很难应对未来教育的挑战。基于此，新教育特别强调要把提升教师的精神生命、重塑中国教师的人文精神，作为教师发展的意义境界。一所学校如果没有人文精神，肯定是没有品位的。重塑人文精神，让教师在精神层面上真正站立起来，教育的境界就大不一样。如果说教师的全部尊严在思想，那么教师的全部价值就在于其精神生命的不断提升。

很明显，未来学习中心的理想和宗旨与新教育实验孜孜以求的目标其实是一致的，都是要"过一种幸福完整的教育生活"：让每个人快乐自主地学习，享受教育的生活；让每个人发现自己的潜能与天赋，成为最好的自己。这也正是我们新教育人追求的最高境界。

华西都市报：70 年 70 人：新教育实验发起人朱永新：上天入地改善一线教师状态

朱永新，现任全国政协常委、副秘书长，民进中央副主席，中国教育学会第八届学术委员会顾问，叶圣陶研究会副会长兼秘书长。苏州大学教授、博士生导师，北京大学、北京师范大学、同济大学等兼职教授，新教育实验发起人。曾任十一届全国人大常委、教科文卫委员会委员，中国教育学会副会长，苏州市副市长等职。

9 月 10 日清晨，北京天色微亮，天空翻起了鱼白，朱永新照例起了个大早。

当天是全国第 35 个教师节，作为全国民间教育改革发起者——新教育实验发起人，他的团队将在人民大会堂领取国家基础教育优秀成果一等奖。

他静静地坐在电脑前，此时此刻，内心挂念着远方的一线老师。

很快，一篇"致新教育同仁信"迎着朝阳出炉。信中，朱永新没有花笔墨赘述新教育实验成果，而是流露出对一线教师生存境遇的关注。他相信，"教师不仅可以过上幸福完整的教育生活，而且就应该成为幸福完整的代言人"。

从大学教授到主管教育的副市长，再到全国人大代表，全国政协常委、副秘书长，民进中央副主席，职务的变化从未改变他对"幸福完整生活"理念的实践和追求。

他是国家领导人请进中南海座谈的专家之一，曾参与起草《国家中长期教育改革和发展规划纲要》；同时兼具草根情怀，长期深耕教育教学一线，能完整叫出全国数百位一线教师的名字。

"我给自己的定位是'上天入地',所谓上天就是为国家的教育决策贡献智慧,入地则是把自己关于教育的一些想法和思考,变成实践。"言谈中,颇有豪迈气势。

另辟蹊径:2000 年发起民间教育改革行动

提到朱永新,"新教育"是永远绕不开的一个话题。这是朱永新于 2000 年发起的一项民间教育改革行动。彼时,39 岁的他是苏州市分管教育的副市长,刚上任两年,就把目光投向了基础教育领域。

世纪之交的中国,素质教育改革已进入深水区。当年 6 月,国务院在文件中明确提出,减轻中小学生课业负担已成为推行素质教育中刻不容缓的问题。"减负",成了一项迫在眉睫的任务。

"我觉得中国教育的很多问题,都在一线发生,必须在一线解决。"朱永新认为,解决问题的关键是"入地"。"真正的学问在田野,真正的研究在校园。"

而促使他走向改革破冰的道路,是他在多个场合都反复提到过的一本书。"1999 年,正好读到了《管理大师德鲁克》这本书,德鲁克在书中讲了一个故事:他和自己的父亲去看望他的导师熊彼特时,熊彼特说,仅仅靠理论和知识是不够的,除非你能影响和改变人们的生活。"朱永新得出了自己的结论。"如果仅仅是发表更多著作,不能够改变现实,那你的理论就是个相对空洞的理论,影响力也会大打折扣。"

何谓新教育?朱永新欣赏的一位实用主义教育学派代表人物、美国学者杜威主张:教育即生活,学校即社会。朱永新拓展了它的意义:教育应该让所有人过一种幸福完整的生活,包括实施教育的人。

当全社会的目光都集中在如何解放学生时,他另辟蹊径,主张以教师的专业发展和职业认同为起点,提出教师成长模式。"改变了教师也就影响了孩子。要通过专业阅读,让教师站在大师的肩膀上,通过专业写作,成就一大批优秀教师。"

虽然掌舵着长江经济带重镇的教育事业,朱永新并没有利用手上的行政权力，把新教育作为工作抓手，自上而下地进行推动。"政府的推动力和号召力远非民间能比。"但他担忧的是，"如果没有真正得到一线教师的认同，很容易造成形式主义对付官僚主义的局面"。

作为非官方的民间教育变革行动，每一方阻力都像一面墙，需要一个个推倒、重建。例如：缺乏研究和推广人才、没有足够经费、学校不认同等等。在固有的国家课程体系下，新教育实验从夹缝中起步。他用略带一丝无奈和悲壮的语气鼓舞士气："我们是带着镣铐跳舞，但总比不跳舞好，新教育就是要跳出一个相对精彩的镣铐舞！"

全国推广：五大行动促进师生幸福生活

2002年，"新教育实验"从苏州昆山玉峰实验学校启航，提出了五大行动，分别是营造书香校园、师生共写随笔、培养卓越口才、聆听窗外声音、建设数码社区。

营造书香校园是其中一项很重要的工作。学生和老师一起读书，读经典也读学科。

知名教育家李镇西是朱永新的博士学生，新教育开始之初，他和朱永新一起开始设计、规划新教育实验，可是，需要一个实验基地。最终落脚点选在了成都，在武侯区教育局的支持下，李镇西来到武侯实验中学担任校长。

李校长给老师们写了一封公开信——《敢问路在何方》。在信中，他给老师们谈新教育实验、谈师生的幸福生活。慢慢的，老师们开始接触新教育，进行新教育的实验。

2002年，朱永新拿出自己的稿费，创办了旨在探讨中国教育、推进教育改革的民间教育网站——教育在线。朱永新的初衷，是希望通过资源共享、互帮互助促进教师成长。网站一开通，就受到一线老师的追捧。短短一个月，注册会员就达到5000人，远远出乎他意料。朱永新经常在线解答老师们的问题。

在推广和实践中，"新教育实验"逐步走向全国，在不少区域内全面推进，有些地方推进力度还非常大。洛阳市副市长陈淑欣在多个场合都提到了新教育，她几乎走遍洛阳所有区域，游说区长、局长推进新教育实验。她认为新教育是办人民满意教育的最好抓手。

直面质疑：遭受质疑批评，朱永新挺住了

新教育实验从理想变为现实的过程中，曾遭受质疑，也曾遭受批评。朱永新记得，有一年，广州一位大学教授公开写信批评新教育。也有严谨的学者质疑新教育，称"这么大规模，怎么可能深入"？

朱永新总结了一下，批评主要围绕两个方面：第一，教育实验规模太大；第二，牛吹得太大。"因为一开始，我们就提出打造扎根本土的新教育学派，成为中国素质教育的一面旗帜，为素质教育探路。"

朱永新挺住了。在内部会议上，他强调："新教育实验不是一个严格传统意义上的科学实验。新教育遵从的思想和理念已经过几千年教育检验，例如书香校园建设，它来自伟大的教育家，不需要检验。"

关于"旗帜论"的反对声，作为一名标准行动派，朱永新更没放在心上。他说，只要去做，就一定会有成效。

2018年，习近平总书记在全国教育大会上提出了"九个坚持"，其中一项坚持就是"扎根中国教育大地办教育"。此后不久，教育部公布了2018年国家级教学成果奖获奖项目名单，朱永新教授主持的《"新教育实验"的教学改革实践》荣获2018年基础教育国家级教学成果奖一等奖，这无疑是对朱永新和他的团队多年坚持的最好肯定和褒奖。

"经过这么多年坚持，我不敢说我形成了学派，至少形成了一定特色理论体系，拥有一大批实验学校追随，同时产生了一批有影响的教育著作、教育家、优秀教师。"目前，全国有160多个区县教育局、5200多所学校参与新教育实验，成为推动我国教育改革的一支重要民间力量。

多重身份：强大的专业背景，造就学者型官员

有人说，学者与官员之间的关系是天然冲突的。朱永新同时兼具两种身份，游刃有余。他有多重身份：中国民主促进会中央委员会副主席、第十三届全国政协常委兼副秘书长，还曾担任过苏州市副市长，同时还是教授、博导。很多人好奇，如此多的角色之间，他是如何转换协调的？

朱永新把功劳归结于自己的专业背景。"很幸运，我研究的是教育问题。"1993 年至 1997 年，朱永新做了 5 年苏州大学教务处长，开始往教育管理方向转变。后来任副市长期间，分管教育。"应该说，我对教育的理解，帮助我把副市长这个工作做得更好。"

强大的专业背景，造就了一名学者型官员，而官员这个身份又有助于他发现问题，并通过行动解决问题。正如开篇他提到的"上天"。"担任全国政协委员期间，我提交了上百份关于教育改革发展的提案和建议，有一些被采纳了，这是我和其他学者不太一样的地方。"

不管参政议政的工作有多忙，朱永新都没有放下新教育实验的工作。每一年，他会奔走在全国各地，考察 100 多所学校的教育工作。朱永新笑了笑说，"这样做的后果就是，我睡觉的时间很少，大年初一从白天到晚上都在读书、写作"。

正因为他的多年坚持，新教育实验从一所学校走到 5200 余所，从一个老师的改变，变成了无数老师的改变。

"我们每天都看见老师的喜报，听他们讲述成长中的故事，只要有他们在，中国的教育就有希望。"

界面教育：全国政协常委朱永新谈"减负"：应重新构建教育体系（摘要）

（界面新闻 11 月 15 日 记者 柳书琪）自 2018 年 12 月教育部等九部门联合印发了《中小学生减负措施》以来，青海、重庆、甘肃等 24 个省市已出台减负的具体实施方案。国家及各省市发布的减负措施均表示，要严控书面作业总量和考试次数，采取登记评价方式，不公布学生考试成绩及排名。

种种指向减轻中小学生课业压力的政策，却引发了部分家长的担忧。有家长认为，孩子成绩会因减负而下滑，未来可能在中高考竞争中失利。

对此，在南方周末 2019 年普惠型在线教育座谈会上，全国政协常委兼副秘书长、民进中央副主席、新教育实验发起人朱永新表示："家长的担心是由于现有的评价体系依然以分数为出口，很多人认为这条路迟早要走，苦迟早要吃。"因此，从最根本的角度而言，应当重新构建教育体系，打造"未来学校"。

在朱永新构想的一揽子教育改革方案中，最显著的变化是个性化和终身化。

朱永新表示，现代教育制度的产生源于工业革命，学校是为职业做准备的，有统一的大纲、教材和评价标准，重点考虑共性的需求而非个性的需要。但在现代社会，学校已不再是唯一可以获得知识的地方，20 世纪 60 年代甚至有学者提出了"学校消亡论"。在未来的教育体系下，学校将不再强调统一和标准化，而应将个性化、定制化视为学习的基础。

在朱永新看来，在个性化的学校里，教学的重点将从"补短"转变为"扬长"。"补短让所有人都觉得自己是'短'，并且把优秀的标准抬高到了少数天才的水平，达不到北大、清华的标准就是'失败者'。"他说："但扬长的教育会帮助每个人成为更好的自己，给予人幸福和自信，让人成为面向未来的、富有激情和理想的人。"

为了实施个性化的教学，朱永新认为，教育不再需要设定过高的标准，而应当大幅降低难度、大幅整合课程。一项针对教育家的全球问卷调查显示，教育家们认为现在学校教授的内容应当仅保留 17%。"更多的知识应当留给孩子自我建构、自主学习，才能更好地帮助他适应环境和工作体系，事实上孩子的自我建构能力是很强的。"他说。

除了发展个性化教学外，朱永新还表示，未来的教育应当是终身教育，消除学习与工作间的鸿沟。"现在很多人学习是为了找好工作，为了找到最好的工作，就要上最好的大学、中学、小学，压力层层下移，最后是'不输在起跑线上'。"他说。

但事实上未来的职业与所学专业的关联程度已被极大地弱化了，一个人一生换工作的次数可能超过十次。因此，朱永新认为，专业能力将不再是最重要的，取而代之的是人的学习能力、综合素质和对事物的好奇心。

在他看来，大多数年轻人可以 20 岁左右开始工作，在此后的人生中一边工作一边学习，交替式进行。混龄式教学也可能在未来取代同龄人教学班的模式。朱永新表示，"过去是为了教学方便，假设同龄人在同一起点，但其实人们的学习能力之间可能有很大的差异，而混龄教学、在线教育都可以解决这样的问题，满足个人的学习需求和进度"。

对于终身学习的评价体系，朱永新提出了学分银行的方案，即一个人从出生起所有的学习过程都被记录在学分银行中，以银行中的课程证书取代学历、文凭。他建议，未来国家应当搭建全国性的平台，向社会公众提供免费、海量的在线教育资源，并由国家购买服务，让教育公司等社会力量都能参与其中。

朱永新告诉界面教育，关于"未来学校"的构想和个性化与终身化教育的理念，其实质都是为了培养幸福、完整的人，这也是教育的最高目标。

　　为了实现这一目标，除了制度设计需要逐步推进和改革外，家长也应放松心态。面对普遍存在的"鸡娃"焦虑，朱永新认为家长可以更为从容，这样既有利于孩子的成长，也可为教育留出更宽松的环境。

中国教育报：70年光辉历程，聚力学有所教（摘要）

　　（中国教育报2019年12月2日 段伟）70年，为教育抒写、为教育抒情，记录时代，见证辉煌。70位勇立教育改革潮头的弄潮儿，70篇教育研究观点的精彩荟萃。朱永新教授主编的《扎根中国大地办教育》一书，回顾共和国教育70年的光辉历程和发展成就，总结历史经验，提炼规律性认识；致敬对新中国教育产生过重要影响的人物和著述，献礼新中国成立70周年。

　　磅礴大气、极富时代感的封面，星辰璀璨、继往开来的名家名作，不仅让我们看到新中国教育辉煌推进的轨迹，而且看到了新中国教育人扎根中国大地办教育的艰辛历程。

　　"为了一切的人，为了人的一切"，这是"新教育实验"的核心思想。其理想境界是成为学生享受成长快乐的理想乐园，成为教师实现专业发展的理想舞台，成为学校提升教育品质的理想平台，成为学生、教师、学校共同发展的理想空间。新教育是由"穷国办大教育"转向"大国办强教育"中一朵最为璀璨之花。读几遍朱永新的文章《"新教育实验"的基本理论与实践探索》，您会不会去掉空想，留下理想，追逐梦想，并付诸实践呢？

　　70载雄关漫道，70载风雨兼程。我们驻足回望，不只是感怀历史，更是把初心和使命铭刻于心，让奋斗从历史延伸到未来。欣赏的品位高了，人品就高了，教品自然会高。什么样的教师就会有什么样的磁场，什么样的深度就会有什么样的课堂。高度不一定是目标，向上才是教师应有的姿态，真正的彼岸也许永远无法抵达，但是凭着对课堂教学不懈的追寻，我们定会在聚力学有所教的路上渐行渐远。

中国青年报：朱永新：教育的功能首先不是让人考高分（摘要）

（中国青年报 2019 年 12 月 3 日 中国青年网 记者 邱晨辉）"教育（的功能）首先不是让人考高分，也不是让人找一个好工作，而应该是帮助人获得幸福的能力，帮助一个人真正地拥有内心的宁静。"在 12 月 3 日举行的新浪 2019 教育盛典上，全国政协副秘书长、民进中央副主席朱永新作"教育的力量"主题分享时给出这一观点。

在朱永新看来，教育的力量包括三个方面：一是"让人成为人"，二是"让人获得幸福的能力"，三是"让国家富强"。他说，教育最重要与最本质的特征，就是让人成为人，人只有通过教育，才能成为一个真正意义上有精神的人。

至于"让人获得幸福的能力"，朱永新说，人的幸福主要来自于三个领域：物质生活、社会生活以及精神生活。"人活在社会之中，要和他人建立良好的关系，要成为一个受人尊敬的人，成为一个受人欢迎的人，获得尊严感。但当一个人独处时，你能否获得宁静，能否真正接纳自己，是最重要的。"

在他看来，教育是让人获得幸福的重要途径，"因为真正的幸福来自于人的精神生活，真正的幸福来自于人对自己的认知，来自于人对社会的认知"。

"世界上那些最优秀的国家，那些最伟大的国家，在它们成长的历程中，都把教育放在非常关键的位置。但是，教育是有方向的，好的教育能够帮助人更好地成长，而糟糕的教育，不仅没有力量，反而会成为负能量。"朱永新说。

新京报：朱永新：可有效提高学习效率的学习类APP，应优先认证进入校园

12 月 8 日，中国教育三十人论坛第六届年会上，全国政协委员、民进中央副主席朱永新接受《新京报》记者采访时谈及教育类 APP 进校问题。朱永新建议，应成立一个 APP 行业协会，建立严格规范的评价体系和认证体系，并鼓励已经过大面积市场检验、受欢迎的 APP 优先进入校园。

今年全国两会期间，朱永新曾就学习类 APP 进校问题提案，呼吁对学习类 APP 进校园要避免"一刀切"式的监管，建议建立全行业黑名单。

今年 9 月，教育部科学技术司司长雷朝滋曾指出，一些学校出现了应用泛滥、平台垄断、强制使用等现象，一些教育移动应用存在有害信息传播、广告丛生等问题，给广大师生、家长带来了困扰，亟须规范和引导。

9 月 5 日，教育部等八部门印发《关于引导规范教育移动互联网应用有序健康发展的意见》，指出要对教育 APP 实施备案制度。11 月 22 日，《教育移动互联网应用程序备案管理办法》下发，要求现有的教育 APP 于今年 12 月 1 日至 2020 年 1 月 31 日前完成备案。

"政策已经有了很大的调整"，对此朱永新表示，与开始的严格控制相比，现在审批环节相对灵活，管理也更为规范。

同时朱永新提出，好的教育探索，无论是人工智能还是 APP，都是应该鼓励的。"尤其应鼓励那些已经过大面积市场检验和教育实践探索的 APP 能够比较顺利地进入校园。"

朱永新建议，全国应成立一个 APP 行业协会，建立严格规范的评价体系和认证体系，专业、公正地对教育 APP 进行评价评估和排名，经过评价和认证后才能进入学校。

朱永新表示："现在很多已经在市场上经过大面积检验，可以有效提高教学效率、非常受欢迎的这些 APP，可以优先给它们认证进入校园。"

未来网：朱永新：科技若无人性则会毁灭教育

（未来网 北京 12 月 10 日电 李盈盈）"我们把科技作为监督、控制学生的工具，还是了解、帮助学生的工具，这是截然不同的思维方式。如今，科技在教育方面的应用出现了值得警惕的现象：一是过分商业化和市场化；二是成为精确评价学生、对学生进行分类进而精确控制的工具，这不利于学生的成长。"全国政协副秘书长、民进中央副主席、新教育实验发起人朱永新说："如果科学技术没有人性的话，就会毁灭教育。"

科技既能打开天堂之门，也能打开地狱之门

在中国教育三十人论坛第六届年会上，朱永新抛出了一个值得深思的问题。如今，生活中存在的大量教育创新，到底是在颠覆应试教育，还是在提供更加精致的应试教育？很多科技公司做的事情，是应试教育的帮凶，还是解决应试教育问题的英雄呢？

前不久，浙江一所学校让孩子戴着智能头环上课一事引起社会高度关注。"这是一个令人啼笑皆非的案例，也是典型的科学技术和教育的故事。"在朱永新看来，其问题在于智能头环采集的数据对教育有多大的作用，学生的注意力要靠脑电波才能精确分析吗？

朱永新直言不讳地说："科学技术怎样参与教育、推进教育，而不是成为教育的对立面，直接关系到人工智能＋教育的本质。"

据朱永新介绍，按照法国学者莫纳科（James Monaco）的描述，

如今，人类进入了知识传播的第四阶段，科学技术以几何速度增长，社会变革的速度更快、更平等。

一方面，科学技术的发展可以成为助推人类成长的工具，实现优质教育资源向偏远地区的输送，促进教育公平，关注学生个性发展；另一方面，科技也能成为人类异化的工具，成为冷冰的测量人类注意力、学习力的工具，帮助教育者更加严格地监督和管控教育对象。

毫无疑问，科学技术是把双刃剑，向善还是向恶，关键在于人类怎么使用它。"科学技术犹如一把钥匙，既可以打开天堂之门，也可以打开地狱之门。科技的使用效果是人赋予科技的不同功能和价值，只有把人工智能关在人类价值的笼子里，才能培养好的人性和善良的人。"朱永新说，只有让科技更温暖、更有人性，才能更好地造福人类，服务教育。

"如果科学技术没有人性的话，就会毁灭教育。"朱永新希望相关从业者先了解教育的本质，让科技成为促进学生自我成长和教育公平的工具。比如可以通过先进的信息化技术，把过去没办法享受的优质教育资源输送到偏远地区；也帮助学生、老师、家长更好地了解孩子，帮助提高学习效率。

AI＋教育将让学生变成人机结合体

朱永新强调，科技服务于教育首先要为学校转型服务，助力学校从传统向现代转型，便捷获取优质教育资源。其次，科技发展至今，跨学校整合趋势明显，而现在的学校依然是一百年前的学科机构，学习知识呈碎片化，现代科技的发展则为人们重新思考学科知识体系提供了便利。

有人认为，凡是网上可以搜索到的内容，就没有必要教给学生，人工智能可以帮学生实现。

事实上，人工智能的重要优势是代替脑力劳动中相对简单化、重复化的东西，帮助学生进行个性化学习。

在朱永新看来，信息技术在教育领域的应用分为三个阶段，分别是工具与技术的改变，如 PPT、电化教育；教学模式的改变，如慕课、翻转课堂；学校形态的改变。

在第三阶段，学校将打破学校教育结构；重构课程内容，建立新型的课程体系；重构教学方法，建立项目式学习；重构教育评价，建立新型的学分银行。每个人都有一套从摇篮到坟墓的"知识银行"体系，一个人的学习全过程都可以通过学分银行存储、转化，所修的学分还可以转变为学习币，激励人们更好地学习。

与此同时，朱永新还指出，未来的学生是"人机结合体"，可以将很多知识外包给 AI 完成，借助 AI 及时获取学习资料，分析学习过程，发现学习中的优势和不足。

不仅如此，未来的老师角色也会发生转变。"若教师只是知识的传声筒，把知识从教材搬进课堂，再输入到学生的脑子，这样的老师会被机器取代。"朱永新补充道，未来的老师要有更强的专业能力，有特殊的技能，是非常了解学生的心理学家，能有效陪伴学生。

朱永新还告诉未来网记者："未来是能者为师的时代，不仅各行各业的专家会成为教育资源的提供者，比如艺术家、运动员、民间艺人、能工巧匠等；而且教育机构也会成为教育资源的提供者。"

后 记

过去好几年，每年的政协履职报告一书，几乎都是在新年的爆竹声中完成的，今年也不例外。年年岁岁花相似，今年春节大不同。一场突如其来的疫情，让欢乐的年味中多了许多忧虑。响应国家的号召，减少人员的流动，退了回家的飞机票，取消了节日间亲朋好友的聚会，在家里完成了这本书稿。

尽管这本书会像过去一样，仍然是一本不会带来经济效益的著作，但是，它毕竟原生态地记录了发生在2019年这个特别的年份，中国的一位政协委员如何"位卑未敢忘忧国"，把政协的事业放在心上、把委员的责任扛在肩上的故事。这样的故事，过去和现在都没有人系统写过，今后也不知道是否有人续写，但是我坚信，这样的个人政治叙事，这样的委员履职报告，是有着特别的价值和意义的。

感谢全国政协副主席、中国民主促进会中央委员会刘新成常务副主席为这本书撰写了热情洋溢的序言。去年的《共识凝聚力量》是蔡达峰主席亲自撰写的序言。作为他们两位领导人的同事和助手，无论是我在民进中央分管参政议政工作，还是作为副秘书长、常委在政协平台上的履职工作，都得到了他们的鼎力支持和关心帮助。他们的信任、放手、指导，让我感觉到在这样温馨的团队中工作，真的很开心、舒心、安心。

感谢参政议政部的同人和我的秘书李宗主同志，无论是各种调研、论坛、会议，还是整理这本书的过程之中，都得到他们的许多帮助。

2020年大年初一写于北京滴石斋